Inhalt

Vorrede 7

1912–1933

Kindheit 15
Schulzeit 28
Jung-Spartakus 43
Lehr- und Wanderjahre 53
Im Land Lenins 66
Der Apparat 84
Herbert Wehner und Erich Honecker. Ein Exkurs 101

1933–1945

Im Widerstand 104
Der Prozeß 119
Im Zuchthaus 137
Der Hitler-Stalin-Pakt. Ein Exkurs 142
Flucht und Befreiung 157

1945–1989

Der Aufbruch 179
Die Freie Deutsche Jugend 208
Enttäuschte Hoffnungen 230
Der Sicherheitsmann 253
Der Mauerbau 271
Der Machtwechsel 285

Protokoll eines Scherbengerichts 303
Triumph in Bonn 311
»Interne Gespräche sollten geführt werden« 332

1989–1994

Der Sturz 352
Das Ende 380

Anmerkungen 413
Literatur 452
Personenverzeichnis 460
Bildnachweis 468

Vorrede

Außen trägt das nach etlichen Kriegen, Revolutionen und Regierungswechseln inzwischen düstere, turmbewehrte Gebäude die Dutzendfassade eines der vielen Monumentalbauten der Kaiserzeit. Wer indes die zweiflüglige, weit übermannshohe Eingangstür in der Berliner Turmstraße 91 hinter sich gelassen hat, versteht sofort, weshalb dieser mächtige Bau Justizpalast heißt. Die gewölbegekrönte Halle läßt selbst den eiligen Besucher verharren. Breite Treppengänge, zunächst zentral in der Mitte beginnend und danach zu beiden Seiten aufwärts schwingend, lenken den Blick vorbei an den in Stein gehauenen Musen der Gerechtigkeit empor in die Obergeschosse, geradewegs zum Schwurgerichtssaal 700 im dritten Stockwerk.

Solche Gebäude machen klein, und das sollen sie wohl auch. Aufeinandergetürmte Tonnen von Stein, die Lichtlosigkeit des ausgesperrten Tages und der dumpfe Geruch nach Akten und Amtsstuben bedrücken jeden, der das Kriminalgericht im Stadtteil Moabit betritt. Seit dem 12. November 1992 verhandelte hier die 27. Große Strafkammer unter dem Vorsitz von Richter Hansgeorg Bräutigam gegen sechs Angeklagte, die noch drei Jahre zuvor Führungspositionen in Partei und Staat der untergegangenen DDR innegehabt hatten: SED-Generalsekretär und Staatsratsvorsitzender Erich Honecker, Ministerpräsident Willi Stoph, Minister für Staatssicherheit Erich Mielke, der Verteidigungsminister Heinz Keßler, der Suhler SED-Bezirksparteichef Hans Albrecht und Fritz Streletz, der Stabschef der Nationalen Volksarmee.[1]

Die Tat, wegen der sie vor Gericht standen, war zwar mit diesen früheren Funktionen verbunden, hatte aber damit nicht notwendig zu tun. Es ging nach Überzeugung des Gerichts daher nicht um einen politischen Prozeß und auch nicht um Staatsverbrechen, sondern um individuelles kriminelles Fehlverhalten dieser Männer. Sie hätten, stellte der Oberstaatsanwalt Christoph Schaefgen in seiner Anklageschrift fest, am 3. Mai 1974 während einer Sitzung des Nationalen Verteidigungsrates der DDR bekräftigt, es müsse »bei Grenzdurchbruchversuchen von der Schußwaffe rücksichtslos Gebrauch gemacht werden«, und es seien diejenigen »Genossen, die die Schußwaffe erfolgreich angewandt haben, zu belobigen«. In zwölf Fällen, hielt dieses 783 Seiten dicke Konvolut den von Alter, Krankheit und langer Untersuchungshaft gezeichneten SED-Funktionären vor, hätten sie als »mittelbare Täter vorsätzlich Menschen getötet, ohne Mörder zu sein«.

Vielfacher Totschlag also – wenn auch nicht aus niederen Beweggründen – war das Kapitalverbrechen, das ihnen zur Last gelegt wurde. Mit Rücksicht auf den schlechten Gesundheitszustand aller Angeklagten ordnete Richter Bräutigam an, wöchentlich nur an zwei Tagen vormittags jeweils für drei Stunden zu tagen. Wegen ihrer offenkundigen Verhandlungsunfähigkeit trennte das Landgericht bereits in den ersten Prozeßtagen die Verfahren gegen Mielke und Stoph ab. Die Übriggebliebenen verfolgten in den kommenden Monaten mit matter Aufmerksamkeit den Schlagabtausch zwischen Verteidigung und Staatsanwaltschaft, zwischen medizinischen Gutachtern und dem Gericht.

Es war wohl die Krankheit, es war vielleicht die Todesnähe, es war ganz sicher die eigene Wahrnehmung, am Ende eines opferreichen Lebens wiederum Opfer politischer Verfolgung zu sein, die sie erschütterte und verstummen ließ. Am sechsten Verhandlungstag allerdings verflog zumindest aus dem Gesicht von Erich Honecker jede Müdigkeit. Am 3. Dezember 1992 erteilte ihm Richter Bräutigam das Wort zu einer persönlichen Erklärung. Mit klarer und fester Stimme begann der letzte Staats- und Parteichef der DDR seinen siebzigminütigen Vortrag, den er in den Wochen der Untersuchungshaft niedergeschrieben hatte und der zur wahrscheinlich eindrucksvollsten, sicher aber zur letzten Rede seines Lebens wurde.[2]

Er werde dieser Anklage nicht dadurch den »Anschein des Rechts verleihen«, sagte Erich Honecker, daß er sich gegen den »offensichtlich unbegründeten« Vorwurf des Totschlags verteidige. Jegliche Verteidigung erübrige sich auch deshalb, »weil ich [das] Urteil nicht mehr erleben werde«. Die Strafe, die ihm offensichtlich zugedacht sei, werde ihn nicht mehr erreichen. Schon aus diesem Grunde sei ein Prozeß gegen ihn »eine Farce, ein politisches Schauspiel«. Wenn er trotzdem das Wort ergreife, dann »allein um Zeugnis abzulegen für die Ideen des Sozialismus, für eine gerechte politische und moralische Beurteilung der von mehr als einhundert Staaten völkerrechtlich anerkannten Deutschen Demokratischen Republik«.

Das politische Hauptziel dieses Prozesses war nach Auffassung Erich Honeckers, »die DDR und damit den Sozialismus in Deutschland total zu diskreditieren«. Es solle »alles ausgerottet werden, was diese Epoche, in der Arbeiter und Bauern regierten, in einem anderen als furchtbaren, verbrecherischen Licht erscheinen« lasse. Dabei würden die Toten an der Grenze als bloßes Propagandamittel eingesetzt: »Die Toten sollen die Unmenschlichkeit der DDR und des Sozialismus beweisen und von der Misere der Gegenwart und den Opfern der sozialen Marktwirtschaft ablenken. [...] Armes Deutschland.«

Erich Honecker setzte sich mit der Vorgeschichte und den Folgen des Mauerbaus in Berlin auseinander, weil nach seiner Auffassung nur in diesem geschichtlichen und politischen Zusammenhang der den Angeklagten zur Last gelegte Schießbefehl an der Grenze verständlich würde: »Wahr ist, daß der Bau der Mauer auf einer Sitzung der Staaten des Warschauer Vertrages am 5. August 1961 in Moskau beschlossen wurde. In diesem Bündnis sozialistischer Staaten war die DDR ein wichtiges Glied, aber nicht die Führungsmacht. [...] Wir alle, die wir in den Staaten des Warschauer Vertrages damals Verantwortung trugen, trafen diese politische Entscheidung gemeinsam. Ich sage das nicht, um mich zu entlasten und die Verantwortung auf andere abzuwälzen; ich sage es nur, weil es so und nicht anders war, und ich stehe dazu, daß diese Entscheidung damals, 1961, richtig war und richtig blieb, bis die Konfrontation zwischen den USA und der UdSSR beendet war.«

»Wenn Sie«, richtete sich Erich Honecker an das Gericht, »diese politische Entscheidung für falsch halten und mir und meinen Genossen die Toten an der Mauer zum strafrechtlichen Vorwurf machen, dann sage ich Ihnen, die Entscheidung, die Sie für richtig halten, hätte Tausende oder Millionen Tote zur Folge gehabt.« Die Sowjetunion hätte das Ausbluten der DDR nicht hingenommen. Eine Eskalation in Berlin und an der Grenze zur Bundesrepublik, womöglich ein Atomkrieg, wäre die Folge gewesen: »Das war und das ist meine Überzeugung und, wie ich annehme, auch die Überzeugung meiner Genossen.«

Erich Honecker räumte dem Gericht gegenüber ein, nicht derjenige zu sein, der die Bilanz der DDR-Geschichte ziehen könne. Er erklärte, insbesondere seit seiner Übernahme der Spitzenämter in Partei und Staat im Mai 1971 »einen beträchtlichen Teil der Verantwortung« für die Politik der DDR getragen zu haben: »Ich bin also befangen und darüber hinaus durch Alter und Krankheit geschwächt. Dennoch habe ich am Ende meines Lebens die Gewißheit, die DDR wurde nicht umsonst gegründet. Sie hat ein Zeichen gesetzt, daß Sozialismus möglich und besser sein kann als Kapitalismus. Sie war ein Experiment, das gescheitert ist. Doch noch nie hat die Menschheit wegen eines gescheiterten Experiments die Suche nach neuen Erkenntnissen und Wegen aufgegeben.«

Der Prozeß vor dem Kriminalgericht in Moabit, argwöhnte Erich Honecker, solle »ein Nürnberger Prozeß gegen Kommunisten« werden. Kollektivschuld und kollektive Verurteilung träten an die Stelle individueller Verantwortlichkeit, um »das Fehlen von Beweisen für die behaupteten Verbrechen zu verschleiern«. Bringe man den politischen Gehalt dieses Verfahrens auf einen Nenner, so stelle es sich ihm als eine Fortsetzung des Kalten Krieges dar: »Ich bin am Ende meiner Erklärung. Tun Sie, was Sie nicht lassen können.« Honecker sank erschöpft auf seinen Sitz zurück. Den Beifall etlicher Zuhörer nahm er regungslos zur Kenntnis. Richter Bräutigam vertagte die Verhandlung, weil das Gericht über das soeben Gehörte in Ruhe nachdenken wolle.

In dieser Verteidigungsrede Erich Honeckers gab es keine Zwischentöne, keine Nachdenklichkeit, keine Selbstzweifel und kein Bedauern. Die Rollen der Opfer und Täter waren für ihn klar verteilt: Opfer waren in der deutschen Geschichte seit jeher die Kommunisten, Täter immer nur die anderen.

Nun steht es in einem Gerichtsverfahren jedem Angeklagten zweifelsohne frei, ausschließlich seine Sicht der Dinge vorzutragen und dabei die Wirklichkeit nach Kräften zu verzeichnen, ja zu lügen, wenn ihm dies sinnvoll erscheint. Doch Erich Honecker log nicht. Er glaubte, was er vortrug. Dies war für ihn die Wahrheit und nichts als die Wahrheit, die aus seinem Leben, seinen Erfahrungen abgeleiteten Einsichten und Überzeugungen. Für ihn gab es keinen Grund, sich zu entschuldigen. Es war für ihn kein Anlaß erkennbar, Bedauern auszudrücken, denn Fehlentscheidungen oder fehlbares Verhalten, das rechtlich zu ahnden gewesen wäre, waren ihm aus seiner Sicht nicht anzulasten.

Diese bockbeinige Selbstgerechtigkeit Honeckers brachte viele auf. Mich führte sie als Prozeßbeobachter zu der Frage, welche Prägungen, welche Erfahrungen ihn dahin gebracht haben mochten, daß aus dem eher unauffälligen Kind einer saarländischen Arbeiterfamilie, aus dem mutigen Widerstandskämpfer gegen das Hitler-Regime, aus dem zehn Jahre lang unter beständiger Lebensgefahr im Zuchthaus Brandenburg-Görden eingesperrten Opfer nationalsozialistischen Unrechts ein Mann werden konnte, der seinerseits zum Täter wurde, Menschen entrechtete, ein ganzes Land von der Außenwelt absperrte, dem im politischen Kampf, auf einen kurzen Nenner gebracht, der ideologische Zweck beinahe jedes Mittel rechtfertigte.

Ich untersuchte daher die persönliche wie die politische Entwicklungsgeschichte Erich Honeckers, durchforschte die zeitgenössische Literatur, sprach mit Zeitzeugen in seinem Heimatort Wiebelskirchen, in Moskau und Berlin. Ich erschloß bislang unbekannte Archivbestände im ehemaligen Parteiarchiv der SED, im früheren Archiv des Zentralkomitees der KPdSU, im Archiv der Bundesbeauftragten für die Unterlagen des Staatssicherheitsdienstes der ehemaligen DDR und im Bundesarchiv Berlin, wo der Honecker-Bestand inzwischen unter der Sammelsignatur SAPMO (Stiftung Archiv der Parteien und Massenorganisationen der DDR) NY 4167 erfaßt ist. Nicht zugänglich waren mir die Prozeßakten Erich Honeckers aus dem Verfahren vor dem Landgericht Berlin-Moabit 1992/93. Sie befinden sich noch immer im Archiv der Generalstaatsanwaltschaft beim Landgericht und können bis zu ihrer Abgabe an das Landesarchiv Berlin lediglich von Verfahrensbeteiligten eingesehen werden. Da ich viele der zitierten Unterlagen zu einem Zeitpunkt einsah, als sie noch nicht in ihre jetzigen Archive eingegliedert waren, habe ich bei diesen bzw. bei manchen Dokumenten aus der Sowjetunion, die noch nicht in öffentlichen Archiven verfügbar sind, auf den Nachweis der aktuellen Archivsignaturen verzichten müssen.[3]

War Erich Honecker ein in seinen Antrieben nicht zu entschlüsselnder Mensch, oder war er, im Gegenteil, ganz simpel ein Karrierist, ein in jungen Jahren geprägter Stalinist, dem später die geistige Beweglichkeit fehlte, um sich in veränderter politischer Landschaft neu zu orientieren und angemessen zu verhalten? Nun ist die Aufgabe eines Historikers nicht die Seelenerkundung, sondern primär die nüchterne Feststellung dessen, was war. Zumal die Motivlage bei weitreichenden politischen Entscheidungen meist derart komplex ist, daß deren Entschlüsselung Historikern mit ihrem Handwerkszeug nur ansatzweise gelingen kann. Dennoch reicht es nicht, nach dem Wer, Wann, Was und Wo historischer Vorgänge zu fragen. Ohne das Warum bleiben nicht nur die Antriebe der Handelnden im Dunkeln, das Handeln selbst erschließt sich nicht.

Da Erich Honecker lediglich wenig differenzierte Lebenserinnerungen und auch sonst kaum tiefer schürfende Deutungsversuche hinterlassen hat, bleiben einige Aspekte seiner Person und seines Tuns notwendig ausgeblendet. Er war ein Arbeiterjunge aus einfachen, aber in seinem familiären Bezug stabilen und emotional warmen Verhältnissen, den die totalitären Ideologien des 20. Jahrhunderts durchs Leben trieben, der ihr Opfer war und selbst zum Täter wurde, um nie wieder Opfer zu sein. Er war kein Monster, kein Diktator von seinem Selbstverständnis her, sondern ein Mensch, der mit beinahe religiöser Inbrunst an eine Ideologie glaubte, die sich ihre Machtbasis in Ostdeutschland allerdings mit Hilfe sowjetischer Bajonette sichern mußte und nicht zuletzt deshalb für viele, die ihr ausgeliefert waren, keinerlei befreiende Kraft gewinnen konnte.

Erich Honecker war ein Mann von umgänglichem Wesen und mäßiger Intelligenz, kleinbürgerlich in seinem Geschmack und in seinen Interessen. Am Ende eines von vielen Zwängen und wenig Freiheit bestimmten Lebens brach alles in ihm und um ihn herum zusammen: seine Gesundheit, seine Gewißheiten, seine Ideologie, sein Machtapparat, seine Partei – aber nicht das Volk der DDR. Das erkämpfte sich seine Freiheit, ohne Hilfe von außen, ganz aus eigener Kraft.

Diese weithin politische Biographie nähert sich dem Menschen Erich Honecker mit Neugierde, aber ohne Vorurteil. Sie ordnet ihn ein in die Kämpfe und Irrtümer seiner Zeit, ohne schuldhaftes Handeln zu verschweigen. Dies verklärt nichts, sondern erlaubt, wie ich hoffe, eine Betrachtung mit Anteilnahme, aber ohne Haß.

Hamburg, im Frühjahr 2003

1912–1933

Kindheit

Die saarländische Industriestadt Neunkirchen, zwischen bewaldeten Hügeln am Flüßchen Blies gelegen und zum preußischen Regierungsbezirk Trier gehörig, war vor dem Ersten Weltkrieg kein Ort, den man sich gern zu längerem Aufenthalt gewählt hätte, sofern es eine Möglichkeit gab, den Lebensunterhalt anderswo zu verdienen. In jenen Jahren lebten dort rund 35 000 Menschen dicht gedrängt beieinander. Sie arbeiteten karg entlohnt und ohne jeden Schutz für ihre bedrohte Gesundheit in Steinkohlegruben, im Eisenwerk der Gebrüder Stumm oder in der Zementfabrik. Der Lärm, der Gestank, der Ruß, der ätzende Staub aus Schwefel und Kalk, die engen Straßen, die dunklen und feuchten Häuser, das knappe Essen und die drückende Gewißheit, weder für sich selbst noch für die Kinder eine freundlichere Zukunft erwarten zu können, machten den Arbeiterfamilien jeden Tag zur Qual.

Unter solch düsteren Umständen brachte am 25. August 1912 die 29 Jahre alte Karoline Honecker in ihrer Mansardenwohnung in der Karlstraße 26 (heute Max-Braun-Straße) einen Sohn zur Welt. Im Dezember 1905 hatte sie, ohne zuvor selbst einen Beruf erlernt zu haben, den zwei Jahre älteren Bergarbeiter Wilhelm Honecker geheiratet. Ihr erstes Kind, die Tochter Katharina, gebar sie zwei Monate später. 1907 kam Wilhelm dazu, 1909 Frieda, und nun also das Sonntagskind, das sie Erich nannten. Später, 1917 und 1923, folgten noch zwei weitere Geschwister: Gertrud und Karl-Robert. Sorgenfrei, schrieb Erich Honecker in seinen Erinnerungen *Aus meinem*

Leben, sei sein Geburtstag für die Eltern gewiß nicht gewesen. Zwar waren sechs Kinder in Arbeiter- und Bauernfamilien damals keine Seltenheit. Aber andererseits war die hohe Geburtenrate auch eine Quelle fortdauernder Sorge und Armut.

Zu Jahresbeginn 1912 war im nahegelegenen Dorf Wiebelskirchen der Großvater Andreas Honecker gestorben.[1] Er vermachte sein 1869 erbautes Haus mit großem Garten in der einen Hügel steil erklimmenden Wilhelmstraße 64 (heute Kuchenbergstraße 88) dem ältesten Sohn Wilhelm. Der nahm eine Hypothek auf, um seine Geschwister auszahlen zu können, und zog mit seiner Familie im Dezember 1913 ein. Das Haus hatte vier durch die Eingangstüre getrennte Zimmer im Erdgeschoß, die wegen der dringend benötigten zusätzlichen Einnahme vermietet wurden. Im ersten Stock gab es vier weitere Räume, einen mit drei, den anderen mit zwei Fenstern zur Straße, die übrigen nach hinten zum Garten hinaus. Unter dem Dach waren zwei Kammern ausgebaut. Die acht Familienmitglieder wohnten und schliefen in den beiden Kammern und vier Zimmern, von denen eines die Küche war. Fließendes Wasser gab es in diesem Haus ebensowenig wie Strom oder eine Toilette. Gekocht wurde auf dem Kohleherd in der Küche, der im übrigen die ganze Wohnung heizte. Waschküche und Plumpsklo brachte der Vater in einem Anbau zum Garten unter, wo auch die Hühner und Kaninchen, das Schwein, die Ziegen und gelegentlich eine Kuh gehalten wurden. Die Kuh lieferte der Familie die zur Gesundheitsvorsorge so dringend benötigte, aber im Laden viel zu teure Milch. Jedes Jahr im November wurde, wie bei den Nachbarn, ein Schwein geschlachtet, dessen Fleisch verwurstet und in Gläsern eingekocht. An den Feiertagen im Frühjahr und Sommer brachten – selten genug – Ziegen und Kaninchen das Fleisch auf den Tisch.

Obstbäume im Garten, Büsche mit Beeren, Salat- und Gemüsebeete und ein schmaler Kartoffelacker erleichterten den Honeckers die Selbstversorgung erheblich. Eingekauft wurde nur dann, wenn die Vorräte zur Neige gingen. Jedes Kleidungsstück und alle Wäsche nähte die Mutter auf der Maschine. Gekaufte Schuhe trugen allein die Eltern – der Vater, wenn er zur Arbeit ging, um die Füße unter Tage vor herabbrechendem Gestein zu schützen, und die Mutter an Festtagen. Zu Hause standen vom Vater selbstgeschnitzte Holzpantinen. In den Sommermonaten liefen die Kinder in Wiebelskirchen ohnehin barfuß. Später erhielten der älteste Bruder und die älteste Schwester je ein Paar neue Schuhe zum Geschenk, die, wenn sie zu klein geworden waren, an die jüngeren Geschwister weitergegeben wurden.

Wilhelm Honecker war als Hauer in den Gruben Kohlwald und Dechen beschäftigt. Für eine Zwölfstundenschicht verdiente er 4,83 Reichsmark. Übernahm er als »Sicherheitsmann« vor Schichtbeginn die Kontrolle des Förderstollens nach gefährlichen Gasen, die zu »Schlagwetter«-Explosionen führen konnten, erhielt er eine Mark Aufschlag. Sein Risiko war, bei eben dieser Kontrolle die gefürchtete Explosion auszulösen und für eine Mark zusätzlich mit dem Leben zu bezahlen. Während der Arbeitszeit standen die Kumpel unerbittlich unter dem Diktat der Steiger, die als Stollenvorarbeiter gegenüber der Zechenleitung für den Produktionserfolg verantwortlich waren. Sie teilten Aufgaben und Arbeitsplätze zu, von ihnen hing ab, in welche Lohnstufe die Bergleute eingruppiert wurden. Wer es sich mit dem Steiger verscherzt hatte, konnte damit rechnen, in den niedrigsten Abbauflözen als Transportmann eingesetzt zu werden, und mußte dann auf Blechrutschen Tonnen von Kohle und Abraum bis zu den Loren schleppen, die, oft von Pferden gezogen, das Fördergut auf Gleisen zu den Schächten brachten.

Verließ ein Bergarbeiter den Flöz vor dem Signal zum Schichtende und stellte sich gar am Förderschacht schon zur Ausfahrt bereit, mußte er ein Strafgeld von ein bis zwei Reichsmark bezahlen. Er konnte allerdings auch erleben, daß ihn der Steiger vor Schichtbeginn zu irgendwelchen privaten Arbeiten abzog. Dann fuhr der Bergmann eine sogenannte »stumme Schicht«, das heißt, er erhielt zwar seinen Lohn, aber die Kumpel mußten unter Tage seinen Teil der Arbeit mit übernehmen.[2]

Die Kohlegruben im Saargebiet waren »Fiskalgruben«, also seit der Angliederung des Saarlandes an Preußen mit den Wiener Verträgen von 1814/15 in staatlichem Besitz der Berliner Finanzverwaltung. Wegen der niedrigeren Brennqualität der dortigen Kohlevorkommen und der schwächeren Produktivität im überwiegend handwerklichen Abbau lagen die Einkommen der Saarkumpel bis zu einem Drittel unter denen im Ruhrbergbau. Dennoch kostete ein Kilo Butter 2,40 Reichsmark – den Lohn einer halben Schicht. Für ein Kilo Fleisch waren 1,40 Reichsmark zu zahlen, ein Kilo Speck kam auf 1,75 Reichsmark.[3] Wer also nicht durch Zusatzarbeit auf seinem eigenen Stück Land oder durch Tierhaltung die Situation seiner Familie aufbessern konnte, der mußte täglich anderthalb Schichten auf sich nehmen oder Frau und Kinder zu noch deutlich schlechter bezahlter Aushilfsarbeit schicken. Die Lebenshaltungskosten im Deutschen Reich stiegen zwischen dem Jahrhundertbeginn und 1912 um 130 Prozent, während die Reallöhne im selben Jahr auf 97 Prozent der Löhne des Jahres 1900 zurückfielen.

Sowohl Wilhelm Honecker als auch der Vater seiner Frau, der als Walzmeister im Neunkirchener Eisenwerk arbeitete, gehörten wegen ihrer vergleichsweise auskömmlichen Lebensbedingungen zur »Arbeiteraristokratie« und standen der Sozialdemokratie nahe. In diese Partei oder auch in die Gewerkschaft tatsächlich einzutreten, war ihnen freilich um den Preis des Arbeitsplatzverlustes verwehrt. Der 1888 von Kaiser Friedrich III. geadelte Karl Ferdinand Freiherr von Stumm-Halberg, Besitzer der seit 1806 zum Stumm-Konzern gehörenden Neunkirchener Eisenwerke und ein wegen seiner despotisch-patriarchalischen Art als »König Stumm« oder »König von Saarabien« ebenso gefürchteter wie in den Satireblättern seiner Zeit verulkter Großunternehmer, hatte 1877 einen »Verein zur Bekämpfung der sozialdemokratischen Bewegung« gegründet, der jedem enttarnten Sozialdemokraten und Gewerkschaftsmitglied in seiner Firma Berufsverbot erteilte. Einem zeitgleich ins Leben gerufenen »Komitee der Arbeitgeber zur Bekämpfung der Sozialdemokratie« schlossen sich mit ähnlicher Sanktionsdrohung in kurzer Zeit 36 Unternehmen, die Eisenbahnverwaltung und auch die staatlichen Fiskalgruben an. Auf diese Weise verhinderte Stumm alle freigewerkschaftlichen Aktivitäten im Saarland und zerschlug selbst die 1881 in Neunkirchen gegründete Ortsgruppe der nichtsozialistischen Hirsch-Dunckerschen Gewerkschaft. Lediglich die rein religiös ausgerichteten Barbara-Bruderschaften und Knappenvereine wurden von ihm geduldet.[4] Der 1903 wegen dieses Widerstandes auf Unternehmerseite jenseits der preußischen Saar-Grenze im bayerischen St. Ingbert ins Leben gerufene gewerkschaftliche Deutsche Metallarbeiterverband (DMV) zählte zum Jahresende gerade 65 und auch nach fünf Jahren immer noch erst 330 Mitglieder.[5]

Wie rigoros die gewerkschaftsfeindliche Sanktionspolitik in den Zechen und Hütten durchgesetzt wurde, beschrieb ein Gewerkschaftspublizist nach dem Ersten Weltkrieg: »Man einigte sich allseitig dahin, keine Arbeiter auf den betreffenden Werken zu dulden, welche sich direkt oder indirekt an sozialdemokratischen Agitationen beteiligen, und zwar insbesondere durch Teilnahme an sozialdemokratischen Vereinen und Versammlungen, durch

Halten und Verbreiten sozialdemokratischer Blätter oder durch den Besuch von Wirtshäusern, welche sich zum Auflegen von Zeitungen oder zum Abhalten von Versammlungen dieser verderblichen Richtung hergeben.«[6]

Diese selbstherrlichen Eingriffe in die politische und gewerkschaftliche Organisationsfreiheit seiner Beschäftigten trieb Stumm 1890 mit einer »Allgemeinen Arbeitsordnung für das Neunkircher Eisenwerk« auf die Spitze. Durch ein »System der strengen Hand« wurden die Arbeiter innerhalb und außerhalb des Werkes ständiger Kontrolle unterworfen. Sie hatten sich nach Abstimmung mit ihren Vorgesetzten dem Militärdienst zu stellen, mußten vor ihrer Heirat um deren Zustimmung bitten, durften Zeitungen wie das *Neunkircher Tageblatt,* in dem unternehmenskritische Beiträge veröffentlicht wurden, nicht lesen und sollten Geschäfte und Gaststätten boykottieren, in denen diese Zeitung auslag oder die in ihr mit Anzeigen warben.[7] »Ein Arbeiter, der außerhalb des Betriebes einen liederlichen Lebenswandel« führe, meinte Stumm, werde »auch im Betriebe nichts leisten«[8]. Und weiter: »Sollte ich jemals verhindert werden, den Arbeiter auch in seinem Verhalten außer dem Betrieb zu überwachen, so würde ich keinen Tag länger an der Spitze der Geschäfte bleiben, weil ich dann nicht mehr im Stande sein würde, die sittliche Pflicht zu erfüllen, welche mir mein Gewissen vor Gott und meinen Mitmenschen vorschreibt. Ein Arbeitgeber, dem es gleichgültig ist, wie seine Arbeiter sich außerhalb des Betriebes aufführen, verletzt meines Erachtens seine wichtigste Pflicht.«[9]

Als Gegenleistung, wenn man so will, für die Selbstpreisgabe und bedingungslose Unterwerfung der Arbeiterschaft führten die staatlichen Kohlegruben und privaten Großunternehmen der saarländischen Hüttenindustrie in der zweiten Hälfte des 19. Jahrhunderts eine firmengebundene Sozialfürsorge ein, die im Wohnungsbau, im betrieblichen Schulwesen, hinsichtlich Kranken-, Invalidenversicherung und Altersfürsorge bessere Leistungen bot, als die gesetzlichen Regelungen nach der Reichsgründung 1871 einräumten.[10] Die 1906 aufgelegte Broschüre *Hundert Jahre Neunkircher Eisenwerk unter der Firma Gebrüder Stumm* jubelte: »Die Tatsache, daß von weit und breit Männer nach Neunkirchen strömen, um bei dem Neunkircher Eisenwerk in Arbeit zu treten, ist der beste Beweis dafür, daß die Firma Gebrüder Stumm ihren Hüttenleuten einen reichlich bemessenen Lohn zahlt. Derselbe ist genau nach der Leistung abgestuft, und der tüchtige Hüttenmann kann es darum rasch vorwärts bringen und selbst zum Platzmeister und Meister aufrücken. Außerdem aber gewährt die Firma […] ihren Hüttenleuten nach zehnjähriger und dann wieder nach fünfundzwanzigjähriger Hüttenarbeit Arbeitspreise von fünfzig Mark. Dieselben werden an jeden würdigen Hüttenmann gezahlt, und die Verteilung derselben geschieht in feierlicher Handlung […]. In den Kleinkinderschulen, im Krankenhause, im Altersversorgungshause und im Waisenhause finden alljährlich Weihnachtsbescherungen statt, welche von jeher unter der Leitung der Freifrau von Stumm-Halberg gestanden haben und auch heute noch stehen. Die Zahl der Beschenkten beträgt jährlich etwa 1500, da auch Gemeindearme ihre Weihnachtsgeschenke erhalten.«[11]

Aber damit noch lange nicht genug. Der Stumm-Schreiber rühmte die kostenfreien Hüttenkonzerte von Gruben- und Militärkapellen, die jeden Sonntag zwischen Mai und September im Park hinter dem Herrenhaus ausgerichtet wurden. Schaukeln und ein Karussel, Turngeräte und Spielplätze gäben »der Hüttenjugend Gelegenheit zur Belustigung«. Hüttenfeste würden »bei allen großen nationalen Gelegenheiten« gefeiert, »an denen die Glieder des Hauses den tätigsten Anteil nehmen«. Eine eigene Hüttenbücherei sei eingerichtet worden, »besonders ihr belehrender Teil« finde »steigenden Anklang«. Das »Haus Stumm«, tremolierte der ungenannte Autor, sei mit der Bevölkerung Neunkirchens und seiner Umgebung »aufs innigste verwachsen«.

Die Wahrheit streifte diese Broschüre aus Anlaß des einhundertsten Firmenjubiläums nur sehr am Rande. Jeder unverschuldete Arbeitsausfall, sei es infolge von Krankheit, Verletzung oder Produktionsunterbrechungen im Werk, drückte die ohnehin kümmerlichen Einkommen unter das Existenzminimum.[12] Überstunden waren daher an der Tagesordnung, um solche Lohneinbußen auszugleichen. Selbst Doppelschichten wurden gefahren, was einen vierundzwanzigstündigen Arbeitstag mit zwei einstündigen und zwei viertelstündigen Pausen bedeutete. Die Dillinger Hütte setzte zeitweilig Prämien für Arbeiter aus, die bereit waren, monatlich zehn Doppelschichten zu übernehmen.[13]

Trotz dieser ungeheuren Belastung, diesem erzwungenen Raubbau an Körper und Seele, fanden nur wenige Arbeiter den Mut, in die Gewerkschaft einzutreten und für menschenwürdige Arbeitsbedingungen zu kämpfen. Resigniert schrieb Hans Böckler, Sekretär des Deutschen Metallarbeiterverbandes im Saarland, 1906: »Nur ihr Saargebietsarbeiter allein habt nichts verspürt von all dem Sehnen nach Freiheit, das Millionen unserer Arbeitsbrüder so mächtig ergriffen hat. Bei euch war's still, totenstill. Drückt denn aber die Not des Lebens auf euch nicht ebenso, wie auf alle anderen Arbeiter? Müßt ihr euch nicht ebenso, wie alle eure Arbeitsbrüder in hartem Frondienst durchs Leben schleppen? [...] Fürwahr, die Hunde der Herren mögen in vielen Fällen ein schöneres Leben führen als ihr, die ihr doch Menschen seid. [...] Nicht nur wir Arbeiter empfinden das Schmähliche eurer Lage, sondern auch bürgerliche Männer, Gelehrte und Wissenschaftler rufen euch zu: ›Zerbrecht die Sklavenfessel, macht euch frei!‹«[14]

Gänzlich anders beurteilte die *Neue Saarbrücker Zeitung* die Lage, als sie am 1. Dezember 1902 aus Anlaß der Enthüllung eines Denkmals von Karl Ferdinand von Stumm die Verdienste des am 8. März 1901 gestorbenen Saar-Monarchen würdigte: »Man mag bezweifeln, ob das patriarchalische System, das Stumm in seinem viel geschmähten Königreich bis an sein Ende beharrlich aufrechterhalten hat, in seiner strengen Durchführung mit der unaufhaltsamen Entwicklung des sozialen Lebens auf die Dauer zu vereinbaren sei, aber der Kampf, den Stumm von diesem Boden aus gegen die Experimente der modernen und modernsten Sozialreformer führte, war berechtigt und notwendig. Keiner hat mit solch rücksichtsloser Schärfe die Gefahren dieses allmählichen Kapitulierens vor der Umsturzpartei [gemeint war die SPD] ans Licht gestellt wie Stumm.«

Es waren sicherlich die geschlossene Front der Unternehmer und das traditionell katholische Milieu, die an der kleinräumig besiedelten Saar dafür sorgten, daß sich nicht wie anderswo in den Industriegebieten eine kampffähige und kampfwillige Arbeiterbewegung entwickelt hat. Hinzu kam die soziale Herkunft eines Großteils der Gruben- und Hüttenarbeiter aus überwiegend kleinen und mittleren, jedenfalls sehr überschaubaren Landgemeinden. Etwa eine dreiviertel Million Menschen lebte vor dem Ersten Weltkrieg im Saargebiet. Die knappe Hälfte war erwerbstätig. Davon wiederum waren an die fünfzig Prozent in der Kohle- und Eisenindustrie beschäftigt. Von 56 937 landwirtschaftlichen Betrieben im Jahr 1927 bewirtschafteten 44 000 eine Fläche von weniger als zwei Hektar, oft nicht mehr als einen größeren Garten. In den ehemaligen preußischen Fiskalgruben zählte eine Statistik aus dem Jahr 1925 eine Belegschaft von 69 575 Arbeitern und

Angestellten. Von denen gaben 22 801 – also immerhin jeder Dritte – an, Hauseigentümer zu sein; 12 162 bezeichneten sich als Landeigentümer.[15]

Es waren also zu einem guten Teil Nebenerwerbslandwirte oder doch Hausbesitzer mit eigenen Gärten, die in die Gruben einfuhren oder in den Hüttenwerken arbeiteten. Sie waren bodenständig und ortsgebunden. Dies erlaubte den Arbeitgebern, die Löhne zu drücken, denn wer von diesen Beschäftigten wäre imstande gewesen, den schlecht bezahlten Arbeitsplatz aufzugeben und dorthin umzuziehen, wo höhere Einkünfte für gleiche Arbeit zu erzielen waren? Andererseits traf die Not jene Familien nicht ganz so hart, die sich – wie die Honeckers – aus eigener kleiner Landwirtschaft ernähren konnten. Für die übrigen galt, was die katholische *Saar-Post* 1911 festhielt: »Arm wie die Kirchenmaus sind unsere bergmännischen Kolonien, die Häuser mit Schulden belastet, die Hälfte der Kolonisten wohnt in Miete, alles lebt von der Hand in den Mund, ein Dreiwochenzahltag wird wie ein Bruder von Pest, Hunger und Krieg gefürchtet. ›Vetter Borg und Bas Lehn‹ – wie das Sprichwort sagt – sind Path' und Goth' bei den meisten.«

Wer neben der anstrengenden und gefährlichen Arbeit unter Tage oder im Eisenwerk noch Vieh und Acker zu versorgen hatte, mußte auf Freizeit oder Erholung ganz verzichten. Arbeitsfreie Sonntage blieben nach der kräftezehrenden Sechstagewoche ein unstillbares Bedürfnis. Der Bergmann Jakob Triem schrieb im Juni 1918 in sein Tagebuch: »Diese Woche habe ich Mittagschicht. Gestern, Montag, stand ich um fünf Uhr auf, unsere Wiese zu mähen. […] Die Wiese liegt vierzig Minuten vom Dorf entfernt. Mutter brachte mir Mittagessen, und dann ging ich direkt zum Bahnhof. Als ich aus dem Zug stieg, war ich todmüde; ich wollte, es wäre schon Schichtende. Wenn ich meine Kameraden, ihren Gang und ihre Gebärden sehe, dann kommen sie mir vor wie Maschinen. Die meisten gehen gebeugt, ihre Haltung ist so schwer wie ihre Gedanken. Mein Körper ist wie Blei, aber ich füge mich dem ehernen Muß, das unser Dasein beherrscht und trolle mich mit ihnen. Um halb zwei Uhr nachts bin ich wieder zu Hause. Auf dem Heimwege konnte ich mich der Müdigkeit kaum erwehren. Neulich verschliefen wir unsere Bahnstation und erwachten erst vier Stationen später. Ich habe nur einen Wunsch: einmal möchte ich zehn Stunden schlafen und richtig ausruhen dürfen. [...] Wir alle leben wie Pflanzen im Schatten.«[16]

Einmal ausschlafen dürfen, einmal dieser täglichen Tretmühle aus Zwölfstundenschicht und anschließender Feierabendarbeit entkommen können, das war der Traum vieler Männer, der nie in Erfüllung ging. Aber auch den Frauen ging es nicht besser. Das Vieh war zu füttern, der Stall auszumisten, der Haushalt in Ordnung zu halten, die Kinder zu betreuen. »Mutter tut mir am meisten leid«, schrieb Triem: »Wenn ich in der Nacht komme, wird sie im Schlaf gestört. Sie steht auf und wärmt mein Essen. Zwei Stunden später muß Vater zur Frühschicht. So kann die Ärmste nicht eine Nacht richtig schlafen. Wenn der Morgen graut, muß sie den Haushalt und das Vieh versorgen.«[17]

Die Zeit und die Kraft für ein Familienleben im eigentlichen Sinne fehlten. Jeder hatte seine Aufgabe zu erfüllen, tägliche Pflichten, die für das Überleben der Gemeinschaft wichtig, wenn nicht sogar unabweisbar waren. Dennoch fehlte es bei den Honeckers offenbar nicht an Zuwendung und Liebe. »Meine Mutter und mein Vater waren ein Ehepaar, das sehr harmonisch zusammenlebte«, erzählte Honecker im Alter über seine Kindheit. Man half sich in der Verwandtschaft und unter Arbeitskollegen gegenseitig, so gut man konnte: »Klassensolidarität war notwendig, weil [...] die Grubendirektion die Kumpels nicht nur ausbeutete, sondern auch versuchte, sie durch verschiedene Maßnahmen zu schikanieren und zu unterdrücken. Von diesem Gesichtspunkt aus gesehen, bildete sich bei uns schon sehr früh ein Klassenbewußtsein aus.«[18]

Zeit und Muße zum Spiel hatten die Eltern mit ihren Kindern nur selten. Der Vater brachte dem Sohn in der Blies das Schwimmen bei und begleitete ihn an Sommersonntagen oft an den Fluß. »Daraus«, erinnerte sich Honecker, »ergab sich auch das persönliche Verhältnis zu meinem Vater.«[19] Die Mutter, erzählte Honecker, »war damit beschäftigt, nicht nur das Essen zuzubereiten, die Kinder zum Schlafen zu bringen, sondern sie mußte auch für die ganze Kleidung sorgen.« Außerdem habe sie durch Zeitungaustragen noch etwas Geld dazuverdient, »um die Familie durchzubringen«[20].

Trotz dieser Arbeitsbelastung wurde Karoline Honecker keine bittere Frau, keine über die Maßen strenge Mutter. Erich Honecker schrieb: »Ich kann mich erinnern, daß sie mir einmal einen sehr schönen Matrosenanzug genäht hat. Ich ging zu meiner Tante, und dort bin ich mit meiner Cousine den Lehmberg runtergerutscht, und als ich nach Hause kam, war der schöne Anzug vollkommen im Eimer. Nun gut, es gab zwar Schelte, aber Mutter hat nie geschlagen.«[21]

Besonders schwer muß Karoline Honecker ab dem Sommer 1914 die Versorgung der Kinder allein mit dem Nötigsten gefallen sein. Nach dem Ausbruch des Ersten Weltkrieges reichten der schmale Sold des Mannes und die Erträge aus Garten und Tierhaltung für die Ernährung der Familie nur noch äußerst knapp. Wilhelm Honecker wurde sehr früh zur Marine eingezogen, zunächst in den Heimathafen der Ostseeflotte nach Kiel, später folgte die Abkommandierung in die Nordseehäfen Wilhelmshaven und Emden. Seine militärische Verwendung im einzelnen ist nicht dokumentiert. Erich Honecker berichtete wenig präzise, sein Vater sei »als Seesoldat in Belgien eingesetzt« worden; 1918 habe er in Litauen Dienst getan, »am Kieler Aufstand der Matrosen teilgenommen« und sich »zum Zeitpunkt seines Dienstes in der kaiserlichen Marine« der Unabhängigen Sozialdemokratischen Partei (USPD) angeschlossen, die sich aus Protest gegen die weitgehende Unterstützung der kaiserlichen Kriegszielpolitik durch die SPD im April 1917 von dieser abgespalten hatte.[22]

Nachdem 1915 »Bezugsmarken« eingeführt worden waren und dadurch der Verkauf nicht nur von Nahrungsmitteln, sondern von allen Waren des täglichen Bedarfs rationiert wurde, schmolz der Speiseplan bei den Honeckers weiter zusammen. Zum Frühstück gab es Brot mit Rübensirup, erinnerte sich Erich Honecker, »das war das billigste«. Mittags kam eine Gemüsesuppe auf den Tisch und abends wieder Brot »und irgend etwas dazu«. Ein besonderer Hochgenuß war es, wenn der Metzger in der Nachbarschaft Wurst zubereitete und es gelang, »die Brühe, in der die Wurst gekocht wurde, in Kannen« nach Hause zu tragen. Diese »Kesselsuppe« war weitaus nahrhafter und schmackhafter als das übliche Mahl.[23]

»So kreisen meine frühesten eigenen Erinnerungen«, faßte Honecker die Eindrücke jener Jahre zusammen, »um den Krieg: Vater fort, ›im Felde‹, Mutter in der langen Schlange vor der Bäckerei, Brotkarten, keine Milch, Kartoffeln knapp, Kohlenmangel, abgetragene Kleider und Schuhe von den älteren Geschwistern, immer wieder Hunger.«[24] Vielleicht ist das Elternbild, das Erich Honecker in sich trug, eine Idealisierung. Doch gleichviel: Es hat ihm Wärme und Stärke gegeben, eine Stabilität, die ihn in Krisenzeiten gestützt hat: »Wie oft hat Mutter gehungert, um den Hunger der Kinder zu mildern! […] Oft holten wir Kinder heimlich den Sirup aus dem Küchenschrank oder gingen an die für den nächsten Mittag vorbereitete Kartoffelsuppe. Ohrfeigen gab es deswegen nicht, nur Ermahnungen. Prügelstrafe war in unserer Familie verpönt. [...] Einmal allerdings – es muß kurz nach dem Krieg gewesen sein – hat mein Vater mich doch ›verdroschen‹. Weil es eine Ausnahme war, hab' ich es nicht vergessen. Aus der Spartasse meiner Mutter hatte ich ein paar Pfennige genommen, um Murmeln zu kaufen und mit anderen Kindern spielen zu können.«[25]

Schulzeit

Wilhelm Honecker kam heil, aber nicht ohne Blessuren aus dem Krieg zurück. Was zum »Griff nach der Weltmacht«, so 1961 der Hamburger Historiker Fritz Fischer in seinem gleichnamigen Werk über die deutsche Kriegsschuld am Ersten Weltkrieg, werden sollte, endete in der Katastrophe. Mehr als siebzig Millionen Menschen standen unter Waffen, die Zahl der Toten summierte sich auf zehn Millionen, die der Verwundeten auf das Doppelte. Allein auf deutscher Seite gab es 1,81 Millionen Gefallene und 4,25 Millionen Kriegsversehrte. Die Kriegskosten bilanzierten sich weltweit auf 950 Milliarden Goldmark, was einem Gegenwert von heute 9,5 Billionen Euro entspricht. Davon entfiel auf die verbündeten »Mittelmächte« Deutschland und Österreich-Ungarn ein gutes Viertel, den Rest trugen die Kriegsgegner: Frankreich, Großbritannien, Rußland, USA und Italien.

Die Seeschlacht der deutschen und der britischen Hochseeflotte am Skagerrak Ende Mai 1916 – die sich beide Seiten als Sieg gutschrieben, obwohl weder das strategische Ziel der Engländer (die Vernichtung der deutschen Großkampfschiffe) noch das der Deutschen (die Sprengung des Blockaderinges in Nordsee und Atlantik) erreicht wurde –

hatte nicht nur dem Marinesoldaten Wilhelm Honecker klargemacht, daß dieser Krieg mit äußerster Erbitterung und bis zur vollkommenen Erschöpfung aller Beteiligten geführt werden würde.

Seine Abkommandierung zu den Bodentruppen nach Flandern führte ihm in den Schützengräben der Westfront in einer schier unendlichen Kette von Angriffen und Gegenangriffen die Menschen und Moral vernichtende Wucht der Materialschlachten vor Augen. Während die höheren Stäbe in den beschlagnahmten Schlössern weit hinten in der Etappe ihre Feste feierten wie in Friedenszeiten, fehlte es vorn an der Front an allem: an Essen, an Waffen, an Munition, an Verbandszeug. Als die Seeleute im Oktober 1918 argwöhnten, sie sollten zu einer letzten Schlacht ohne Wiederkehr hinausgeschickt werden, meuterten sie. Von den Hafenstädten ausgehend fraß sich die Revolution wie ein Flächenbrand durch das Land. Zu bitter war die Not, zu maßlos die Enttäuschung und zu wild der Haß auf Schmarotzer und Kriegsgewinnler in der Heimat, als daß sich wirksamer Widerstand der Regierung oder der militärischen Führung dagegen hätte entwickeln können.

Als Wilhelm Honecker nach Wiebelskirchen zurückkehrte, wehte auf dem Heereszeugamt statt der Reichskriegsflagge bereits die rote Fahne. Ein Arbeiter- und Soldatenrat hatte die Macht übernommen. Doch in ihm hatten sich nicht etwa zu allem entschlossene Revolutionäre versammelt, sondern die örtlichen Honoratioren: ein Augenarzt, ein Lehrer, ein Rechtsanwalt, ein Amtsrichter, ein Kaufmann und ein Sekretär der nichtsozialistischen Hirsch-Dunckerschen Gewerkschaften. Viele Arbeiter, die sich von der Revolution ein Ende ihrer lebenslangen Not und Ausbeutung erhofften, fühlten sich von diesen gewiß aufrechten, aber doch ungleich privilegierteren Männern nicht vertreten. Sie wollten endlich eigenen Zugang zur Macht, einen Umsturz in die Räteherrschaft, wie sie sich seit dem »Roten Oktober« 1917 in der jungen Sowjetunion abzuzeichnen schien.²⁶

Kein Wunder, daß sich die Unzufriedenen vor den Zechentoren zusammenfanden oder in den Wohnungen jener Kumpel, die in eigenen Häusern großzügiger als die anderen untergebracht waren. Wilhelm Honecker hatte auf der Grube Deschen seine Arbeit wiederaufnehmen können und war sogleich zum Gewerkschaftsobmann gewählt worden – ein Amt, das er bis zu seiner 1935 nach der Angliederung des Saarlandes an das nationalsozialistische Deutschland aus politischen Gründen vollzogenen Entlassung innehatte. »Wir hatten Glück«, empfand Erich Honecker Jahrzehnte später, »daß die Novemberrevolution uns den Vater zurückbrachte. Er war gewillt, seinen Kindern die richtigen Lehren aus den Jahren des Völkermordes zu vermitteln. [...] Ich erinnere mich noch gut an manche Erklärung, mit der Vater meine Fragen geduldig und verständnisvoll beantwortete.«²⁷

Im Haus der Honeckers trafen sich ab Jahresende 1918 die Arbeitskollegen häufiger, um die nach dem Umsturz in Berlin nicht wenig verworrene politische Lage zu diskutieren, wo der SPD-Vorsitzende Friedrich Ebert als Leiter des Rats der Volksbeauftragten im Bündnis mit dem Militär und eilends zusammengestellten Freikorps die Revolution (»Ich hasse sie wie die Sünde«) niederschlug. Im Dezember hatte sich der zwei Monate zuvor unter der Führung von Karl Liebknecht und Rosa Luxemburg gegründete Spartakusbund wegen deren vermeintlich kompromißlerischer Linie von den Unabhängigen Sozialdemokraten getrennt. Der »Spartakus-Aufstand« zu Jahresbeginn 1919 wollte die Schaffung eines sozialistischen Räte-Deutschlands nach sowjetischem Vorbild, aber nicht nach bolschewistisch-leninistischem Muster erzwingen. Doch er blieb im wesentlichen auf Berlin beschränkt und brach nach der Ermordung von Liebknecht und Luxemburg schnell zusammen.

Nicht zuletzt diese Mordtat war es, die auch Wilhelm Honecker radikalisierte. Am späten Abend des 15. Januar 1919 wurden Karl Liebknecht und Rosa Luxemburg von nationalistischen Soldaten niedergeschossen und Rosa Luxemburgs Leichnam in den Landwehrkanal geworfen. Den Mordbefehl gab der 1970 im Alter von 89 Jahren gestorbene Major Waldemar Pabst, der dafür allerdings nie zur Rechenschaft gezogen worden ist. Etliche Dokumente lassen den Schluß zu, daß der Sozialdemokrat Gustav Noske für diese Bluttat mitverantwortlich war.[28]

Nationalistische Freikorps und regierungstreue Truppen kämpften im Januar 1919 im Auftrag der sozialdemokratischen Volksbeauftragten Friedrich Ebert und Gustav Noske den »Spartakus-Aufstand« linker Genossen nieder, die sich durch das Taktieren der SPD-Führung um die Früchte der Revolution betrogen fühlten. Noske (»Einer muß den Bluthund machen«) bat Pabst um Hilfe gegen Liebknecht und Luxemburg – und stellte dabei, so Pabst in seinen bis heute unveröffentlichten Memoiren, die Frage, »ob denn niemand die Unruhestifter unschädlich mache«.

Diese kaum versteckte Aufforderung zum Mord fand offene Ohren: Mitglieder einer »Wilmersdorfer Bürgerwehr« überwältigten Rosa Luxemburg und Karl Liebknecht in dessen Wohnung und brachten sie ins »Eden-Hotel«, die zeitweilige Kommandozentrale von Waldemar Pabst. Eine gute Stunde später wurden beide von Soldaten abtransportiert und kurz darauf erschossen. Rosa Luxemburg, so das spätere Eingeständnis von Waldemar Pabst, wurde vom Marine-Oberleutnant Herrmann Souchon umgebracht. Kapitänleutnant Horst von Pflugk-Hartung, das bestätigt eine Eintragung im Tagebuch des damaligen Marinekameraden und späteren NS-Staatssekretärs

Ernst von Weizsäcker, hatte Karl Liebknecht auf dem Gewissen.

Doch ein von Noske und Ebert eingesetztes Militärgericht unter dem Noske-Adjutanten und späteren Abwehr-Chef der Wehrmacht, Wilhelm Canaris, sprach die des Totschlags an Karl Liebknecht angeklagten Offiziere frei: Liebknecht sei von ihnen bei seiner Überführung ins Gefängnis – also gewissermaßen rechtmäßig – im Tiergarten »auf der Flucht« erschossen worden. Der Mörder Rosa Luxemburgs müsse ein unbekannter »siebter Mann« gewesen sein. Mit der Bestätigung dieses Urteils im März 1920 verhinderte Noske jede weitere Aufklärung der Tat. Und dazu hatte er auch allen Grund. Denn nach der Einlieferung von Liebknecht und Luxemburg ins »Eden-Hotel«, so Waldemar Pabst in seinen Memoiren, »ging ich wieder in mein Büro, um [...] mir zu überlegen, wie die Exekution an diesen beiden [...] durchgeführt werden solle. Daß sie durchgeführt werden mußte, darüber bestand bei Herrn Noske und mir nicht der geringste Zweifel [...] Als ich nun [am Telefon] sagte, Herr Noske, geben Sie mir bitte Befehle über das ›Wie‹, meinte Noske: ›Das ist nicht meine Sache! [...] Das soll der General [von Lüttwitz] tun, es sind seine Gefangenen.‹«

Noch deutlicher wurde 1993 Pabsts Rechtsanwalt Otto Kranzbühler in einem Brief an den Frankfurter Sozialwissenschaftler Klaus Gietinger, der sich um die Aufklärung der Morde bemühte. Darin berichtete Kranzbühler: »Pabst hat mir versichert, daß er vor seiner Entscheidung [zur Ermordung Liebknechts und Luxemburgs] Noske angerufen habe. Dieser habe ihn zunächst aufgefordert, die Genehmigung des Generals von Lüttwitz zur Erschießung der beiden Gefangenen einzuholen und nach der Einwendung Pabsts, ›die werde er nie bekommen‹, mit den Worten reagiert, ›dann müsse er selbst verantworten, was zu tun sei‹.«

Kurz vor seinem Tod schrieb Pabst dem an der Veröffentlichung seiner Memoiren interessierten Verleger Heinrich Seewald: »Wenn ich das Maul jetzt auftun würde, nachdem ich fünfzig Jahre geschwiegen habe«, gäbe »es einen dollen Stunk, vielleicht vernichtend für die SPD im Wahljahr« 1969. Jedenfalls werde es Seewald »nicht allzu schwer fallen, aus diesen Zeilen zu erkennen, warum ich bisher noch nie von der alten SPD gerichtlich verfolgt worden bin«. Pabst hat seine Memoiren nicht mehr abgeschlossen. Er starb wenige Monate nach diesem Brief.

Die Ermordung von Rosa Luxemburg und Karl Liebknecht durch die Freikorps-Soldaten heizte nicht nur in Berlin die Stimmung auf. Erbitterte Arbeiter versammelten sich auch im Saarland vor den Werkstoren und berieten Abwehrmaßnahmen gegen einen im Reichsgebiet befürchteten Putsch von rechts. Schon wegen der räumlichen Enge im elterlichen Haus blieben die regelmäßigen Treffen der Arbeitskollegen und politischen Freunde den Kindern nicht verborgen. Erich Honecker erinnerte sich noch im Alter daran: »An manchen Abenden hörten die Versammelten meinem Vater zu, der ihnen aus Schriften von Karl Marx, Friedrich Engels, Rosa Luxemburg und Karl Liebknecht vorlas. Natürlich verstand ich davon seinerzeit so gut wie kein Wort. Doch die Stimmung solcher Zusammenkünfte, das hartnäckige Ringen um Klarheit, das gegenseitige Vertrauen der Versammelten, ihr Wille zu revolutionärer Veränderung des Lebens und auch die Namen der großen Revolutionäre, deren Wort aus dem Mund meines Vaters kam, faszinierten mich und hinterließen einen unvergeßlichen Eindruck. In jenen Jahren hörte ich auch zum erstenmal den Namen Wladimir Iljitsch Lenin. ›Wir müssen es machen wie Lenin‹, wurde auf den Versammlungen gesagt.«[29]

Wenn auch Zweifel angebracht sind, daß der einfache Bergmann Wilhelm Honecker, der erst während des Krieges zur Politik gefunden hatte, die Kumpel von Wiebelskirchen in Theorie und Praxis des sozialistischen Diskurses und Klassenkampfes einwies, wird zutreffen, was dem Sohn ebenfalls im Gedächtnis geblieben ist: »Damals, in den Tagen der Novemberrevolution und den Jahren der revolutionären Nachkriegskrise, erklärte mir mein Vater in seiner einfachen Art, warum die Reichen reich und die Armen arm sind, woher die Kriege kommen, wer an den Kriegen verdient und wer unter ihnen leidet. Für mich war das einleuchtend. Ich gewann ein klares Weltbild.«[30]

Es liegt auf der Hand, wie tief solche Erfahrungen sowie das Bewußtsein, bereits als Kind in die Welt der Erwachsenen aufgenommen und selbst in politischen Angelegenheiten zum Partner des bewunderten Vaters geworden zu sein, den sechsjährigen Jungen geprägt haben müssen. Ende November 1918 rückten französische Truppen in das Saarland ein. Im Februar 1919 wählte die wegen der Berliner Unruhen vorsichtshalber in Weimar zusammengerufene Nationalversammlung den Sozialdemokraten Friedrich Ebert zum Reichspräsidenten. Ende Juni mußte die deutsche Verhandlungsdelegation unter Leitung von Außenminister Hermann Müller (SPD) die harten Friedensbedingungen des Versailler Vertrages unterzeichnen, nachdem sich der Kaiser und seine Generale bereits im Jahr zuvor geweigert hatten, die Waffenstillstandsurkunde zu paraphieren.

Dem militärisch besiegten Deutschland wurde die Alleinschuld am Ersten Weltkrieg auferlegt. Im Westen wurden die Provinzen Elsaß-Lothringen und Eupen-Malmedy vom Reich abgetrennt sowie das Saarland für fünfzehn Jahre der Völkerbundsverwaltung unter französischer Vorherrschaft überstellt. Danach sollte eine Volksabstimmung über die weitere staatliche Zukunft entscheiden. Im Osten fielen die Provinzen Posen und Westpreußen an Polen. Danzig wurde »Freie Stadt« unter Völkerbundshoheit. Ostpreußen verlor das Memelland an Litauen. In Masuren, Oberschlesien und Schleswig fanden Volksabstimmungen statt, die zu Gebietsabtretungen führten. Das Gebiet links des Rheins wurde entmilitarisiert und für bis zu fünfzehn Jahre unter alliierte Besatzung gestellt. Insgesamt büßte das Reichsgebiet (ohne Berücksichtigung der Kolonien, die gleichfalls verlorengingen) über 70 000 Quadratkilometer mit 7,3 Millionen Einwohnern ein, was in etwa der heutigen Fläche des Freistaates Bayern entspricht. Die wirtschaftlichen Verluste waren nicht weniger schwerwiegend: milliardenteure Reparationszahlungen über Jahrzehnte hinaus, drei Viertel der jährlichen Fördermenge von Zink- und Eisenerz, ein knappes Drittel der Stahl- und Walzwerkproduktion, ein Viertel des Steinkohleabbaus, ein Viertel der Roheisenerzeugung und ein Sechzehntel seiner Getreideernte mußten an die Siegermächte abgeliefert werden.

Die deutsche Niederlage war vollkommen, aber die Lasten wurden durchaus ungleich verteilt. Wer Aktienkapital, Devisen und Sachvermögen besaß, kam mit einem blauen Auge davon. Die eigentliche Zeche zahlten Arbeiter, Angestellte und Beamte, Witwen und Rentner, deren ohnehin geringe Einkommen durch Preissteigerung und Geldentwertung gnadenlos aufgezehrt wurden. Die Sozialdemokraten waren Regierungspartei in Berlin, also organisierte sich der Protest links und rechts von ihnen. In dem vom Reichsgebiet losgelösten Saarland hatte die SPD zwar vor dem Ersten Weltkrieg beachtliche Stimmengewinne erzielen können, so daß 1912 auch der Wahlkreis Wiebelskirchen an sie gefallen war, aber die bestimmende politische Kraft blieb bis zum Ende der Weimarer Zeit unverändert das katholische Zentrum. Da nationalistische Kräfte an der Saar nie eine Rolle gespielt hatten, fanden sich die Unzufriedenen, die Enttäuschten, die um ihre

Teilhabe an bescheidenem Wohlstand und politischer Gleichberechtigung Gebrachten ab Herbst 1919 bei den Kommunisten ein.

Deren erste Ortsgruppe wurde am 1. Oktober 1919 in St. Ingbert gegründet. Weitere Ortsverbände entstanden kurz darauf in Dillingen, Saarbrücken, Sulzbach, Dudweiler, Völklingen, Wiebelskirchen, Neunkirchen, Ludweiler, Homburg und St.Wendel. Im April 1922 zählte die Kommunistische Partei des Saarlandes bereits 30 Ortsgruppen.[31] In Wiebelskirchen gehörte Wilhelm Honecker zu den ersten Mitgliedern. Bis 1935 vertrat er seine Partei im Gemeinderat und schlug die Trommel in der Schalmeienkapelle des Roten Frontkämpferbundes. Wilhelm Honecker war nach den Erinnerungen alter Wiebelskirchener kein theoretischer Kopf, keine Führernatur, sondern ein braver Parteisoldat, der jede Aufgabe übernahm und gewissenhaft durchführte, die ihm von Parteifunktionären aufgetragen wurde.[32] Neben der Mitgliederwerbung auf der Zeche, in der Verwandtschaft und im Wohngebiet ging es dabei bis in den Sommer 1922 vor allem um die Vorbereitung der Wahlen zum »Landesrat«, einem Scheinparlament, das den vom Völkerbund bestellten »Staatsrat« – die Regierung des Saarlandes unter französischer Führung – weder wählen noch kontrollieren, ihm nicht einmal das Mißtrauen aussprechen durfte.

Dennoch beteiligten sich die Kommunisten an diesen Wahlen. Der Kampf um das Saarparlament, schrieb die *Arbeiter-Zeitung* am 1. Juni 1922, sei ein Stück Klassenkampf: »In diesem Kampfe um die Befreiung muß die Arbeiterklasse jedes sich bietende Mittel benutzen.« Besonders dem »fortgeschrittensten und aufgeklärtesten Teil der Arbeiterklasse« falle die Aufgabe zu, »selbst die kärglichsten Einrichtungen des kapitalistischen Staates« auszunutzen, um der Arbeiterklasse die wirklichen Zusammenhänge der kapitalistischen Gesellschaftsordnung zu zeigen.

Die Zeitung forderte: »Es muß darum gehen, daß die Vertreter der Arbeiterschaft in den bürgerlichen Parlamenten der bürgerlichen Gesellschaft die Maske vom Gesicht reißen und ihre Heucheleien der gesamten Arbeiterschaft aufzeigen.« Und dieses könne sehr wohl auch im »Landesrat« geschehen.[33]

Der Erfolg dieses ersten mit großem Einsatz durchgefochtenen Wahlkampfes im Saarland fiel für die Kommunisten indes enttäuschend aus: Nur 54 Prozent der Wahlberechtigten gingen an die Urne; das Zentrum erreichte mit 99 252 Stimmen und 16 Sitzen die absolute Mehrheit; die SPD kam mit 29 107 Stimmen auf 5 Sitze; die Liberale Volkspartei sicherte sich mit 24 829 Stimmen 4 Sitze; die eher konservative Vereinigung Hausbesitz und Grundbesitz gewann mit 16 063 Stimmen zwei Sitze; ebenso viele erhielt die KPD, die 14 532 Stimmen sammelte; schwächste Partei war mit einem Sitz die liberale Deutsche Demokratische Partei, die 7 539 Stimmen auf sich vereinigen konnte.[34]

»Mein Vater«, erklärte Erich Honecker Jahrzehnte später, »ging zu den Kommunisten, weil er in ihnen die besten Vertreter der Interessen der Arbeiter sah.« Ganz selbstverständlich sei er für die Bergarbeiter seiner Zeche eingetreten, »für die gerechteste Sache der Welt« – die Völkerbefreiung – und habe in Wiebelskirchen auch »viel Kleinarbeit« nicht gescheut, »um die Arbeiterbewegung dort nach vorne zu bringen«. Honecker: »Von diesem Blickfeld aus gesehen, kann ich sagen, daß mein Vater mir in meinem ganzen Leben stets ein Vorbild war.«[35]

Wilhelm Honecker war, was man einen klassenbewußten Arbeiter nennen könnte. Ganz gewiß waren ihm nach seinen Erfahrungen als einfacher Soldat im Ersten Weltkrieg nationalistische Gefühle fremd. Als die Franzosen nach ihrem Einmarsch am 24. November 1918 die staatlichen Kohlegruben übernahmen (»Administration des

Mines domaniales françaises du bassin de la Sarre«), einzelne zweisprachige Schulen (die sogenannten Domanialschulen) unter französischer Schulaufsicht als Ergänzung der katholischen und evangelischen Konfessionsschulen einrichteten sowie nach und nach den im Vergleich zur Reichsmark wertbeständigeren Franc zur Landeswährung machten, sah der Bergmann in solchen Maßnahmen keinen Grund zum Widerstand. Zumal ein erster, überwiegend erfolgreicher Streik zwischen dem 26. März und dem 10. April 1919 der französischen Bergwerksverwaltung nicht nur längst überfällige Lohnerhöhungen, sondern auch die Einführung der Achtstundenschicht abnötigte. Freilich wurden 21 Streikführer, die entgegen der Anweisung französischer Militärbehörden Sicherungsarbeiten an den stillgelegten Kohlezechen verhindern wollten, nach dem Streikende von Militärgerichten verurteilt und 400 weitere Kumpel mit ihren Familien nach Deutschland ausgewiesen. Wilhelm Honecker gehörte nicht zu ihnen.

Der Vater, erzählte Erich Honecker später, habe ihm damals die Lage so erklärt: »Was die da oben in Saarbrücken machen, geht uns nichts an. Wir Proleten an der Saar haben die Nase voll von dem nationalistischen Gerede. Das neue Geld [der Franc] schafft Mutter endlich was in den Kochtopf. Und obwohl die einen nicht besser als die anderen sind, ist es vielleicht gar nicht so schlecht, daß wir jetzt zu Frankreich gehören. Schließlich haben unsere französischen Brüder und Genossen die gleichen Interessen wie wir. Und jeder französische Arbeiter ist mir lieber als die Herren Stumm und Röchling, die uns mit ihren nationalistischen Phrasen ja doch bloß wieder ihre kapitalistische Ausbeutung aufzwingen wollen.«[36]

Erich Honeckers ältere Schwester Frieda (geboren 1909) besuchte eine Domanialschule in Neunkirchen. Erich selbst wurde Ostern 1918 in Wiebelskirchen in die evangelische Grundschule in der Kuchenbergstraße eingeschult. Die ältere Schwester Katharina (geboren 1906) litt damals schon an Tuberkulose. Sie starb 1925 im Alter von neunzehn Jahren. Die Eltern hatten sich nach Kräften bemüht, sie die Krankheit so wenig wie möglich fühlen zu lassen. »Ihr Tod«, sagte Honecker, »hätte nicht zu sein brauchen, wenn die Familie über die entsprechenden Mittel verfügt hätte, um meine Schwester in die Schweiz zu schicken. Das war für eine Bergarbeiterfamilie damals nicht möglich, und es gab noch keine Medizin, um erfolgreich die Tuberkulose zu behandeln.«[37] So blieb die medizinische Versorgung im wesentlichen Pflege, die in Wiebelskirchen von den Nonnen im katholischen Johannesstift aufopferungsvoll geleistet wurde, wie Honecker zu DDR-Zeiten dankbar hervorhob. Besonders um die Schwester verdient gemacht hatte sich auch der Prälat Johann Schütz, der kinderreiche Familien in den Hungerjahren nicht nur seelsorgerlich begleitete, sondern sie nach seinen Möglichkeiten auch mit Essen versorgte.[38] Erich, der wegen seiner gleichfalls angegriffenen Gesundheit während der großen Ferien seiner beiden letzten Volksschuljahre zur Erholung aufs Land verschickt wurde, landete bei einem Bauern in Hinterpommern, mußte dort im Stall beim Vieh schlafen und war eine willkommene, weil kostenlose Arbeitskraft.

Nach der dritten Klasse wechselte Erich Honecker in die evangelische Hauptschule in der heutigen Prälat-Schütz-Straße, die von dem Direktor Peter Röser geleitet wurde. Honecker war in der Erinnerung seiner Schulfreunde kein herausragender Schüler, aber ein »anständiger Kerl«[39]. Fritz Kurz, der die letzten drei Schulklassen mit Honecker gemeinsam verbrachte, meinte: »Der Erich war als Schüler schon ein bißchen stur und auch politisch schon engagiert. Das gab Schwierigkeiten, weil die Lehrer das nicht wollten. [...] Und wenn er mal Prügel bekam, hat er immer gelacht. Der Erich konnte einfach nicht heulen. [...] Ich weiß genau, daß er damals schon Flugblätter verteilt hat und für die kommunistische Jugend Propaganda gemacht hat.« Kurt Humbs gab an: »Erich Honecker ist nie sonderlich aufgefallen, weder nach Leistung noch nach Benehmen. Er war ein durchschnittlicher Schüler. Wenn ich nach meiner langen Erfahrung als Lehrer Erich Honecker einschätzen sollte, würde ich sagen, daß er ein Schüler mit positivem Charakterbild war.« Ein anderer Mitschüler sagte: »Ich war acht Jahre mit ihm zusammen, und keiner von uns beiden ist jemals sitzengeblieben. Er war ein mittelmäßiger Schüler, genau wie ich auch. Ich kann ihn mir noch gut vorstellen; er hat zeitweilig neben mir in der Bank gesessen, und ich weiß noch, daß er in den letzten Jahren während des Religionsunterrichts mit noch einigen Schulkameraden in den Schulhof gegangen ist. Er hat die Vorbereitung zur Konfirmation nicht mitgemacht und wurde auch nicht konfirmiert.[40] Erich war oft allein.«

Gesang, Zeichnen, Geschichte und Rechnen waren nach seinen eigenen Angaben Honeckers Lieblingsfächer, für »Deutsch und Rechtschreibung« habe er sich nicht interessiert und nur die Note befriedigend erreicht.[41] Sein Onkel Peter Weidenhof habe ihn deshalb einmal nach einer Zeugnisverteilung ernstlich, aber ergebnislos ermahnt: »Mein lieber Freund, in Deutsch mußt du dich anstrengen, das ist sehr wichtig [...] im politischen Leben. Da muß man die Sprache gut beherrschen.« Der Geschichtsunterricht jener Jahre bot dem jungen Honecker ganz zweifellos ein Kontrastprogramm zu dem, was ihm vom Vater im Elternhaus vermittelt wurde. Geschichtliche Abläufe wurden von den Lehrern nicht im Sinne des historischen Materialismus als Ausdruck von Klassenkämpfen oder von gesellschaftlichen Bedingungen im Spannungsverhältnis subjektiver und objektiver Faktoren begriffen, sondern waren ereignisgeschichtlich an Daten und Dynastien orientiert. Geschichte war, erinnerte sich Honecker, »die Geschichte von Fürstengeschlechtern«. Gleichwohl scheint ihn das als Kind nicht abgestoßen zu haben, so wenig wie der Erdkunde-Lehrstoff, der sich wesentlich auf »die politische Geographie in Verbindung mit der Ausdehnung des Deutschen Reiches« beschränkte.

Nicht gemocht habe er dagegen den Religionsunterricht, an dem er aber trotz des Kirchenaustritts seines Vaters zumindest in den unteren Schulklassen teilnehmen mußte. »Ich erinnere mich an manchen Lehrer, der uns Kinder mit Verständnis und Zuneigung behandelte und unsere geistigen Interessen weckte«, schrieb er in seinen Aufzeichnungen *Aus meinem Leben*, »doch nicht alle Lehrer waren so. Ich habe auch intolerante Schulmeister gehabt, die mich spüren ließen, daß sie mit meiner Zugehörigkeit zu Jung-Spartakus überhaupt nicht einverstanden waren. Es gab, meist noch aus Kaiser Wilhelms Zeiten, sogar regelrechte Prügelpauker, die uns das einbleuen wollten, was sie für ›preußisch-deutsche Zucht und Ordnung‹ hielten.«

Gegen solche Übergriffe, die in jenen Jahren an Volksschulen eher die Regel als die Ausnahme waren, setzten sich die Schüler so gut sie konnten zur Wehr. Ab 1921 erschien in der kommunistischen Jugendzeitung *Der junge Genosse* eine regelmäßige Rubrik unter dem Titel »Unser Kampf in der Schule«, in der Prügelpädagogen angeprangert wurden. Ein besonders einprägsamer Zwischenfall blieb Erich Honecker lebenslang im Gedächtnis: »Heute denke ich mit Schmunzeln an unseren Kampf gegen die ›schlagenden Argumente‹ eines Gesanglehrers, der den Rohrstock sinnigerweise im Geigenkasten aufzubewahren pflegte. Und wenn er, was hin und wieder passierte, den Geigenkasten in die Schule mitzubringen vergaß, dann schickte er Schüler los, ihn zu holen. Als ich einmal diesen Auftrag erhielt, öffnete ich unterwegs kurzerhand den Kasten, nahm den Stock heraus, zerbrach dieses Werkzeug des Untertanengeistes und warf es in die Blies. Natürlich besorgte sich der Prügelpauker einen neuen Stock. Doch ein Signal war gesetzt, und unser Selbstbewußtsein wuchs.«

Solche Akte des Widerstandes verlangten Mut und eine geringe Schmerzempfindlichkeit noch dazu, denn natürlich wurde jedes Aufmucken um so härter bestraft, je nachhaltiger es in den Augen der Lehrer die Bereitschaft der Schüler zu bedingungsloser Unterordnung zu gefährden schien. Aber es gab auch andere Lehrer, die es laut Honecker verstanden haben, »mit den Kindern gemeinsam zu leben«, die »eine bestimmte Sympathie für mich [hatten], weil wir als Kindergruppe der Kommunistischen Partei bekannt waren und als sehr fleißige Kinder galten und nicht zu den dümmsten gehörten«.

Es ist nicht auszuschließen, daß an der Volksschule in Wiebelskirchen einzelne Lehrer mit kommunistischem Gedankengut sympathisiert haben mögen. Doch Honecker täuschte sich im Alter ganz zweifellos, als er darauf hinwies, daß nach Lenins Tod im Januar 1924 der Schulunterricht für eine Trauerfeier unterbrochen worden sei: »Ein Lehrer würdigte das Werk Lenins als das eines bedeutenden Staatsmannes.« Eine solche Gedenkstunde wäre damals an einer evangelischen Schule im französisch besetzten Saargebiet unvorstellbar gewesen.

1926, nach seinem Abgang von der Schule nach der 8. Klasse, brachen bei Erich Honecker die Verbindungen zu den Schulfreunden ab, soweit sie nicht in den kommunistischen Jugendorganisationen ihre Fortsetzung auf anderer Ebene fanden. Nur zwei Mitschüler konnten wegen ihrer schulischen Leistungen und der finanziellen Reserven ihrer Familien weiterführende Schulen besuchen. Die anderen machten sich auf die zermürbende Suche nach Lehrstellen oder sonst einem Arbeitsplatz, selbst wenn er nur geringe Bezahlung versprach.

Jung-Spartakus

Noch als Fünftklässler war Erich Honecker im Sommer 1922 kurz vor seinem zehnten Geburtstag in die Kindergruppe der Kommunistischen Partei in Wiebelskirchen eingetreten. Diese Jugendorganisation, die ab 1924 den Namen Jung-Spartakus-Bund trug und der etwa fünfzig Schülerinnen und Schüler angehörten, unterschied sich auf den ersten Blick wenig von anderen Jugendgruppen der damaligen Zeit. Die Jugendlichen trafen sich regelmäßig und mehrmals in der Woche, während der Sommermonate im Grünen, wenn das Wetter dies zuließ, sonst auf den Dachböden jener Bergarbeiterhäuser, die dafür ausreichend Platz boten. Auch bei den Honeckers kamen die »Jung-Spartakisten« häufiger zusammen. Sie sangen Arbeiter- und Volkslieder, lasen sich die von der Partei empfohlenen Kinderbücher der Schriftstellerin Hermynia zur Mühlen vor, deren Anschaffung für jeden einzelnen viel zu teuer gewesen wäre. Die Jugendlichen studierten »linke« Theaterstücke zeitgenössischer Autoren ein – etwa jenes über »Spartakus – der Sklavenbefreier«, das inzwischen längst vergessen ist, dessen Inhalt man sich gleichwohl unschwer vorstellen kann. Die Kinder, deren Familien aus Geldmangel, aber auch weil es keinen gesetzlich verbrieften Urlaubsanspruch gab, nie Ferienaufenthalte kennengelernt hätten, unternahmen mit der Gruppe Wanderungen durch das Saarland, übernachteten während ihrer Ausflüge bei wohlgesonnenen Bauern in der Scheune oder in den Hütten der Naturfreunde, einer Wanderbewegung, die fortschrittlichem Gedankengut gegenüber aufgeschlossen war. Das Gemeinschaftserlebnis, die selbstverständliche Übernahme von Pflichten, aber eben auch die Übertragung von Führungsverantwortung und politischen Aufgaben, das ihnen zugestandene Recht, die spärlich genug vorhandene freie Zeit weithin nach eigenen Bedürfnissen gestalten zu dürfen, wird die Kinder in dieser kommunistischen Jugendorganisation so begeistert haben wie die Mitglieder ähnlich ausgerichteter Gruppierungen damals und heute.[42]

Sie wuchsen beträchtlich über ihr Alter hinaus und erhielten einen Wert und eine Bedeutung zugesprochen, die ihnen vorher fremd und fern gewesen sein mögen. Die Kommunistische Partei beschloß 1920 ihre »Thesen zur Schaffung kommunistischer Kindergruppen«, die auf dem Reichskongreß der Kommunistischen Jugend Deutschland (KJD) im gleichen Jahr bestätigt und im Januar 1921 in der Jugendzeitung der Partei *Die Junge Garde* veröffentlicht wurden. In ihnen wurden als politische Hauptaufgaben der kommunistischen Kindergruppen benannt: die »Sammlung proletarischer Kinder«, die »Weckung des Klassenbewußtseins«, die »Erziehung zur proletarischen Solidarität und zum Kampf gegen die Ausbeuter«, die »Herausgabe statistischen Materials über Kinderelend« sowie Agitation und Aktionen zur »Besserung der materiellen Lage der Kinder«[43].

Die Aktionen der Kindergruppen waren gewiß nicht nur in Wiebelskirchen so abwechslungsreich und unterhaltsam, wie sich Erich Honecker an sie erinnerte. Er sprach noch im Alter von Wanderungen, die in der näheren Umgebung Neunkirchens begannen, später aber bis nach Idar-Oberstein, nach Bad Leuda oder bis ins »Ziegenpfälzische« führten, wo die Schlachten des Bauernkriegs ausgefochten worden waren. Er erzählte von der »sehr guten Gemeinschaft zwischen Jungs und Mädels«, die – anders als in den konfessionellen und bündischen

Jugendorganisationen der damaligen Zeit – in den kommunistischen Kindergruppen gemeinsam aufwuchsen und von der Ungezwungenheit, die ihn begeisterte: »All das, was wir auf den Wanderungen brauchten, haben wir im Rucksack gehabt. Ich kann mir meine Jugend gar nicht vorstellen ohne Wanderungen.« Aber auch die Lieder der Arbeiterbewegung lernte er kennen, die, wie er sagte, bis ins hohe Alter seine Begleiter blieben:

> Wann wir schreiten Seit' an Seit'
> und die alten Lieder singen
> und die Wälder wiederklingen,
> fühlen wir, es muß gelingen:
> Mit uns zieht die neue Zeit!
> Mit uns zieht die neue Zeit!

Wer die Stimmung dieser jungen Menschen nachempfinden will, die ausnahmslos aus armen Elternhäusern kamen, in denen es an allem fehlte und oft nicht genug zu essen gab, der muß sich in ihre Lieder hineinfühlen, die sie tagtäglich sangen, in denen sie sich selbst wiederfanden und die ihnen Kraft zum Widerstand gaben. Aus diesen Liedern wuchs viel Wut, viel Trotz, viel Hoffnung und mitunter auch viel Haß. Das gilt gewiß für »Auf, auf zum Kampf, zum Kampf sind wir geboren«, das Lied, das nach der Ermordung von Karl Liebknecht und Rosa Luxemburg im Januar 1919 entstand und zu den Lieblingsliedern Erich Honeckers zählte.[44]

Diese Lieder drückten nicht nur Trauer aus und Schmerz, zu dem Teil der Gesellschaft zu gehören, dem die geringeren Zukunftschancen und die schlechteren Lebensbedingungen zugemessen waren. Sie lassen auch die Entschlossenheit erkennen, die nicht nur unter jungen Menschen zunahm, diese bitteren Verhältnisse zu ändern, sie aufzubrechen – wenn es nottat, auch mit Gewalt. Dabei glaubten sich die Jung-Spartakisten nie im Unrecht, sondern verstanden sich immer als Opfer einer gesellschaftlichen Ordnung, die ihnen den gerechten Anteil an Macht und Wohlstand streitig machte. Sie empfanden sich also nicht als Umstürzler, sondern als Revolutionäre, als Kämpfer für die gute Sache. Lieder wurden so zu Kampfmitteln, zu Appellen an Solidarität, »Klassenbrüderschaft« und revolutionären Einsatzwillen. Dies galt, wie Honecker während seines Besuchs im Saarland 1987 kommunistischen Jugendfreunden in Erinnerung an alte Zeiten anvertraute, wegen seiner Gefühligkeit ganz besonders für das Lied, das nach den Märzkämpfen revolutionärer Arbeiter gegen Schutzpolizei und Freikorps um das mitteldeutsche Industrierevier Leuna 1921 gesungen wurde: »Bei Leuna sind viele gefallen, bei Leuna floß Arbeiterblut.«[45]

Und das gilt vor allem für das »Lied vom kleinen Trompeter«, das 1925 geschrieben wurde, nachdem der sechzehn Jahre junge Fritz Weineck, Hornist in einer Kapelle des Roten Frontkämpferbundes, in einer Versammlung mit dem KPD-Vorsitzenden Ernst Thälmann in Halle von Polizeibeamten bei einem Tumult erschossen worden war. Wie viele andere Kommunisten auch, so erzählte Gertrud Hoppstädter nach dem Besuch ihres Bruders im Sommer 1987 in Wiebelskirchen, habe sich Erich Honecker später einmal dieses Lied als Teil der musikalischen Umrahmung seiner eigenen Beerdigung gewünscht: »Von all unsern Kameraden war keiner so lieb und so gut wie unser kleiner Trompeter, ein lustiges Rotgardistenblut.«[46]

Wer imstande ist, diese Lieder so auf sich selbst zu beziehen und wirken zu lassen, wie es den jungen Kommunisten ganz selbstverständlich war, der wird ahnen können, was diese Texte und die sehr eingängigen Melodien in den Kindern und Jugendlichen damals auslösten. Sie waren Trost und Ermutigung, vor allem aber vermittelten sie das Gefühl, nicht länger allein zu stehen, entwürdigt und von jeder Zukunftshoffnung ausgeschlossen zu sein; statt dessen gaben sie die Zuversicht, ja die Gewißheit, Teil einer verschworenen Kampfgemeinschaft zu sein, der letztlich trotz aller Rückschläge und Opfer der Sieg nicht zu nehmen sein werde.

Ähnliche Wirkung wie die sehr häufig trauerschweren Verse dieser Lieder hatten zweifellos die Erzählungen von Hermynia zur Mühlen, einer adligen Schriftstellerin, die sich sehr früh die Sache der Arbeiterbewegung zu eigen gemacht hatte. Erich Honecker erwähnte eine dieser Geschichten: »Noch nach über fünf Jahrzehnten erinnere ich mich an eines der ersten Kinderbücher, das ich las. [...] Die Geschichte [...] trug den Titel ›Der Spatz‹. [...] Die Spatzen waren in dem farbig illustrierten Büchlein als die Proletarier der Vogelwelt dargestellt. Ein junger Spatz machte sich auf die Suche nach einem Land ohne Hunger und Kälte. Er fand aber überall Arme und Reiche, erlebte die Solidarität der Armen und lernte einen Jungen kennen, der diese Welt ändern würde.«[47]

Der den Kommunisten zeitweilig nahestehende Soziologe Otto Rühle beschrieb in seiner Untersuchung über *Das proletarische Kind*, die erstmals 1911 und dann, aktualisiert und erweitert, 1922 erneut erschien, die bedrückenden Lebensverhältnisse in Arbeiterfamilien auch außerhalb des Saargebiets.[48] Er verwies darauf, daß etwa an der Ruhr zwischen 1907 und 1909 die Jahreseinkommen der Bergleute von 1 871 Reichsmark auf 1 555 Reichsmark, also um 17 Prozent, sanken, während gleichzeitig die Ausgaben für Wohnung und Kleidung beträchtlich anstiegen, allein für Lebensmittel um 17,5 Prozent. Der Jahreslohn eines Bergmannes im Saargebiet (1 185 Reichsmark) lag deutlich unter dem Betrag, den der Staat an jährlichen Kosten für Haltung und Fütterung zweier Postpferde ausgab: 1 440 Reichsmark.[49]

Als eine »unheimliche Würgerin«, schrieb Rühle, »wütet die Tuberkulose unter den Kindern der Armen«. Über die Hälfte aller Tuberkulosekranken waren Kinder aus Arbeiterfamilien. Eine epidemiologische Untersuchung in Danzig ergab, daß 85 Prozent aller dieser Kinder Träger von Tuberkulosekeimen waren. Neun von zehn Kindern aus armen Familien in Berlin litten an Skrofulose (Hauttuberkulose), waren blutarm, im Wachstum zurückgeblieben und in ihrer geistigen Entwicklung erheblich verzögert.[50]

Rund eine Million Kinder – der achte Teil aller Schüler unter vierzehn Jahren im Kaiserreich vor Ausbruch des Ersten Weltkrieges – mußten durch Lohnarbeit in Fabriken, in der Landwirtschaft oder in sonstigen Beschäftigungsverhältnissen zum Familienunterhalt beitragen.[51] Eine Lehrerbefragung hatte zum Ergebnis, daß sich diese Quote in Industriestädten auf 30 bis 50 Prozent der Kinder erhöhte und in Industriedörfern wie Wiebelskirchen sogar bis zu 80 Prozent ausmachte.[52] Dabei lag die übliche Arbeitszeit – zusätzlich zum Schulbesuch – etwa im thüringischen Herzogtum Sachsen-Coburg-Gotha täglich zwischen sieben und zehn Stunden.[53] Der Lohn für diese harte Arbeit waren Pfennige. In Glasereien, Webereien und Stellmachereien, ermittelte Rühle, betrug der Tagesverdienst zwischen vier und 40 Pfennige, in Bäckereien und Metzgereien zwischen sieben und 40 Pfennige, in der Knopfindustrie vier bis 30 Pfennige, in Korbflechtereien und in der Metallverarbeitung 15 bis 30 Pfennige, bei Schneidern, Schustern, Drechslern und Kistenbauern sieben bis 17 Pfennige. Otto Rühle: »So wurde der Verlust von Kindheit, Freiheit, Sonne und Jugendglück durch ein paar elende Kupferdreier aufgewogen, um die man obendrein noch mit den armen Geschöpfen feilschte.«[54]

Zwar hielt sich der saarländische Stumm-Konzern einiges darauf zugute, die Kinderarbeit in seinen Hüttenwerken schon lange vor der Jahrhundertwende abgeschafft zu haben, doch für die staatlichen Kohlegruben galt das nicht. Wie die Arbeitsbedingungen für Kinder unter Tage beispielsweise im Mansfelder Revier aussahen, griff ein Redner auf dem Preußischen Bergarbeiter-Delegiertentag 1905 an: Sie »müssen den Hund, in dem das Erz von der Strecke zur nächsten Förderstelle geschafft wird, bei einer Schachthöhe von höchstens 35 Zentimetern kriechend an einem Stricke hinter sich herziehen. Die Knaben haben nichts weiter an als eine Hose, um die Scham zu bedecken, ein Hemd kennt man da nicht. Eine Ministerialverordnung von 1879 hat der Mansfelder Gewerkschaft [das waren die Grubeneigentümer] das Privileg erteilt, Kinder unter 16 Jahren unter Tag zu beschäftigen, weil die Abbauverhältnisse angeblich so ungünstig sind, daß nur mit Hilfe der Kinderarbeit der Betrieb aufrechterhalten werden könne.«[55]

War also die Ausbeutung von Kindern in Industrie und Gewerbe vor dem Ersten Weltkrieg keine Seltenheit, gehörte sie in den landwirtschaftlichen Regionen fraglos zum Alltag. Ein Landlehrer in Pommern notierte den Wochen- und Tagesarbeitsplan eines zwölfjährigen Jungen: »3. Märzwoche: 4½ Uhr auf. Stallarbeit (Ausmisten helfen, Wassertragen, Füttern) bis 7½ Uhr. Schule. Über Mittag Holzhauen und Rübenstampfen. Nachmittags Arbeit in der Scheune (Strohabtragen). Gegen Abend Füttern, Torfabtragen, Wassertragen. Im ganzen 7 bis 8 Stunden gearbeitet. Sonntags 3 Stunden. 4. Märzwoche: Ungefähr die gleiche Arbeit. Dauer der Beschäftigung etwas länger, weil die Tage zunehmen. 1. Aprilwoche: Mehrarbeit wegen Erkrankung des Knechts. 56 Stunden in der Woche. 2. Aprilwoche: Morgens Stallarbeit, alsdann Gartenarbeit. Nachmittags Kornboden gereinigt. Regelmäßige Arbeit: täglich Kartoffeln von Keimen befreien bis 8 Uhr abends. Arbeitsdauer in der Woche 60 Stunden. 3. Aprilwoche: Morgens Stallarbeit. Außer der Schulzeit

Faschinen aus Weiden gebunden zum Wegebessern. Feldarbeit. Hausarbeit. Und so fort bis in den Spätherbst hinein, oft 8 bis 14 Stunden täglich.«[56]

Und auch dies, wohlgemerkt, zusätzlich zum Schulbesuch, weil sich insbesondere Preußen auf die streng überwachte allgemeine Schulpflicht einiges zugute hielt. Freilich war auch die Schule Ausdruck der gesellschaftlichen Wirklichkeit jener Jahre: Die höheren Schulen waren in stattlicheren Gebäuden untergebracht, mit reichen Sammlungen und technischer Ausstattung für den Fachunterricht ausgerüstet, sie hatten kleinere Klassen, akademisch ausgebildete Lehrer; die Volksschulen dagegen waren überfüllt, schlechter vorgebildete Lehrer taten in ihnen Dienst, ihre Bildungsziele waren beschränkt. Entfielen auf einen Volksschüler vor dem Ersten Weltkrieg jährliche Aufwendungen in Höhe von 54 Reichsmark, gab Preußen für einen Schüler höherer Lehranstalten das Dreifache aus. Hatte ein Volksschullehrer durchschnittlich 58 Schüler zu unterrichten, kamen an Gymnasien nur 15 bis 16 Schüler auf einen Lehrer – und in der Armee weniger als sieben Mann auf einen Unteroffizier. »Das ist«, schrieb Rühle, »der Klassenstaat als Kulturstaat!«[57]

Zumindest an den Volksschulen war die Prügelstrafe ein alltägliches Erziehungsmittel: »Während auf allen höheren Schulen die körperliche Züchtigung entweder völlig beseitigt oder auf ein kleines Minimum zurückgedrängt worden ist, sieht sich das proletarische Kind, das die Volksschule besucht, täglich und stündlich der Gefahr ausgesetzt, aufs schwerste gezüchtigt, wenn nicht gar mißhandelt zu werden.«[58]

Diese Daten beschreiben die weithin triste Kindheit und Jugend, in die auch Erich Honecker hineingeboren wurde. Gewiß, es ging ihm besser als manchem Schulfreund und Jung-Spartakisten, dessen Eltern nicht über ein eigenes Haus mit Nutzgarten und Tierhaltung zur Aufbesserung des Speiseplans verfügten. Er hatte liebevolle Eltern und fühlte sich aufgehoben in der verläßlichen Gemeinschaft seiner Geschwister und der kommunistischen Kindergruppe. Und sicherlich war es sehr viel angenehmer, in der Freiheit des ländlichen Wiebelskirchen statt in der ungesunden und düsteren Enge eines Großstadt-Hinterhofes aufwachsen zu können, mit den Badestellen am Fluß, den Wiesen zum Toben, dem Wald im aufgelassenen Grubengelände jenseits der Blies, die Platz boten für Abenteuer jeglicher Art.

Die Aktivitäten und die Anerkennung im Jung-Spartakus-Bund trugen sicherlich einen erheblichen Teil zu diesem Wohlgefühl bei. »Die Jahre bei Jung-Spartakus«, betonte Erich Honecker noch nach Jahrzehnten, »waren für meine Geschwister und mich Jahre einer bewegten und sinnerfüllten Kindheit.«[59] Die Gruppe traf sich mit gleichgesinnten französischen Jugendlichen. Sie unternahmen gemeinsame Ausflüge und auch Fahrten bis hin zu den Weltkriegsschlachtfeldern von Verdun. »Ein wirkliches Schlachtfeld mit den kilometerlangen Gräberreihen zu sehen«, erinnerte sich Honecker, »war gewiß lehrreicher als das Auswendiglernen von Jahreszahlen.«[60]

Eine besondere Bewährungsprobe für die Kinder war ihre Einbeziehung in den politischen Kampf der Eltern. Sie trugen Parteizeitungen aus, beteiligten sich an Geld- und Kleidersammlungen für Frauen und Kinder verhafteter oder vom Arbeitsplatz entlassener Kommunisten. Solidarität war eine Haltung, die den Kindern vorgelebt wurde und für sie in ihrem Alltag ganz konkret erfahrbar war.

Am 5. Februar 1923 rief die Gewerkschaft im saarländischen Bergbau zum Streik auf, nachdem die Arbeitgeber trotz Geldentwertung und Preissteigerungen völlig unzureichende Lohnangebote gemacht hatten. Dieser Streik, der auf französische Gruben übergriff und an dem mit

72 000 Arbeitern nahezu sämtliche Bergleute des Saargebiets teilnahmen, sollte einhundert Tage dauern. Nicht zuletzt aufgrund der Unterstützung durch die französischen Kumpel wurden die Grubeneigner zum Nachgeben gezwungen, erhöhten die Löhne und garantierten erstmalig die Achtstundenschicht.[61]

Eine Woche nach Streikbeginn brachte Karoline Honecker ihr sechstes Kind zur Welt, den jüngsten Sohn Karl-Robert. Auf Unterstützung durch ihren Mann oder ihre älteren Kinder konnte sie in diesen Tagen nicht rechnen. Alle waren eingespannt in den Arbeitskampf. Die Jung-Spartakisten halfen mit bei der Verteilung von Lebensmitteln an die Streikposten, vertrieben Flugblätter und überbrachten Nachrichten durch ihren eigenen Kurierdienst. Dafür erlernten sie sogar das Morsealphabet. Der politische Kampf wurde zum Abenteuer, das Abenteuer war politischer Kampf. Die FDJ-Zeitung *Junge Welt* berichtete darüber nach einem Gespräch mit Erich Honecker 1954: »Auch in dem Nachbarort Neunkirchen streikten die Metallarbeiter. Sie planten eine Demonstration, und Erich marschierte mit der Gruppe des Kommunistischen Kinderverbandes nach Neunkirchen, um sich daran zu beteiligen. Sie schlängelten sich an den Polizeiposten vorbei und nahmen an der Streikversammlung teil. Als die Demonstration begann, wurde das Landjägerkorps gegen die Arbeiter gehetzt. Sofort gingen die Kinder an die Spitze, die Polizei wich zurück, aber schon machten einige Landjäger Anstalten, auf die Kinder einzuschlagen. Da stürzten die Frauen und Arbeiter vor, schlugen die Polizisten zurück, und die Demonstration fand statt.«[62]

Solche Erlebnisse können nicht spurlos an Erich Honecker vorübergegangen sein. Tatsächlich hat er, wie er später sagte, aus diesem Streik einige grundsätzliche Folgerungen für sein weiteres Leben gezogen. Eine davon war, daß Massenaktionen und Massenstreiks seiner Erfahrung nach nur dann erfolgreich sein können, wenn sie geschlossen geführt werden, so daß Streikbrecher oder »Spalterorganisationen« keine Chance haben. Als zweite Konsequenz ergab sich für ihn, daß Streiks, so erfolgreich sie hinsichtlich kurzfristiger Lohnabschlüsse auch sein mögen, langfristig nur dann die Arbeitsbedingungen wirklich verändern können, wenn sie nicht allein wirtschaftliche, materielle oder soziale Ziele verfolgen, sondern mit der Absicht geführt werden, der politischen Macht näherzukommen, womöglich gar die politischen Verhältnisse zugunsten der Streikenden auszuhebeln. Und drittens erkannte er: »Wenn ich heute an diese Zeit zurückdenke, dann muß ich sagen, daß der Pionierverband [die kommunistische Kinderorganisation nach 1945] die größte Bedeutung bei der Erziehung von jungen Menschen zum Klassenbewußtsein besitzt. Was man in dieser Zeit in sich aufnimmt, ist sicher nicht ideologisch begründet, aber es sitzt so fest, daß man es nie mehr vergißt. Mir jedenfalls ist es so gegangen.«[63]

Lehr- und Wanderjahre

Nicht Dachdecker oder Parteifunktionär und jedenfalls nicht Bergmann wie sein Vater, dessen harten und gefährlichen Berufsalltag er als Kind alltäglich angstvoll miterlebt hatte, waren das Berufsziel von Erich Honecker. Er wollte Lokomotivführer werden, einer, »der sein Stahlroß durch die Lande lenkt, Grenzen überquert, das war mein Traum«. Doch daraus sollte nichts werden. Lokomotivführer waren zur damaligen Zeit Beamte, und damit waren Arbeiterkinder von dieser Laufbahn ausgeschlossen, solange es genügend Bewerber aus den »besseren Kreisen« gab. Nicht einmal als einfacher Streckenarbeiter in einer Baukolonne konnte er unterkommen.[64]

Als der Junge Ostern 1926 nach der achten Klasse die Volksschule verließ, waren Lehrstellen im Saarland knapp. Der Staat stellte niemanden ein und auch nicht die Eisenbahn; selbst die Kohlegruben mit ihren wenig angenehmen Arbeitsbedingungen, die in wirtschaftlich besseren Zeiten für eine vergleichsweise hohe Fluktuation unter den Beschäftigten sorgten, suchten keinen Nachwuchs. Erich Honecker hätte seinen Eltern untätig auf der Tasche gelegen. Dies wäre eine Perspektive sich ständig wiederholender Enttäuschungen nach immer neuen, durchweg erfolglosen Bewerbungen gewesen, eine höchst ungewisse Zukunft andauernden Wartens, die weder für ihn, noch, mangels finanzieller Mittel, für die Familie in Frage kam. Also erinnerten sich die Eltern seiner Landaufenthalte während der großen Ferien im heute polnischen Teil Pommerns und fragten bei dem Bauern Streich in Neudorf, Kreis Bublitz, nach, ob er nicht bereit sei, den Sohn erneut als landwirtschaftlichen Helfer bei sich aufzunehmen.

Der pommersche Landwirt, der kein Klein- oder Mittelbauer nach saarländischem Muster war, sondern mit acht Pferden und einigen Knechten 80 Hektar Land bestellte, zwei Dutzend Kühe und an die 30 Schweine hielt, sagte zu.[65] So machte sich Erich Honecker im Sommer 1926 auf den Weg nach Osten. Zuvor war er noch rasch in den Kommunistischen Jugendverband eingetreten, weil seine Mitgliedschaft in der kommunistischen Kinderorganisation, dem Jung-Spartakus-Bund, mit der Schulentlassung auslief.[66] Ob er aber bereits damals auch Mitglied im Arbeitersportverein »Fichte« wurde, wie es in einzelnen Lebensbeschreibungen heißt, mit seinem fünf Jahre älteren Bruder Willi den Spielmannszug des Roten Frontkämpferbundes und die Holzarbeitergewerkschaft verstärkte oder dies alles erst nach seiner Rückkehr aus Pommern zwei Jahre später begann, ist nicht eindeutig zu klären.[67] Als wahrscheinlich kann jedoch gelten, daß zumindest der

Gewerkschaftsbeitritt erst mit dem Beginn der Lehrzeit 1928 erfolgte, schließlich hätte eine frühere Mitgliedschaft keinerlei Sinn gemacht.[68]

Im Sommer 1926 traf Erich Honecker, rechtzeitig zur Ernte, in dem kleinen Weiler Neudorf ein, 25 Kilometer nördlich vom damaligen Neustettin und 30 Kilometer westlich der deutsch-polnischen Grenze im östlichsten Teil Hinterpommerns gelegen. Der wohlhabende Bauer hatte sechs Töchter, von denen vier bereits verheiratet waren. Wegen einer Kriegsverletzung konnte der Gutsbesitzer Streich bei den Arbeiten nicht selbst Hand anlegen, soweit ihm dies überhaupt in den Sinn gekommen wäre. Also, erzählte Honecker später, »besorgten seine Frau, die beiden unverheirateten Töchter, ein Knecht und ich die anfallenden Arbeiten«.[69]

Diese Erinnerung war zweifellos entweder ungenau, oder er wollte, vielleicht um das »Klassengesicht« zu wahren, die Gutsbesitzerfamilie nachträglich bewußt als Kleinbauern darstellen. Damit indes verzeichnete Honecker die Wirklichkeit, die er auf diesem Gut in der Pommerschen Seenplatte kennenlernte, wo die Ehefrau ihren Mann nach altem Brauch noch siezte.[70] Die Versorgung der Milchkühe und die Rinderaufzucht lagen seinerzeit auf einem Hof dieser Größe in der Zuständigkeit eines gut bezahlten, weil am Erfolg seiner Arbeit direkt beteiligten »Schweizers«. Die Schweinemast übernahm häufig dessen Frau oder, sofern er unverheiratet war, in der Tat die Bäuerin, doch gingen ihr dann eine größere Zahl Mägde und Knechte als Hilfe für die Haus- und Stallarbeit zur Hand. Gleiches galt für die Pferde. »Zur Ernte«, berichtete Honecker gewiß zutreffend, »kamen Schnitter aus Polen« als kärglich besoldete Tagelöhner, »es wurde noch mit Sense und Dreschflegel gearbeitet«.[71] Ebenso wie in den Schulferien zuvor gefiel es dem Jungen auf dem Hof, obwohl er wiederum wenig komfortabel »in einem Verschlag neben dem Pferdestall schlafen mußte«[72].

Honecker vermutete später, daß Bauer Streich, der Gefallen an ihm gefunden hatte, ihn »in seiner Phantasie als künftigen Schwiegersohn sah«. Solche Pläne dürfte jener freilich spätestens dann aufgegeben haben, als er die politischen Neigungen seines Hof-Eleven erkannte. Zwar duldete er anscheinend, daß sich Erich Honecker als einziger »Neudörfer« an den Maidemonstrationen in der Kreisstadt Bublitz beteiligte und am Ort auch Kontakt zu den Kommunisten aufnahm, wenn sie »zur Landagitation der KPD aufs Dorf kamen«. Doch, so Honecker klarsichtig, »meine politischen Ansichten teilte er keineswegs«. Und selbst der Knecht »hatte solche Vorurteile gegenüber Kommunisten, daß er nicht von der unsinnigen Ansicht abzubringen war, die Landagitatoren der KPD würden für ihre sonntäglichen politischen Einsätze auf dem Dorf von ihrer Partei ›bestimmt gut bezahlt‹«[73].

Honecker immerhin wurde nicht bezahlt. Er bekam freie Unterkunft und Verpflegung, außerdem wurde die Arbeitskleidung gestellt. Als es 1928 nach zwei Jahren wieder ins Saarland zurückging, wurde er allerdings »voll und ganz eingekleidet« und bekam auch »etwas Geld« mit auf die Heimreise.[74]

Die lange Bahnfahrt in den Westen unterbrach Erich Honecker in Berlin, um das Karl-Liebknecht-Haus am damaligen Bülowplatz (heute: Rosa-Luxemburg-Platz) zu besuchen, seit November 1926 Sitz des Zentralkomitees der KPD unter der Führung Ernst Thälmanns. Auf dem Weg dorthin passierte der von den Eindrücken der Großstadt vermutlich aufgewühlte und tief beeindruckte Fünfzehnjährige auch den Bahnhof Lichterfelde, wo der Berliner Nazi-Gauleiter Joseph Goebbels am 20. März 1927 vorgeführt hatte, wie seine Partei die Macht zu erobern gedachte. An diesem Sonntag hatte Goebbels dort einen ankommenden Personenzug von 500 NS-Schlägern überfallen lassen, weil mit ihm ein Spielmannszug des Roten Frontkämpferbundes in die Stadt zurückgekehrt war. Der Wagen, in dem die 23 Musiker saßen, wurde erst beschossen und danach gestürmt. Die Kommunisten wurden derart zusammengeschlagen, daß die meisten in ein Krankenhaus eingeliefert werden mußten. Die Polizei schritt erst ein, als der Überfall vorüber war und die Nazis das Schlachtfeld geräumt hatten.[75]

Die Hauptstadt, die damals 2,6 Millionen Einwohner zählte, machte auf den Jungen vom Land einen »faszinierenden Eindruck«. Berlin war in seinen Augen, »das sah man auf den ersten Blick, eine Stadt der Arbeit und der Arbeiter«[76]. Vor allem aber war es eine funkelnde Metropole voller Leben, Lärm und Unruhe. Kino und Kabaretts, Theater und Opernhäuser, in denen alle Stars jener Zeit gastierten, waren Publikumsmagneten. Die Redaktionen der wichtigsten Zeitungen und Zeitschriften saßen in der Stadt. In Berlin tobten nicht nur mit wachsender Brutalität und Unversöhnlichkeit die politischen Schlachten, sondern dort wurden auch alle anderen wichtigen oder nur wichtig genommenen Auseinandersetzungen jener Jahre ausgetragen: in Kunst und Kultur, in Literatur und Lebensart, in Mode und Milieu.

Wann genau Erich Honecker Pommern verließ und nach Wiebelskirchen zurückkehrte, ist nirgends dokumentiert. Er selbst sprach von »fast zwei Jahren«, die er bei Bauer Streich verbracht habe.[77] Da er im Sommer 1926 nach Neudorf kam, würde dies heißen, daß er gegen Ostern 1928 dort wieder abgereist ist. Diese Zeitangabe macht auch deshalb Sinn, weil er im Anschluß an diesen Landeinsatz seine Ausbildung zum Dachdecker begann und die Lehrjahre üblicherweise nach dem Schuljahresende im Frühjahr einsetzten. Denn der Grund seiner Heimkehr war, daß ihm sein Onkel Ludwig Weidenhof eine Lehrstelle in Wiebelskirchen bei dem Dachdeckermeister Müller in der Neunkirchener Straße vermitteln konnte.[78] Dieser Onkel, ein Bruder der Mutter, war selbst Dachdecker und hatte im Erdgeschoß des Honecker-Hauses seinen kleinen Betrieb untergebracht.[79] Bei ihm bekam der Junge in der kurzen Zeit zwischen Rückkehr und Lehrbeginn als »Dachdeckergehilfe« erste Eindrücke von seinem künftigen Beruf.[80]

Sowohl der Onkel wie der Lehrherr standen den Honeckers politisch nahe. Insofern gab es zwischen ihnen und dem Lehrling in dieser Hinsicht keinen Streit: »So hatte ich keine Schwierigkeiten, an Fahrten und anderen Aktionen teilzunehmen.«[81] Dennoch gab Honecker im Alter zu verstehen, daß ihn diese Zeit »sehr stark erzogen« habe »zur Disziplin, zur Pünktlichkeit, zur Zuverlässigkeit in der Arbeit«[82]. Trotz aller »politischen Aktivitäten« habe er seinen Beruf »gut gelernt« und habe ihn sogar »liebgewonnen, weil mit ihm eine gewisse Freizügigkeit verbunden war«. Man »kam herum, sah die Welt von oben, konnte immer ›hoch hinaus‹ und spürte den Reiz der nicht ungefährlichen Tätigkeit, die stets Aufmerksamkeit, Umsicht, Genauigkeit und Geschicklichkeit verlangte«[83].

Noch wichtiger als diese Lehrstelle war für den jungen Honecker aber sicherlich, daß er nun in Wiebelskirchen seine Freunde aus dem Jung-Spartakus-Bund wiedersah: Fritz Bösel, Fritz Hekla mit seinen Brüdern, Artur Mannbar, Fritz Nickolay und Kurt Zimmermann.[84] Mit ihnen traf er sich nach Arbeitsschluß an der Dorflinde oder im Sportverein »Fichte« zum Handball, zur Gymnastik oder zum Geräteturnen.[85] Der Kommunistische Jugendverband Deutschlands (KJVD) zählte damals in seinem Heimatort etwa 80 Mitglieder.[86] Die »Arbeit im KJVD« sei, berichtete Honecker später, »bald zu meinem wichtigsten Lebensinhalt« geworden. Zunächst war ihm das Amt des Kassierers übertragen worden, 1929 dann, natürlich ehrenamtlich, die politische Leitung der Ortsgruppe.[87] In dieser Eigenschaft nahm er an den Sitzungen der KJVD-Unterbezirksleitung in Neunkirchen teil und wurde deren »politischer Instrukteur«.[88] Bereits im nächsten Jahr, nach dem einwöchigen Besuch der Bezirksschule des KJVD in Saarbrücken, wählten ihn seine jungen Genossen zum Bezirksleiter des KJVD des Saargebiets – eine Funktion, die er zumindest formal bis in den Sommer 1933 hinein wahrnahm.[89]

Dieser rasche Aufstieg auf der Funktionärsleiter nach seiner Rückkehr ins Saargebiet schien Erich Honecker im Alter selbst erklärungsbedürftig. Wer die damaligen Verhältnisse nicht kenne, schrieb er, könne annehmen, dieser sei »auf einen besonderen persönlichen Ehrgeiz« zurückzuführen. Doch habe sich »diese Entwicklung aus der politischen Arbeit selbst« ergeben. Er habe sich »schon früh mit Herz und Hand« der Sache der Arbeiterklasse verbunden und eben »über klare politische Zielvorstellungen« verfügt. Honecker: »Hinzu kamen offenbar auch eine gewisse Begabung für politische Arbeit, Lernbereitschaft, Zielstrebigkeit, eine disziplinierte Lebensführung und die Fähigkeit, zu anderen jungen Menschen leicht Kontakt zu finden.«[90]

Dies ist gewiß die eine Seite der Medaille. Die andere war zweifellos die spätestens in Pommern erlernte Bereitschaft, sich neuen und fremden Strukturen einzufügen und sogar widrigsten Anforderungen klaglos anzupassen. Zu bedenken bleibt außerdem, daß Erich Honecker sich einen Aufstieg aus dem elenden wirtschaftlichen wie unterprivilegierten sozialen Status seiner Familie auf beruflichem Wege viel weniger, zumindest aber sehr viel zeit- und kräfteraubender als mit politischen Funktionen verbunden erhoffen konnte. Selbst ein Dachdeckermeister wie sein Onkel Ludwig Weidenhof arbeitete und lebte damals unter beschränktesten Verhältnissen. Eine soziale oder materielle Entwicklung über dieses wirtschaftlich bescheidene Niveau hinaus war für Honecker damals in seinem Beruf unvorstellbar.

Erich Voltmer, in seiner Jugend Mitglied der katholischen Jungmännerbewegung in Wiebelskirchen, später stellvertretender Chefredakteur der *Saarbrücker Zeitung*, erinnerte sich in einem Rundfunkinterview in den siebziger Jahren an die streitbaren Versammlungen der Dorfjugend unter der Linde in der Ortsmitte – und damit an Erich Honecker in seiner eigentlichen Rolle: »Das war also diese Stelle, an der wir vor jetzt mehr als 40 Jahren oft lang diskutierten, die Kommunisten, die Sozialdemokraten, die katholische Jugend. Honecker war [...] einer der Wortführer oder *der* Wortführer der Kommunisten. Und es ging also nächtelang manchmal hier zu. Die politische Diskussion spielte sich eben damals auf der Straße ab. Und Honecker war der Souverän, der souveräne Wortführer der Kommunisten.« Diese Debatten seien meistens sehr lautstark geführt worden, »aber Honecker machte dabei eine Ausnahme«. Er sei »kein Brüller, kein Schreier« gewesen, sondern habe versucht, »durch Argumente zu überzeugen«. Außerdem blieb Voltmer im Gedächtnis, daß Honecker weder trank noch rauchte.[91]

Auch Artur Mannbar – Kommunist und Kampfgenosse, wie ihn Honecker charakterisierte – ließ nichts auf den Jugendfreund kommen: »Er war schon damals ein prächtiger Kamerad. Die jungen Menschen seiner Organisation vertrauten ihm. Und abends, nach Feierabend, traf man sich meist bei ihm in dem kleinen, ärmlichen, aber blitzsauberen Häuschen seiner Eltern. Und während die jungen Hitzköpfe leidenschaftlich über die Arbeit ihres Verbandes debattierten, war Mutter Honecker damit beschäftigt, für die ganze Gruppe Stullen zu schneiden und Kaffee zu kochen. Vater Honecker war meist unterwegs. Er, der Bergarbeiter, hatte bei allen Kumpels seiner Zeche einen Stein im Brett.«[92]

Der Junge eiferte seinen Eltern nach, und das Beispiel, das beide auf gewiß sehr unterschiedliche Weise gaben, war von ihm schwer zu übertreffen. Bereits im Dezember 1928 besuchte er einen achttägigen Lehrgang »über marxistische Theorie und praktische Jugendarbeit«[93]. Ab Ostern 1928 nahm er an den »Reichsjugendtagen« des KJVD in Chemnitz, Düsseldorf und Leipzig teil.[94] Die Fahrt nach Leipzig 1930 konnte Honecker allerdings erst bezahlen, nachdem er das von den Eltern geschenkte Fahrrad verkauft hatte: »Das tat ich mit einem lachenden und einem weinenden Auge. Aber es hat sich gelohnt. Rund 100 000 kamen zu der großen Kundgebung des Jugendtreffens, auf der Ernst Thälmann sprach. Erstmalig erlebte ich aus nächster Nähe die Ausstrahlungskraft dieser damals schon beinahe legendären Arbeiterpersönlichkeit.«[95] In gewissem Sinne entgolten wurde Honecker dieser hohe Einsatz dadurch, daß er als kräftiger Dachdeckerlehrling in Leipzig zu den »Personenschützern« Thälmanns gehörte, die ihn bei seiner Ankunft auf dem Bahnhof in Empfang zu nehmen hatten.[96]

Zum V. Reichsjugendtag 1930 in Leipzig waren neben den kommunistischen Organisationen gezielt die der SPD nahestehende Sozialistische Arbeiterjugend, die dem Zentrum verbundene Christliche Arbeiterjugend sowie parteilose Jugendliche eingeladen worden. Das Reichstreffen stand unter der Losung des gemeinsamen Kampfes der Jugend gegen »Sozialfaschismus und Nationalsozialismus«, was bedeutete, daß die Kommunisten neben der Partei Hitlers inzwischen die Sozialdemokratie als Hauptfeind ins Visier nahmen.[97] »Unsere Hauptsorge«, schrieb Honecker gleichwohl in seinen Erinnerungen, galt »der proletarischen Einheitsfront, der Aktionseinheit junger Kommunisten, Sozialisten, Sozialdemokraten und Christen im Kampf gegen die heraufziehende faschistische Gefahr. Dieses Ziel und die Entschlossenheit, die Sowjetunion bei einem erneuten Interventionskrieg imperialistischer Mächte aktiv zu verteidigen, bildeten die politischen Schwerpunkte des Leipziger Reichsjugendtages.«[98]

Was er füglich verschwieg, war die politische Definition dessen, was die KPD, aber auch ihr Jugendverband, damals unter Sozialfaschismus, Einheitsfront und Aktionseinheit verstanden haben. Auf seinem II. Verbandskongreß im September 1929 in Berlin-Neukölln, an dem Erich Honecker als Delegierter teilnahm, hatte der KJVD recht eindeutig festgestellt: »Mit der Verstärkung des Klassenkampfes entwickelt sich die Sozialdemokratie, die fest mit dem kapitalistischen Staatsapparat verbunden ist und mit dem Unternehmertum verwächst, immer stärker zum Sozialfaschismus, gestaltet sie ihre Politik, entsprechend den Bedürfnissen der Bourgeoisie, immer arbeiterfeindlicher und konterrevolutionärer.«[99]

Je weiter sich die Klassenkämpfe verschärfen würden, um so unverhüllter vertrete die SPD die Interessen der Großbourgeoisie im kapitalistischen Staat, hieß es in dieser Erklärung. Ihren schärfsten Ausdruck finde diese Haltung »in dem offenen Bekenntnis des SPD-Parteitages zur Diktatur *gegen* das Proletariat, zur Anwendung offener faschistischer Methoden«. Der Sozialfaschismus sei »nichts anderes als Sozialismus in heuchlerischen Phrasen und Faschismus in der Tat«. Dieses Phänomen führe in seiner Konsequenz »zum Verlust des Einflusses der Sozialdemokratie auf die Arbeitermassen« und schaffe »günstige Voraussetzungen für die Eroberung der Mehrheit der Arbeiterklasse durch die kommunistische Partei«[100]. Der Führung von KPD und KJVD ging es also zumindest 1930 nicht um eine gleichberechtigte Zusammenarbeit linker und christlicher Organisationen gegen den Nationalsozialismus, sondern um eine Abspaltung der Mitglieder dieser Parteien und Verbände von ihren Führungen, um sie unter kommunistischer Regie zusammenzufassen und in den politischen Kampf gegen NSDAP und »rechte« SPD gleichermaßen zu führen.

Ernst Thälmann sprach Ostern 1930 bei der Abschlußkundgebung des Leipziger Reichsjugendtages auf dem Augustusplatz. Honecker beschrieb diesen Auftritt, der ihn tief beeindruckt hat, weil Thälmann zeitlebens für ihn *das* Vorbild des deutschen Arbeiterführers und politischen Kämpfers blieb: »Thälmann, der breitschultrige Hamburger Hafenarbeiter, kannte die Not des deutschen Proletariats, aber auch seinen Kampfwillen aus eigener Erfahrung. Er genoß das Vertrauen der Proleten wie kein Arbeiterführer damals in Deutschland. Seine Sprache war die Sprache der Arbeiter – einfach, klar und deutlich.«[101]

Thälmann war ein Mann der Arbeiterklasse, Thälmann war laut und grob und direkt. Thälmann sprach frei, Thälmann brauchte kein Manuskript, von dem er ängstlich oder zwanghaft ablas. Thälmann war, über den eigenen Vater hinaus, alles, was Honecker werden wollte. Thälmann war jedoch auch der Mann Stalins, der die KPD seit 1925 von »linken« und »rechten« Abweichlern gesäubert, vor allem aber auf Moskauer Linie gebracht hatte.

In seinen »12 Bedingungen« zur Bolschewisierung der KPD hatte Stalin im Februar 1925 gefordert, es sei »notwendig, daß die Partei […] sich von zersetzenden opportunistischen Elementen reinigt«. Außerdem sei geboten, »daß die Partei eine eiserne proletarische Disziplin entwickelt, die auf der Grundlage der ideologischen Einheit, der Klarheit der Ziele der Bewegung, der Einheit des praktischen Handelns und des bewußten Verhaltens der breiten Parteimassen zu den Aufgaben der Partei erwächst«[102]. Im Juli gelobte die KPD auf ihrem X. Parteitag prompt, die »Schaffung von Ordnung im zentralen Apparat« und die »Schaffung eines bolschewistischen

Funktionärskorps«.[103] Im April 1925 hatte die Kommunistische Jugendinternationale in Moskau angemahnt: »Alle Verbände müssen sich mit den Erfahrungen des russischen Verbandes bekannt machen und seinen Kampf und [seine] Arbeitsmethoden von allgemeiner Bedeutung [sich] zu eigen machen.«[104] Auf seinem IX. Verbandskongreß in Halle versprach der KJVD folgsam: »Die strengste Verbandsdisziplin ist die höchste Pflicht aller Verbandsmitglieder und Verbandsorganisationen. Die Beschlüsse der Kommunistischen Jugendinternationale […] sowie überhaupt aller Instanzen müssen strikt und genau durchgeführt werden.«[105]

Als Erich Honecker 1926 in den KJVD eintrat, war dieser bereits eine stalinistische Jugendorganisation geworden. Als er 1928 in ihm Funktionen übernahm, wurde er in diesem Sinne zu einem auf die zentrale Führung bedingungslos ausgerichteten und eingeschworenen Mann des Apparats. Widerspruch, geschweige denn Widerstand gab es innerhalb der Organisation nicht oder doch nicht mehr. Die Mitglieder parierten, sie diskutierten nicht und stritten nicht um die der wirklichen Lage angemessene politische Lösung. Moskau gab die Linie vor, Berlin setzte sie in eine Kursangabe um, Saarbrücken reichte die Anweisungen an die Basis weiter. Die Fahrten zu den Reichstreffen waren die alljährlichen Höhepunkte der Jugendarbeit im KJVD, dem Mädchen und Jungen in gemeinsamen Ortsgruppen angehörten. »Wir bildeten eine politisch wie persönlich verschworene Gemeinschaft mit weltoffenen, der Zukunft zugewandten moralischen Grundsätzen«, schrieb Honecker in seinen Erinnerungen, ohne sich über die konkreten Folgen solcher Grundsätze genauer auszulassen.[106]

»Die Mädchen«, hielt er fest, »waren gleichberechtigte Kampfgefährten. Sie waren geachtet. Ihr Wort wurde gehört. Auf sie war Verlaß. Und bei Demonstrationen marschierten sie mit in der ersten Reihe.« Selbst wenn Zusammenstöße mit politischen Gegnern oder der Polizei drohten, wurden sie bei Kundgebungen bedenkenlos eingereiht und zuweilen sogar bewußt nach vorne geschoben, um das Eingreifen der Polizei zu erschweren. Mitunter freilich blieb der Erfolg dieser Taktik aus – so auch Ostern 1930 in Leipzig. Honecker berichtete in seinen Erinnerungen: »Während des Reichsjugendtreffens ging die von rechten Sozialdemokraten geführte Leipziger Polizei mit brutaler Gewalt gegen die proletarischen Mädchen und Jungen vor. Sie feuerte bei den Zusammenstößen sogar in die Menge. Während wir Kommunisten konstruktiv für die antifaschistische Einheitsfront wirkten, gab es solche rechten SPD-Führer wie etwa den preußischen Innenminister Carl Severing oder den Berliner Polizeipräsidenten Karl Friedrich Zörgiebel, die auf Kommunisten schießen ließen und den Hitlerfaschismus mit einer Politik der ›Beschwichtigung‹ zumindest objektiv begünstigten. Severing hatte den Roten Frontkämpferbund verboten. Und Zörgiebel war für den Blutmai 1929 verantwortlich, bei dem 31 Arbeiter von der Polizei ermordet wurden.«[107]

Nun ist dem jungen Honecker von damals fraglos zuzugestehen, daß er weder über die Voraussetzungen noch über die genaueren Umstände oder den Verlauf der Sozialfaschismus-Debatte innerhalb der deutschen Linken ab Mitte der zwanziger Jahre unterrichtet war. Auch wird ihm zuzubilligen sein, daß er über keine Informationen hinsichtlich des RFB-Verbotes oder des »Blutmai« verfügte, die von den parteiamtlichen Darstellungen in den Funktionärsbriefen oder KPD-Zeitungen abwichen. Doch für den alternden Honecker, der 1980 seine Lebenserinnerungen niederschrieb, galt dies nicht mehr. Ihm mußte klar sein, daß Severing das RFB-Verbot wie auch das nur zeitweilig verhängte SA-Verbot mit der zunehmenden

Brutalität der politischen Auseinandersetzung auf beiden Seiten begründete, die nicht nur Mord und Totschlag planvoll einschloß, sondern auch vor offenem Schußwaffengebrauch in bürgerkriegsähnlichen Szenarien nicht zurückschreckte. Der Sozialdemokrat Zörgiebel erteilte der Berliner Polizei am 1. Mai 1929 erst dann Schießbefehl, als Kommunisten von Barrikaden aus das Feuer auf Polizeibeamte eröffnet hatten. Jahrzehnte nach diesen blutigen Ereignissen war das alles bekannt. Wie sich Honecker trotzdem an seine eigene »Wahrheit« hielt, von der sein Lieblingssänger Ernst Busch nach dem Gedicht von Erich Weinert über den »Roten Wedding«[108] sang, ist psychologisch verständlich und politisch aus seiner Sichtweise nachvollziehbar, aber historisch ohne jede Grundlage.

Im Land Lenins

Die vier Jahre im Jung-Spartakus-Bund und die Zeit danach im Kommunistischen Jugendverband Deutschlands waren für Erich Honecker, wie er sich im Alter entsann, »ein ausgefülltes Leben, das wirklich geprägt war von Kameradschaftsgeist und auch von Kampfgeist«. Denn, sagte Honecker, »wir hatten ja einen Gegner, und der hat uns zusammengeschlossen«[109]. Die Mutter hatte ihn behütet, der Vater aufgeklärt über Wesen und Ziele des Klassenkampfs, daß unten nicht unten bleibe und oben nicht oben, wenn die unten nur einig seien und die Machtfrage entschlossen genug stellen würden. Für den Jungen gab es keinen Grund, an diesen simplen Wahrheiten zu zweifeln. Nichts in seiner Lebenswirklichkeit widersprach ihnen. Es paßte das eine zum anderen, es fügte sich für ihn Stück um Stück zu der einen großen Verheißung, die in der Sowjetunion, dem »Land des Roten Oktober«, bereits Gestalt angenommen zu haben schien. Es war daher nur folgerichtig, daß Erich Honecker im Herbst 1929 mit gerade 17 Jahren in die KPD eintrat.[110] Alles andere hätte überrascht, hätte eine kritische Distanziertheit gegenüber den so sehr verehrten Eltern, hätte Unbotmäßigkeit und Widerspruchsgeist gegenüber den wie selbstverständlich anerkannten Autoritäten in Jugendverband und Partei verraten, eine unangepaßte Haltung und Neigung zur Eigenständigkeit eben, auf die bei dem jungen Honecker nichts hinwies.

Wenige Monate später schlug ihn die Bezirksleitung Saar des KJVD dem KPD-Zentralkomitee »als lernfähigen jungen Arbeiter«, wie Honecker sich Jahrzehnte später selbst beschrieb, tatsächlich aber wohl als in manchem Kampf bewährten, vielversprechenden und vor allem zuverlässigen »Nachwuchskader« zur Teilnahme an einem der einjährigen Lehrgänge der Kommunistischen Jugendinternationale vor, die an der Internationalen Lenin-Schule der Komintern in Moskau durchgeführt wurden.[111] Honecker wurde zum III. KIM-Kurs zugelassen. Daher brach er seine Lehre bei Dachdeckermeister Müller in Wiebelskirchen schon nach zwei Jahren vorzeitig und ohne Gesellenprüfung ab. Vielleicht ging er damals davon aus, die Ausbildung nach der einjährigen Unterbrechung wieder aufnehmen und dann auch regulär abschließen zu können. Womöglich war ihm aber auch bereits signalisiert worden, daß er nach entsprechender Bewährung im »proletarischen Mutterland der Revolution« mit einer hauptamtlichen Verwendung im Apparat von Partei oder Jugendverband rechnen könne. Für beide Möglichkeiten gibt es allerdings keinen eindeutigen Nachweis. Der Wiebelskirchener Jugendfreund Erich Voltmer meinte sich 1977 zu erinnern, daß Honecker die Lehre aufgab, »um sich künftig nur noch der politischen Tätigkeit zu widmen«. Voltmer: »So kann ohne Umschweife festgestellt werden, daß Erich Honecker von seinem 18. Lebensjahr an sich ausschließlich der politischen Aktivität im Sinne des orthodoxen Kommunismus verschrieben hat.«[112]

Wie weit Erich Honeckers politische Laufbahn Ergebnis von Erziehung und Prägung aus dem Elternhaus war oder von ihm selbst kalkulierte Karriere, kann nicht alternativ beantwortet werden. Sicherlich kam vieles zusammen: das Wissen, so am ehesten den beengten häuslichen Verhältnissen entkommen zu können; die Fähigkeit, Altersgenossen auf ihnen gemäße Weise anzusprechen und zu begeistern; der Mangel an junger »Kaderreserve« im Parteiapparat; aber eben auch die ihm in der Familie und von der engsten Umgebung in jungen Jahren vermittelte Heilsgewißheit, mit dem Kommunismus über eine Weltdeutung und Machtstrategie zu verfügen, die nicht nur »wissenschaftlich« begründet sei, sondern auf revolutionärem Weg »geschichtlich notwendig« zur Befreiung der Arbeiterklasse führen werde. Daß sich Honecker solchen Versprechen und den daraus erwachsenden Möglichkeiten auch für den ganz persönlichen Aufstieg nicht verschloß, kann nicht verwundern, wenn man sich die gewöhnliche Lebensperspektive eines Handwerkers oder Arbeiters zu Beginn der Weltwirtschaftskrise Anfang der dreißiger Jahre vor Augen hält. Hinzu kam aber für seine weitere Karriere, wie zu zeigen sein wird, zweifellos die außergewöhnliche Anpassungsbereitschaft Honeckers an vorgegebene Machtstrukturen, sein waches Sensorium für ideologische und machtpolitische Klimaveränderungen und nicht zuletzt sein erst im Alter nachlassendes taktisches Geschick, in Konflikten so flink und unauffällig die Front zu wechseln, daß er stets rechtzeitig auf der »richtigen« Seite zu finden war.

Im Juli 1930 fand sich Erich Honecker mit 27 weiteren Jungkommunisten aus den Bezirken Hamburg, Niederrhein, Halle-Merseburg und Württemberg beim Parteivorstand im Berliner Karl-Liebknecht-Haus ein und besuchte danach einen kurzen Vorbereitungslehrgang an der Rosa-Luxemburg-Schule in Berlin-Schöneiche. Dort machte Honecker einen Grundkurs in konspirativem Verhalten durch, der sowohl dem deutschen Parteiapparat wie der Komintern unverzichtbar schien. Honecker wurde angewiesen, in den kommenden zwölf Monaten in der Sowjetunion nur unter seinem Tarnnamen Fritz Molter aufzutreten. Andererseits enthielten seine Ausweispapiere aber seine tatsächlichen Daten und gaben auch den Geburts- und den Wohnort zutreffend an. Außerdem sollte er sich nach seiner Ankunft in Moskau bei Lea Lichterin der Deutschen Sektion der Komintern melden, die ihn unter seinem eigentlichen Namen aus dem Saarland bestens kannte.[113] Offenbar nahmen die Paßfälscher im nachrichtendienstlichen Apparat der KPD ihren Geheimschutzauftrag nicht immer allzu ernst. Doch den jungen Honecker muß all dies tief beeindruckt haben, er glaubte, wie man wohl annehmen darf, ohne ihm Unrecht zu tun, schon vor seinem 18. Geburtstag für eine ruhmreiche Karriere als Berufsrevolutionär auserwählt zu sein.

Die Reise nach Moskau stellte sicherlich alles in den Schatten, was Honecker zuvor erlebt hatte. Den ersten Halt gab es in Warschau, des »komplizierten Eisenbahnfahrplanes« wegen, wie Honecker sich erinnerte, vielleicht aber auch, um – ganz konspirativ – den Reiseverlauf dieses deutschen Jungkommunisten zu verschleiern. In Warschau besuchte Honecker zum ersten Mal in seinem Leben ein Café, bestellte wie ein Flaneur auf dem Bummel »schwarzen Kaffee mit Sahne« und bewunderte gewiß die hauptstädtische Eleganz der Frauen.

Als sich der Zug der polnisch-sowjetischen Grenze näherte, nahm bei Erich Honecker wohl nicht nur seine nervliche Anspannung zu, es ging ihm wahrscheinlich auch manches durch den Kopf, was ihm in Schulungskursen zuvor beigebracht worden war: Im »Manifest der Kommunistischen Partei« hatten Karl Marx und Friedrich Engels 1848 festgestellt, daß der Proletarier im Kapitalismus kein Vaterland habe. Nach der »Großen Sozialistischen Oktoberrevolution« 1917 in Rußland hatte sich dies verändert. Nun konnten die in ihren Ländern unterdrückten, verfolgten, gejagten Revolutionäre hier Zuflucht und Hilfe finden, solange sie die marxistische Deutungshoheit der Bolschewiki nicht in Zweifel zogen. Die Sowjetunion war mit dieser entscheidenden Einschränkung zum Vaterland aller Werktätigen geworden. Auch für Erich Honecker war das Land Lenins auf eine eigene Weise Vaterland, »seine Partei war meine Partei«[114].

Der Zug passierte die Grenze. Polnische Soldaten »mit aufgepflanzten Bajonetten« verließen die Waggons, Rotarmisten stiegen zu. Es war keine gewöhnliche Grenze, die der Zug hinter sich ließ, keine Staatsgrenze zwischen zwei Ländern gleicher Gesellschaftsordnung. Es war, wie Honecker empfand, eine Grenzlinie zwischen zwei Welten, eine Grenze, »an der die Macht des Kapitals endete und die Macht der Arbeiter und Bauern begann«[115]. In den sowjetischen Soldaten, die den Zug betraten, sah Honecker, »obgleich mir persönlich unbekannt, meine Brüder und Genossen. Am liebsten hätte ich sie umarmt und nach russischer Sitte geküßt, weil sie das Land der Arbeiter und Bauern vertraten, weil sie an ihren Budjonny-Mützen den roten Stern trugen, der auch das Abzeichen der KPD war. Dieser Stern war mir schon als Kind lieb und teuer. Er leuchtete in die Zukunft.«[116]

In die Sowjetunion reisen zu dürfen, dort leben und eine Schule besuchen zu können, mit Kommunisten aus vielen Teilen der Welt zusammenzukommen, das war für den jungen Saarländer »schon eine große Sache«. Von der Lebenswirklichkeit dort, von den tatsächlichen politischen und wirtschaftlichen Verhältnissen, wußte Erich Honecker wenig. Die millionenfachen Blutopfer des Bürgerkriegs, die erbitterten Auseinandersetzungen in der Parteispitze der KPdSU nach Lenins Tod 1924, die brutale Ausschaltung der politischen Gegner Stalins, die Hungersnot nach der »Liquidierung« der Groß- und Mittelbauern (»Kulaken«), die hohe Arbeitslosigkeit nach der Ermordung oder Vertreibung der Industriellen und nach dem Zusammenbruch der internationalen Handelsbeziehungen, die dramatische Geldentwertung durch einen nicht mehr konvertierbaren Rubel – das alles wäre Honecker bekannt gewesen, wenn er andere Zeitungen gelesen hätte als die *Arbeiter-Zeitung* der Saar-KP oder die Berliner *Rote Fahne*. Daß er dies als junger Kommunist von 18 Jahren mit durchaus beschränktem Bildungshintergrund nicht getan hat, wer könnte ihm dies vorhalten? Daß er diese Wissenslücken aber auch später nicht schloß, als es ihm möglich war, jedenfalls eine etwaige neue Sicht der Dinge niemandem gegenüber zu erkennen gab, das ist Teil seiner Verantwortung und seines Versagens.

Die knapp 800 Kilometer lange Fahrt in der trockenen Hitze des russischen Sommers über Minsk und Smolensk nach Moskau muß Erich Honecker wie eine Erkundungsreise durch einen fernen Kontinent erschienen sein. Die Strecke quert das dünn besiedelte weißrussische Sumpfland, überschreitet die Beresina und den Dnjepr, durchschneidet tiefe Wälder, bis sie sich längs der Moskwa der Hauptstadt nähert. Die Schaffner in den Zügen brachten auch damals heißes Wasser für frisch gebrühten Tee in die Abteile. Die Reisenden teilten freigebig untereinander, was sie an Proviant eingepackt hatten. Auf den Bahnsteigen der Haltestellen verkauften Bauersfrauen, so wie sie es heute noch tun, Früchte aus ihren Gärten, Beeren und Pilze aus den Wäldern, Säfte, Milch und fette Bliny. Auch wer die Sprache nicht sprach, wurde einbezogen in die lebhafte Unterhaltung der Einheimischen, mußte trinken und zugreifen, erhielt Papyrossi angeboten, die landestypischen, selbstgedrehten Zigaretten aus starkem Tabak mit dem geknickten Mundstück.

In Moskau lief der Zug im Weißrussischen Bahnhof ein, einem der weitläufige Kopfbahnhöfe, die in der Zarenzeit als prächtige, festungsgleiche Bauwerke rund um die Innenstadt errichtet worden waren und ihre Gleise in alle Himmelsrichtungen aussandten. Menschenmassen schoben sich damals wie heute durch die Hallen mit ihren hohen Gewölben, unter deren Decken sich der Dampf und Rauch der Lokomotiven fing. Erich Honecker sprach kein Wort Russisch. Allein machte er sich auf die Suche nach dem Hotel »Lux«, in dem die Komintern ihre Gäste aus aller Welt beherbergte. Das um die Jahrhundertwende erbaute Gebäude lag in der Twerskaja-Straße, die vom Kreml in der Stadtmitte zum Weißrussischen Bahnhof führte. Diese damals noch mit Kopfstein gepflasterte, breite Ausfallstraße in Richtung Nordwesten war kaum von Autos befahren. Eilige Fußgänger, die in Kleidung und Aussehen ihre Herkunft aus den unterschiedlichsten Regionen dieses Vielvölkerstaates verrieten und meist struppige, kleingewachsene Panjepferde, die Lastkarren jeglicher Art laut mit den Hufen klappernd hinter sich herzogen, bestimmten das Straßenbild. Obwohl er der Straße nur stadteinwärts in Richtung zum Roten Platz hätte folgen müssen, um das »Lux« auf der linken Straßenseite zu finden, irrte der junge Mann hilflos umher, denn er konnte die Hinweisschilder in kyrillischer Schrift nicht entziffern. Er kehrte schließlich zum Bahnhof zurück, versuchte einen Droschkenfahrer über das gewünschte Ziel aufzuklären und ließ sich von ihm die kurze Strecke fahren. Im »Lux« wies man ihm den Weg zum Komintern-Gebäude in unmittelbarer Nähe des Kreml. Dort traf Honecker, wie ihm in Berlin angekündigt worden war, auf Lea Lichter, die dafür sorgte, daß ihn ein Komintern-Wagen zur Lenin-Schule in der Worowski-Straße brachte.[117]

Honecker beschrieb seine ersten Moskauer Eindrücke Jahrzehnte später in seinen Lebenserinnerungen: »Geschäfte gab es viele in der Twerskaja, aber keine Auslagen. Dafür hingen Plakate in den Schaufenstern, die zur vorfristigen Erfüllung des 1929 beschlossenen ersten Fünfjahresplanes aufriefen. Ich wußte, daß bestimmte Lebensmittel und Waren des täglichen Bedarfs zum Zwecke einer leistungsgerechten Versorgung wieder rationiert waren. Doch das machte auf mich keinen Eindruck. Im Saargebiet war es vor Jahren nicht anders gewesen. Und noch nie hatte ich genug Geld besessen, um mir von den dann reichhaltigeren Schaufensterinhalten daheim das Gewünschte leisten zu können. Für mich bestand das Wichtigste eben darin, im Land des Roten Oktober zu sein, wo – seit Lenins Tod 1924 unter der Führung von J. W. Stalin – zielstrebig der Sozialismus aufgebaut wurde, unter großen Entbehrungen zwar, aber mit noch größerem Enthusiasmus.«[118]

In der Lenin-Schule hatte Honecker als erstes einen mehrseitigen Fragebogen auszufüllen, in dem er – neben persönlichen Angaben zum Lebenslauf – auch über seine politische Entwicklung und Parteifunktionen Auskunft zu geben hatte. Die Frage: »Hast Du Dich aktiv am Bürgerkrieg, an Streiks usw. beteiligt; wann, wo und worin äußerte sich Deine Beteiligung?« beantwortete er mit Stolz und knappen Worten: »Streiks – illegale Flugblattverteilung vor Neunkirchener Eisenwerk im Februar 1930«.[119] Als Aufnahmearbeit lieferte Honecker einen Aufsatz über die internationale Wirtschaftskrise nach dem New Yorker Börsenkrach 1929 ab, den er in einem mündlichen Prüfungsgespräch noch ergänzte. Beide Leistungen wurden »für gut befunden«[120]. Als Zimmer-Genosse wurde ihm der in den theoretischen Grundlagen des Marxismus-Leninismus sehr viel bewandertere Anton Ackermann zugewiesen, später Kandidat im SED-Politbüro und 1954 wegen seiner Suche nach einem vom sowjetischen Vorbild unterschiedenen deutschen Weg zum Sozialismus seiner Ämter enthoben. Honeckers Kenntnisse der »Klassiker« waren, den Zeitumständen und seiner schulischen Bildung entsprechend, ausgesprochen dürftig. Sein Vater besaß die beiden Marx-Schriften *Lohn, Preis und Profit* sowie *Lohnarbeit und Kapital*. Ob er diese Ausarbeitungen jedoch vor seinem Rußlandaufenthalt bereits gelesen hatte, ließ er in einem Rückblick offen. Dagegen verwies er darauf, daß er das 1921 in deutscher Übersetzung erschienene *ABC des Kommunismus* von Nikolai Bucharin kannte, den Lenin einst in deutlicher Abgrenzung zu Stalin einen »Liebling der Partei« genannt hatte. Wie weit die im zeitgenössischen theoretischen Diskurs wegweisenden Bücher der anderen Altbolschewisten Grigori Sinowjew (der erste Komintern-Vorsitzende) und Lew Kamenew (Stellvertreter Lenins als Regierungschef) oder die von Lew Trotzki, dem legendären Kriegskommissar, an der Lenin-Schule noch studiert wurden, obwohl sie in den innerparteilichen Auseinandersetzungen der KPdSU bereits mehr und mehr zu den Gegnern Stalins zählten, ist umstritten. Während Honecker dies ausdrücklich hervorhob, wurde es von anderen energisch in Abrede gestellt. Honecker: »Überhaupt habe ich die ganze Entwicklung der Sowjetunion nie unter dem Blickwinkel einer Person betrachtet. Sinowjew, Bucharin, Kamenew, Trotzki fanden in der Leninschule alle ihren Niederschlag. Sie wurden für mich nie Konterrevolutionäre. Das haben andere getan.«[121] Der russische Historiker Roy Medwedew dagegen rechnete sie alle schon damals zu den von Stalin Verfemten.[122] Denkbar immerhin ist, daß Fred Oelßner und Erich Wollenberg, die beide als »Rote Professoren« an der Lenin-Schule lehrten und später selbst den innerparteilichen »Säuberungen« zum Opfer fielen, nicht allein Stalins unverfroren verfälschenden *Kurzen Lehrgang der Geschichte der Kommunistischen Partei (Bolschewiki)* zur Grundlage des politischen Unterrichts machten.[123]

Das Lehrjahr absolvierte Honecker nach eigenen Angaben »diszipliniert und fleißig, wie es sich für einen Arbeiterjungen gehört«[124]. Seine Abschlußbeurteilung bestätigte diese Aussage. Die Einschätzung seiner Persönlichkeit lautete: »Ein sehr begabter und fleißiger Genosse. Tat sich durch seine aktive Teilnahme an Konferenzen und Konsultationen hervor. Hat sich den Stoff des Lehrgangs gründlich angeeignet. Versteht es ganz gut, die Theorie mit dem Klassenkampf in Deutschland zu verbinden. Erfüllte den Studienauftrag gewissenhaft. Wissensaneignung – Note 5.«[125]

Mit dieser Note, der besten nach der damaligen russischen Notenskala, konnte er zufrieden sein. Denn neben dem eigentlichen Studium waren die Jungkommunisten zusätzlich »gesellschaftlich tätig« gewesen. Sie wurden Mitglieder des sowjetischen Jugendverbandes Komsomol, nahmen an den Wahlen zum Stadtsowjet teil und leisteten regelmäßig Arbeitseinsätze in Betrieben, etwa im Moskauer Elektrokombinat »Elektrosawod«, in dem Honecker, obwohl Dachdecker von Beruf, als Schweißer eingesetzt wurde. Mit den Komsomolzen dieses Betriebes besuchten die deutschen Jungkommunisten Kulturveranstaltungen und gingen tanzen.

Erich Honecker, der von sich sagte, ihn habe in seinen jungen Jahren »das politische Leben« mehr interessiert als das andere Geschlecht, er sei »sozusagen ein Spätzünder auf diesem Gebiet« gewesen, verliebte sich in Moskau zum ersten Mal.[126] Doch über die näheren Umstände dieser Liebelei äußerte er sich später bemerkenswert wortkarg, ja gefühlsarm: Durch Theaterbesuch und Tanz habe es sich eben ergeben, daß er sich »mit Natascha Grejewna enger zusammenschloß«. Ihr Alter oder ihr Aussehen, auch gemeinsame Vorlieben oder Unternehmungen schilderte er in seinen Lebenserinnerungen nicht. »Die Beendigung dieser Freundschaft ergab sich, weil ich praktisch nur ein Jahr in Moskau weilte«, stellte er sechs Jahrzehnte danach lapidar fest, und: »Das war natürlich sehr schwer.« Dennoch sei es ihm nicht möglich gewesen, sie später wiederzutreffen.[127]

Damit solche von der Schulleitung ungeplanten und kaum zu überwachenden Begegnungen mit Moskauer Bürgern nicht überhandnahmen, trieben die Kursteilnehmer in ihrer Freizeit viel Sport und erhielten auch eine vormilitärische Ausbildung. »Ich werde niemals«, ging Erich Honecker wenig mitteilsam auf diesen Teil des Lehrprogrammes ein, »den letzten Ritt unserer Schwadron durch die Straßen Moskaus am 2. Mai 1931 vergessen.«[128]

Die Arbeitseinsätze und privaten Treffen verbesserten nicht nur seine russischen Sprachkenntnisse, sondern verschafften ihm unmittelbaren Einblick in viele der sozialen Probleme, unter denen die Menschen in der Sowjetunion selbst Jahre nach dem Ende des Bürgerkriegs und der Interventionskämpfe erheblich litten.

Die Not breiter Schichten der Bevölkerung sowohl auf dem Land wie in den Großstädten war augenfällig. Es fehlte an Wohnungen, Schulen, Krankenhäusern und sonstigen öffentlichen Einrichtungen, es fehlte aber auch an Kleidung, Transportmitteln und Essen. Auf dem XVI. Parteitag hatte die KPdSU kurz vor dem Eintreffen Honeckers in Moskau »die entfaltete Offensive des Sozialismus an der ganzen Front« beschlossen. Rund 2000 Delegierte hatten unter der sehr straffen Führung Stalins die sogenannte »Rechtsopposition« um Bucharin verurteilt, Trotzki war längst zur Unperson geworden. Der Parteitag beauftragte das russische Zentralkomitee, »ein der bolschewistischen Kampfpartei entsprechendes Tempo im sozialistischen Aufbau zu sichern«. Dies hieß: Der Fünfjahresplan sollte in vier Jahren durchgezogen werden, die Industrialisierung der Landwirtschaft war zu beschleunigen, die Landwirtschaft zu kollektivieren und »das Kulakentum als Klasse zu liquidieren«; die Rote Armee sollte in Bewaffnung und technischer Ausstattung durch den Aufbau einer eigenen und leistungsfähigen Rüstungsindustrie verbessert und modernisiert werden; die Schwerindustrie und der Maschinenbau sollten ihren Ausstoß vervielfachen. Tatsächlich übertraf die Erzeugung von Produktionsmitteln 1930 den Stand von 1913 bereits um das 2,8fache.[129]

Selbst ein halbes Jahrhundert danach ließ Erich Honecker noch keine Zweifel an Stalins Weg zum Sozialismus zu. Eine andere Haltung, eine dem wirtschaftlichen Elend und der vollkommenen politischen Entrechtung der Menschen entsprechende Einordnung dieser Epoche der sowjetischen Geschichte hätte nachträglich die lebenslange Selbsttäuschung Honeckers offenbart. Zu einer solchen Einsicht war er nicht fähig. Vielmehr stellte er in seinen Erinnerungen fest: Es könne »keinen Zweifel geben, daß das seinerzeit durchgesetzte Entwicklungstempo objektiv notwendig war«. Es habe »keinen bequemeren Weg« gegeben, da es »um Sein oder Nichtsein des Sozialismus« gegangen sei. In den »entbehrungsreichen Jahren« der beschleunigten Industrialisierung und durchgängigen Kollektivierung, »als es viel Arbeit gab und wenig zu essen«, sei mit beispiellosem Heroismus der Grundstein für den späteren Sieg der »Sowjetvölker über die faschistischen Eindringlinge und [für] die Befreiung unseres Volkes von der braunen Barbarei« gelegt worden.[130]

Honecker erklärte, »schon damals« – was heißt: auch

später – habe es bei ihm »keinen Zweifel an der Richtigkeit und Notwendigkeit« dieses von Stalin verkündeten und gegen beträchtlichen Widerstand in der eigenen Partei durchgesetzten politischen Kurses gegeben, der zahllose Opfer forderte. Daß von diesem Kurs in der Lenin-Schule keinen Millimeter abgewichen wurde, dafür sorgte deren russischer Kommandant, »Towarischtsch Nikitin«[131] und der Geheimdienstbeauftragte Pawel Sudoplatow, der, nach eigener Aussage, »unkontrollierte Kontakte zwischen neugierigen Lenin-Schülern« und der womöglich »nicht uneingeschränkt linientreuen Moskauer Bevölkerung« verhindern sollte, tatsächlich aber auch die Anwerbung von Lenin-Schülern als Agenten des sowjetischen Nachrichtendienstes zu besorgen hatte.

Sudoplatow war einer von Stalins skrupellosesten Gehilfen, der seinen Herrn und Meister um mehr als vier Jahrzehnte überlebte. Im Alter beschrieb er anhand seiner eigenen Lebensgeschichte, was Stalin aus Menschen machte, was aber eben auch viele Menschen aus sich machen ließen. Pawel Sudoplatow war der einzige Zeitzeuge jener zwölf Monate, die Honecker in Rußland verbrachte, der dem Autor für Auskünfte noch zur Verfügung stand.[132]

Sudoplatow wurde 1907 als Sohn einer armen Landarbeiterfamilie im ukrainischen Mariupol geboren. Im Bürgerkrieg verlor er seine Eltern und schloß sich 1919, mit zwölf Jahren, der Roten Armee an. Weil er lesen und schreiben konnte, wurde er 1921 der regionalen Chiffrierabteilung des sowjetischen Geheimdienstes Tscheka[133] in Schitomir/Ukraine zugeteilt. Er war anstellig – und stieg auf. Bereits 1923 wurde er zum »Operativen Mitarbeiter« befördert; 1928 bis 1929 unterrichtete er obdachlose Jugendliche an einer Geheimdienstschule; 1930 war er der Sicherheitsbeauftragte der OGPU[134] an der Lenin-Schule der Komintern. 1933 wurde er zur INO, dem Auslandsnachrichtendienst, abgestellt und gehörte ab 1936 zur

»Abteilung für besondere Aufgaben«, die intern den Spitznamen »mokrie dela« trug: »schmutzige Angelegenheiten«. Ihre Aufgabe war die Liquidierung politischer Gegner. Das prominenteste Opfer seiner »Sondergruppe« war im August 1940 Lew Trotzki, den Stalin im mexikanischen Exil ermorden ließ.

Die Opferbilanz dieser stalinistischen »Säuberungen« innerhalb und außerhalb der Sowjetunion spricht für sich: Die kommunistischen Parteien wurden, mit Ausnahme der westeuropäischen, durchweg mindestens ihrer Führungsspitzen beraubt. In der Sowjetunion selbst kam es zu etwa 19 Millionen Verhaftungen und sieben Millionen Hinrichtungen. 110 von 139 Mitgliedern des Zentralkomitees der KPdSU wurden nach Schauprozessen, in denen sie sich oft genug selbst konterrevolutionärer Verbrechen bezichtigten, durch den Geheimdienst umgebracht. Ihr Leben verloren 1907 von 1966 Parteitagsdelegierten. Erschossen wurden 75 von 80 Mitgliedern des Obersten Militärrates und mehr als die Hälfte aller Offiziere der Roten Armee. In der Geheimpolizei selbst zählten 101 der 122 höchsten Offiziere zu den Opfern: darunter die Chefs Genrich Grigorijewitsch Jagoda und Nikolai Iwanowitsch Jeschow sowie die Leiter der Auslandsspionage Abram Aronowitsch Sluzki und Michail Spiegelglas.[135]

Nach dem Tod seines ebenso gefürchteten wie verehrten Gönners Stalin im März 1953 und nach der Verhaftung des MWD[136]-Chefs Lawrenti Berija drei Monate später schlug auch Sudoplatows Stunde. Wegen »antisowjetischer Verbrechen« wurde er zu 15 Jahren Haft verurteilt. Weil er nachweisen konnte, »immer nur auf Befehl gehandelt zu haben und im festen Glauben, durch meine Arbeit allein der Revolution und dem Sozialismus zu dienen«, wurde Pawel Sudoplatow 1989 schließlich rehabilitiert. Doch bis zu seinem Tod 1995 hielt er nur einem die Treue: Jossif Wissarionowitsch Stalin.

Pawel Sudoplatow wohnte Anfang der neunziger Jahre mit der Familie seines Sohnes im dritten Stock eines Wohnblocks im Moskauer Stadtteil Ostankino, der, wie die Mehrzahl seiner Bewohner, zu diesem Zeitpunkt die guten Jahre lange hinter sich hatte. Die ukrainische Justiz forderte die Auslieferung des Generals nach Kiew. Selbst der Geheimdienst, für den er mehr als dreißig Jahre gearbeitet hatte, wollte jetzt nichts mehr von ihm wissen. Mit *Glasnost* und *Perestroika* war seine Welt aus den Fugen geraten. Ein »Krieg zwischen unerbittlichen Gegnern« sei das damals zu Beginn der dreißiger Jahre und später während der »Säuberungen« eben gewesen, rechtfertigte sich Sudoplatow Jahrzehnte danach, den »man nicht mit heutigen moralischen Kategorien messen« dürfe: »Man fühlte sich im Kriegszustand, und man war es auch.« Der politische Gegner galt als »Erzfeind« oder als »Spalter« der kommunistischen Bewegung – zu erledigen war er in jedem Fall. »Terror«, resignierte der prominente Stalin-Gegner Nikolai Bucharin Mitte der dreißiger Jahre, »war ab jetzt eine normale Form der Administration, und Gehorsam gegenüber jedem Befehl von oben eine hohe Tugend.« Sudoplatow focht das nicht an: »Meine Einsätze hatte ich nicht selbst zu verantworten. Meine Befehle kamen von ganz oben, von Stalin oder vom Zentralkomitee der Partei.« Also nichts als ein subalterner Befehlsempfänger? Nein, so willkommen die Ausrede, sein Stolz ließ sie nicht zu. »Ich bin immer noch überzeugt von dem, was ich getan habe«, sagte Pawel Sudoplatow. Über Erich Honecker wollte er sich nicht äußern, insbesondere wollte er keine Antwort auf die Frage geben, ob der sowjetische Geheimdienst den jungen Lenin-Schüler als Informanten oder Agenten angeworben hatte.

Gleichermaßen starr und auf ähnliche Weise von Stalin fasziniert, von seiner Kraft und von seiner Entschlossenheit, Widerstände und Widersprüche »im Vorwärtsschreiten zu überwinden«, war auch Erich Honecker, in seiner Jugend wie im Alter. Stalin war kein Klassiker des Marxismus-Leninismus, er war – wie fast alle Bolschewisten – kein Mann der Theorie, sondern ein Praktiker der Macht, ebenso intelligent wie bedenkenlos und mißtrauisch gegenüber jedermann. Zweimal, schrieb Honecker in seinen Lebenserinnerungen spürbar berührt, kam er selbst während seines Moskau-Aufenthaltes in Stalins Nähe. Beim IX. Komsomol-Kongreß im Januar 1931 »saß ich vier Reihen hinter ihm im Präsidium, und ich sah ihn anläßlich einer Sitzung des Obersten Sowjets im Großen Saal des Kreml«. Der spätere KP-Dissident Erich Wollenberg hatte Honecker dorthin mitgenommen und stellte ihn auch dem legendären Reitergeneral Budjonny vor: »Noch heute bin ich Wollenberg dafür dankbar, obwohl er sich [...] auf die Seite des Gegners schlug.« Den unangepaßten Parteipublizisten Karl Radek, der gleichfalls ein Opfer der »Säuberungen« wurde, lernte Erich Honecker in Moskau beiläufig kennen, und mit Max Hoelz feierten die deutschen Kursanten die Silvesternacht 1930/31 im Hotel »Lux«.[137] Hoelz war 1921 vom Berliner Landgericht wegen Hochverrats und Sprengstoffverbrechen während des Mansfelder Bergarbeiteraufstandes im selben Jahr zu lebenslangem Zuchthaus verurteilt worden. 1928 wurde er vorzeitig entlassen und kam im Sommer 1933 in der Sowjetunion unter nie geklärten Umständen ums Leben.[138]

Eine der gewiß nachhaltigsten Erfahrungen Honeckers während seines Jahres in Rußland ist ein mehrwöchiger Arbeitseinsatz der deutschen Gruppe im Frühsommer 1931 im Südural gewesen. Als »Internationale Stoßbrigade« halfen sie dort beim Aufbau des »Metallurgischen Kombinats W. I. Lenin«. Diese Zeit »des heroischen Kampfes der Pioniere des Sozialismus bleibt mir unvergeßlich«, erklärte Honecker, als ihm während eines

Besuches nach vier Jahrzehnten eine Erinnerungsmedaille überreicht wurde.[139] In seinen Lebenserinnerungen schilderte er die damaligen Zustände in Magnitogorsk etwas wortreicher: »Die Arbeitsbedingungen waren unvorstellbar schwierig. Dort, wo heute hochgeschossige, komfortable Wohnhäuser und viele zweckmäßige Gesellschaftsbauten eine moderne sozialistische Stadt mit 340 000 Einwohnern bilden, standen Zelte und Lehmhütten in freier, unwirtlicher Steppe. Die Verpflegung war von wechselnder Qualität. Viele Bauarbeiter, meist gerade angeworbene Bauern, trugen noch – daran erinnere ich mich genau – selbstgeflochtene Bastschuhe. Nachts, wenn der Arbeitslärm abebbte, klangen Lieder durch die Steppe, russische Volkslieder und Lieder der Revolution.«[140]

Wo Erich Honecker den unbändigen Aufbauwillen einfacher, ungeschulter, aber von ihrer Sache überzeugter Sozialisten sah, beobachtete Margarete Buber-Neumann gänzlich anderes. Sie war als glühende Kommunistin mit ihrem Mann, dem Politbüromitglied Heinz Neumann, der 1937 in Moskau verhaftet und als Opfer der »Säuberungen« vermutlich erschossen wurde, mehrfach in die Sowjetunion gereist. Ebenfalls im Sommer 1931 kam sie nach Magnitogorsk. Die Lebensbedingungen dort, schrieb sie sich lange danach von der Seele, seien »katastrophal« gewesen, Unterbringung und Verpflegung »vollständig unzureichend«. Vor allem aber: »Neben den freien Arbeitern gab es über 50 000 Häftlinge, die im sogenannten Besserungs-Arbeitslager lebten und von bewaffneten Wächtern bewacht am Aufbau von Magnitogorsk mithelfen mußten […] Solche Konzentrationslager gab es in großer Zahl vom europäischen Rußland bis in den fernen Osten […]. In der Landwirtschaft, in Kohlegruben, in Erzbergwerken, in Goldgruben, beim Straßen- und Kanalbau arbeiteten, litten und verkamen Millionen Häftlinge. Es waren vor allem ihre Knochen, auf denen in Sowjetrußland der ›Sozialismus‹ aufgebaut wurde.«[141]

Die »gerade angeworbenen Bauern« in ihren Bastschuhen, an deren Arbeitsidylle sich Honecker entsann, waren von ihren Höfen, aus ihrer Heimat vertriebene und zur Zwangsarbeit gepreßte »Kulaken«, die zu allem Anlaß hatten, nur nicht dazu, abends »Lieder der Revolution« zu singen. Margarete Buber-Neumann begegnete ein solcher Zug von Zwangsarbeitern: »Ich ging die Straße hinunter, die am Gelände des Güterbahnhofs entlang führte. Plötzlich sah ich über die Schienen einen gespenstigen Menschenhaufen herankommen, Männer mit zerzausten Bärten, Pelzmützen auf den Köpfen, obwohl die Sonne sommerlich warm schien, und Lumpen um Beine und Füße gewickelt. Schreiende Soldaten mit aufgepflanzten Bajonetten trieben diese Menschen wie Tiere vorwärts. Erschrocken rannte ich zurück und fragte den russischen Begleiter unserer Delegation, was das wohl für Menschen gewesen seien. Das seien Verbrecher, Staatsfeinde gewesen, meinte er verächtlich, Kulaken.«

Was Margarete Buber-Neumann jedenfalls im nachhinein entsetzte, galt Erich Honecker auch im Alter noch als durchaus zu rechtfertigende »Lehre für alle nachfolgenden Rüstungsprofiteure und imperialistischen ›Welteroberer‹«. Dort, wo sich bis 1929 nichts als unberührte Natur um einen Berg nichterschlossenen Eisenerzes erstreckt hatte, wurde im Januar 1932 in einem gigantischen Hüttenwerk das erste Roheisen geschmolzen und ein gutes Jahr darauf der erste Stahl erzeugt. Honecker: »Während des Zweiten Weltkrieges war Magnitogorsk bereits das Rückgrat der sowjetischen Landesverteidigung. Jede dritte Granate und jeder zweite Panzer stammten aus Magnitogorsker Stahl. Damit wurden die faschistischen Aggressoren schließlich vernichtend geschlagen.«[142]

Im Sommer 1931 fuhr Erich Honecker nach Deutschland. Die zurückliegenden zwölf Monate hatten ihn für sein Leben geprägt, sie gaben ihm eine Lehre mit, die sein künftiges Handeln bestimmte: Der vermeintlich sozialistische Zweck heiligt sämtliche Mittel.

Der Apparat

Es gibt keinerlei Hinweis darauf, daß Erich Honecker nach seiner Rückkehr von der Lenin-Schule in Moskau im Sommer 1931 ernsthaft darüber nachgedacht hätte, die unterbrochene Lehre beim Dachdeckermeister Müller in Wiebelskirchen fortzusetzen. Nein, von seinem Selbstgefühl her war er jetzt »Lenin-Schüler«, also Vorhut im weltrevolutionären Kampf des Proletariats und auf dem besten Wege, Berufsrevolutionär zu werden – aber doch nicht Dachdecker in einem verschlafenen Städtchen des Saargebiets. Als ihm die Bezirksleitung Saar des Kommunistischen Jugendverbandes – und damit verbunden die Mitgliedschaft in der Bezirksleitung der Partei – angetragen wurde, zögerte er nicht. Er wurde Parteifunktionär, trotz seiner gerade erst 19 Jahre.[143] Seine, vorläufig noch unbezahlte, Zuständigkeit: Er war verantwortlich für die »Massenarbeit« des KJVD, d. h. nach innen für die Schulung und politische Ausrichtung der eigenen Mitglieder und nach außen für die Unterstützung politischer Aktionen der Partei durch geeignete Maßnahmen der Agitation und Propaganda von seiten des Jugendverbandes.[144] Das Amt des Agitprop-Sekretärs im KJVD hatte er ja bereits seit 1929 inne gehabt.

Die erste Ortsgruppe des Kommunistischen Jugendverbandes war im Saarland 1920 in Dillingen gegründet worden. Offiziell erfolgte die Gründung des KJVD aber erst im Januar 1922 in Saarbrücken. Das Ziel dieser Vereinigung war die Sammlung und politische Organisation von Jugendlichen nach ihrer Schulentlassung. Nach dem Ausscheiden aus dem Jung-Spartakus-Bund und vor ihrem erwünschten Eintritt in die Partei sollten sie im KJVD nicht nur in erster Linie von Gleichaltrigen politisch geschult, sondern auch in ihrer Freizeit zu Gemeinschaftsunternehmen angeregt und in wirtschaftlichen Notlagen sozial betreut werden. Dieses Angebot war offenkundig so attraktiv, daß sich die Mitgliederzahl in nur zwei Jahren auf 1 560 Jungen und Mädchen verdreifachte. Spätere exakte Angaben über die Kopfstärke des KJVD im Saarland gibt es nicht mehr.[145] Der Parteihistoriker Luitwin Bies spricht von »Tausenden junger Menschen, vorwiegend aus der Arbeiterklasse«, die sich vor dem Beginn der Wirtschaftskrise Ende der zwanziger Jahre im KJVD zusammengefunden hatten.[146]

Enge Verbindungen bestanden politisch wie personell zwischen dem KJVD und dem 1924 gegründeten Roten Frontkämpferbund (RFB) bzw. zu dessen Jugendverband Rote Jungfront, die gleichfalls keine Mitgliedschaft in der KPD voraussetzten. Beide Gruppierungen, der KJVD wie die Rote Jungfront, waren demnach »Vorfeldorganisationen«, die nicht zuletzt der Werbung von Parteinachwuchs unter den Jüngeren dienten. Der RFB wurde wegen militanter Aktionen samt seiner Jugendorganisation 1929 im Reichsgebiet verboten, nicht aber im Saarland. Trotz Verbot wurde der RFB als – oft genug bewaffneter – Parteiselbstschutz fortgeführt und zählte im Reich 1933 an die 70 000 Mitkämpfer.[147] Dem RFB-Gau Saar wurden von der Geheimen Staatspolizei (Gestapo) Ende März 1933 etwa 1 500 Mitglieder zugeschrieben, aufgegliedert in 23 Ortsgruppen, von denen einige über einhundert Mann erfaßten.[148] Zu einem Gautreffen des RFB in Neunkirchen kamen 1930 nach einem Bericht der parteieigenen *Arbeiter-Zeitung* immerhin zehntausend Mitglieder und Sympathisanten zusammen.[149]

Obwohl die Größenordnung dieser Teilnehmerzahl aus Propagandagründen weit überhöht erscheint, beweist die Meldung immerhin, daß der Rote Frontkämpferbund in der saarländischen Bevölkerung auf erhebliche Unterstützung und Anerkennung stieß. Er war eine ganz offenkundig schlagkräftige Truppe. Erich Honecker beschrieb ihre Aktivitäten – und den Ruf, den sie bei Freund und Feind genoß: »Die RFB-Mitglieder übten sich in diszipliniertem Auftreten und im Wehrsport. Sie übernahmen den Saalschutz bei Veranstaltungen, Ordnungsdienste bei Demonstrationen und Kurierdienste, bei denen es auf eine disziplinierte Ausführung der Aufträge ankam. Ich habe nie erlebt, daß sich die aus den Millionenspenden der Rüstungsindustrie besoldeten und ausstaffierten Banden von Hitlers ›Sturmabteilungen‹ (SA) an eine diszipliniert aufmarschierende RFB-Formation herangetraut hätten. Die braunen SA-Schläger waren – wie alle Söldner – von Natur aus feige. Nur aus dem Hinterhalt oder in der Überzahl oder mit Unterstützung der Polizei wagten sie sich zu ihren terroristischen Anschlägen vor.«[150]

Die KPD als Dachorganisation von Kommunistischem Jugendverband und Rotem Frontkämpferbund war im Saarland im Oktober 1919 in St. Ingbert gegründet worden. Sie bildete keinen eigenen Bezirksverband, sondern gehörte zunächst dem Parteibezirk Mittelrhein und später dem Bezirk Pfalz-Rheinhessen an.[151] Erst Anfang der dreißiger Jahre wurde die Saar-KPD zu einem eigenen Parteibezirk mit maximal 7 500 Mitgliedern in 142 Ortsgruppen und 24 Betriebszellen.[152] Bis zur Machtübernahme der Nationalsozialisten waren die wirtschaftlichen und politischen Entwicklungen in dem vom Deutschen Reich abgetrennten Saargebiet für die KPD-Leitung in Berlin von minderem Gewicht. Das Hauptaugenmerk der Partei, die im Januar 1933 – mit bereits leicht rückläufiger Tendenz – noch an die 300 000 Mitglieder hatte, lag verständlicherweise auf den turbulenten, die Existenz der Partei und das Überleben ihrer Anhänger konkret gefährdenden Vorgängen dort.[153] Die Wahlergebnisse im Saarland – von 7,5 Prozent bei den Landesratswahlen 1922, über 16 Prozent 1924, 17 Prozent 1928, auf 23 Prozent 1932, während die Sozialdemokraten auf zehn Prozent zurückfielen und die NSDAP nicht einmal sieben Prozent erreichte – waren zwar propagandistisch auszuschlachten, hatten aber für die deutsche Politik keine weiterreichende Bedeutung.[154] Infolgedessen blieb die Saar-KPD bis 1933 trotz aller Erfolge eine weithin sich selbst überlassene, wohl auch von der Komintern in Moskau nicht sonderlich wahrgenommene Partei. Die Führung und die nachgeordneten Funktionäre waren durchweg Saarländer, die zwar unter den einheimischen Arbeitern bekannt und anerkannt waren, aber kaum außerhalb der Landesgrenzen. Weder Philipp Daub noch Paul Lorenz oder Fritz Pfordt, die Parteivorsitzenden seit 1928, zählten zur Parteiprominenz der KPD. Die Parteizentrale residierte in einem angemieteten Haus in der Herbertstraße 6–8 in Saarbrücken (heute: Dr.-Maurer-Straße), wo auch die *Arbeiter-Zeitung* hergestellt wurde, deren höchste Auflage 1929 immerhin 18 000 Exemplare erreicht haben soll, nach 1933 aber auf 4 000 zurückgefallen ist.[155] Weitere Parteiorgane mit Klein- und Kleinstauflage waren das *Rote Banner* und der *Bolschewik,* wobei man wissen muß, daß der hauptamtliche Kaderapparat der saarländischen KPD im Sommer 1934 lediglich 32 Angestellte und Arbeiter ausmachte.[156]

Erich Honecker muß als Agitprop-Sekretär des KJVD so überzeugt haben, daß er bereits wenige Monate später zum Politischen Leiter der KJVD-Bezirksleitung befördert wurde.[157] »Von da an«, schrieb er in seinen Lebenserinnerungen, »war ich auch Mitglied des Sekretariats der Bezirksleitung der KPD und zugleich Gauführer der

Roten Jungfront. Von Saarbrücken aus [...] kam ich viel im Saargebiet herum und erlebte die soziale Notlage der Arbeiterjugend aus eigener Anschauung.«[158] Wie Erich Honecker auf seine Schul- und Jugendfreunde wirkte, die keine Jungkommunisten waren, beschrieb Erich Voltmer: »Handgreifliche Auseinandersetzungen mit dem politischen Gegner in jenen heißen Jahren waren nicht seine Sache; diese überließ er seinen Genossen, die, meist um vieles älter als er, in ihm ihren unumstrittenen An- und Wortführer sahen. Er, der Honecker Erich – wie man ihn bei Freund und Feind nannte –, war in der Diskussion allen politischen Gegnern nicht nur gewachsen, er war ihnen überlegen. Mit 18 und 20 bereits ein herausragender Redner, spielte er in Gruppendiskussionen an den Straßenecken Wiebelskirchens alle aus. Er bediente sich dabei nicht des typischen Wiebelskirchner Dorfjargons. [...] Er war hart in der Diskussion und ließ keine andere Meinung gelten als seine – und er hatte Erfolg, denn noch bei den November-Wahlen 1932 wurden in den Wiebelskirchner Gemeinderat 9 Kommunisten, 5 Sozialdemokraten, 5 Demokraten, 3 vom Zentrum und nur 2 Nationalsozialisten gewählt.«[159]

Der junge Erich Honecker hatte trotz seiner abgebrochenen Berufsausbildung viel erreicht: Er hatte sich in Pommern unter fremden Menschen in ungewohnter Umgebung nicht nur eingefügt, sondern so überzeugend eingerichtet, daß ihn der Gutsbesitzer als künftigen Schwiegersohn ins Auge faßte; er war nach seiner Rückkehr in die Heimat im Kommunistischen Jugendverband sehr schnell in Funktionen von überregionaler Bedeutung aufgestiegen; er war als vielversprechender Nachwuchskader für ein Jahr an die Moskauer Lenin-Schule geschickt worden und mit einer positiven Beurteilung heimgekehrt, die ihn zu vielen Erwartungen berechtigte; und er hatte sich in seinen nächsten Einsätzen und Verwendungen so bewährt, daß ihm nicht nur die politische Leitung der Jugendarbeit in einem ganzen Parteibezirk übertragen wurde, sondern zusätzlich auch die Mitgliedschaft im Bezirkssekretariat der KPD, dem eigentlichen Lenkungsorgan der Partei im Saargebiet. Diese beachtliche Karriere zeichnete den Neunzehnjährigen nicht nur im Vergleich zu seinen Wiebelskirchener Altersgenossen aus, sondern verschaffte ihm nach deren Zeugnis auch eine Selbstsicherheit und öffentliche Wirkung, die andere – und vielleicht auch ihn selbst – tief beeindruckt hat.

Hinzu kamen die besonderen Umstände der Zeit, die Wirtschaftskrise, das soziale Elend, die sich gegenseitig blockierenden und – je länger, desto stärker – mit Haß zerfleischenden politischen Parteien: Faktoren allesamt, die im Ergebnis zu einer tiefen Hoffnungslosigkeit bei einer schnell anwachsenden Zahl von Menschen führten. Der Anteil der Arbeitslosen in Deutschland wuchs von 4,9 Millionen im Februar 1931 auf mehr als 5,6 Millionen zum Jahresende. Im Saargebiet stieg er von 5,24 Prozent Ende 1930, über 13,11 Prozent ein Jahr später, auf 30,17 Prozent Ende 1932 an.[160] Und dies waren die Angaben der offiziellen Arbeitslosenstatistik, die jene Menschen nicht erfaßte, die keine Arbeitslosenunterstützung mehr bezogen oder sich mangels jeder Vermittlungsaussicht gar nicht erst bei den Arbeitsämtern gemeldet hatten. Deren Zahl nahm im gleichen Zeitraum in mindestens gleichem Umfange zu, so daß man, wie Erich Honecker in seinen Lebenserinnerungen dies für das Saarland angab, zu Recht davon ausgeben kann, daß »vielerorts jeder zweite Arbeiter auf der Straße« lag.[161]

»Am schlimmsten von der Krise betroffen«, schrieb er, »war die proletarische Jugend. Viele Arbeitermädchen und Arbeiterjungen fanden nach Schulabschluß keine Lehrstelle und keine Beschäftigung. Sie erhielten, solange ein anderes Familienmitglied noch im Arbeitsverhältnis stand, keinerlei Unterstützung. Bestenfalls wurden sie für ein Mittagessen zu Notstandsarbeiten herangezogen. Und politische Aktivitäten hatte ihnen die Saarregierung, unter Berufung auf das aus Kaiser Wilhelms Zeiten stammende Reichsvereinsgesetz von 1908, rundweg verboten. [...] Arbeitslos, rechtlos, perspektivlos und von Unterernährung gezeichnet – mußten sie nicht nach einer Alternative zur kapitalistischen Misere suchen? Warum sollten sie nicht zu gewinnen sein für den revolutionären Ausweg, den die Kommunisten wiesen!«[162]

»Sie« – damit meinte Erich Honecker auch immer sich selbst. Die Hoffnungslosigkeit der jungen Arbeitslosen, die zunehmend ziel- und antriebslos ihre Lebenszeit verstreichen sahen, wäre auch seine gewesen, wenn ihm nicht Partei und Jugendverband Unterstützung gegeben, Aufgaben gestellt und, wichtiger noch, Deutungsmuster und Zukunftsperspektiven vermittelt hätten. So aber besaß der junge Funktionär nicht nur, wie sich Erich Voltmer erinnerte, die Fähigkeit, auf andere Jugendliche zuzugehen und sie anzusprechen, sondern auch für sich selbst den Schlüssel, der ihm die gegenwärtige Verworrenheit auflöste, auf den politischen Punkt brachte und von da aus eine tröstliche Zukunftshoffnung öffnete, die, weil von den »Klassikern« des Marxismus-Leninismus-Stalinismus scheinbar wissenschaftlich begründet und aus den Alltagserfahrungen heraus politisch durchaus nachvollziehbar, geschichtliche Gewißheit in sich trug. Eingebettet war diese stabilisierende Struktur bei Honecker in eine unbefragte, beinahe religiöse Sicherheit, im Marxismus und im sowjetischen Vorbild Heilslehre wie Gottesbeweis gefunden zu haben. Daneben wuchsen ihm aus der Geborgenheit seiner Familie und aus dem Beispiel der Eltern zweifellos Wärme und beträchtliche Kraftreserven zu. In seinen Lebenserinnerungen notierte er: »Glücklicherweise konnte ich in dieser Zeit der materiellen Not – sooft es meine politische

Arbeit erlaubte – hinüber nach Wiebelskirchen fahren, wo ich mein Zuhause hatte und wo meine Mutter stets etwas Eßbares auf den Tisch brachte. [...] Von den Stullen, die Mutter mir mit nach Saarbrücken gab, hat mancher arbeitslose Genosse seinen Teil abbekommen. Wir halfen einander, wo wir konnten. Wir waren eben eine verschworene Gemeinschaft im Kampf für eine bessere Welt. Dabei stand uns das Beispiel der Sowjetunion immer vor Augen.«[163]

Dieses Beispiel bedeutete vor allem, daß Lenins Machtfrage nach dem Verhältnis des »Wer wen?« kompromißlos revolutionär zu stellen war: kein Bündnis mit dem Klassenfeind und keine Gemeinschaft mit den Vasallen des Klassenfeinds. Insofern glättet Honeckers Erinnerung die Widersprüche seiner ersten politischen Aktion nach der Rückkehr aus Moskau im Sommer 1931. Die KPD hatte am 11. und 12. Juli zum »Kampfkongreß der werktätigen Jugend an der Saar« eingeladen, um ihren Einfluß auf die berufstätigen wie die arbeitslosen Jugendlichen zu verstärken. Erich Honecker entsann sich an diese Veranstaltung besonders, weil sie angeblich »die revolutionäre Einheitsfront der Jugend im Kampf gegen Krisenlast und Faschismus« begründen wollte.[164] Dabei bezog sich Honecker auf einen Artikel, den er in der Wochenendausgabe der *Arbeiter-Zeitung* vom 19./20. Juli über diesen Kongreß veröffentlicht hatte. In ihm berichtete er erstaunlich routiniert in der geläufigen Sprache eines erfahrenen Parteijournalisten: »Da traten sie auf, die jungen Kumpels aus dem Schacht, die jungen Arbeiter und Arbeiterinnen von Betrieb, Stempelstelle und Kontor. Die einfache Sprache der Ausgebeuteten wurde gesprochen, klar und deutlich zeigten sie ihre Not auf. Nichts konnte sie hindern, die revolutionäre Einheitsfront zu schließen, ganz gleich, ob SAJler [Angehörige der SPD-nahen Sozialistischen Arbeiterjugend], Hitlerjungen oder christliche Jungarbeiter. Alle spüren die Not am eigenen Körper.«[165]

Tatsächlich ging es damals weder der KPD noch ihrem Jugendverband um ein wirkliches Bündnis mit anderen Parteien zum gemeinsamen Kampf gegen Wirtschaftskrise und politische Entrechtung, sondern um die parteiübergreifende Bildung einer KPD-gesteuerten »revolutionären Einheitsfront« gegen »Faschismus« und »Sozialfaschismus«, für die Verteidigung der Sowjetunion und die Gründung eines »Sowjet-Deutschland«.

Während »die Sozialdemokratie die kapitalistische Notgemeinschaft mit der eigenen und fremden Bourgeoisie, mit der fremdländischen Saarregierung« forderte, um die »gemeinsame Ausplünderung der hungernden Massen« mit dem Ziel fortzusetzen, »die bestehenden Jammerzustände« zu verewigen, polemisierte die Parteizeitung, würden die Nazis in volksbetrügerischen Phrasen von einem nebelhaften »Dritten Reich« schwadronieren. Anders als die »notorischen Volksfeinde« in diesen beiden Parteien versprächen die Kommunisten nichts, was sie nicht halten könnten: »Der einzige Ausweg aus der Katastrophe, die Rettung des werktätigen Volkes – das ist Sowjet-Deutschland!«

An ihrer Frontstellung gegen die Sozialdemokratie – und das katholische Zentrum – ließen die Kommunisten, anders als Honeckers Erinnerung es wahrhaben möchte, bis 1933 keinen Zweifel. Beide Parteien, agitierte die *Arbeiter-Zeitung* die eigenen Leser, hätten »durch einen gemeinsamen blutigen Bürgerkrieg, durch das Abschlachten von tausenden revolutionären Arbeitern die proletarische Revolution in Deutschland erwürgt«. Sie hätten den »Versailler Raubvertrag« unterzeichnet, wurde den Berliner Regierungsparteien ganz im Jargon der nationalistischen Opposition vorgehalten, sie seien im Saarland die »unterwürfigsten Büttel des Völkerbundregimes«.

Zentrum und Sozialdemokratie stünden in Deutschland bei der »Vorbereitung des Krieges gegen die Sowjet-Union« eng zusammen und arbeiteten Hand in Hand, »um aus dem werktätigen Volke Deutschlands nicht nur den Profit der deutschen Kapitalisten herauszupressen, sondern dazu die Milliarden für die ausländischen imperialistischen Räuber«. Zentrum und Sozialdemokratie, so etwa eine Proklamation der Saar-KPD im September 1931, seien »zusammen mit den Nationalsozialisten die aktivsten Kräfte der faschistischen Diktatur«. Allein die KPD führe den Kampf um die »Befreiung der Werktätigen von diesem Doppeljoch«. Gestützt auf die Macht des »siegreichen Proletariats in der Sowjetunion« sowie auf das »revolutionäre Proletariat Frankreichs«, das nicht Nutznießer jener Milliarden sei, die »von den Nationalfaschisten bis zu den Sozialfaschisten« aus Deutschland und dem Saargebiet herausgepreßt würden, rufe die KPD zum »Befreiungskampf«.[166]

Dieser Erklärung, die ganz unmißverständlich die Einheitsfront von unten forderte, also die enttäuschten, um ihre Hoffnungen betrogenen Mitglieder von NSDAP, Zentrum und SPD dazu aufrief, sich gegen ihre Parteiführungen in ein Kampfbündnis mit den Kommunisten einzureihen, schloß sich der Kommunistische Jugendverband im November 1931 ohne Abstriche an. Für den »1. Freiheitskongreß gegen nationale und soziale Unterdrückung an der Saar« im Saalbau von Saarbrücken stellte Erich Honecker zusätzlich den spezifisch jugendpolitischen Forderungskatalog zusammen. Seine wichtigsten Punkte: Einführung von sechsstündiger Arbeitszeit, der 34-Stunden-Woche, vier Wochen bezahlter Urlaub; Verbot von Nacht- und Sonntagsarbeit, Weiterbeschäftigung nach Ende der Lehrzeit für mindestens ein Jahr und Herabsetzung des Wahlalters auf 18 Jahre.[167]

Diese Schmähung der Sozialdemokratie, »Sozialfaschisten« zu sein, Knechte und Erfüllungsgehilfen des deutschen und ausländischen Großkapitals, erledigten jede Hoffnung auf eine Einheitsfront von oben, also mit Zustimmung des SPD-Parteivorstandes, von vornherein. Wer der SPD 1931 vorhielt, sie gehöre »zu den aktivsten Kräften der faschistischen Diktatur« und sei nichts als ein »willfähriger Lakai« der Bourgeoisie und des Imperialismus, bewies damit nicht nur seine Wirklichkeitsferne, sondern konnte auch nicht im Ernst erwarten, von dieser Partei und von ihren Mitgliedern als politischer Bündnispartner hingenommen, geschweige denn akzeptiert zu werden.

Insofern gelang es der saarländischen KPD und ihrem Kommunistischem Jugendverband bis 1933 kaum, Verbindungen zu Sozialdemokraten oder Kontakte zu sozialdemokratischen Organisationen aufzunehmen. Neue Anhänger und Kampfgefährten fanden sie vor allem unter parteipolitisch nicht gebundenen Nachbarn oder Arbeitskollegen in den industriell geprägten Gemeinden und, zunehmend, unter Arbeitslosen, die ihre Aussicht auf ein auskömmliches Leben eingebüßt hatten und daher alle Hoffnung auf einen gründlichen Umsturz jener Verhältnisse setzten, die sie in jeder Hinsicht ausgegrenzt hatten.[168] Aktionismus, nicht planlos, aber strategisch unbedacht, trat an die Stelle eines den politischen Verhältnissen des Saarlandes tatsächlich entsprechenden Konzeptes, das zur Grundlage der angestrebten gesellschaftlichen Veränderungen hätte werden können. Noch im Alter reagierte Honecker gekränkt auf die Zurückweisung, die er als Jungpolitiker durch die SPD erfahren hatte: »Als ob die Kommunisten die – theoretisch! – einfachere Einheitsfront ›von oben‹ nicht der mühsamen Einheitsfront ›von unten‹ vorgezogen hätten, wenn sie möglich gewesen wäre. [...] In Wirklichkeit haben wir uns immer sowohl das eine als auch das andere gewünscht. Doch leider setzte die geradezu pathologisch antikommunistische Haltung einflußreicher Führer der Sozialdemokratie und der Gewerkschaften unseren Wünschen enge Grenzen.«[169]

Sicherlich gab es diese antikommunistische Haltung bei einflußreichen Sozialdemokraten und Gewerkschaftern. Aber nicht deren Pathologie war dafür ursächlich, sondern sehr viel eher die Programmatik und reale Politik der KPD und ihres Jugendverbandes in jener Zeit.

Es war für Erich Honecker noch Jahrzehnte später nicht verständlich, weshalb es im Saargebiet erst am 30. Juni 1934, also fast anderthalb Jahre nach Hitlers Machtübernahme, in Burbach zur ersten gemeinsamen Kundgebung von SPD und KPD kam, bei der auf lokaler Ebene die Aktionseinheit gegen den Nationalsozialismus und gegen eine Rückgliederung des Saarlandes in das Deutsche Reich verkündet wurde. Honecker: »Bis dahin hatten die SPD-Führer alle Einheitsfrontangebote der KPD öffentlich ignoriert. Die rechten Führer, beladen mit der Hypothek des Verrats vom August 1914 und der Mitverantwortung an der Ermordung von Karl Liebknecht und Rosa Luxemburg im Januar 1919, hatten das Sowjetland und die Kommunisten stets verteufelt. Den Kommunisten blieb also praktisch nur der Weg der Aktionseinheit mit ihren sozialdemokratischen Klassengenossen im Betrieb, im Wohnviertel und an der Stempelstelle.«[170] Dieser Weg, der die SPD-Mitglieder an der Basis ihrer Parteiführung entfremden wollte, sagte Honecker, sei richtig und historisch notwendig gewesen.

Daß er so spät um politische Absprachen mit der SPD-Spitze erweitert wurde, war Honecker keine selbstkritische Anmerkung wert. Bis in den Juni 1934 hinein verbauten die Saar-Kommunisten durch ihre für Sozialdemokraten unerträglichen Zielvorgaben jedes parteiübergreifende Bündnis. Einige Beispiele mögen dies verdeutlichen: Am 14. und 15. November 1932 hatte das

Zentralkomitee des KJVD zu einer Tagung nach Prieros bei Berlin eingeladen. Erich Honecker nahm daran teil und hatte dabei zum ersten wie letzten Mal Gelegenheit, mit dem KPD-Vorsitzenden Ernst Thälmann zu sprechen. »Er gab«, schrieb Honecker, »wertvolle Ratschläge zur Methodik unserer politischen Arbeit. [...] Er riet uns, die Sprache der Jugend zu sprechen, revolutionäre Romantik zu pflegen, kameradschaftliche Beziehungen unter den Jugendlichen zu fördern sowie die jungen Bauern, Schüler und Studenten nicht zu vergessen.« Angesichts der irrationalen Nazi-Propaganda müsse der KJVD »die richtige politische Generallinie der Kommunisten auch mit den psychologisch richtigen Mitteln verfechten«. Diese Linie damals aber war die vom Politbüro-Mitglied und Stalin-Vertrauten Heinz Neumann ausgegebene Forderung zum gleichzeitigen Kampf gegen NSDAP und SPD, gegen »National- wie Sozialfaschismus«, unter dem Motto: »Schlagt die Faschisten, wo ihr sie trefft!« Diesen Teil der Ansprache Ernst Thälmanns überging Honecker in seinen Lebenserinnerungen allerdings und kam umstandslos zum Schlußsatz Thälmanns, der ihm selbst »in der tiefsten Nacht des Faschismus« Trost und Hoffnung gegeben habe: »Nicht nur ihr Jungen, sondern auch wir Alten werden noch den Sieg des Sozialismus in Deutschland erleben!«[171]

Zwar verlief die Abgrenzung zwischen KPD und SPD im Saarland nicht ganz so schroff wie im Reichsgebiet, aber auch hier war sie für Sozialdemokraten kaum zu überwinden. Am 12. August 1933 rief die kommunistische Partei wegen einer von den Nationalsozialisten für den 27. August angekündigten »Saarkundgebung« am Niederwald-Denkmal »sozialdemokratische Arbeiter und alle Saarwerktätigen« zu einem »Roten Saartag« auf, um gemeinsam »für ein rotes Saargebiet in einem sozialistischen Räte-Deutschland zu kämpfen«[172]. Mochte dies als einzelnes Veranstaltungsmotto auch Sozialdemokraten noch hinnehmbar erscheinen, galt das für die Forderung der KP-Bezirksleitung in Saarbrücken am 16. Juni 1934 ganz gewiß nicht mehr: »Sozialdemokratische, christliche und parteilose Arbeiter, schließt die Einheitsfront mit euren kommunistischen Klassenbrüdern!« Es gehe bei der vom Völkerbund für den Januar 1935 angekündigten Abstimmung nur vordergründig um die drei Alternativen, ob das Saargebiet an Frankreich angegliedert, an Deutschland zurückgegeben oder weiterhin als Völkerbundmandat bestehen bleiben werde; mit wahrer Selbstbestimmung habe keine dieser Möglichkeiten das geringste gemein, weshalb die eigentliche Kampflosung sein müsse: »Für ein rotes Saargebiet in einem Sowjet-Deutschland!«[173]

Die Jugendorganisationen von SPD und KPD scheinen allerdings früher als die älteren Parteifunktionäre im Saarland zu eigenen Formen der begrenzten Zusammenarbeit gefunden zu haben. Erich Honecker berichtete: »Am 1. Mai 1933, als Hitler im ›Reich‹ zum großen Schlag gegen die Gewerkschaften ausholte, organisierte ich in Saarbrücken eine große Kampfdemonstration. Obwohl die Landesverwaltung alle öffentlichen Kundgebungen untersagt hatte, ging die Arbeiterjugend unter Führung des KJVD auf die Straße. Auch die Sozialistische Arbeiterjugend unter Leitung ihres Bezirksvorsitzenden Ernst Braun [...] war bei dieser Demonstration vertreten. Die antifaschistische Einheitsfront begann sich zu formieren.«[174] Vielfältig bezeugt ist in der Tat Honeckers Erinnerung, daß sich ab dem Sommer 1933 die Kontakte zwischen KJVD, der Sozialistischen Arbeiterjugend, der Naturfreundejugend, dem Katholischen Jugendverband und evangelischen Jugendgruppen unter dem Eindruck der Vorgänge im Reichsgebiet entkrampften, ausweiteten und vertieften. »In verschiedenen kleineren Orten des Saargebietes, in Wiebelskirchen, Neunkirchen, Sulzbach« kam es nach Honeckers Angaben zu »bestimmten politischen Verbindungen«. Gemeinsame Wanderungen wurden veranstaltet, in deren Verlauf natürlich auch politische Gespräche geführt wurden. »Offizielle Vereinbarungen und gemeinsam organisierte Aktionen kamen« gleichwohl, so Honecker, »nur zögernd zustande, weil zum Beispiel manche Vertreter des KJV [Katholischer Jugendverband] meinten, ein offenes Zusammengehen würde ihre Verbandsarbeit erschweren«[175].

Erst ab der zweiten Juni-Hälfte 1934 setzte sich in der Saar-KP ein erfolgversprechenderer politischer Kurs als jener der unbedingten Abgrenzung von der Sozialdemokratie durch – aber auch dieser war nicht vom Bezirksverband auf Grund eigener strategischer Überlegungen entwickelt worden, sondern von außen aufgesetzt. Der damals 28 Jahre alte Herbert Wehner war von dem im Pariser Exil arbeitenden Politbüro der KPD nach Saarbrücken geschickt worden, um die dortige Parteiorganisation bei der Vorbereitung der Volksabstimmung zu unterstützen, vor allem aber um sie auf eine realitätstüchtigere politische Linie einzuschwören.[176] Bereits seit Jahresbeginn hatte dies der Hamburger KPD-Funktionär Anton Switalla gegen den Widerstand des Bezirkssekretärs Paul Lorenz versucht, der jedoch statt dessen die nicht zuletzt für die eigene Anhängerschaft abenteuerliche Parole ausgab: »Zurück zu Deutschland und wenn's ins KZ geht!«[177]

Wehners Auftrag dagegen war, die Fortsetzung des völkerrechtlichen *status quo* als Losung für den Abstimmungskampf im Schulterschluß mit den Sozialdemokraten zu propagieren, weil ein Anschluß des Saargebiets an Deutschland für die gesamte Arbeiterschaft und die politische Linke Versklavung bedeuten müsse, solange das Hitlerregime an der Macht wäre, nicht zuletzt aber auch der ins Exil getriebenen KPD-Führung das Saargebiet als

Operationsbasis für vielfältige Aktionen ins Reich hinein genommen hätte. Wehner erkannte die besonderen Schwierigkeiten dieses Kurswechsels zur politischen Aktionseinheit mit der jahrelang verfemten SPD durchaus, zumal es auch auf sozialdemokratischer Seite erheblichen Widerstand zu überwinden galt: nicht nur wegen der bis kurz zuvor üblichen Verunglimpfung als »Sozialfaschisten« seitens der KPD und der Wahlergebnisse in der Vergangenheit, bei denen die KPD an der Saar seit 1928 die SPD überrundet hatte, sondern – zeitlich näherliegend – auch wegen der in Form handfester Schlägereien ausgetragenen politischen Auseinandersetzungen, etwa noch im April 1934 im Saarbrücker Volkshaus, als Kommunisten mit der Forderung nach einer zukünftigen »Sowjet-Saar« die Einrichtung zu Kleinholz machten.[178]

Nach der Ablösung von Lorenz durch den Organisationssekretär der Bezirksleitung, Fritz Pfordt, einem Arbeiter aus den Eisenbahnwerkstätten, der wie Honecker die Lenin-Schule in Moskau besucht hatte, stellten Wehner und Switalla die Partei auf den neuen Kurs ein. Unterstützt wurden sie dabei von rund 600 KPD-Emigranten, die als »Ausländer« zwar an der Saar weder politische Ämter übernehmen noch in der Öffentlichkeit politisch aktiv werden durften, der Bezirkspartei aber immerhin sehr wirksam Hilfestellung geben konnten: als qualifizierte Journalisten in den verschiedenen Redaktionen oder auch als sachkundige Experten – sei es im paramilitärischen Parteiselbstschutz bei den Einsätzen gegen die Schlägerbanden der NSDAP-gesteuerten Deutschen Front oder auch in dem ins Saarland verlegten sogenannten »Reichstechnikum« der KPD, wo illegal Flugschriften zur Propagandaarbeit im Reichsgebiet hergestellt wurden.[179]

Während dieser innerparteilichen Kurskorrektur stellte sich Erich Honecker mit dem KJVD sehr schnell auf die Seite Wehners, dem er trotz dessen späteren Wechsels zur

SPD und trotz aller politischen Kontroversen persönlich bis zu dessen Tod verbunden blieb. Honecker hatte rasch erkannt, daß es die von der Berliner Landesleitung bzw. die vom Politbüro »zur Anleitung und Kontrolle« entsandten Funktionäre waren, die im eigentlichen Sinne »das Sagen hatten«[180]. Wer sich gegen sie stellte, mußte wissen, daß er damit auch gegen die jeweils von Moskau ausgegebene, mit dem Segen der Komintern geadelte neue Linie opponierte. Honecker begriff dies wohl auch unter dem noch frischen Eindruck seines Studienjahres in der Sowjetunion schneller als mancher altgediente Saargenosse. In seinen Lebenserinnerungen schrieb er: »Als Oberberater der Bezirke Südwest des KJVD sollte ich im Sommer 1934 zum VII. Weltkongreß der Kommunistischen Internationale nach Moskau fahren. Ich hatte schon Paß und Flugkarte. Dann faßte das Präsidium des Exekutivkomitees der Komintern den Beschluß, den Kongreß im Interesse einer gründlicheren Vorbereitung auf das erste Halbjahr 1935 zu verlegen. So stand meinem vollen Einsatz im Saarkampf nichts im Wege. […] Herbert Wehner hatte in der Partei, als Oberberater der KPD, den gleichen Verantwortungsbereich. Ich habe damals viel von ihm gelernt.«[181] Nicht zuletzt wahrscheinlich, wie man in einer auf Moskau ausgerichteten kommunistischen Partei rechtzeitig erkennen kann, auf welche Weise und für welche Richtung sich an programmatischen Scheidewegen die stärkeren Truppen gemeinhin zu sammeln und zu entscheiden pflegen.

Deshalb sei an dieser Stelle ein Exkurs gestattet, der die weitere politische Entwicklung des von Erich Honecker bewunderten Herbert Wehner in den Blick nimmt. Denn hätten sich seine Wege und die Honeckers, zunächst geographisch betrachtet, nicht bald gründlich voneinander entfernt, bevor sie sich im Alter wieder begegneten, wären Honecker in sowjetischem Exil vergleichbare Erfahrungen nicht erspart geblieben, die sein Leben vielleicht in ähnlicher Weise wie das Wehners beeinflußt hätten. Immerhin haben sich die lange Zeit beschwiegenen Erlebnisse von Wehner und anderen KPD-Spitzenfunktionären im Moskau jener Jahre in das kollektive Gedächtnis der Partei eingebrannt und steuerten damit ganz gewiß, wenn vielleicht auch nicht vollends bewußt, auch Honeckers Haltung gegenüber den späteren sowjetischen Machthabern.

Herbert Wehner und Erich Honecker
Ein Exkurs

Die Archivare des Moskauer »Zentrums für die Aufbewahrung zeitgenössischer Dokumente« (früher: Archiv des Zentralkomitees der KPdSU) zeigen neuerdings ihren Besuchern verschnürte Dokumentenmappen aus steifem Pappkarton, die jahrzehntelang streng verwahrt wurden: »Kaderakten«, Zeitungsausrisse, Sitzungsprotokolle, Gesprächsaufzeichnungen, Herrschaftswissen einer versunkenen Epoche. Und gewähren Einblick. Zum Beispiel in den Archivbestand »ZAD N 82/11646-I«, die Kaderakte Herbert Wehners.[182]

Das Material ist brisant. Denn Herbert Wehner, der am 19. Januar 1990 – vier Jahre vor Erich Honecker – im Alter von dreiundachtzig Jahren hochgeehrt in Bad Godesberg starb, hatte ein Vorleben, über das bis heute geheimnisvolles Dunkel gebreitet ist. Jetzt enthüllen diese Dokumente, was Wehner bis zu seinem Tod verschwiegen hat. Als kommunistischer Spitzenfunktionär war er 1935 verantwortlich für bewaffnete Überfälle auf politische Gegner an der Saar. Während seines Moskauer Exils hat er gegenüber der Kaderabteilung der eigenen Partei, der Kontrollkommission der Komintern, aber auch beim sowjetischen Geheimdienst Genossen denunziert und damit den stalinistischen »Säuberungen« ausgeliefert. Später, in Stockholm, hat er nach seiner Verhaftung 1942 in Verhören der schwedischen Polizei Kampfgefährten belastet und Parteiinterna offenbart. Wehner, so scheint es, hat sich zeitlebens auf ganz ähnliche Weise wie Honecker mit der Macht arrangiert – in der KPD, in der Sowjetunion, in Schweden und schließlich, auf andere Art, in der westdeutschen Sozialdemokratie.

Doch wie erklären sich, nimmt man diesen Anschein für die Wirklichkeit, die Widersprüche zwischen einer solchen, jedenfalls über Phasen ihres Lebens offenkundig menschlich ungenügenden Haltung und dem hohen ethischen Maßstab, den Wehner – und Honecker – bei anderen und sich selbst zumindest nach außen hin immer wieder angelegt haben? Die Antwort auf diese Frage gibt – nur vordergründig paradox – beider Leben, so wie es sich in jenen Dokumenten unmittelbar widerspiegelt, die in jüngerer Vergangenheit in deutschen und russischen Archiven aufgefunden wurden.

Weil er gegenüber der schwedischen Polizei in einem umfassenden Geständnis Parteiinterna und Geheimaufträge offengelegt hätte, schloß ihn die KPD-Führung in Moskau am 6. Juni 1942 »wegen Parteiverrats« aus. Tatsächlich brach Herbert Wehner während der Gefangenschaft in Schweden mit dem Kommunismus sowjetischer Prägung. Er begann mit der Niederschrift seiner Selbstbesinnung und Selbstkritik. 1946 legte er dann die Endabrechnung seiner frühen Jahre vor – seine persönlichen Freunden und dem SPD-Parteivorstand ausgehändigten *Notizen*.[183] An deren Schluß versprach er Besserung und kündigte für die Zukunft an: »Ein Leben, in dem das Streben bestimmend ist, nicht Kluft noch Widerspruch zwischen dem als Wahrheit Erkannten und dem eigenen Tun entstehen zu lassen.«

Herbert Wehner und Erich Honecker: Täter oder Opfer oder nicht doch, banal, aber wahr, beides in einer Person? Waren sie überzeugte Stalinisten – Wehner, als er während seines Moskauer Exils kommunistische Emigranten in Briefen an die KPD-Kaderabteilung und an die Kontrollkommission der Komintern denunzierte; und Honecker, der während des größeren Teils seines Lebens jeden Parteiauftrag blindlings ausführte, wenn er nur von der Moskauer Zentrale gebilligt war oder von dorther stammte? Oder waren sie, gleich ihren Opfern, auch selbst Opfer stalinistischer Repression – Männer Anfang dreißig und Anfang zwanzig, die sich eben zu retten suchten, weil ihnen jenseits bedingungsloser Anpassung an die Parteidisziplin kein Weg offen schien? Nach den inzwischen zugänglichen Dokumenten und den selbstkritischen, aber gleichwohl nicht durchweg den Tatsachen verpflichteten *Notizen* war zumindest Wehner ganz sicher beides, Leidender und Handelnder zugleich, ein gehetzter Mensch, der zum Jäger wurde.

Diese Herbert Wehner in erheblichem Maße belastenden Dossiers beantworten durchaus nicht alle Fragen. Aber sie vermitteln eine Ahnung jener Katastrophen aus Todesangst, Verrat und Selbstvernichtung, denen, wie Herbert Wehner und Erich Honecker, viele Menschen ausgesetzt waren, die – sei es als Opfer oder als Täter oder, zumeist, eben doch in beiden Rollen – in das zerstörerische Getriebe der totalitären Ideologien des zwanzigsten Jahrhunderts gerieten. Und sie erklären, weshalb die Verdrängung schuldbeladenen Verhaltens für beide zur blanken Voraussetzung ihrer weiteren politischen Arbeit geworden ist.

1933–1945

Im Widerstand

Ab Ende Februar 1933, schrieb Erich Honecker in seinen Erinnerungen, hätten er und seine Freunde im Saargebiet von Genossen, die auf der Flucht vor nationalsozialistischer Verfolgung illegal über die Grenze kamen, immer mehr Einzelheiten über den Terrorfeldzug erfahren, dem die Arbeiterbewegung schon damals ausgesetzt war: »Wir hatten von den Faschisten nichts Gutes erwartet und das Schlimmste befürchtet. Doch was wir nun erfahren mußten über Verhaftungen, Folter, Konzentrationslager, Mord und Totschlag, über Einschüchterung, Erpressung und Bespitzelung, über die brutale Behandlung auch von Frauen und Kindern, das war in seinem Ausmaß und in seiner zynischen Systematik so ungeheuerlich, daß es selbst in der schlimmsten Phantasie nicht vorstellbar und voraussehbar gewesen wäre.«[1]

Selbstkritisch erinnerte Erich Honecker nach seiner eigenen Entmachtung an manches Fehlurteil der Parteispitze im Jahr 1933. So hätten etliche KPD-Führer nicht nur Großkundgebungen und Generalstreik gefordert, sondern trotz aller Aussichtslosigkeit eines nicht vorbereiteten Aufstandes auch den bewaffneten Widerstand. Andere seien der Auffassung gewesen, Hitler und sein Regime würden in kürzester Zeit abgewirtschaftet haben oder an den eigenen Widersprüchen zerbrechen – es bestehe also kein besonderer Handlungsbedarf, die Sache werde sich von selbst erledigen. Beides seien Fehleinschätzungen gewesen, meinte Honecker, und dies nicht nur soweit es das Durchhaltevermögen des politischen Gegners und die Kampfbereitschaft der eigenen Genossen anging, sondern – dies müsse man »ganz offen sagen!« – »wir [hatten] nicht die massenhafte Zustimmung des deutschen Volkes für die Hitlerregierung vorausgesehen«[2]. Weil die Nazis vor allem außenpolitisch »einen Erfolg nach dem anderen an ihre Fahnen heften konnten«, sei eine nationalistische Stimmung entstanden, »die allen den Verstand raubte«. Dabei habe auch die Beseitigung der Arbeitslosigkeit durch die Wiedereinführung der Wehrpflicht und die Rüstungsprogramme der Wirtschaft eine wesentliche Rolle gespielt, selbst wenn es sich dabei um ein Täuschungsmanöver handelte, das am Ende in Krieg und Vernichtung führte.[3]

Erich Honecker stellte sich dem Widerstand gegen die NS-Herrschaft sofort zur Verfügung. Im Mai 1933 begann seine illegale Arbeit im Reichsgebiet, nachdem der Frankfurter Willi Rom in der KJVD-Bezirksleitung Saar das Amt des Organisationsleiters übernommen hatte.[4] Der erste Einsatz Honeckers war eine Fahrt nach Mannheim, um den dort aus der Haft entlassenen Sekretär Ernst Thälmanns in Empfang zu nehmen und über die Grenze zu seiner Frau zu bringen, die im Saargebiet Unterschlupf gefunden hatte.[5] Vom 4. bis zum 6. Juni begleitete Honecker eine Jugenddelegation zum Antifaschistischen Arbeiterkongreß Europas nach Paris. Die jungen Leute fuhren in einem alten Mercedes, weil ihnen dies sicherer erschien und zweifellos billiger war als eine Fahrt mit der Bahn. Der Kongreß sollte die internationale Öffentlichkeit gegen die vom NS-Regime ausgehende Kriegsgefahr mobilisieren. Den Vorsitz hatten prominente französische Intellektuelle und Schriftsteller wie Henri Barbusse, André Gide und Romain Rolland übernommen. Erich Honecker sprach als Vertreter der deutschen Jugend über die Thälmann-Losung »Wer Hitler wählt, wählt den Krieg«.[6]

Von dem Kongreß selbst blieb Erich Honecker weniger in Erinnerung als von dem eher privaten Rahmenprogramm: »Wir hatten Gelegenheit, in den Kongreßpausen ein wenig von der französischen Hauptstadt zu sehen, die großen Eindruck auf mich machte.«[7] Die flirrende Atmosphäre an heißen Sommertagen, Menschen aus aller Herren Länder, ein buntes Gemisch von Sprachen, Farben, Gerüchen – vielfältig aufgemischte Eindrücke, die weder der eher düsteren Hektik des Berliner Alltags noch dem gewohnten Leben zu Hause im bieder-kleinbürgerlichen und proletarischen Milieu des Saarlandes entsprachen. Vor allem aber: keine Verfolgung und keine Gefahr, niemand, der sie bespitzelt, keiner, der sie festgehalten oder gar bedroht hätte. So fuhren die jungen Kommunisten kreuz und quer durch das sommerliche Paris, besuchten die Grabstätte der 147 Aufständischen, die nach der Niederschlagung der Pariser Kommune am 18. Mai 1871 an der »Mauer der Föderierten« auf dem Friedhof Père Lachaise erschossen worden waren, und besichtigten den Eisenbahnwaggon im Wald von Compiègne, in dem 1918 der Erste Weltkrieg mit einem Waffenstillstand beendet wurde.[8] Der Weltkongreß der Jugend gegen Krieg und Faschismus vom 22. bis zum 25. September 1933 bescherte Honecker seinen zweiten Paris-Besuch. Als Instrukteur begleitete er die KJVD-Delegierten des Ruhrgebiets in die französische Hauptstadt, nachdem er zuvor die Schleusung der übrigen Delegierten aus dem Reichsgebiet durch das Saarland besorgt hatte.[9]

Während des Sommers 1933 war Erich Honecker noch verantwortlich für die Jugendarbeit der Partei an der Saar.[10] Daneben war ihm die Aufgabe übertragen worden, die illegalen Verbindungen zu den KJVD-Bezirken Mannheim und Frankfurt/Main auszubauen, was in der einen Richtung deren Versorgung mit Geld und Propagandamaterial bedeutete und umgekehrt die Absicherung von

Fluchtwegen und die Bereitstellung von Notquartieren, wenn sich Jugendfunktionäre wegen des ständig wachsenden Verfolgungsdruckes im Reichsgebiet zumindest zeitweilig aus ihrem eigentlichen Operationsgebiet absetzen mußten.[11] Bei eigenen Fahrten nach Mannheim übernachtete Honecker zuweilen bei einer Tante Biehl in der Gärtnerstraße[12] und, wenn es nach Frankfurt ging, bei einer Cousine, die in Darmstadt lebte und mit einem Polizeiwachtmeister verheiratet war. Honecker erinnerte sich an dieses denkbar sichere Quartier gleichwohl mit gemischten Gefühlen: »Morgens war ich erschrocken, als ich den Helm in der Garderobe sah. Das war der Beginn meiner Tätigkeit im Dritten Reich.«[13]

Anfang August 1933 fand eine Tagung des erweiterten KJVD-Zentralkomitees in Amsterdam statt – aus Sicherheitsgründen auf einem Motorschiff, damit sich die Delegierten unbelauscht über taktische Fragen des Widerstandes, aber auch über eine erfolgversprechendere Strategie der Aktionseinheit mit nichtkommunistischen Jugendgruppen klar werden konnten.[14] Bei den Beratungen im Vorfeld der ZK-Tagung des Jugendverbandes hatte Erich Honecker in Mannheim den späteren Verteidigungsminister der DDR, Heinz Hoffmann, kennengelernt, Wilhelm Florin und Kurt Müller[15] – letzterer war nach dem Zweiten Weltkrieg stellvertretender KPD-Vorsitzender in der Bundesrepublik und wurde im Zusammenhang mit den stalinistischen »Säuberungen« in die DDR verschleppt, dort zu einer langjährigen Zuchthausstrafe verurteilt und trat nach seiner vorzeitigen Entlassung in den Westen der SPD bei. Honecker erwähnte in seinen Lebenserinnerungen, daß er in Amsterdam zu dem wohl wichtigsten Beratungspunkt der dringend erforderlichen Aktionseinheit im Kampf gegen das Hitlerregime auf Grund seiner positiven Erfahrungen aus dem Saargebiet »manche Erfahrung […] mit der katholischen Jugend« weitergeben konnte.

Deshalb und weil im Sommer die Mitglieder der Essener KJVD-Bezirksleitung verhaftet worden waren, wurde bei dieser denkwürdigen Grachtenfahrt beschlossen, Honecker als Instrukteur des Zentralkomitees und als Politischen Leiter des Jugendverbandes ins Ruhrgebiet zu schicken.[16]

Noch im August 1933 traf Erich Honecker – unter dem Tarnnamen Herbert Jung, aber mit seinen amtlichen Ausweispapieren – in Essen ein. Bei seinem ersten Treffen mit Albert Weichert, der seit 1930 in der KJVD-Bezirksleitung Ruhrgebiet als Agitprop-Sekretär und als Leiter der Naturfreunde-Jugend hinreichend Orts- wie Personenkenntnisse gesammelt hatte, gab sich Honecker durch eine zuvor vereinbarte Losung zu erkennen und mit Hilfe eines Bildchens, wie es damals Zigarettenpackungen beilag, wobei die eine Hälfte Honecker vorzeigen mußte, während sich die andere in den Händen von Albert Weichert befand.[17] Honecker wurde in »sicheren Quartieren« in Essen-West, mitunter auch in einer Kleingartenkolonie untergebracht. Dort traf er sich unverdächtig mit Albert Weichert. Bei gemeinsamen Spaziergängen konnten sie die politische und wirtschaftliche Situation im Ruhrgebiet und die angespannte Lage des eigenen Verbandes besprechen: Wer war noch nicht verhaftet worden, wer stand unter Polizeibeobachtung, wer hatte sich zurückgezogen, auf wen konnte bei künftigen Aktionen gerechnet werden? Sicherungsmaßnahmen wurden beschlossen, wie etwa die Verkleinerung der Gruppen auf zunächst fünf und später sogar nur noch drei Mitglieder, die sich gegenseitig kannten, um im Falle von Verhaftungen den Kreis der Betroffenen so klein wie möglich zu halten. Nicht weniger wichtig allerdings war, wie Albert Weichert in seinen Erinnerungen schrieb, die strategische Ausrichtung der politischen Orientierung »weg vom sektiererischen Denken, hin zur Sammlung aller antifaschistischen Kräfte«[18].

Schon zum Monatswechsel September/Oktober 1933 verfügte der KJVD nach Angaben Erich Honeckers bereits wieder über illegale Stützpunkte in sämtlichen Essener Stadtteilen. Die Verbindung zur gleichfalls nur mehr im Untergrund operierenden KPD war hergestellt. Und in der Wohnung eines jungen Genossen konnte sogar ein Abzugsapparat versteckt werden, mit dessen Hilfe Flugblätter, ja selbst das Informationsblatt *Junge Ruhrgarde* gedruckt werden konnten.[19] Ein zusätzliches Gerät und eine Schreibmaschine hielt Otto Wiesheu, der Leiter der Roten Jungpioniere des Ruhrgebiets und spätere Instrukteur der KJVD-Bezirksleitung, im Heizungskeller eines katholischen Krankenhauses in Oberhausen für solche Einsätze bereit. Weitere Verstärkung brachten ab Oktober Willi Rom, der vom Saargebiet zur Unterstützung Honeckers an die Ruhr geschickt worden war, und Ewald Kaiser, der neue Bezirkssekretär des KJVD.[20] Dennoch wäre die Breitenwirkung dieser Aktionen sehr viel geringer ausgefallen, wenn nicht ständig neues Material an Bord der auf dem Rhein zwischen Basel und Rotterdam pendelnden Flußschiffe ins Ruhrgebiet hätte geschmuggelt werden können, etwa das *Braunbuch über Reichstagsbrand und Hitlerterror* oder zahlreiche politische Tarnschriften, die sich in Broschüren mit so unverfänglichen Titeln wie *Das Mondamin-Kochbuch, Elektrowärme im Haushalt* oder *Heldengräber des deutschen Volkes* verbargen.[21]

Nach und nach konnte Erich Honecker mit Albert Weichert zwischen Rhein und Ruhr ein neues Netzwerk von Genossen und Sympathisanten aufbauen, das wenigstens für eine gewisse Zeit dem Zugriff der Gestapo entzogen blieb. Über Ernst Wabra schufen sie Verbindungen nach Dortmund; Berta Karg – die wie Honecker einst die Lenin-Schule besucht hatte – vermittelte den wichtigen Kontakt zu dem Düsseldorfer Kaplan Dr. Joseph Rossaint und zu Franz Steber, dem damaligen Reichsführer der Katholischen Sturmscharen, denen bis zu ihrer Zwangsvereinigung mit der Hitlerjugend im Dezember 1936 immerhin 40 000 Jugendliche angehörten.[22] In diesen Monaten, berichtete Honecker, habe nicht nur unter sozialdemokratisch wie christlich eingestellten jungen Menschen die Bereitschaft zur Zusammenarbeit mit den Kommunisten zugenommen. Auch KJVD-Angehörige hätten, ganz gegen ihre sonstige Gewohnheit, Gottesdienste besucht oder an kirchlichen Veranstaltungen teilgenommen und sogar in den noch zugelassenen Zeitschriften des Katholischen Jugendverbandes eigene Beiträge veröffentlichen können.[23] Erst im September 1935 gelang es der Gestapo, die inzwischen auf 45 Mitglieder angewachsene Honecker-Gruppe in Essen durch Zuchthausstrafen wegen Hochverrats auszuschalten.[24] Joseph Rossaint und Franz Steber wurden mit weiteren 60 katholischen Jugendfunktionären im Januar 1936 verhaftet und im April 1937 zu langjährigen Freiheitsstrafen verurteilt.[25]

Erich Honecker beschrieb in seinen Erinnerungen, wie fürsorglich er damals im Ruhrgebiet aufgenommen worden war und welchen Rest an Fröhlichkeit er sich trotz der ständig drohenden Festnahme erhalten konnte: »Ende 1933 hielt ich mich trotz des Winterwetters zeitweilig in der Laube eines Genossen[26] in der Gartenanlage ›Sonnenschein‹ in Essen-Haarzopf, einem weitläufigen Gebiet am südwestlichen Stadtrand, auf. [...] Dort wurde in einem kleinen Kreis illegal lebender Jugendgenossen auch Silvester gefeiert. [...] Zum Gelingen der kleinen lustigen Feier [...] hatte Albert Weichert mit einer kühnen Idee nicht unwesentlich beigetragen. Es war ihm gelungen, einige illegal lebende Jugendfunktionäre, darunter auch mich, am Morgen des 31. Dezember an zuverlässige Fahrer des damals noch nicht ›gleichgeschalteten‹ Konsumvereins ›Eintracht‹ als Aushilfsbeifahrer zu vermitteln. An diesem Tag war ja Hochbetrieb beim Ausfahren von Nahrungsmitteln und Getränken. Man fragte nicht nach Namen und Adresse. Wir waren einfach da, schleppten den ganzen Tag Kisten mit Würstchen, Krapfen und inhaltsschweren Flaschen. Dabei fiel mancherlei für uns ab. Die Tochter eines Genossen war Leiterin beim Konsum[27] und sorgte dafür, daß wir für die Silvesternacht gut versorgt waren.«[28]

Eine ihrer spektakulärsten Aktionen führte die Honecker-Gruppe am Jahresanfang 1934 durch. Mit dem Abzugsapparat hatte sie 250 von Honecker verfaßte Flugblätter hergestellt. Ihre Titelzeile: »Wohin führt der Weg? Über die Rüstungsindustrie in den Krieg!« Mit den Flugblättern ging Erich Honecker, begleitet von Albert Weichert, zum Kaufhaus Althof im Essener Stadtzentrum am Limbecker Platz. In dem turmartig ausgebauten Dachgeschoß war ein Café eingerichtet. Während Weichert außen sicherte, betrat Honecker eine der Toiletten, öffnete das Fenster zum darunterliegenden Platz und warf die Flugblätter mit einem Schwung in den Wind. Beide verließen eilig das Kaufhaus und sprangen in eine soeben vorfahrende Straßenbahn der Linie 9 in Richtung des Viehofer Platzes. Dort angekommen, stiegen sie in eine Straßenbahn in die Gegenrichtung, passierten den Limbecker Platz und beobachteten ein Polizeiaufgebot, das die auf dem Boden verstreuten Flugblätter aufsammelte und erfolglos nach den Tätern suchte.[29]

Doch lange sollte der Aufenthalt Erich Honeckers im Ruhrgebiet nicht mehr dauern. Als er Anfang Februar 1934 mit Albert Weichert zu einem Treffen mit KJVD-Funktionären nach Düsseldorf fuhr, erkannten sie beim Aussteigen auf dem Hauptbahnhof gerade noch rechtzeitig, daß zwei Genossen wenige Schritte vor ihnen in eine Personenkontrolle auf dem Bahnsteig geraten und festgehalten worden waren. Beide stiegen in den Zug zurück, fuhren weiter bis Benrath, stiegen um in einen Zug Richtung Essen und wechselten vorsichtshalber ihre Quartiere.[30] Am 15. Februar traf sich Honecker vor dem Essener Kino »Lichtburg« mit den KJVD-Funktionären Karl Weinand und Robert Mark. Der Gestapo-Sekretär Schröder hatte Honecker bereits eine Weile beschattet und nahm ihn unter dem Vorwand, es bestehe gegen ihn Diebstahlsverdacht, für kurze Zeit fest, um seine Personalien notieren zu können.[31] Honecker zeigte auf der Polizeiwache seine Papiere, gab an, lediglich für einige Tage zur Arbeitssuche ins Ruhrgebiet gekommen zu sein – und wurde umgehend wieder freigelassen.[32] Allerdings mußte er davon ausgehen, daß er weiterhin beobachtet und durch eine Rückfrage bei der Stapo-Leitstelle Trier sein politischer Hintergrund sehr schnell aufgedeckt werden würde. Tatsächlich ergab sich später, daß die Gestapo Düsseldorf bereits Anfang März über die Anwesenheit des KJVD-Funktionärs Erich Honecker aus dem Saargebiet in Essen unterrichtet war.[33] In diesen Tagen bestellte die Essener Gestapo 17 Mädchen und 12 Jungen der dortigen Naturfreunde-Jugend zum Verhör. Albert Weichert, der die Jugendlichen zur Flugblattverteilung eingesetzt hatte, stimmte mit ihnen vor ihrer Vernehmung die Aussage ab, sie seien lediglich zum gemeinschaftlichen Wandern, zum Singen und um Volkstänze einzuüben, zusammengekommen – von Politik keine Spur. Die Jugendlichen hielten sich an diese Absprache und wurden von der Gestapo nach dem Verhör entlassen.[34] Als zusätzlich ein Kurier aus Berlin die Information des KPD-Abwehrdienstes weitergab, der Gestapo seien zumindest die Decknamen der KJVD-Leitung des Ruhrgebietes bekannt geworden, konnte Honecker nicht länger in Essen bleiben.[35] Er folgte im März 1934 der Anweisung der illegal im Untergrund in Berlin operierenden KJVD-Landesleitung, sich nach Amsterdam abzusetzen.[36]

Zwischen März und Mai 1934 wurde Erich Honecker als Kurslehrer an der KJVD-Schule in Amsterdam eingesetzt und konnte sich von den aufreibenden Monaten im Untergrund ein wenig erholen. Von Mai bis September war er anschließend als ZK-Beauftragter und Oberberater Südwest des Kommunistischen Jugendverbandes in der Pfalz, in Hessen, Württemberg, Baden und auch im Saargebiet unterwegs.[37] Während dieser Zeit lernte er neben Herbert Wehner eine Reihe führender KPD-Funktionäre kennen, von denen ihn einige später auf seinem Weg weiterhin begleiten sollten: der Publizist Alexander Abusch, die Gesellschaftswissenschaftlerin Lene Berg, das Politbüro-Mitglied Franz Dahlem, der Spanienkämpfer Erich Glückauf, der Leiter des geheimen Militär-Apparates Hans Kippenberger, der 1937 nach einem Geheimprozeß in der Sowjetunion erschossen wurde, das Politbüro-Mitglied Albert Norden, der westdeutsche KPD-Vorsitzende Max Reimann, das Politbüro-Mitglied Paul Verner, der DDR-Außenminister Otto Winzer. Soweit Honecker diese Parteiprominenz im Saargebiet traf, in das er im Herbst 1934 zur Unterstützung des Abstimmungskampfes zurückbeordert wurde, weil er als gebürtiger Saarländer dort – anders als die Zugereisten – in der Öffentlichkeit politisch auftreten durfte, machte er auf sie nach Wehners Zeugnis den selbstbewußten Eindruck eines fröhlichen, seiner Umgebung zugewandten jungen Menschen, keines Apparatschiks, der an seiner Familie mit großer Liebe hing, gleichwohl aber in der Partei seine eigentliche Heimat sah und in der beharrlichen Arbeit für sie seine Berufung gefunden zu haben schien.[38]

So war es nicht verwunderlich, daß Erich Honecker nach seiner in Abwesenheit erfolgten Wahl ins Zentralkomitee des KJVD im Dezember 1934 in Moskau und nach der Niederlage der KPD bei der Volksabstimmung an der Saar im Januar 1935, als lediglich 46 613 Saarländer für den *status quo*, 477 119 aber für die Vereinigung mit Hitler-Deutschland gestimmt hatten, von der Auslandsleitung der KPD nach Paris gerufen wurde. Am 28. Februar 1935 verabschiedete er sich von seiner Familie, von seinem Geburtsort, von seiner Kindheit und Jugend. »Abgemeldet nach unbekannt« heißt es unter diesem Datum in dem entsprechenden Vermerk des Einwohnermeldeamtes Wiebelskirchen. Erst zehn Jahre später, Ende 1945, sollte er zu einem kurzen Besuch zurückkehren.[39]

In Paris traf Erich Honecker die KPD-Führung freilich nicht mehr an. Die war Anfang Januar 1935 überraschend zu Beratungen mit der Komintern nach Moskau zitiert worden. Bereits am 27. Oktober 1934 hatte das Komintern-Sekretariat die vom deutschen Parteivorstand nach wie vor mehrheitlich geforderte Abgrenzung von der Sozialdemokratie im Kampf gegen den Faschismus als »sektiererisch« bezeichnet und der stärker auf eine Aktionseinheit ausgerichteten Minderheit um Wilhelm Pieck, Walter Ulbricht und Herbert Wehner signalisiert, daß sie die »neue Linie« verträten.[40] Der VII. Weltkongreß der Komintern zwischen dem 25. Juli und dem 20. August 1935 in Moskau entwickelte diese taktische Option der Aktionseinheit unter mancherlei Einschränkungen weiter in Richtung einer neuen strategischen Orientierung der parteiübergreifenden Einheitsfront. Nach dem Ende des Komintern-Kongresses waren die Positionen von Pieck und Ulbricht innerhalb der Parteiführung deutlich gestärkt. Hermann Schubert und Fritz Schulte dagegen, die prominentesten Vertreter der »Sektierer-Gruppe«, verloren ihren Sitz im Politbüro und wurden in Moskau »kominterniert«. Schubert wurde 1938 erschossen, Schulte starb 1943 im Lager. Franz Dahlem und Wilhelm Florin überlebten die stalinistischen »Säuberungen« auf unterschiedliche, aber gleichwohl bezeichnende Weise: Florin machte sich in Moskau nach eiligem Frontwechsel als Vorsitzender der Internationalen Kontrollkommission der Komintern zum Handlanger Stalins und starb dort 1944 eines natürlichen Todes, während Dahlem in Spanien gegen Franco kämpfte, aus französischer Internierung an die Gestapo ausgeliefert wurde und in einem deutschen Konzentrationslager das Kriegsende erlebte.[41]

Obwohl die deutsche KP-Führung die Moskauer Vorgaben ohne größeren Widerstand übernahm, zumal sie den Erfahrungen und Forderungen der illegal im Reich arbeitenden Kommunisten seit langem entsprachen, hielt es die Komintern für ratsam, die deutsche Auslandsleitung nicht mehr nach Paris zurückkehren zu lassen, sondern sie in Prag unter direkterer Kontrolle zu halten. Für Erich Honecker bedeutete dies, wie er im Alter erzählte, daß er in Paris zunächst »ein sehr schwieriges Leben« hatte: »Ich hatte kaum was zu essen, bis ich Anschluß fand an eine Familie.«[42] Da vor dem Komintern-Kongreß nicht mit einer Entscheidung über Honeckers weiteren Einsatz zu rechnen war, brachte ihn die Rote Hilfe in einem kleinen Hotel unter und zahlte ihm ein tägliches Zehrgeld von fünf bis zehn Francs.[43] Ende Juli 1935 wurde Honecker gefragt, ob er bereit sei, in Deutschland in den Untergrund zu gehen. Honecker stimmte – verständlicherweise nach einigem Zögern – zu, erhielt eine Fahrkarte nach Mühlhausen im Elsaß und einen Reisezuschuß von 500 Francs. Er sollte die französisch-schweizerische Grenze an einer unbeobachteten Stelle überschreiten und in Zürich einen Paß auf den Namen des holländischen Seemannes »Martin Tjaden, geboren am 11. September 1911 in Amsterdam, wohnhaft in Amsterdam« ausgehändigt bekommen. Da Honecker nur wenige Brocken Niederländisch sprach, hätte diese geliehene Identität keiner Überprüfung standgehalten. Ein gefälschter deutscher Paß mit Reisevermerken wäre zweifellos sicherer gewesen, doch zu dessen Herstellung war die Fälschungsstelle der KPD zu diesem Zeitpunkt nicht mehr imstande und Honecker für eine entsprechende Anstrengung des Moskauer Komintern-Apparats noch nicht wichtig genug.

Anfang August 1935 fuhr Erich Honecker nach Mühlhausen und dann mit einem Bus zur Schweizer Grenze. Er überschritt sie unkontrolliert und machte sich über Basel auf den Weg nach Zürich, wo er den holländischen Paß erhielt.[44] Da anscheinend über seine weitere Verwendung noch keine Klarheit bestand, wurde er knapp drei Wochen in der Schweiz »geparkt«. Er wohnte in einer Pension am Vierwaldstätter See und konnte sich ein wenig erholen.[45] Am 20. August reiste Honecker über Zürich und Feldkirch nach Österreich ein und kam zwei Tage später in Prag an. Auf dem Wenzelsplatz traf er seinen Verbindungsmann, der ihn wiederum mit einem ihm angeblich unbekannten ZK-Mitglied des Kommunistischen Jugendverbandes zusammenbrachte: »Dieser prüfte zunächst meinen holländischen Paß und, nachdem er mir anfangs gesagt hatte, ich solle durch das Riesengebirge ohne Paß nach Deutschland gehen, gestattete er mir nachher, mit dem holländischen Paß über Eger nach dem Reiche einzureisen. Er eröffnete mir ferner, daß ich in dem Berliner KJVD arbeiten solle, und zwar als Instrukteur.«[46]

Nach einwöchigem Aufenthalt, in dem Erich Honecker die Beschlüsse des VII. Komintern-Kongresses in der *Roten Fahne* und der *Jungen Garde* nachgelesen hatte, verließ er die Tschechoslowakei am 27. August 1935, nachdem er aufgefordert worden war, einige Wochen später zur Berichterstattung und Übernahme »neuer Informationen« nochmals in Prag zu erscheinen. Einen Tag darauf traf sich Honecker in Berlin am S-Bahnhof Putlitzstraße mit dem dortigen KJVD-Bezirksleiter Bruno Baum: »Bei dem Treff mit Baum eröffnete dieser mir gleich, daß ich in Quartier käme. Er machte mich noch am Tage meiner

Ankunft mit einem anderen Jugendgenossen bekannt, der mir aber irgendeinen Namen nicht nannte. Dieser Jugendgenosse teilte mir die Adresse von Semiller, Brüsseler Straße 26, mit. Dort sollte ich mich melden und angeben, ich wäre von einem Studenten wegen des Zimmers, das zu vermieten sei, geschickt worden.«[47]

Erich Honecker stellte sich bei der 48jährigen Witwe Franziska Semiller unter seinem alten Decknamen Herbert Jung als Reisevertreter vor, weil er glaubte, »nicht wie ein Holländer auszusehen«. Er mietete das Zimmer für monatlich 27 Mark, füllte den Anmeldeschein mit seinem Falschnamen aus und erbot sich gegenüber der Vermieterin, diesen Meldeschein selbst beim Einwohnermeldeamt abzugeben, behielt ihn aber tatsächlich bei sich im Schreibtisch seines Zimmers.[48]

Diese sehr präzisen, weil durch die Polizei ohne weiteres überprüfbaren Angaben machte Erich Honecker während des Ermittlungsverfahrens nach seiner Verhaftung in Berlin im Dezember 1935. Da er für möglich halten mußte, daß der NS-Justiz die Führungsfunktion eines ZK-Instrukteurs gegenüber einem KJVD-Bezirksleiter geläufig war, berichtigte er seine erste dahin gehende Aussage in der Vernehmung des folgenden Tages sofort. Baum, so schwächte er jetzt seine hierarchische Stellung ab, habe ihm direkt am Bahnhof mitgeteilt, daß er als Kurier verwendet werde: »Daraus ergab sich für mich, daß ich zur Verfügung des Baum zu stehen hatte und diesem untergeordnet war. Welche Stellung Baum selbst einnahm, weiß ich nicht genau; ich nehme an, daß er in der Bezirksleitung des KJVD für Berlin war. Ob er das *maßgebende* Mitglied der Bezirksleitung war, weiß ich nicht.«[49]

In weiteren Verhören gab Erich Honecker an, die ersten Tage nach seiner Ankunft in Berlin nur mit Baum in Verbindung gestanden zu haben. Der habe ihm einen Überblick zum Stand der Arbeit und der Organisation in der

Hauptstadt gegeben. Baum berichtete angeblich »über die Stimmung in den Betrieben und die Stellung der Arbeiter zum Nationalsozialismus«. Er habe dabei zum Ausdruck gebracht, daß »die nationale Politik der Regierung (Wiederherstellung der Wehrhoheit) bei der Arbeiterschaft Unterstützung und Zustimmung fände, daß aber über die sozialen Fragen eine lebhafte Diskussion in oppositionellem Sinne stattfände«. Weiterhin beschrieb er die Fortschritte in den »Einheitsfrontbestrebungen«. Es sei gelungen, »hier und da mit der Sozialistischen Arbeiterjugend, dem Sozialistischen Jugendverband und einigen Gruppen der freien Gewerkschaften Verbindungen« aufzunehmen. Außerdem sollten auch Kontakte zur Hitlerjugend und zum Arbeitsdank der Deutschen Arbeitsfront bestehen.[50]

Insgesamt, sagte Erich Honecker sehr glaubwürdig und, wie von ihm später selbst in seinen Erinnerungen bestätigt, im wesentlichen auch zutreffend aus, daß er in Berlin mit etwa 15 KJVD-Genossen zusammengetroffen sei, darunter ein »Erwin«, von dem Honecker für möglich hielt, »daß er im Sekretariat der Berliner Leitung oder gar in der Reichsleitung des KJVD tätig« war.[51] Anfang November 1935 erhielt Honecker von »Erwin« die Weisung, sich am 10. oder 11. November zu einer bestimmten Uhrzeit am Prager Wenzelsplatz mit seinem bekannten Verbindungsmann zu treffen. Honecker sollte in Prag mitteilen, daß der letzte Kurier ausgeblieben sei und die Landesleitung in Berlin über kein Geld mehr verfüge.[52]

Am Abend des 9. November 1935 fuhr Erich Honecker vom Anhalter Bahnhof nach Prag ab. Für den Grenzübertritt benutzte er ohne Beanstandungen seinen holländischen Paß. Erst am 11. November traf Honecker seine Kontaktperson am Wenzelsplatz, die ihn zu demselben Vertreter des ZK-Sekretariats brachte, den er bereits im August bei seinem ersten Aufenthalt in Prag getroffen hatte. Dem berichtete er von dem Ausbleiben des Kuriers und den Geldnöten der Organisation. Der Kurier, wurde ihm geantwortet, sei sehr wohl in Berlin gewesen, habe dort aber niemanden angetroffen – und an Geld fehle es auch in Prag. Der nächste Kurier werde aber gewiß Geld nach Berlin bringen. Honecker wurde über die aktuellen Entwicklungen in Moskau informiert und unterrichtete seinerseits über die weitere Verschärfung der Situation im Reichsgebiet.[53] Er traf sich u. a. mit Käthe Hager, die nach dem Krieg vor allem im Demokratischen Frauenbund aktiv war, und mit Max Spangenberg, später Mitarbeiter des Instituts für Marxismus-Leninismus beim Zentralkomitee der SED.

Am 19. November 1935 verließ Erich Honecker Prag, nachdem ihm mitgeteilt worden war, wie er in Kürze den nächsten Kurier in Berlin empfangen sollte: »Dieser Kurier [...] sollte gegen Ende November oder Anfang Dezember [...] eintreffen. Ich sollte ihn dann [...] dienstags und freitags um 15 Uhr in der Solinger Straße oder, falls das nicht klappe, um 16 Uhr in der Joachimsthaler Straße erwarten. Als Erkennungszeichen sollte ich eine rote Nelke im Knopfloch tragen. Der Kurier selbst sollte sichtbar eine illustrierte Zeitung bei sich haben und mich mit den Worten ansprechen: ›Sind Sie Herr Meyer?‹. Ich sollte darauf antworten: ›Kommen Sie von der Tante?‹ – oder ähnlich.«[54]

Der Prozeß

Anfang Dezember 1935 kam die Gestapo Erich Honecker, Bruno Baum und anderen Mitgliedern der Bezirksleitung des KJVD Berlin-Brandenburg auf die Spur. Am 3. Dezember wurde ein Kurier des KJVD-Zentralkomitees aus Prag erwartet. Da der für dessen Empfang eigentlich Zuständige ausgefallen gewesen sei, so berichtete Honecker in seinen Lebenserinnerungen, habe er selbst den vereinbarten Treff in der Solinger Straße im Stadtteil Moabit übernommen. Dieser Kurier war die tschechische Genossin Sarah Fodorová. Sie übergab Honecker den Gepäckschein für einen Koffer mit kommunistischen Zeitungen und Tarnschriften. Am gleichen Abend habe er diesen Koffer in der Gepäckaufbewahrung des Anhalter Bahnhofs abgeholt. Als der ihm dort ausgehändigt worden sei, habe er bemerkt, daß er beobachtet und verfolgt wurde. In einem Taxi habe er »am Bahnhof Zoo den Agenten der Gestapo« entwischen können, so Honecker. Am folgenden Tag sei er jedoch nach dem Verlassen seiner Wohnung in der Brüsseler Straße im Wedding verhaftet worden.[55]

Die nächsten Tage wurden ganz zweifellos zu den schrecklichsten seines Lebens. Erich Honecker: »Die Tage [...] im Hauptquartier der Gestapo in der Berliner Prinz-Albrecht-Straße sowie in der Kaserne der SS-Leibstandarte ›Adolf Hitler‹ in Berlin-Tempelhof haben sich während meiner fast zehnjährigen Inhaftierung so nicht wiederholt.[56] Sie gehören wohl zu jenen, die man nicht vergißt. Zugleich waren sie für einen Menschen, der noch sein ganzes Leben vor sich hatte – ich war 23 Jahre alt –, Tage der Bewährung. Weder durch die physischen und psychischen Torturen der Gestapobeamten noch in den zahlreichen Verhören durch faschistische Untersuchungsrichter während der anderthalbjährigen Untersuchungshaft war ich von meiner kommunistischen Weltanschauung abzubringen.«[57]

Trotz aller »gegen uns angewandten Mittel und Methoden«, schrieb Honecker, »kam die Gestapo nicht dahinter, daß sie praktisch den führenden Kern des KJVD Berlin-Brandenburg und ein Mitglied des Zentralkomitees des KJVD in der Hand« hatte. Zu verdanken hatte Honecker dies vor allem der tapferen Verschwiegenheit sämtlicher Genossen, die über seine politische Arbeit im Ruhrgebiet und in Berlin aussagen sollten. So hatte ihn Emilie Knappe, die politische Leiterin des KJVD-Unterbezirks Moers, in der Annahme, ihm sei die Flucht ins Ausland gelungen, während einer ersten Vernehmung anhand eines ihr vorgelegten Fotos identifiziert. Nachdem sie jedoch von seiner Verhaftung erfahren hatte, widerrief sie ihre Aussage. Albert Weichert und Richard Titze, zwei weitere Kampfgefährten aus dem Ruhrgebiet, waren dort im Dezember 1934 verhaftet und im März 1935 zu langjährigen Zuchthausstrafen verurteilt worden. Während Titze, so Honecker, »unter dem Druck der Folterungen der Gestapo« zunächst eingeräumt hatte, ihn aus dem Widerstand im Ruhrgebiet zu kennen, nahm er diese Angabe in der Gerichtsverhandlung zurück. Und auch Albert Weichert stand dem Volksgerichtshof, der nach dem für die Nazis enttäuschenden Ausgang des Reichstagsbrandprozesses 1934 vor dem Reichsgericht als parteihöriges, politisches Tribunal eingerichtet worden war, als Belastungszeuge nicht zur Verfügung. Von ihm, rühmte Honecker, »erfuhren die faschistischen Justizbeamten nicht das geringste, nicht einmal meinen richtigen Namen«. Als Grete Walter, die politische Leiterin des KJVD-Unterbezirks Berlin-Tempelhof, am 21. Oktober 1935 im Gestapo-Hauptquartier zu einer Vernehmung geführt wurde, stürzte sie sich, so Honecker in seinen Erinnerungen, in einen drei Stockwerke tiefen Treppenschacht, »um weiteren Torturen zu entgehen und ihre Genossen vor der Verhaftung zu bewahren«[58].

Lebensgefährlich dagegen wurde es für Erich Honecker selbst, als sein Offizialverteidiger, der Berliner Rechtsanwalt und SS-Führer Scholle[59], die Funktion des Anklägers übernahm und seinen Mandanten trotz heftigen Widerspruchs als Autor verschiedener Flugblätter benannte, die in dessen Wohnung beschlagnahmt worden waren und sich an Soldaten der Wehrmacht richteten. Wäre ihm diese

Urheberschaft wirklich nachzuweisen gewesen, hätten diese Flugblätter den Tatbestand der »Wehrkraftzersetzung« erfüllt – ein Delikt, auf das damals die Todesstrafe stand. Doch Honecker »kam zustatten, daß der Verteidiger Sarah Fodorovás auf meine Aussage verwies, wonach sie nicht gewußt hätte, was in dem Koffer war«, den sie nach Berlin transportiert und an Honecker übergeben hatte. Dieser Rechtsanwalt, so Honecker, »machte geltend, ich hätte bisher immer die Wahrheit gesagt, und deshalb gebe es keinen Grund, in diesem Punkte an meiner Erklärung zu zweifeln«[60].

Der 2. Senat des Volksgerichtshofs unter dem Vorsitz von Volksgerichtsrat Hartmann verurteilte daher Bruno Baum und Erich Honecker am 8. Juni 1937 »wegen Vorbereitung eines hochverräterischen Unternehmens unter erschwerenden Umständen« zu einer Zuchthausstrafe von 13 Jahren (Baum) und zehn Jahren (Honecker). Der Mitangeklagte Edwin Lautenbach erhielt eine Freiheitsstrafe von zwei Jahren und sechs Monaten. Sarah Fodorová wurde freigesprochen, weil ihr eine Mitwisserschaft nicht nachgewiesen werden konnte. Auf die Strafen wurden 18 Monate der bereits verbüßten Untersuchungshaft angerechnet. Baum und Honecker wurden die bürgerlichen Ehrenrechte auf die Dauer von zehn Jahren, Lautenbach für drei Jahre aberkannt. Die Verurteilten hatten die Kosten des Verfahrens zu tragen.[61] Mit seiner Haftentlassung hätte Erich Honecker also am 8. Dezember 1945 rechnen können.

In der Urteilsbegründung des Volksgerichtshofs hieß es: »Zur inneren Tatseite hat der Angeklagte Honecker in der Hauptverhandlung erklärt, daß er bereits lange Zeit vor der Tat Kommunist gewesen sei und seine Überzeugung auch heute nicht geändert habe noch ändern wolle. Seine illegale Arbeit in Deutschland habe ausschließlich den umstürzlerischen Zielen der KPD gedient.« Und, an anderer Stelle, zu den Gründen der Strafzumessung: »Die Angeklagten Baum und Honecker sind, wie Umfang und Intensität ihrer illegalen Arbeit für den KJVD und auch ihre Erklärungen in der Hauptverhandlung erweisen, überzeugte und unbelehrbare Anhänger des Kommunismus. Sie haben sich den ihnen gestellten hochverräterischen Aufgaben mit außerordentlicher Einsatzbereitschaft gewidmet. Aus der Stellung, welche sie innerhalb der illegalen Organisation einnahmen, geht die Wertschätzung hervor, deren sie sich bei den maßgebenden Stellen erfreuten. Dabei fällt als besonders erschwerend […] ins Gewicht, daß die Angeklagten Baum und Honecker es unternommen haben, gerade die deutsche Jugend, die als die zukünftige Trägerin des Schicksals der deutschen Volksgemeinschaft der nationalsozialistischen Regierung besonders am Herzen liegt, dem deutschen Volk und dem nationalsozialistischen Gedanken zu entfremden und für den Kommunismus und seine staats- und volkszerstörenden Ideen zu gewinnen. Es bedurfte daher […] einer empfindlichen Strafe, wobei zu Ungunsten Baums noch berücksichtigt worden ist, daß dieser Angeklagte jüdischer Herkunft mit einem gewissen Zynismus gewagt hat, den verfassungsmäßigen Zustand in Deutschland anzuzweifeln und sich geweigert hat, die Namen seiner Berliner Freunde […] anzugeben.«[62]

Erich Honecker kommentierte dieses Urteil in seinen Erinnerungen: »Im Prinzip habe ich dieser Bewertung durch die faschistische Justiz nichts hinzuzufügen, dem ersten Teil schon gar nichts. Hier trafen die Nazijuristen ausnahmsweise genau den Kern der Sache. Zum zweiten Teil halte ich jedoch eine Anmerkung für angebracht. Hätten die Richter des ›Volksgerichtshofes‹ vom tatsächlichen Ausmaß unseres antifaschistischen Wirkens in den Reihen der KPD und des KJVD gewußt, dann wäre das Urteil kaum so ausgefallen, weder für Bruno Baum noch für mich. So waren wir für den zweiten Senat des ›Volksgerichtshofes‹ noch zu jung für den Henker.«[63]

Fast 55 Jahre nach diesem Urteil berichtete die in Israel lebende Sarah Fodorová in einem – nicht veröffentlichten – Leserbrief an die Berliner Redaktion der Zeitschrift *Super Illu* in deutscher Sprache von dem Mut und der Standhaftigkeit Honeckers vor dem Volksgerichtshof: »Ich bin die Kurierin aus Prag [...]. Ich wurde im Dezember 1935 in Berlin verhaftet und wurde vor das Nazi-Volksgericht gestellt, zusammen mit Bruno Baum, Erich Honecker und anderen. Ich bin vom Gericht freigesprochen worden aus Mangel an Beweisen. Dies geschah dank der Aussagen und des Verhaltens von Honecker, der, was mich betrifft, mich nicht belastet noch verraten hat, im Gegenteil: er hat meine Aussagen bestätigt. Herrn Honecker habe ich im Leben viermal gesehen, davon zweimal auf der Straße, einmal im Kaffeehaus, das vierte Mal während des Prozesses. Außer im Gerichtssaal waren unsere Begegnungen sehr kurz. Nach der Freisprechung kehrte ich in die Tschechoslowakei zurück, dann lebte ich in den USA, wieder in der Tschechoslowakei, und seit ungefähr 24 Jahren lebe ich in Israel – also keine Schutzhaft nach dem Gericht, kein KZ, kein Tod durch Gas, wie Sie schreiben.«[64] Einem Reporter der Wochenzeitung *Bild am Sonntag* erklärte Sarah Fodorová im Juni 1992, was nach Angabe von Rechtsanwalt Friedrich Wolff, dem Verteidiger Erich Honeckers während des Ermittlungs- und Strafverfahrens zwischen Dezember 1989 und Januar 1993, gleichfalls nicht veröffentlicht wurde: »Ich verdanke Honecker mein Leben. Daran besteht für mich überhaupt kein Zweifel. Auch wenn ich mit manchen politischen Entwicklungen in seinem Land nicht einverstanden war, werde ich ihm das und sein tapferes und mutiges Auftreten vor dem Nazi-Tribunal niemals in meinem Leben vergessen und ihm dafür immer dankbar sein.«[65]

Ein gänzlich anderes Bild von Erich Honecker in den Monaten der Gestapo- und Untersuchungshaft zeichnete die Berliner Historikerin Monika Kaiser in ihrem *Historischen Gutachten zu ausgewählten Seiten der Entwicklung Erich Honeckers bis 1946,* das sie am 20. Februar 1990 für die DDR-Generalstaatsanwaltschaft »anhand umfangreicher Archivquellen« erstellte. Bereits bei seiner ersten Vernehmung am 5. Dezember 1935 habe Erich Honecker »alle Umstände der illegalen Tätigkeit« zugegeben. »Bereitwillig« habe er die von der Polizei in seinen Unterlagen aufgefundenen Informationen über nächste Kurier-Treffs erläutert und die Medizinstudentin Sarah Fodorová als »vermeintliche Genossin und wissentliche Kurierin« massiv belastet. Anders als sie habe sich Honecker bei Vernehmungen »äußerst kooperativ« gezeigt, sei »bei Gestapo und Untersuchungsrichtern gesprächig« gewesen, »nur unter dem Druck seiner belastenden Aussagen« habe Fodorová »überhaupt zu Zugeständnissen gezwungen werden« können. Erich Honecker habe in seiner Autobiographie »zu Recht das kameradschaftliche und mutige Auftreten von Kampfgefährten zu seiner Entlastung« betont. Bei der Aktendurchsicht indes habe sich der Gutachterin »unwillkürlich immer wieder der Eindruck« aufgedrängt, daß »E. Honecker – ob aus Unerfahrenheit, aus Angst oder aus welchen Gründen auch immer – stets zuerst an die eigene Person dachte, sich also wenig kameradschaftlich verhielt«[66].

Diesem harschen Urteil schlossen sich etliche Medien vollständig und ein Honecker-Biograph mit Einschränkungen an. Der *Stern* titelte 1990: »Die Lebenslüge des Erich Honecker«; die *Super Illu* unterstellte im nächsten Jahr: »Er biederte sich bei Hitler an – da durfte er ins Frauengefängnis«; und Thomas Kunze schrieb in seiner Abhandlung der letzten Lebensjahre und zitiert dabei Honeckers Urteil über Monika Kaiser: »Gegen die Macht der Presse kann Honecker im neuen Deutschland nichts ausrichten. Er muß akzeptieren, daß sein Ruf als antifaschistischer Widerstandskämpfer aufgrund der ›erbärmlich[en] und gewissenlos[en] Anschuldigungen der Kaiser‹ einen Kratzer abbekommt.«[67]

Doch nicht nur die eindeutigen Erklärungen von Sarah Fodorová aus den Jahren 1990 und 1992 entlasten Erich Honecker. Auch die Ermittlungsakten aus dem Honecker-Verfahren vor dem Volksgerichtshof haben das Kriegsende überdauert und geben Aufschluß über sein Verhalten und das der tschechischen Kurierin gegenüber der Gestapo, dem Untersuchungsrichter und vor Gericht.[68] Ihre gemeinsame Verteidigungsstrategie war, die Ermittler durch unvereinbare Aussagen derart zu verwirren, daß die tatsächlichen Abläufe und Hintergründe der Berliner Mission von Sarah Fodorová weitgehend im dunkeln blieben. So faßte der Gestapo-Sekretär Scheffler seine spärlichen Erkenntnisse in seinem »Schlußbericht« vom 10. Dezember 1935 zusammen. Die insgesamt sieben Verhafteten glaubte er allesamt der Vorbereitung des Hochverrats überführt zu haben: Bruno Baum, Erich Honecker, Sarah Fodorová, Edwin Lautenbach, Herbert Kleist, Helmut Woldt und Charlotte Hirsch.[69] »Bei den vorstehend aufgeführten Personen«, schrieb er, »handelt es sich um den Kopf der Berliner Leitung des Kommunistischen Jugendverbandes (KJVD)«. Zu Baum hielt er fest, dieser sei Jude und KJVD-Mitglied seit 1927. Ende Juli 1935 sei er von Prag nach Berlin gekommen, in Berlin als Politischer Leiter des KJVD eingesetzt worden und »geständig, sich illegal für die kommunistische Bewegung [...] und somit staatsfeindlich betätigt zu haben«. Er habe zugegeben, »der politische Leiter und somit der höchstverantwortliche Spitzenfunktionär des KJVD in Berlin« gewesen zu sein. Über Honecker notierte der Gestapo-Mann, dieser sei seit 1924 in der kommunistischen Bewegung aktiv, habe es im KJVD bis zum »Bezirkskassierer« gebracht und sei 1935 nach seiner langen Reise vom Saarland über Forbach, Paris, Zürich und Prag in Berlin »innerhalb der Leitung des KJVD« tätig geworden. Seine »Spezialaufgabe« sei die Abwicklung von Kurierdiensten gewesen. Honecker habe bereits vor seiner Verhaftung am 4. Dezember 1935 unter Gestapo-Beobachtung gestanden, auch das erste Treffen von Fodorová und Honecker am 3. Dezember in der Solinger Straße sei observiert worden.[70] Mit Sarah Fodorová, erklärte Gestapo-Scheffler, sei eine Auslandskurierin ins Netz gegangen, die ohne Wissen um Honeckers Verhaftung festgenommen wurde. Ihre »absolut und bewußt harmlose Darstellung« habe sie erst nach polizeilichen Vorhalten allmählich modifiziert – »und das auch nur unter dem Druck der bereits gemachten Aussage des Honecker«. Mit »jüdischer Beredsamkeit« habe sie sich »in Widersprüche verwickelt«. Trotz »anfänglich hartnäckigen Leugnens« habe sie am Ende »zugegeben, den Koffer von Prag nach hier transportiert, [sich] mit Honecker […] getroffen […] und […] Honecker einen Briefumschlag und einen Notizblock ausgehändigt zu haben«. Allerdings, so faßte der Gestapo-Beamte offenkundig enttäuscht über die Wirkungslosigkeit seiner taktischen Winkelzüge die Aussagen Fodorovás zusammen, habe sie nicht mehr zugegeben, »als ihr im einzelnen nachgewiesen werden konnte«.

Trotz tagelanger Verhöre, trotz Drohungen und Gewalt hat die Gestapo aus den drei Hauptverdächtigen Bruno Baum, Erich Honecker und Sarah Fodorová im wesentlichen nur herausbekommen, was sie ohnehin bereits wußte oder sich aus den beschlagnahmten Materialien selbst ableiten und zusammenreimen konnte. Die angeblichen Geständnisse der drei Verhafteten, auf die der Gestapo-Sekretär in seinen jeweiligen Aufzeichnungen und im »Schlußbericht« stolz verwies, beschränkten sich auf

Angaben zu Sachverhalten, Personen und Vorgängen, die der Gestapo entweder schon bekannt waren oder, weil sie im Ausland spielten, niemanden in Gefahr brachten und für das aktuelle Verfahren keine Bedeutung hatten. Im Kern räumten Bruno Baum und Erich Honecker der Gestapo gegenüber lediglich ein, zur Leitung des KJVD-Bezirks Berlin gehört zu haben. Dies freilich war für die Polizei, weil durch Spitzel und Observation längst selbst ermittelt, keine Neuigkeit. Ebensowenig überraschend, weil nicht mehr zu bestreiten, war die Aufdeckung der Kurierverbindung zwischen Prag und der Reichshauptstadt, wobei der in diesem Fall bedeutsame »Geheimkoffer« samt Inhalt, Notizblock und Geld vor der ersten Vernehmung von der Polizei beschlagnahmt und begutachtet werden konnte. Die einzige Unbekannte in diesen Gestapo-Ermittlungen, nämlich Sarah Fodorová, blieb dies trotz allen Drucks und aller Tricksereien. Der Nachweis, sie sei mit eigenem Wissen als Auslandskurierin des Kommunistischen Jugendverbandes eingesetzt worden, also für den Transport und die Übergabe des »Geheimkoffers« an Erich Honecker nicht nur objektiv, sondern auch subjektiv verantwortlich zu machen, gelang der Gestapo nicht.

Im Frühjahr 1990 berichtete Erich Honecker den Autoren Reinhold Andert und Wolfgang Herzberg die Vorgeschichte seiner Verhaftung am 4. Dezember 1935, und dies im wesentlichen übereinstimmend mit den vollkommen unabhängig davon vorgenommenen Angaben von Sarah Fodorová gegenüber der *Super Illu* zwei Jahre später. Ein Kurier, so die Erzählung Honeckers, sollte aus Prag verschiedene Materialien nach Berlin bringen. Da der »technische Mitarbeiter«, der eigentlich diese Sendung in Empfang zu nehmen hatte, ausgefallen war, habe Honecker das Treffen selbst wahrnehmen müssen, da nur er die genaueren Verabredungen kannte. Der Kurier sei eine Studentin aus Prag gewesen, die ihm in der Solinger Straße

»den Gepäckschein für den Koffer, der am Anhalter Bahnhof deponiert war, übergab«. Später seien sie gemeinsam zu Aschinger in der Friedrichstraße zum Essen gegangen. Danach habe die Studentin eine Kinovorstellung im Admirals-Palast besucht, während Honecker zum Anhalter Bahnhof ging, um den Koffer abzuholen. Zu der für den folgenden Tag verabredeten Begegnung sei es wegen der Verhaftung nicht mehr gekommen. Honecker: »Während ich wartete, sah ich, daß der Bahnhofsbeamte irgendwie verwirrt war, als er mit dem Gepäckschein auf den Koffer zuging und die Nummern verglich. Er verschwand kurz. Ich sah, daß sich mir zwei Männer näherten, und habe sofort Verdacht geschöpft.« Dennoch habe er den Koffer entgegengenommen, den Bahnhof verlassen und sich in ein Taxi gesetzt. Honecker: »Während der Fahrt habe ich gesehen, daß das Taxi verfolgt wurde. In der Nähe des Bahnhofs Zoo ließ ich halten, gab dem Taxifahrer zehn Mark und bin dann zurückgelaufen, durch die Unterführung der S-Bahn in den Tiergarten hinein. Mit der Zeit habe ich dann bemerkt, daß ich nicht mehr verfolgt wurde, und habe bedauert, daß ich den Koffer im Taxi gelassen hatte, aber mit Koffer wäre ich vielleicht überhaupt nicht weggekommen.« Wohl weil er über kein sicheres Ausweichquartier verfügte oder auch, weil er belastende Unterlagen in seiner Wohnung noch nach Möglichkeit vernichten wollte, kehrte Honecker in die Brüsseler Straße zurück. Tatsächlich beseitigte er dort nach eigenen Angaben »einen Notizblock, in dem wichtige Instruktionen waren«. Am nächsten Morgen jedoch sei er wenige Schritte nach dem Verlassen des Hauses von Gestapo-Beamten umzingelt worden, »und ab ging's ins Prinz-Albrecht-Palais«[71].

Über die Zeit, die Erich Honecker in Gestapo-Haft verbringen mußte, gibt es keinen dokumentarischen Nachweis. Er selbst sprach in seinen Erinnerungen von Tagen, die er im Gestapo-Hauptquartier und in der Kaserne der SS-Leibstandarte »Adolf Hitler« unter schrecklichen Qualen zugebracht habe.[72] Sehr viel besser erging es ihm allerdings auch nach seiner Verlegung in den Trakt II des Untersuchungsgefängnisses Berlin-Moabit nicht, wo er unter der »Gefangenenbuchnummer« 4534 geführt wurde. Am 30. Januar 1936 schrieb er unter Angabe dieser Nummer seiner Freundin Lotte Schon[73] aus Dudweiler im Saargebiet: »Liebe Lotte! [...] Aus Deinem letzten Brief entnahm ich, daß Du mein Bild, welches ich Dir sandte, erhalten hast. Ja, das Bild ist sehr gut geraten, aber präge Dir es bitte nicht so fest in Dein Herz ein, ich glaube, so jung werde ich diese Zellen nicht mehr verlassen. Verzeihe mir bitte diese Härte, aber man muß mit offenen Augen in die Zukunft sehen. Sonst bin ich noch gesund und munter, es grüßt Dich recht herzlich Dein Erich. Gruß an meine Eltern. (6 Reichsmark angekommen).«[74]

Erich Honecker hielt stand, er ließ sich von der ihm als ZK-Mitglied des Kommunistischen Jugendverbandes wegen seiner Auslandsverbindungen drohenden Todesstrafe so wenig brechen wie Bruno Baum und Sarah Fodorová, die wenigstens mit langen Zuchthausstrafen zu rechnen hatten. Die Vernehmungsprotokolle des Untersuchungsrichters am Volksgerichtshof, Amt- und Landrichter Hans-Joachim Rehse, beweisen, daß alle drei Beschuldigten, die ja weder Verbindung zueinander aufnehmen konnten noch durch einen Rechtsanwalt beraten und vertreten wurden, bei ihrer von Anfang an gewählten Taktik blieben, nur das zuzugeben, was ihnen ohnedies nachzuweisen war – und ansonsten die Vernehmer nach Kräften zu verwirren.

Mit diesen Aussagen wären die Ermittlungen des Untersuchungsrichters abgeschlossen gewesen, wenn nicht der vor seiner Entlassung stehende Gefangene Hans Faikus[75] am 8. August 1936 einen Kassiber seines Mithäftlings Erich Honecker an die Gefängnisleitung ausgeliefert hätte, den dieser ihm während der täglichen Freistunde im Hof zugesteckt hatte.[76] Der Abteilungsvorsteher des Untersuchungsgefängnisses Berlin-Moabit verständigte Untersuchungsrichter Rehse am selben Tag über die Aussagen von Faikus und gab dessen Bitte weiter, Honecker möge nicht erfahren, daß »er die Zettel abgegeben« habe.[77] Faikus hatte angegeben, folgende mündliche Aufträge von Honecker erhalten zu haben: Er solle die tschechoslowakische Gesandtschaft oder die Behörden in der Tschechoslowakei darauf aufmerksam machen, daß ein tschechischer Staatsbürger namens Honecker aus Prag seit Monaten einsitze, der des Hochverrats im In- und Ausland beschuldigt werde, in Wahrheit aber unschuldig sei; er solle Honeckers Position öffentlich verbreiten, daß ihm »der Koffer, welcher vorgefundenes Material enthielt«, nur zur Aufbewahrung übergeben worden sei, Honecker dessen Inhalt aber nicht gekannt habe; er solle Verbindung zu Zeitungen aufnehmen und öffentliche Proteste auf den Weg bringen; er solle den Kassiber an die ihm mitgeteilte Adresse in Prag weiterleiten, wofür er von der »Organisation der Emigranten bestimmt Geld erhalten« werde; er solle die »Erlebnisse im Columbia-Haus schildern, wo [...] ›wunderschöne Taten‹ an politischen Kämpfern seitens der Gestapo« verübt würden; die Empfänger des Kassibers sollten »saftige Artikel« über diese Vorgänge publizieren »und Radioansprachen durch das Komité halten lassen«; schließlich solle er Honeckers Schwester bitten, dem Bruder »etwas Geld zur Zubuße« zu schikken.

Der an den »lieben Franz«, das heißt an Honeckers Verbindungsmann in Prag, gerichtete Brief in winziger Handschrift auf zwei schmalen Blättern Papier hatte folgenden Wortlaut:

»L Fr. Hoffentlich erreicht Euch dieses Lebenszeichen.

Seid vielmals von Walter [Bruno Baum] und mir gegrüßt. Wir befinden uns alle in voller Gesundheit. Wir waren 8 [tatsächlich: sieben], jetzt sind wir noch 5 [tatsächlich: vier] und kommen vor das Volksgericht. Wir lassen uns aber dadurch unsere Überzeugung nicht nehmen und sind auf dem Draht. Mir wurde meine Kurierarbeit von Walter nach E. St. [Erwin Sturm] nachgewiesen. Walter wurde auch nachgewiesen, daß er einige Jugendliche in unserem Gebiet für unsere Sache gewinnen wollte und 2 UB [Unterbezirke] mit mindestens 25 Mann leitete. Ich kenne keine der Verhafteten. Keiner, mit dem ich in Berührung kam, ist dabei. Hoffentlich ist E. St. bei Euch angekommen. Die Ursache [der Verhaftungen] ist Beobachtung von draußen. Wahrscheinlich Erw. [Erwin Sturm] oder ich bei der Einfahrt am 20. Oktober [tatsächlich: 20. November]. Ich wundere mich nur, daß nur Freunde in der Umgebung von Walter verhaftet wurden. Ein SAJ-ler (ehem), ein Siemens-, ein Osrammädel und zwei andere. Fodorowa [Fodorová] wurde wahrscheinlich doppelt beobachtet. Ihren Koffer nahm sie mit ins Hotel und hat ihn dann wieder auf die Bahn gebracht. Notizblock und Geld wurden später bei mir mit Paß und einigen Zeichnungen und Berichten gefunden. Ich habe ausgesagt, daß ich nicht weiß, ob sie den Inhalt dieser Dinge kannte. Wenn sie darauf besteht, kann sie frei kommen. Mir will man was vom Ruhrgebiet aufhängen. Ein gewisser Albert Mauermann sagte gegen mich aus. Ich weise natürlich solche Sachen zurück. Wir wurden alle am 4. Dezember verhaftet, ich vor meiner Wohnung, Walter bei Treffs und Fodorowa im Hotel. Klinger hat sich der Gestapo angeboten. Ich habe seinen Brief gelesen. Man wollte mich wohl auch anheuern, ha ha ha! Wenn Ihr etwas senden wollt, meine Nummer Gefangenenbuch 4534. Herzl. Gruß Euer Freund. Termin evtl. Dezember. Alles andere meine Eltern.«[78]

Diese zweifellos wichtigen und auch für die weitere illegale Arbeit wertvollen Informationen Erich Honeckers an das Zentralkomitee des Kommunistischen Jugendverbandes in Prag bezeichnete die Berliner Historikerin Monika Kaiser in ihrem Gutachten für die Generalstaatsanwaltschaft der DDR im Februar 1990 als »eine weitere Unbedachtheit bzw. moralische Fehlleistung«, die »erneut Schaden« angerichtet hätte.[79] Der Kassiber habe die »völlig unbegründete Vermutung Honeckers« enthalten, »die Fodorová wäre wahrscheinlich doppelt beobachtet« worden. Außerdem habe Honecker »im Widerspruch zu den Tatsachen« das eigene Verhalten während der Vernehmungen »beschönigt« und so getan, »als hätte die Fodorová es nur ihm zu verdanken, wenn sie frei käme«. Dieses abwertende Urteil ist durch den Wortlaut des Kassibers nicht gedeckt. Diese Mitteilung an die Parteiführung in der Tschechoslowakei hat weder Schaden angerichtet, noch läßt sie sich als moralische Fehlleistung qualifizieren. Daß Sarah Fodorová vom Volksgerichtshof freigesprochen wurde, hatte sie in der Tat den Aussagen Honeckers vor der Gestapo und dem Untersuchungsrichter zu verdanken. Hätte er dem Druck der Verhöre nicht standgehalten und die Funktion Fodorovás als Kurierin und den tatsächlichen Hintergrund ihrer Begegnung in Berlin wahrheitsgemäß geschildert, wäre ihre Verurteilung die logische Konsequenz gewesen. Im übrigen mußte Honecker davon ausgehen, daß die gleichzeitige Verhaftung von ihm und Fodorová an verschiedener Stelle notwendige Folge von Beschattungen durch die Gestapo war, weil allein er über ihr Treffen unterrichtet gewesen ist. Dabei lag die Vermutung durchaus nahe, daß beider Observierung bei der jeweiligen Einreise an der tschechisch-deutschen Grenze aufgenommen wurde.

Dieser Verdacht Honeckers findet jedoch in den bis November 1936 fortgeführten Ermittlungsakten keine

Bestätigung. Wahrscheinlicher ist deshalb die Annahme, daß lediglich Honecker bereits seit längerem im Fadenkreuz der Gestapo stand und daher auch seine erstes Zusammentreffen mit Sarah Fodorová am 3. Dezember 1935 in der Solinger Straße beobachtet worden ist. Damit war die Tschechin enttarnt und konnte weiter observiert werden, als sie am selben Tag das Kuriergepäck zum Anhalter Bahnhof brachte. Dort wurde der Inhalt des Koffers von der Polizei untersucht. Damit hatte die Gestapo das Beweismittel in der Hand, um der Berliner KJVD-Leitung und wohl auch der Kurierin Vorbereitung zum Hochverrat nachweisen zu können. Deshalb erfolgten die breit angelegten Verhaftungen.

Am 3. November 1936 erläuterte der Gestapo-Sekretär Paul Hein dem Untersuchungsrichter Rehse abschließend den Kenntnisstand der Geheimen Staatspolizei aus dem Jahr 1935.[80] Nach den »vertraulichen Ermittlungen, die von uns schon längere Zeit vor der Festnahme der Angeschuldigten angestellt worden waren«, habe für die Gestapo »zweifelsfrei« festgestanden, daß »Baum der Berliner Leiter des illegalen Berliner KJVD« und damit »für die illegale Arbeit in dem räumlichen Bereiche von Groß-Berlin verantwortlich« war. Diese Funktion habe er nach seiner Verhaftung »auch unumwunden zugegeben«. Honecker dagegen sei als »Techniker des KJVD« für die »Verteilung des illegalen Materials« zuständig gewesen: »Bei dieser Tätigkeit war er funktionsmäßig dem Bezirksleiter untergeordnet und hatte nach dessen Weisungen zu arbeiten.« Wenn nun Baum »einen Erwin als ihm übergeordnet bezeichnet« habe, »so kann es sich nach meinem Dafürhalten bei dem Erwin nur um ein Mitglied oder einen Mitarbeiter der Landesleitung des KJVD gehandelt haben«. Da also Bruno Baum seine Funktion selbst eingestanden hatte, Erwin Sturm offenbar die Flucht in die Tschechoslowakei gelungen war und sich Sarah Fodorová weiterhin als hilfsbereite, aber unwissende Transporteurin des Koffers und eines verschlossenen Briefumschlages darstellte, die ihr von einer Prager Kommilitonin zur Weitergabe an einen Berliner Bekannten mit auf den Weg gegeben worden seien, bestand für Erich Honecker kein Anlaß, über die der NS-Justiz schon vorher bekannten Feststellungen des Kassibers hinaus weitere, ihn oder andere belastende Aussagen zu machen.

In seine Anklageschrift vom 6. April 1937 übernahm Staatsanwalt Drullmann vom Volksgerichtshof die Ermittlungen von Gestapo und Untersuchungsrichter gegen Bruno Baum, Erich Honecker, Sarah Fodorová und den mitangeklagten Edwin Lautenbach eins zu eins: Es sei ausgeschlossen, daß die Prager KJVD-Zentrale Sarah Fodorová als Kurier nach Berlin geschickt habe, ohne ihr zuvor den Zweck dieser Reise mitzuteilen. Ein derartiges Vorgehen hätte eine allen konspirativen Regeln widersprechende Gefährdung der Berliner Funktionäre bedeutet. Daher sei »nicht zweifelhaft«, daß die Angeschuldigte »bereits vor dem Antritt ihrer Reise erfahren hat, daß sie das ihr ausgehändigte Material der illegalen KJVD-Organisation in Berlin übermitteln sollte«. Bruno Baum und Erich Honecker hätten im Auftrag der Prager Zentrale und in ständiger Fühlungnahme mit ihr als leitende Funktionäre den Kommunistischen Jugendverband in Berlin in der Illegalität aufgebaut; Honecker habe außerdem im Frühjahr 1934 beim Aufbau des KJVD in Essen und Umgebung mitgewirkt und noch im August 1936 vom Gefängnis aus versucht, Nachrichten an seine Gesinnungsgenossen in Prag zu senden. Edwin Lautenbach habe sich als ehemaliges SPD-Mitglied den Einheitsfrontbestrebungen der Kommunisten zur Verfügung gestellt, ihnen Informationen von seiner Arbeitsstelle, den Siemens-Werken, beschafft und sei Bruno Baum bei der Herstellung illegaler Zeitungen behilflich gewesen.[81]

Der 2. Senat des Volksgerichtshofs in der vom Potsdamer Platz ausgehenden Bellevuestraße 15 unter dem Volksgerichtsrat Hartmann, dem Landgerichtsrat Waller, dem Gauamtsleiter Fischer, dem SA-Brigadeführer Bunge und dem Bezirksstadtrat Friedlein peitschte den Prozeß am 7. und 8. Juni 1937 durch. Sarah Fodorová wurde zur Überraschung von Gestapo und Staatsanwaltschaft mangels Beweises freigesprochen, Baum, Honecker und Lautenbach erhielten langjährige Freiheitsstrafen wegen »Vorbereitung eines hochverräterischen Unternehmens unter erschwerenden Umständen«. In seiner Urteilsbegründung folgte der Volksgerichtshof – abgesehen vom Freispruch für die Prager Medizinstudentin – in weiten Teilen wörtlich der Anklageschrift des Reichsanwalts.[82] Die »gesamte Tätigkeit der Angeklagten Baum und Honecker« in der Illegalität sei als eine fortgesetzte Handlung zu bewerten. Sie habe auf dem vor längerem gefaßten Entschluß beruht, »bei jeder sich bietenden Gelegenheit für die hochverräterischen Bestrebungen der KPD bzw. des KJVD tätig zu werden und sie nach Kräften zu fördern«. Diese Arbeit im Untergrund habe sich gegen »den Bestand und die Sicherheit des Deutschen Reiches, seiner Regierung und seiner Verfassung« gerichtet.

Nach der Urteilsverkündung wurde Sarah Fodorová aus der Haft entlassen und konnte nach Prag zurückkehren. Erich Honecker wurde am 10. Juni 1937 in das Gefängnis Berlin-Plötzensee und am 6. Juli zur eigentlichen Strafverbüßung in das Zuchthaus Brandenburg-Görden verlegt. Der Personalbogen seiner Strafakte dort nannte als Entlassungsdatum und genaue Stunde den 8. Dezember 1945, 15 Uhr.[83]

Gar nicht einverstanden mit diesem Urteil des Volksgerichtshofs war die Geheime Staatspolizei. In einem Bericht an seine Vorgesetzten ließ sich der Berliner Gestapo-Sekretär Paul Hein am 22. Juni 1937 in groben

Worten über die Richter des 2. Senats aus.[84] Es gehöre, so beschwerte sich der Gestapo-Mann in seiner Urteilsschelte, »wirklich viel Naivität dazu«, bei dieser Frau davon auszugehen, sie habe unwissentlich das Kuriergepäck befördert. Der Urteilsspruch beweise »abermals, daß der streng konspirativ arbeitende Funktionär, der nur einen ganz geringen Prozentsatz, der ihm nachzuweisen ist, zugibt, sonst aber alles [...] bestreitet, aalglatt durchs Ziel geht, während denjenigen eine harte Strafe erwartet, der ein umfassendes Geständnis ablegt, da er vielleicht, wenn auch erst im Laufe der Vernehmungen, innerlich mit der Idee des Kommunismus gebrochen hat« – oder die Folter der Gestapo nicht länger ertrug und deshalb alles zugab, was man ihm zur Last legte. Mit »ironischem Lachen« würden solche Urteile von KPD-Kreisen im Ausland quittiert, sie schlügen dem »gesunden Volksempfinden ins Gesicht«.

Änderten die Gerichte ihre Haltung nicht, faßte der Gestapo-Sekretär seine Eindrücke aus dem Baum/Honecker-Prozeß zusammen, werde »für die Zukunft die Frage zu entscheiden sein, ob es bei dem dürftigen Beweismaterial (d. h. gerichtsverwendbarem Beweismaterial) selbst bei Geständnis des Festgenommenen überhaupt noch Zweck hat, diesen dem Gericht zu übergeben, da ein Teil der Gerichte von einer geradezu strafbaren Naivität befallen ist«.[85]

Im Zuchthaus

Es war zwanzig Minuten nach sieben Uhr früh, als Erich Honecker laut Eintrag in seiner Strafakte am 6. Juli 1937 in das Zuchthaus in Brandenburg-Görden eingeliefert wurde. Er erhielt auf der Zugangsliste die Nummer 523/37. Seine Größe wurde bei der Eingangsuntersuchung mit 168,5 cm gemessen, die Gestalt als mittelkräftig beschrieben, das Haar war dunkelblond und die Augenfarbe blau. Als besonderes Kennzeichen wurde eine Narbe auf der rechten Stirnseite festgehalten. Gewogen wurden die Gefangenen damals nicht – schließlich war jedermann klar, daß sie angesichts der schmalen Kost bereits in Friedensjahren ihr Gewicht nicht lange würden halten können.[86]

Diese Haftanstalt für den Kammergerichtsbezirk Berlin war in den zwanziger Jahren von der sozialdemokratischen Landesregierung in Preußen gebaut worden und zweifellos das von seiner Gebäudeanlage her noch erträglichste Gefängnis des NS-Regimes, in dessen vier Zellenhäusern mit jeweils drei Stockwerken insgesamt 3 000 Häftlinge eingesperrt waren. Die zentralbeheizten Dreimann-Zellen, in die Erich Honecker im Winter 1937 aus der anfänglichen Einzelhaft verlegt wurde[87], maßen acht Quadratmeter und waren mit einem Etagenbett, einer Klappliege, einem Tisch und einem Schemel eingerichtet. Ihre Notdurft verrichteten die Insassen in ein Spül-WC. Das vergitterte Fenster knapp unterhalb der Decke war ein mal ein Meter groß und ließ, da ihm keine Sichtblende vorgesetzt war, zwar ausreichend Licht, aber sicherlich nicht genügend Frischluft in die häufig überbelegten Zellen. Drei Viertel der Gefangenen verbüßten lange Freiheitsstrafen wegen politischer Delikte, ein Viertel waren Kriminelle, die von der Zuchthausleitung bevorzugt zu Hilfsdiensten als Kalfaktoren herangezogen wurden. Hinrichtungen der zum Tode Verurteilten fanden ab 1940 an zwei Wochentagen in einer Garage des Zuchthauses statt. Bis in den April 1945 wurden dort 2 031 Männer und Frauen durch das Fallbeil geköpft oder auch erschossen.[88]

Die ersten sechs Monate verbrachte Erich Honecker im Eingangstrakt in strenger Einzelhaft. Daß die inhaftierten Kommunisten längst eine illegale Parteiorganisation gegründet hatten und bemüht waren, zu jedem Neuankömmling Kontakt aufzunehmen, erschloß sich dem noch nicht Fünfundzwanzigjährigen daraus, daß ihm »heimlich ein Stück Brot zugesteckt, eine Information über die internationale Lage, die Situation im Land und über Vorgänge im Zuchthaus zugeflüstert« wurde.[89] Zwei- oder dreimal während seiner gesamten Haftzeit durfte er für jeweils eine halbe Stunde Besuche seiner Schwester Gertrud und ihres Mannes Hans Hoppstädter empfangen.[90] Er las viel, um sein Allgemeinwissen zu erweitern, unter anderem auch etliche Werke der Weltliteratur, die ihm von dem Bücherei-Kalfaktor Bruno Leuschner, später Mitglied im SED-Politbüro, empfohlen und beschafft wurden.[91]

Nach einem halben Jahr gelang es dem Arbeits-Kalfaktor Robert Menzel – früher KJVD-Funktionär, nach dem Krieg in der Freien Deutschen Jugend (FDJ) eingesetzt und schließlich stellvertretender Verkehrsminister der DDR – Erich Honecker zu seiner Unterstützung heranzuziehen. Die beiden hatten auf Weisung der Gefängnisbeamten die Häftlingsarbeiten im Zuchthaus zu verteilen, den Nachschub an Werkstoffen zu beschaffen und am Abend die Werkzeuge und die Arbeitsprodukte einzusammeln und abzuliefern.[92] Da die Werkmeister dienstverpflichtete Handwerker und nur selten Nazis waren und, so Honecker, die Kisten mit dem Arbeitsmaterial für die Häftlinge nur selten und nie genau kontrollierten, konnte er den Genossen hin und wieder etwas zu lesen oder zu essen zustecken.[93] Auf diese Weise kam Honecker sehr bald mit der illegalen Parteileitung um den ehemaligen KJVD-Vorsitzenden Fritz Große in Verbindung, wobei darauf geachtet wurde, daß frühere Parteifunktionäre, die vermutlich weiterhin unter besonderer Beobachtung der Zuchthausleitung standen, für solche Aufgaben nicht eingesetzt wurden.[94] Vor allem in den Werkstätten, die von vielen Häftlingen angelaufen wurden, versuchte die Partei ihre Führungskader unterzubringen: Martin und Waldemar Schmidt in der Weberei, Erich Hoppe in der Schneiderei, Fritz Reuter, Eduard Wald und Oskar Weißbrot in der Tischlerei.[95] Umstritten, schrieb Fritz Große nach der Befreiung, sei lediglich gewesen, ob auch der Posten des Arrest-Kalfaktors mit einem Genossen besetzt werden sollte, denn »der mußte oft auch schlagen«. Dennoch habe Martin Gläser während der letzten vier Kriegsjahre diese Stelle innegehabt, obwohl er »immer wegwollte, aber von mir gezwungen wurde, dort zu bleiben«. Zwei Gründe vor allem seien für diese harte Entscheidung ausschlaggebend gewesen: »1) wenn er schlägt, kann er das so markieren, daß es nach viel aussieht und in Wirklichkeit nichts ist [...]. 2) herrschte die Gepflogenheit, daß der Arrestant mit seinen Akten in Arrest ging, die während der Zeit dort verschlossen wurden. Den Schlüssel von allen Akten verwaltete unser Genosse und konnte so alles lesen. Einige Genossen, die über den Inhalt ihrer Akten Bescheid wissen wollten, zogen sich eine gewollte Bestrafung hinzu und bekamen so Bescheid.« Mitunter nutzte aber auch die Leitung der Parteizelle diesen Aktenzugang, wie Große anmerkte, aus anderem Grund: »In einem Fall wurde uns ein unsauberes Element bekannt, [...] dem wir durch falsche Verdächtigungen drei Tage Arrest beschafften und dadurch die Bestätigung erhielten, daß er [...] an der Verhaftung von 230 Genossen wesentlich beteiligt war.«[96]

Nachdem sich Erich Honecker als Arbeits-Kalfaktor bewährt hatte, wurde er zwei Jahre lang Arzt-Kalfaktor beim Anstaltsarzt Dr. Johannes Müller, der, wie der Mitgefangene Heinz Brandt in seinen Erinnerungen schrieb, sich »mir und auch den anderen Politischen gegenüber immer anständig, zumindest korrekt verhalten« habe. Trotzdem sei er 1945 von den Russen erschossen worden, weil er an Exekutionen teilgenommen hatte.[97] Für die Partei war die Stelle des Arzt-Kalfaktors ganz besonders wichtig, weil, so Honecker, »wir dadurch doch Kontakte zwischen den Kommunisten und anderen politischen Gefangenen herstellen und aufrechterhalten, Nachrichten übermitteln und denjenigen Genossen Hilfe gewähren« konnten, die sie am dringendsten brauchten. Diese Kontaktbörse funktionierte, »da uns die Ärzte bei der Einteilung der Gefangenen für die Untersuchung und Behandlung bald freie Hand ließen«. Also teilten Honecker und die beiden weiteren Arzt-Kalfaktoren Harry Hüttel und Max Uecker den Kalfaktoren in den Zellentrakten mit, an welchen Tagen sich welche Genossen beim Arzt zu melden hätten. Nach deren Eintreffen schlossen die Arzt-Kalfaktoren die Häftlinge gemeinsam in eine Wartezelle ein und holten sie erst im letzten Augenblick zur Behandlung ab, so daß sie sich untereinander unbeobachtet austauschen konnten. Da auch neu eingelieferte Gefangene dem Arzt vorgestellt wurden, konnten die Kalfaktoren auf diesem Wege Informationen von ihnen entgegennehmen und Verbindungen zur Parteizelle herstellen.[98]

Bedarf an möglichst ungefilterten Informationen und breitem Meinungsaustausch bestand unter den politischen Gefangenen sicherlich vom Tag ihrer Verhaftung an. Mit der Einlieferung in das Zuchthaus brachen die meisten Nachrichtenkanäle zusammen. Selbst die Neuigkeiten, die gerade überstellte Häftlinge mitbrachten, waren Tage, wenn nicht Wochen alt. Zwar verstanden die Erfahreneren unter den Zuchthausinsassen gewiß, zwischen den Zeilen des *Völkischen Beobachters,* der NS-Parteipostille, zu lesen, die als einzige Tageszeitung im Zuchthaus einzusehen war. Aber sowohl der deutsche Einmarsch in Österreich am 12. März 1938, der Abschluß des Münchener Abkommens mit Frankreich und England am 29. September, die Besetzung des Sudetenlandes am 1. Oktober, die Pogromnacht gegen die jüdische Bevölkerung am

9. November sowie die Okkupation der Rest-Tschechoslowakei im März 1939, des Memelgebietes oder die Niederlage der Republikaner im spanischen Bürgerkrieg gegen Franco und die faschistischen Interventionsmächte sorgten für erhebliche Unruhe unter den Gefangenen. Diese politischen Krisennachrichten forderten genauere und weitergehende Informationen, als aus dem NS-Blatt zu beziehen waren, und bargen nicht zuletzt wegen der äußerst zurückhaltenden sowjetischen Politik gegenüber Nazi-Deutschland manchen Konfliktstoff, der den Zusammenhalt unter den Häftlingen auf eine harte Probe stellte.

Der Hitler-Stalin-Pakt
Ein Exkurs

Verhielt es sich wirklich so, wie einzelne argwöhnten, daß die westlichen Demokratien Hitlers Expansionsdrang nach Osten lenken wollten, um sich auf diese Weise die sowjetische Gefahr billig vom Halse zu schaffen? Verhandelten sie deshalb 1939 so zögerlich über den Abschluß eines Beistandspaktes mit der Sowjetunion? Und kam es nur deshalb, aus reinem Selbstschutz also, wie ungebrochene Gefolgsleute sowjetischer Propaganda verbreiteten, zum Abschluß eines Nichtangriffsvertrages zwischen Hitler-Deutschland und Stalin-Rußland? Erich Honecker jedenfalls hatte, wenn man seinen Lebenserinnerungen und den Aufzeichnungen von Fritz Große unmittelbar nach Kriegsende trauen will, von Anfang an keinerlei Zweifel. »Als am frühen Morgen des 24. August 1939 faschistische Zeitungen die Unterzeichnung des Vertrages meldeten, organisierten Max Uecker und ich noch vor sieben Uhr eine Zusammenkunft mit [dem früheren KPD-Reichstagsabgeordneten] Max Maddalena und Fritz Große in der Wartezelle des Zahnarztes. Wir waren uns einig, daß der Abschluß des Vertrages ein diplomatischer Erfolg der Sowjetunion war. Entging sie dadurch doch der Gefahr, isoliert einem einheitlichen Block der imperialistischen Mächte gegenüberzustehen. Zugleich behielt sie das Gesetz des Handelns und gewann Zeit, ihre Verteidigungskraft zu stärken.«[99]

Was verleitete Stalin zu diesem politischen Seitenwechsel, nachdem er seine Regierung seit dem Frühjahr mit London und Paris über ein Arrangement kollektiver Sicherheit gegen Berlin hatte verhandeln lassen? Was brachte ihn zu dem feierlichen Versprechen gegenüber dem deutschen Außenminister Joachim von Ribbentrop, er stehe mit seinem »Ehrenwort dafür ein, daß die Sowjetunion ihren Partner nicht hintergehen wird«, obwohl der Nationalsozialismus in den Erklärungen der von Moskau gesteuerten Kommunistischen Internationale doch kurz zuvor noch als »gefährlichste Erscheinung des Weltimperialismus, als ein Regime des Terrors, der Diktatur und des Militarismus« gebrandmarkt worden war?

Dokumente aus russischen Archiven, die jahrzehntelang geschlossen waren und erst in jüngster Zeit nach und nach geöffnet wurden, geben eine verblüffende Antwort.[100] Stalins ideologisch begründete Überzeugung war, daß die gleichsam gesetzmäßig zu erwartende kriegerische Auseinandersetzung zwischen Imperialismus und Sozialismus nur um den Preis des zumindest zeitweiligen Paktierens mit dem faschistischen Deutschland – hinauszuschieben war. Allein ein Bündnis mit Deutschland, dem entschlossensten aller Widersacher, versprach Stalin zumindest vorübergehend einen wirksamen Einbruch in die vermeintliche gegnerische Allianz und konnte nach seinem Kalkül der Sowjetunion nicht nur vorübergehend Luft verschaffen, sondern zudem handfeste Gewinne einbringen.

Die Aussichten dafür waren im Sommer 1939 besonders günstig, weil Stalin im deutsch-polnischen Konflikt dem längst zum Krieg entschlossenen Hitler ein Angebot machen konnte, das die europäischen Demokratien nicht wagen durften: die Auslieferung Polens zur gefälligen Selbstbedienung.

Die Konsequenz einer derartigen Allianz auf Zeit war aus Stalins Sicht die Ermutigung Hitlers zu einem Einfrontenkrieg gegen die Westmächte, damit verbunden die gegenseitige Schwächung sämtlicher denkbaren Gegner und dadurch die maximale Verbesserung der russischen Position. Daß Hitler im Sommer 1941 die Sowjetunion überfallen könnte, bevor er den Krieg im Westen siegreich beendet haben würde, hielt Stalin für einen so schwerwiegenden strategischen Fehler, daß er daran trotz aller Warnungen seiner Militärs und präziser Informationen seiner Agenten bis zuletzt nicht glauben wollte.

Im Archiv Andrej Schdanows – damals Mitglied des Politbüros und außenpolitischer Berater Stalins – fand sich vor wenigen Jahren eine Notiz »Materialien zur Vorbereitung des deutsch-sowjetischen Nichtangriffsvertrages von 1939«. Es handelt sich dabei um eine wörtliche Wiedergabe der Äußerungen Stalins in einem Gespräch mit Schdanow, dem einflußreichen KP-Chef von Leningrad. Sie beschreibt die Feindlage aus der Sicht des Parteichefs ungeschminkt: »Die Tiger und deren Herren. Die Herren haben die Tiger gegen den Osten gelenkt. Ein syphilisiertes Europa. Den Käfig in Richtung der Engländer drehen. [...] England ist ein professioneller Feind von Frieden und kollektiver Sicherheit. Englands Niederlage ist ein Vorteil. Die Tiger gegen England lenken. Es haßt den Kommunismus und den Faschismus gleichermaßen. [...] Hauptsache: Nicht zulassen, daß Polen ein Aufmarschgebiet für den Überfall auf den Osten abgibt. [...] Ob es möglich ist, mit Deutschland übereinzukommen [?] Es westwärts lenken.«[101]

Dies heißt im Klartext: Stalin erschien im Sommer 1939

eine politische Übereinkunft mit Hitler dringend geboten, um den »Tiger«, also Nazi-Deutschland, gegen England, »die Herren«, in Stellung zu bringen. England war für Stalin seit den Interventionskämpfen im russischen Bürgerkrieg der eigentliche Feind der Sowjetunion – und England bezeichnete er denn auch in der Parteizeitung *Prawda* am 30. November 1939 als »Kriegstreiber« und Hauptschuldigen am Ausbruch des Zweiten Weltkrieges.

Selbst der seit 1933 ohne Urteil im Zuchthaus Berlin-Moabit eingeschlossene und am 18. August 1944 auf Anweisung des Reichsführers SS Heinrich Himmler im Konzentrationslager Buchenwald ermordete KPD-Chef Ernst Thälmann begrüßte den Pakt seiner Zwingherren mit Stalin aus dem gleichen Grund. In seinen ebenfalls erst vor wenigen Jahren in einem geschlossenen Archivbestand aufgefundenen Briefen an Stalin, die als Kassiber aus dem Gefängnis herausgeschmuggelt worden waren, erhoffte er sich die »Niederwerfung des Empire von den vereinten sowjetisch-deutschen Kräften«[102]. Fritz Große hielt unmittelbar nach dem Kriegsende die »Linie« fest, die er und Honecker gemeinsam mit den Genossen Gläser, Maddalena und Uecker am Morgen des 24. August 1939 »sofort« ausgegeben hätten: »Es ist ein großer diplomatischer Erfolg der SU, den kapitalistischen Einheitsblock von München gesprengt zu haben, die Imperialisten werden sich jetzt gegenseitig schwächen, und die Union bleibt stark und behält das Gesetz des Handelns.«[103]

Nach der Unterzeichnung des deutsch-sowjetischen Nichtangriffsvertrages, der die entscheidende Voraussetzung des deutschen Angriffs auf Polen war und damit im Kern ein Beistandspakt und eben nicht nur ein Neutralitätsabkommen, wie sich die Sowjets jahrzehntelang herausredeten, erläuterte Stalin am 7. September dem Komintern-Vorsitzenden Georgi Dimitroff seine Motive. Stalins Analyse in der Aufzeichnung Dimitroffs lautete:

»Der Krieg wird zwischen zwei Gruppen kapitalistischer Staaten (armen und reichen in bezug auf Kolonien, Rohstoff usw.) um die Aufteilung der Welt und um die Weltherrschaft geführt. Wir haben nichts dagegen, wenn sie ordentlich gegeneinander Krieg führen und sich gegenseitig schwächen. Es wäre nicht schlecht, wenn durch die Hand Deutschlands die Position der reichsten kapitalistischen Länder (besonders Englands) zerrüttet werden würde.«[104]

In der Folge des Hitler-Stalin-Paktes vom August 1939 wurden zwischen der Sowjetunion und dem Deutschen Reich eine Reihe zusätzlicher Wirtschafts-, Handels- und Verkehrsabkommen geschlossen, die allesamt von russischer Seite pünktlicher und umfassender als von den Deutschen eingehalten wurden. Nach dem Attentat auf Hitler am 9. November 1939 im Münchener Bürgerbräukeller zeigte Stalin Mitgefühl durch eine persönliche Botschaft. Und Molotow gratulierte nach dem Kriegsausbruch dem deutschen Botschafter in Moskau zu jedem Sieg der Wehrmacht.

Diese fraglos erstaunliche Allianz zwischen den herausragenden politischen Antipoden ihrer Epoche brachte der Sowjetunion bedeutende Vorteile ein: die Erweiterung des eigenen Herrschaftsbereiches im Westen durch die Besetzung der Westukraine, des westlichen Teiles Weißrußlands sowie von Estland, Lettland und Litauen; die Landnahme gegenüber Rumänien in Bessarabien und in der Nordbukowina; Gebietsgewinne zu Lasten Finnlands zur Absicherung von Leningrad nach dem verlustreichen Winterkrieg 1939/40; deutsche Lieferungen von Industrieanlagen, militärischer Ausrüstung und moderner Kampftechnik; vor allem aber den Zeitgewinn von 21 Monaten, in denen die Rote Armee nach den »Säuberungen« im Kommandeurs- und Offiziersbestand Ende der dreißiger Jahre reorganisiert, auf fünf Millionen Mann aufgerüstet und durch 125 neue Divisionen verstärkt werden konnte.

Andererseits: Stalin hatte sich durch sein Paktieren mit Hitler innerhalb der ja nicht ausschließlich auf Moskauer Linie liegenden kommunistischen und sozialistischen Bewegung weithin isoliert. Und er hatte durch diese gemeinsame Raubpolitik mit den Nationalsozialisten weltweit das an Vertrauen verspielt, was die heimischen »Säuberungen« noch überdauert haben mochte.

Die Solidarität unter den politischen Brandenburg-Häftlingen, die viele Auseinandersetzungen um den »richtigen« Kurs, nicht einmal die Moskauer Schauprozesse oder sogar Trotzkis Ermordung durch einen sowjetischen Geheimagenten nachhaltig beschädigt hatten, begann jetzt zu zerbrechen. Heinz Brandt, der in den fünfziger Jahren in den Verdacht des »Sozialdemokratismus« geriet, sich aus der DDR absetzte, nach seiner Flucht in die Bundesrepublik vom Staatssicherheitsdienst gekidnappt wurde und bis zu seiner Freilassung in den Westen erneut viele Zuchthausjahre ertragen mußte, beschrieb in seinen Memoiren, wer von seinen Genossen sich damals in Brandenburg welcher Fraktion zuschlug: »Zu den allzeit Eisernen gehören in meinem Umkreis Fritz Große, Bruno Baum, Martin und Waldemar Schmidt, Hans Milkert. Zu den Nachdenklichen, Diskutierenden, mehr oder weniger Kritischen Albert Kaiser, Karl Olbrich, Bergmann, Lederer, Alfred Lowack, Karl Oltersdorf, die Brüder Gerhard und Werner Jurr, Karl Zinn und ein Genosse, dem ich mich immer näher anschließe, der mir am meisten gibt: Rudi Küstermeier. Dazwischen stehen einige, die lieber zuhören, als mit ihrer Meinung herauszurücken. Sie wollen sich nicht festlegen, denn dauernd drohen die Stalinisten: ›Später einmal wird euch die Partei wegen eurer Abweichungen, eurer parteifeindlichen Kritik zur Rechenschaft ziehen.‹«[105]

Während Bruno Baum den Vertragsabschluß zwischen Stalin und Hitler machttaktisch begriff: »Was kann uns Besseres passieren, als daß die imperialistischen Räuber sich gegenseitig in die Haare geraten, die Sowjetunion so aus dem Krieg herausbleibt, um erst im Endstadium einzugreifen?«[106], beschrieb Brandt die Haltung der meisten anderen Kommunisten als niedergeschlagen, schwankend, verzweifelt. Manche sagten, sie verstünden zwar ganz und gar nicht, warum das alles geschehe, billigten auch die von den Linientreuen vorgebrachten Argumente nicht, aber man müßte doch Stalin, warben sie, müßte der Sowjetunion vertrauen. Es werde sicherlich irgendwelche stichhaltigen, wenn auch vorläufig noch unersichtlichen, rätselhaften Gründe für diesen Pakt geben.[107] Die Spitze sophistisch-wirrer Moskau-Hörigkeit aber erklomm zweifellos Fritz Große. Hitler sei, so argumentierte er nach der Erinnerung von Heinz Brandt, durch Stalin in den Kampf gegen England, die kapitalistische Vormacht, gedrängt worden. Unter dem Druck der befreundeten Sowjetmacht werde dieser Konflikt die ideologisch unklare NSDAP innerlich zersetzen, ja bolschewisieren und über diese »Umwandlung« der NSDAP den Weg für eine sozialistische Entwicklung in Deutschland ebnen.[108]

Unabhängig von derlei Spekulationen hoffte die Mehrzahl der Gefangenen aber immerhin auf eine Erleichterung ihres eigenen Schicksals. Gewiß würde das deutsch-sowjetische Einvernehmen in der großen Politik auch Auswirkungen auf den Zuchthausalltag haben, womöglich sogar eine allgemeine Amnestie bedeuten, also die eigene Befreiung und auch die von Ernst Thälmann. Heinz Brandt jedoch folgte solchen Selbsttäuschungen nicht: »Ausnahmsweise waren wir uns mit den Linientreuen einig, als wir diese ›Strohhalmtheorie‹ – wie wir sie geringschätzig nannten – für völlig unrealistisch erklärten. Wir wußten: Nicht die Amnestie, der Krieg steht vor der Tür.«[109]

Obwohl der deutsche Überfall auf die Sowjetunion im Sommer 1941 diese Zeit der quälenden Zerwürfnisse zwar nicht heilte, aber doch immerhin weitgehend beendete und statt dessen die gemeinsame Sorge um den Kriegsverlauf im Osten die Gespräche im Zuchthaus bestimmte, war der Riß zwischen »Stalinisten«, »Trotzkisten« und »bürgerlichen Agenten des Faschismus« hinter den Gefängnismauern nicht mehr zu überwinden. Heinz Brandt resignierte: »Unser Dilemma bestand darin, daß wir klar zu erkennen meinten, was falsch war, daß wir uns keiner Illusion über die Sowjetunion und die (nicht zufällige, sondern notwendige) Entartung der Oktoberrevolution hingaben, andererseits aber kaum wußten, was denn nun an ›Positivem‹ an die Stelle der verlorenen Illusionen, an die Stelle jenes ›blinden Glaubens‹ gesetzt werden könne.«[110]

Erich Honecker gehörte nicht zu den Zweiflern. Es war wohl weniger die Angst, sich festzulegen, die ihn hinderte, sich diesem Kreis anzuschließen, als eher sein Naturell, seine Persönlichkeit. Theoretische Auseinandersetzungen, langwierige Strategiedebatten und selbstquälerische Erörterungen politischer Grundfragen waren – damals wie später – ganz einfach seine Sache nicht. Er war, auch als Opfer, auch im Zuchthaus, ein Praktiker der Macht. Er suchte handfeste Solidarität und organisierte für sich und andere das Überleben nach ebenso handfesten Kriterien. Parteitreue, unbedingte Ergebenheit, gehorsame Zuverlässigkeit auch unter Druck und Verschwiegenheit selbst in Lebensgefahr waren Eigenschaften, die er bei anderen suchte, aber nach den Aussagen seiner Mitgefangenen auch selbst in die gefahrvolle Untergrundarbeit der Parteizelle einbrachte. Kurt Seibt, zu lebenslanger Freiheitsstrafe verurteilt und nach dem Krieg zum Vorsitzenden der Zentralen Revisionskommission der SED aufgestiegen, dankte Honecker diese Haltung: »Ich habe diese verschworene Gemeinschaft der Genossen vom ersten Tage an zu spüren bekommen. Einer dieser Genossen, der mir in meiner von aller Welt abgeschlossenen Einzelhaft half, war der Genosse Erich Honecker. [...] So brachte er mir zum Beispiel manchmal mit der Kiste oder dem Sack, in dem die Arbeit war, [...] eine Zeitung in die Zelle. [...] Außerdem bekam ich hin und wieder ein Stückchen Brot oder ein Stückchen Wurst von ihm. Und wer weiß, wie das Leben im Zuchthaus war, der versteht, was das für mich bedeutete: nicht nur für den Magen, auch für das Herz.«[111]

Als sich im Zuchthaus zu Jahresanfang 1942 herumsprach, daß der stürmische Vormarsch der Wehrmacht vor Moskau nicht nur zum Stehen gekommen war, sondern die deutschen Truppen zurückgeschlagen wurden und an einzelnen Frontabschnitten sogar den Rückzug einleiten mußten, war nicht nur, wie Erich Honecker schrieb, »unsere Freude unbeschreiblich«[112]. Es zeichnete sich jetzt die Wende des Krieges ab. Die Zuchthausbeamten mußten damit rechnen, und die Gefangenen durften darauf hoffen, daß eine deutsche Niederlage am Ende dieses erbitterten Kampfes stehen werde. Das machte auf beiden Seiten manche vorsichtiger, als sie in der Vergangenheit gewesen waren, und andere forscher. Erich Honeckers Vater jedenfalls schien die Zeit gekommen, ein Gnadengesuch für seinen Sohn einzureichen.

Bereits am 24. Oktober 1939, also wenige Wochen nach Kriegsbeginn, hatte er einen ersten Versuch unternommen, einen Straferlaß für seinen Sohn zu erreichen.[113] Doch sowohl die Zuchthausleitung als auch die Gestapo und der Volksgerichtshof lehnten dieses Zugeständnis ab. Der Vorstand des Zuchthauses teilte dem Oberreichsanwalt des Volksgerichtshofs am 9. November mit, daß sich Honecker zwar »hausordnungsmäßig geführt und auch willig und fleißig gearbeitet« habe. Der Häftling mache »keinen ungünstigen Eindruck«. Aber selbst unter Berücksichtigung, daß »er seine Straftat in einer besonders bewegten Zeit begangen« habe und damals »noch verhältnismäßig jung war«, könne ein Gnadengesuch »wegen der Schwere der Tat und des zu langen Strafrestes nicht befürwortet« werden.[114] Das Referat II A 4 des Geheimen Staatspolizeiamtes in Berlin ließ am 27. November wissen, daß es »mit Rücksicht auf die Tätigkeit des Honecker als kommunistischer Spitzenfunktionär [...] von einem Eingehen auf das Gnadengesuch abgesehen« habe, »zumal H. noch nicht die Hälfte seiner Freiheitsstrafe verbüßt hat«[115]. Und auch der Vorsitzende Richter des 2. Senats des Volksgerichtshofs, Hartmann, wies den Antrag am 8. Dezember zurück: »Honecker, der sich vor und *nach* der Saarrückgliederung als Spitzenfunktionär des KJVD betätigt hat, hat noch in der Hauptverhandlung erklärt, er wolle seine Überzeugung nicht ändern. Es kann also keine Rede davon sein, daß er etwa ein irregeleiteter Volksgenosse gewesen sei. Unter diesen Umständen kommt m. E. die Befürwortung eines Gnadenerweises nicht in Frage.«[116]

Der Volksgerichtshof verfügte demnach am 11. Dezember 1939: »Bei der Schwere der Tat, insbesondere der Funktionärstätigkeit des H., und der Dauer der erkannten Strafe kommt für die nächste Zeit ein Gnadenerweis noch nicht in Frage.«[117] Entsprechend schrieb der Oberreichsanwalt am 15. Dezember an Honeckers Vater in Wiebelskirchen, daß er das Gnadengesuch geprüft, »aber zur Befürwortung keinen Grund« gefunden habe.[118] Das Wehrbezirkskommando Potsdam I hatte bereits am 4. November 1939 verfügt, daß der »Dachdecker Erich Honecker« vom Dienst in der Wehrmacht im Frieden »für immer« ausgeschlossen sei.[119] Wegen des Deliktes, dessentwegen ihm auch die bürgerlichen Ehrenrechte aberkannt worden waren, galt er als »wehrunwürdig« und mußte selbst in Kriegszeiten nicht mit seiner Einberufung zum Militär rechnen – was ihn sicherlich nicht geschmerzt haben wird.

Am 29. September 1942 erneuerte Wilhelm Honecker sein Gesuch um Straferlaß für seinen Sohn. Und diesmal fanden er und Erich Honecker mit einem anscheinend eindrucksvoll demonstrierten Reuebekenntnis und dem mehrfach bekundeten Besserungswillen Unterstützung beim Anstaltsleiter Dr. Thuemmler. Der schrieb dem Oberreichsanwalt am 12. Oktober nicht nur, daß sich Honecker »gut geführt und ordentlich gearbeitet« habe, sondern er habe auch den Eindruck, daß Honecker, der »in kommunistischen Anschauungen erzogen und groß geworden ist, es ernst und ehrlich meint, wenn er sagt, daß er seine Jugendideale im jetzigen Staate verwirklicht sehe und keinen größeren Wunsch habe, als vor dem Feind die Redlichkeit seiner Gesinnung beweisen zu können«. Deshalb halte er »den Strafzweck bei ihm für völlig erreicht und würde einen Gnadenerweis befürworten«[120].

Senatspräsident Hartmann dagegen lehnte am 23. Oktober 1942 unter Verweis auf »die lange Dauer des Strafrestes« ab[121], und auch die Gestapo ging Erich Honecker nicht auf den Leim. Sie beschied den Oberreichsanwalt am 13. November: »Wie aus der politischen Vergangenheit des Hohnecker [!] und seiner intensiven Arbeit für die illegale KPD hervorgeht, handelt es sich bei ihm um einen überzeugten kommunistischen Funktionär.« Er habe sogar während der Untersuchungshaft seine »staatszersetzende Tätigkeit« fortzusetzen versucht. Auch das Gericht habe ihn als »unbelehrbaren Anhänger des Kommunismus« bezeichnet. »Von seiner inneren Wandlung«, meinte der Gestapo-Mann, sei er »daher nicht überzeugt«. Angesichts der Kriegslage bestehe zudem die Gefahr, daß Honecker »erneut in die illegale KPD hineingezogen« werde, zumal eine »ausreichende Überwachung nicht gewährleistet« sei. Außerdem lägen »dringende Gnadengründe« nicht vor. Daher wies der Oberreichsanwalt auch dieses zweite Gnadengesuch gegenüber der Nazi-Justiz, das Erich Honecker freilich zeitlebens ebenso verschwieg wie das erste aus dem Herbst 1939, am 19. November 1942 zurück.

Erich Honecker mußte im Zuchthaus ausharren und zu überleben versuchen. Im März 1943 wurde er als Dachdecker einer Baukolonne zugeteilt, die unter dem Kommando eines Hauptwachtmeisters Kessler auf dem Anstaltsgelände, aber außerhalb der Zuchthausmauern, eine Fertigungshalle des Flugzeugherstellers Arado zu errichten hatte.[122] Bei diesen Arbeiten lernte Erich Honecker den Maurer Erich Hanke kennen, der im Dezember 1942 vom Volksgerichtshof zwar von einer Anklage wegen Vorbereitung zum Hochverrat mangels Beweises freigesprochen worden war, aber dennoch zur Sicherungsverwahrung nach Brandenburg-Görden eingewiesen wurde. Da in der Nähe der Baustelle Kartoffeln in Mieten eingelagert waren, konnte Hanke gelegentlich Kartoffeln beschaffen und sie an Honecker zur Zubereitung weiterreichen, weil der auf dem Dach und nicht einsehbar für die Bewacher einen Kocher als Teerofen stehen hatte: »Wenn es mir gelungen war, Kartoffeln zu besorgen, bereitete ich alles vor, wusch sie, schüttete sie in einen alten Marmeladeneimer und füllte ihn mit Wasser. In einem günstigen Augenblick, wenn die Bewachung abgelenkt war, ließ Erich vom Dach ein Seil herab. Hatte ich den Eimer daran befestigt, zog er ihn wieder hoch. Nachdem er die Kartoffeln gekocht hatte, ließ er meinen Teil wieder herab.« Eines Tages, schrieb Hanke in seinen Erinnerungen an die Haftzeit, befanden sich in dem herunterpendelnden Eimer statt der erwarteten Pellkartoffeln »in Papier gewickelte Quetschkartoffeln, die mit Zwiebellauch und Salz angerichtet« waren. Honecker habe sich diese Zutaten aus einer ebenfalls nahegelegenen Gärtnerei beschaffen können. Kein Gänsebraten habe ihm in den Jahren danach soviel Genuß bereitet wie damals dieses Überraschungsessen. Denn die Normalkost war eine Hungerkur. Die Tagesration bestand aus 300 Gramm Kartoffelbrot und einem Dreiviertelliter dünner Suppe, bei »Kaltverpflegung« aus zehn Gramm Fett und 30 Gramm minderwertiger Wurst.[123]

Auf gleiche Weise wie sich selbst versorgten die beiden auch russische Kriegsgefangene, die in dem zum Zuchthaus gehörenden Plauer Hof als Sklavenarbeiter in der Landwirtschaft eingesetzt wurden, »die meisten von ihnen«, wie Honecker berichtete, »fast verhungert«[124]. Eines Tages, erinnerte sich Honecker, hätten die Häftlinge am Ufer des Plauer Sees einen verendeten Rehbock gefunden. »Wir haben ihn mitgenommen, in einem Kessel gekocht und unter uns zu gleichen Teilen geteilt.« Kriminelle Mitgefangene hätten diese Aufbesserung der eigenen Ernährung jedoch an die Wachmannschaft verraten, aber selbst »eine scharfe Befragung mit der Androhung, daß wir auch in die Todeszelle wandern könnten«, habe die Verschwiegenheit der übrigen nicht gebrochen.[125]

Um die Jahreswende 1943/44 nahmen die anglo-amerikanischen Luftangriffe auf Berlin zu. Häftlingskolonnen wurden zusammengestellt, um auf den Dachböden öffentlicher Gebäude Brandbomben durch Sand unschädlich zu machen, Blindgänger von Sprengbomben zu entschärfen, verschüttete Luftschutzkeller freizulegen, Tote und Verletzte zu bergen und Trümmer zu beseitigen. Erich Hanke, der nach dem Krieg Direktor der »Arbeiter-und-Bauern-Fakultät« an der Berliner Humboldt-Universität wurde und später als Professor an verschiedenen Hochschulen lehrte, wurde von dem Brandenburger Hilfswachtmeister Paul Seraphin in eine solche Kolonne kommandiert, der im Frühjahr 1944 auch Erich Honecker zugeteilt wurde.[126] Einsatzorte dieses Kommandos waren das Kammergericht in der Elsholzstraße, das Amtsgericht Berlin-Schöneberg, die italienische Botschaft im Tiergarten, die Akademie für Deutsches Recht gegenüber der Reichskanzlei oder der Volksgerichtshof in der Bellevuestraße.[127] Anfangs wurde die Kolonne im Frauenjugendgefängnis Berlin-Lichtenberg, in der Magdalenenstraße, untergebracht, später im Frauengefängnis Berlin, in der Barnimstraße. Dort lernte Honecker – was ihm wenige Wochen danach das Leben retten sollte – eine Hilfsaufseherin kennen, die wie er selbst vor der NS-Machtergreifung im Arbeitersportverein »Fichte« aktiv gewesen war. Die beiden kamen miteinander ins Gespräch, und Honecker konnte mit Hilfe des Radios der Aufseherin BBC London und Radio Moskau heimlich abhören, um sich so über die Kriegslage aus erster Hand zu informieren.[128]

Ende Februar 1945 kam es zu einem Großangriff auf die Berliner Innenstadt, bei dem die Straßenzüge vom Alexanderplatz bis nach Lichtenberg in Schutt und Asche sanken. Erich Honecker: »Wir waren gerade im Einsatz auf den Dächern des Frauengefängnisses in der Barnimstraße und sahen bald aus wie die Bergarbeiter, wenn sie aus dem Schacht kommen. An diesem Nachmittag verdunkelte sich das Licht der Sonne, und der Tag verwandelte sich in Nacht, erhellt von vielen Bränden. Es war die Hölle los. Immer wieder fielen auf die Dächer des Frauengefängnisses Brandbomben, die wir hinunterwarfen. Das war nicht ohne Risiko. Inzwischen hatte man in diese Stabbrandbomben Zeitzünder eingebaut, und wir wußten nie, wann sie explodierten.«[129]

Während dieses Angriffs, berichtete Erich Honecker, wurde ein Zellenflügel des Gefängnisses getroffen und zerstört. Gemeinsam mit seinen Zuchthauskameraden versuchte Honecker die in ihren Zellen eingeschlossenen und laut um Hilfe schreienden Frauen zu befreien. Die Brandenburger beschafften sich dazu aus dem Luftschutzbunker des Gefängnisdirektors Lampen, Schaufeln und Hacken und bargen die meist schwer verletzten Frauen. Für 23 von ihnen kam allerdings jede Hilfe zu spät, sie konnten nur tot aus den Trümmern gezogen werden.[130]

Inzwischen hatten sich auf ihrer Konferenz in Jalta die Hitler-Gegner über ihre Kriegsziele verständigt: bedingungslose Kapitulation des Reiches gleichzeitig gegenüber sämtlichen Alliierten, Aufteilung Deutschlands in vier Besatzungszonen, deutsche Reparationsleistungen sowie Bildung eines alliierten Kontrollrates als gemeinsamer Überwachungsinstanz. An der Oder war die Rote Armee aus den Brückenköpfen bei Steinau und Leubus zum Angriff auf Berlin angetreten. Die Tage des Nazi-Regimes waren endgültig gezählt. »Je näher jedoch das unausweichliche Ende ihrer Schreckensherrschaft rückte«, gab Erich Honecker in seinen Erinnerungen die damaligen Befürchtungen vieler Häftlinge wieder, »um so hemmungsloser wüteten die Faschisten. Auch wir politischen Gefangenen mußten mit unserer Vernichtung rechnen.«[131]

Gegen Monatsende Februar 1945 erfuhr Erich Hanke von der stellvertretenden Anstaltsleiterin des Frauengefängnisses in der Barnimstraße, daß der Generalstaatsanwalt, dem das Arbeitskommando formell unterstand, von dem Kolonnenführer Seraphin eine Beurteilung der politischen Zuverlässigkeit von Hanke und Honecker gefordert hatte. Dieser habe eine solche Prognose jedoch abgelehnt. Als Honecker von dieser Entscheidung des Kolonnenführers verständigt worden sei, habe er sofort entschieden: »Jetzt ist jede Diskussion überflüssig! Wir müssen hier raus!«[132]

»Uns war klar«, gab Hanke in seinen Memoiren als Begründung für diesen nicht ungefährlichen Entschluß an, »angesichts des bevorstehenden militärischen Zusammenbruchs der faschistischen Wehrmacht würde der SS-Hauptsturmführer [tatsächlich: Hilfswachmeister] alles unternehmen, um uns so schnell wie möglich vom Kommando loszuwerden. Er wußte, daß wir ihn für sein unmenschliches Verhalten gegenüber anderen Gefangenen zur Verantwortung gezogen hätten. Wir mußten also täglich, ja sogar stündlich mit einem Abtransport rechnen.«[133] Eine Gefängnisaufseherin, schrieb Honecker, habe ihnen den Hinweis gegeben, daß die Gestapo eine Aktion zur Vernichtung der politischen Gefangenen plane. Nach dem Kriegsende habe er dann erfahren, daß die Gefangenen aus Berlin auf Lastkähne gebracht und diese mit ihrer lebenden Fracht in den Havelseen der Umgebung versenkt werden sollten.[134]

Flucht und Befreiung

Die Nacht vom 5. zum 6. März 1945 verbrachten die 29 Männer der Baukolonne aus dem Zuchthaus Brandenburg-Görden im Frauenjugendgefängnis, das im Berliner Stadtbezirk Lichtenberg zwischen der Magdalenen- und der Alfredstraße lag und direkt an die umliegenden Wohnhäuser angrenzte. Nachdem am Vortag ein Fluchtversuch von Erich Honecker und Erich Hanke an der Aufmerksamkeit eines Wachtmeisters gescheitert war – allerdings ohne Folgen für die zwei Gefangenen –, entschlossen sich beide zu einer Wiederholung des Ausbruchversuchs am 6. März, um elf Uhr vormittags, diesmal aber über die Dächer der benachbarten Häuser hinweg.[135]

Richtung Frankfurter Allee stieß das zweistöckige Verwaltungsgebäude des Gefängnisses an ein um eine Etage höheres Wohnhaus. Am späten Vormittag sollten die Häftlinge den Dachboden der Gefängnisverwaltung von Ziegeln reinigen, die bei einem der letzten Bombenangriffe heruntergefallen waren. Die Sonne schien durch die Dachlatten, aber die Luft war noch kalt. Die Gefangenen wärmten sich an einem Feuer, das in einer großen Tonne brannte. Als der Kommandoführer Paul Seraphin den Bodenraum verließ, kletterten Hanke und Honecker die Dachlatten empor, balancierten auf dem Firstbalken zu dem angrenzenden Wohnhaus und verschwanden dort unter den erstaunten Blicken ihrer Mitgefangenen in einer Dachluke. Sie liefen durch den Bodenraum, öffneten die Tür zum Treppenhaus und eilten die Stiege hinunter, überquerten die Trümmer der benachbarten Ruinengrundstücke und verschwanden auf der Straße in Richtung Frankfurter Allee.

Dort hatten Tage zuvor schwere Bombenangriffe erhebliche Zerstörungen angerichtet. Jetzt standen in wenigen Metern Abstand etliche Hundert Polizisten und Soldaten auf der Straße, um eine Schneise durch Schutt und Trümmer freizuräumen. Für Honecker und Hanke gab es keinen Weg zurück. Hinter ihnen lag das Gefängnis, in dem ihre Flucht mittlerweile bemerkt worden sein konnte, und vor ihnen die Gefahr, wegen ihrer schwarzen Zuchthauskleidung mit den breiten gelben Streifen an den Hosennähten und auf den Oberarmen aufzufallen und festgehalten zu werden. Doch die beiden Flüchtlinge hatten Glück: Bis in die Morgenstunden des 9. Mai irrten sie durch die Hauptstadt, ohne von Polizei oder Wehrmachtsstreifen aufgegriffen zu werden. Sie versteckten sich in Ruinen, hungerten, schliefen abwechselnd und waren in beständiger Anspannung. Dann entschlossen sie sich, lieber jeweils getrennt nach einer Unterkunft zu suchen, weil keinem noch so tapferen Verwandten oder Parteifreund zuzumuten war, zwei Flüchtige, von denen einer ja notwendig ein Fremder war, unter Gefahr für das eigene Leben zu verstecken. Ein Treffen, das beide für einen der folgenden Tage abgesprochen hatten, scheiterte wegen eines Luftalarms. So wurde die Verbindung zwischen Hanke und Honecker zunächst unterbrochen.

Hanke fand schließlich Zuflucht in Lichterfelde, während Honecker in die Landsberger Straße 37 ging, gerade 100 Meter Luftlinie vom Frauengefängnis in der Barnimstraße entfernt, wo Charlotte Grund wohnte, jene Aufseherin, die er während des Einsatzes im Frauengefängnis kennengelernt hatte. Charlotte Grund teilte sich mit ihrer Mutter eine Wohnung im Hinterhaus. Das Vorderhaus brach während eines Angriffes am 18. März 1945 in sich zusammen. Im Hintergebäude wohnte auf dem gleichen Stockwerk Wera Skupin, ein 16 Jahre altes Mädchen, mit ihrer Mutter und Großmutter. Diese Familie war, da der Vater aus Polen stammte, hitlerfeindlich eingestellt.[136]

Die Dramaturgin und Schriftstellerin Wera Küchenmeister, geborene Skupin, berichtete 1990, die Mutter Grund sei eine fromme Frau gewesen: »Sie war Bibelforscherin, heute bekannt unter dem Namen ›Zeugen Jehovas‹.« Sie und die Großmutter Skupin verbanden anscheinend »nachbarschaftliche Gefühle«. In ihren Gesprächen habe eine Rolle gespielt, daß »die Tochter Lotte als Beamtin im Strafvollzug besonders in den letzten Jahren 1943/44 bis zum Ende Frauen zur Hinrichtung nach Plötzensee begleiten« mußte. Erich Honecker und Charlotte Grund hätten sich bei »Ausbesserungsarbeiten« im Frauengefängnis Barnimstraße kennengelernt, zu denen Häftlinge aus Brandenburg-Görden kommandiert worden waren: »Und während des März 1945 tauchte E. Honecker in der Nebenwohnung [...] auf. Meine Familie und ich haben ihn damals kennengelernt. [...] Daß er in einem Alter war, in dem andere Männer zur Armee mußten, war auffällig, aber in unseren beiden Familien wurde darüber nicht debattiert, wir ahnten, woher er kam. [...] In den ersten Tagen nach dem 6. Mai [...] merkten wir [...], daß [...] – also nach der Befreiung – der junge Mann bei Lotte wieder da war. Wie allerdings E. Honecker nach seiner Flucht aus der S[traf]V[ollzugs]-Einrichtung und seinem

Aufenthalt bei der Familie Grund wieder in die SV-Einrichtung Brandenburg-Görden zurückgelangt sein soll, das kann ich nicht bezeugen.«[137]

Gleich nach Kriegsende, gab Wera Küchenmeister weiter an, habe Erich Honecker »offenbar aus Dankbarkeit« Charlotte Grund geheiratet und sei mit ihr bis zu ihrem Tod infolge eines Gehirntumors 1947 zusammengeblieben.[138] Diese Aussage läßt sich allerdings weder durch standesamtliche Nachweise noch durch andere dokumentarische Belege erhärten. Richtig ist, daß Erich Honecker laut den Einträgen in seinem Ausweis Nr. 71 vom 15. September 1945 als »Opfer des Faschismus« zu diesem Zeitpunkt in der Landsberger Straße 37 gewohnt hat und auch in seinem Fragebogen für Parteimitglieder am 16. Februar 1946 diese Adresse angegeben hat.[139] Charlotte Grund hätte demzufolge zwar nach Kriegsende mit Erich Honecker noch etliche Zeit in ihrer Wohnung zusammengelebt, ihn aber nicht geheiratet. Jedenfalls gab Honecker in dem Fragebogen an, unverheiratet zu sein.[140]

Dokumentarisch nachweisbar dagegen ist die Eheschließung Erich Honeckers mit Charlotte Schanuel, einer neun Jahre älteren Gefängnisaufseherin aus der Barnimstraße. die Hochzeit ist standesamtlich beurkundet für den 23. Dezember 1946 in Berlin.[141] Über Herkunft und weiteres Schicksal dieser Frau und den Verlauf dieser Ehe gibt es allerdings keinerlei Erkenntnisse. Honecker erwähnte sie in seinen Gesprächen mit Andert und Herzberg 1990 lediglich als gute Bekannte und noch dazu mit dem nicht zutreffenden Nachnamen »Schanel«[142]. Nach Aussage des Margot-Honecker-Biographen Ed Stuhler, der die Hochzeitsurkunde aufspürte, starb sie schon bald, vermutlich an Lungentuberkulose.[143]

Weshalb Erich Honecker die Wohnung von »Oma Grund« im April 1945 verlassen mußte, erzählte er in seinen Erinnerungen. Während der Luftangriffe habe er, »um mich und andere nicht zu gefährden«, den Luftschutzraum des Hauses in der Landsberger Straße nicht aufsuchen können. Deshalb sei er bei Alarm entweder in die wenige Schritte entfernte Untergrundbahn am Alexanderplatz gegangen oder in der Wohnung im ersten Stock geblieben. Bedrohlich sei für ihn die Lage geworden, »als das Vorderhaus [...] am 18. März 1945 in Schutt und Asche sank«. Honecker: »Direkt gefährdet wurde dieser Aufenthalt Mitte April 1945 im Zusammenhang mit einem unangemeldeten, überraschenden Besuch bei meinen Bekannten. Dadurch entstand sowohl für sie als auch für mich eine äußerst schwierige Situation. Es blieb kein anderer Weg als zurück zum Arbeitskommando im Frauengefängnis Barnimstraße, sollte ich nicht noch in letzter Stunde der Gestapo in die Hände fallen.«[144]

Genau dies hätte ihm allerdings nach seiner Rückkehr in das Arbeitskommando auch widerfahren können, wenn sich nicht Charlotte Grund für ihn bei dem dienstverpflichteten Kolonnenführer Paul Seraphin eingesetzt hätte. Der hatte Honeckers »Entweichen« aus dem »Frauenjugendgefängnis Berlin Lichtenberg« am 6. März 1945 der Zuchthausleitung in Brandenburg-Görden melden müssen. Am 14. März unterrichtete der Vorstand des Zuchthauses den Oberreichsanwalt beim Volksgerichtshof von dieser Flucht.[145] Der wiederum ließ sich bis zum 7. April Zeit, bevor er das Geheime Staatspolizeiamt in Berlin bat, »nach Erich Honecker zu fahnden«. Die »Ausschreibung im Deutschen Fahndungsbuch« und die »Benachrichtigung des Polizeipräsidenten in Berlin« seien von ihm veranlaßt worden.[146] Da jedoch nach einer Notiz vom 9. April das Fahndungsbuch »bei dem Terrorangriff am 3.2.45 vernichtet worden« und »ein neues noch nicht geliefert worden« sei, werde um »Wiedervorlage in 4 Wochen« gebeten.[147] Dann freilich war der Krieg zu Ende.

»Mitte April 1945« meldete sich Erich Honecker nach

eigenen Angaben beim Arbeitskommando im Frauengefängnis Barnimstraße zurück. Dort erfuhr er, daß die Sowjetarmee am 16. April aus den Brückenköpfen an der Oder den Sturmangriff auf Berlin begonnen hatte. Und dort erlebte er am 20. April, wie die Artillerie der Roten Armee das Feuer auf die Reichshauptstadt eröffnete: »Ich werde die Mittagsstunden dieses letzten ›Führergeburtstages‹ nie vergessen. Die erste Granate der sowjetischen Artillerie schlug genau gegenüber dem Frauengefängnis Barnimstraße, am Königstor, ein, die zweite unmittelbar neben dem Gefängnis, in dem wir inhaftiert waren. Die nächsten Einschläge lagen schon im Stadtzentrum. Offenkundig schossen sich die sowjetischen Artilleristen auf die Reichskanzlei, den letzten Unterschlupf der Nazigrößen, ein.«[148]

Einen Tag später erreichten die russischen Panzerspitzen bereits bei Blumberg den nordöstlichen Stadtrand von Berlin. Im Eilmarsch wurde die Häftlingskolonne am 21. April 1945 aus der Barnimstraße unter Beschuß nach Westen getrieben, in das Gefängnis Plötzensee am Hohenzollernkanal, das jahrelang Hinrichtungsstätte vieler Widerstandskämpfer gewesen war.

Im Zuchthaus Brandenburg-Görden hatte sich die illegale Parteizelle seit Jahresbeginn 1945 eine festere Organisation gegeben. Da im Büro der Tischlerei die KPD-Mitglieder Wilhelm Thiele (Berlin), Eduard Wald (Hannover) und Erich Ziegler (Berlin) als Kalfaktoren eingesetzt waren, konnten sie in den folgenden Wochen weitere Parteigenossen in diesen Gefängnisbetrieb einschleusen und umgekehrt unerwünschte Beobachter aus ihm entfernen.[149] Zuletzt zählte die kommunistische Zelle dort 40 Genossen bei einer Belegschaft von 160 Mann, wobei Walter Mickin (Berlin) die Funktion des politischen Anleiters übernommen hatte. Im März bildete sich in der Tischlerei »ein Kopf bestehend aus den Gen. Wachtel, Mrochen, Thiele, Mickin, der sich zur Aufgabe machte, alle Vorarbeiten für die Bildung eines Gefangenenausschusses« des gesamten Zuchthauses zu erledigen, dem Kommunisten, Sozialdemokraten, ausländische Gefangene und Mitglieder des militärischen Widerstands um die Bewegung 20. Juli angehören sollten.[150] Die Leitungsfunktionen in den einzelnen Zellenhäusern von Brandenburg-Görden wurden im Haus I Max Frenzel (KPD) und Martin Schmidt (KPD) übertragen, in Haus II Alfred Perl (KPD) und Kurt Seibt (KPD), in Haus III Hermann Dünow (KPD) und Otto Buchwitz (SPD), in Haus IV Werner Jurr (KPD), Wilhelm Knapp (KPD) und Max Sens (KPD).[151] Erich Honecker gehörte nicht zu diesem Kreis, da er mit Erich Hanke am 6. März 1945 vom Außenkommando Berlin geflohen war und erst Mitte April nach Brandenburg-Görden zurückkehrte. Dort teilte ihm der Zuchthausdirektor mit, er werde »die Anweisung des Generalstaatsanwaltes am Kammergericht Berlin«, Honecker »ordnungsgemäß die Entlassungspapiere auszuhändigen«, in dessen eigenem Interesse noch um einige Tage hinauszögern, da die militärische Lage zu unsicher sei.[152]

Inzwischen waren in den Werkstätten des Zuchthauses die unterschiedlichsten Waffen hergestellt worden: Brechstangen, Eisenknüppel, Totschläger, Messer und Dolche.[153] Robert Havemann, Chemiker und Kommunist, der wegen Vorbereitung zum Hochverrat zum Tode verurteilt worden war, dessen Hinrichtung aber aufgrund eines Vorstoßes des Heereswaffenamts vorläufig nicht vollstreckt wurde, um Havemann im Zuchthaus zu »kriegswichtigen Forschungen« einsetzen zu können, machte sein im Mai 1944 in der Spülzelle des Arresthauses eingerichtetes Labor zum Horchposten und Kommunikationszentrum der kommunistischen Parteizelle.[154] Er baute in seine Meßapparaturen einen Kurzwellenempfänger ein, mit dessen Hilfe er seit Ende August 1944 das Neueste von allen Kriegsschauplätzen erfahren und, in Stichworten zusammengefaßt, weiterverbreiten konnte. Dazu benutzte er zweimal täglich die ihm an sich für wissenschaftliche Aufzeichnungen zur Verfügung gestellte Schreibmaschine und schrieb auf ihr beidseitig in zwei Exemplaren seine Tarnschrift *Der Draht,* die alle wesentlichen Nachrichten von BBC, Radio Moskau und den Wehrmachtsbericht enthielt: »Das erste Exemplar wurde gegen halb fünf Uhr nachmittags abgeschlossen. Um diese Zeit erschien der Kalfaktor des Arresthauses an der Tür meines Laboratoriums. Der Spalt zwischen der Eisentür und der Mauer war weit genug, um das Blatt hindurchzuschieben. Dieser Kalfaktor war kein Politischer. [...] Die Parteizelle bezahlte ihn für seine Hilfe mit einer sehr großzügigen Zuweisung von Kautabak. Kautabak, Priem, das war nämlich das Hauptzahlungsmittel des Zuchthauses. Für eine Stange bekam man einen erstklassigen Maßanzug aus reinem Wollstoff. Außerdem wurde dem Kalfaktor klargemacht, daß er im Falle von Verrat mit dem Tod bestraft werde.«[155] Der weitere Vertrieb lief dann folgendermaßen: »Der Kalfaktor brachte die Zeitung in die Küche zum sogenannten Brotschneider. Diese Funktion hatte der Genosse Männe [Emanuel] Gomolla. Er verteilte die Extrarationen für Schwerarbeiter an die Kalfaktoren der Betriebe, die nach fünf [Uhr] bei ihm erschienen. Bis dahin hatte er die Zeitung auswendig gelernt. Die vielen Genossen unter den Kalfaktoren bekamen beim Essenholen die Nachrichten von ihm ins Ohr geblasen. Dann ging die Zeitung in die Arbeitsverwaltung, wo sich das gleiche Spiel mit einer anderen Gruppe wiederholte. [...] Die Zeitung landete schließlich in der Tischlerei, in der Parteizelle.«[156] Das zweite Exemplar nahm Havemann in seine Zelle im zweiten Stock des C-Flügels von Haus I mit und steckte es dort dem Genossen Willy Richter zu, der die weitere Verteilung besorgte.[157]

Nachdem die Nachrichtenlage zu Jahresanfang 1945 keinen Zweifel mehr daran zuließ, daß der Zusammenbruch des Nazi-Regimes unmittelbar bevorstand, ließ sich Robert Havemann als »angeblich benötigte Chemikalie Sprengstoff« besorgen und stellte außerdem »30 Schwelkerzen her, die den äußerst wirksamen Reizkampfstoff Adamsit enthielten«. Dieser Stoff reizt die Nasenschleimhaut und die Bronchien erheblich. Havemann, zu Recht nicht wenig stolz auf diese Übertölpelung des Zuchthauspersonals: »Eine einzige meiner Schwelkerzen hätte genügt, in dem Innenraum eines unserer Zellenhäuser die sogenannte Verträglichkeitsgrenze zu erreichen. Wer nicht mit den Eigenschaften des Kampfstoffes vertraut gemacht worden ist, verfällt unter diesen Bedingungen in Panik und versucht unter allen Umständen zu fliehen.«[158]

Daß die Nazis allerdings nicht kampflos aufgeben und ganz einfach abziehen würden, ohne sich an ihren politischen Gefangenen noch zuvor für diese Niederlage zu rächen, lag eigentlich auf der Hand. Dennoch bestürzte es die Häftlinge in Brandenburg-Görden, als sie von aus dem Zuchthaus Sonnenburg bei Küstrin evakuierten Justizbeamten erfuhren, daß dort vor dem Rückzug 750 politische Gefangene an einem Nachmittag von SS-Männern im Gefängnishof erschossen worden waren. Als am 20. April 1945 ein Staatsanwalt des Volksgerichtshofs mit dem Scharfrichter nach Brandenburg-Görden kam, die Hinrichtung von 33 Todeskandidaten befahl und mit dem Fallbeil auch durchführen ließ, wußten die Gefangenen, die entsetzt Zeugen dieses Massakers wurden, daß ihnen wahrscheinlich Schreckliches bevorstand.[159]

Ihre Obleute in dem Gefangenenausschuß ließen alle Vorsicht fahren. Sie nahmen Verbindung zum Zuchthauspersonal auf und versicherten jedermann, daß er »im Falle noch einer einzigen weiteren Hinrichtung nach dem zu erwartenden Zusammenbruch auf der gleichen

Guillotine« hingerichtet werde.[160] Diese Drohung versetzte die Beamten derart in Panik, daß sie das Fallbeil selber abbauten und im nahegelegenen Plauer See versenkten. Auf diese Weise gelang es den Gefangenen in den folgenden Tagen, mehr und mehr Angehörige des Wachpersonals auf ihre Seite zu ziehen oder doch zu neutralisieren. Der Anstaltspfarrer Bartz und der Polizeiinspektor Reichel überzeugten Zuchthausleiter Thuemmler, das Gefängnis nicht an die SS zu übergeben oder militärisch zu verteidigen, wenn die Sowjets gegen den Gebäudekomplex vorrücken sollten. Außerdem konnten Bartz und Reichel dafür gewonnen werden, daß Gefangenenobleute gemeinsam mit den Hauptwachmeistern in den einzelnen Häusern die Kontrolle übernehmen durften und eine Abordnung dieser Gefangenen zum Zuchthausvorstand vorgelassen wurde. Diese dreiköpfige Delegation aus Walter Mickin, Thomas Mrochen und Martin Schmidt erreichte von Thuemmler die Zusage, daß die Anstalt gegen die Rote Armee nicht verteidigt, sondern von der Anstaltsleitung ordnungsgemäß übergeben werde. Obleute der Gefangenen sollten sich in den einzelnen Trakten frei bewegen können und die Zellen nicht mehr verschlossen, sondern nur mehr »geriegelt« werden, damit sie im Gefahrenfall von den Obleuten schnell geöffnet und die Insassen befreit werden könnten.[161]

Am 26. April hatten sich Einheiten der Roten Armee dem Zuchthaus so weit genähert, daß sich Anstaltsleiter Thuemmler und andere Beamte schleunigst nach Westen absetzten. Die Obleute nutzten diese Gelegenheit, um sich in den Besitz sämtlicher Schlüssel zu bringen, und bewaffneten sich mit Handfeuerwaffen aus der Waffenkammer. Im Dachgeschoß des Verwaltungsgebäudes wurde eine Beobachtungsstation eingerichtet, von der aus die Umgebung des Zuchthauses weiträumig zu übersehen war. Der Kommunist Wilhelm Thiele übernahm die »gesamte militärische und organisatorische Leitung« des Widerstands.[162]

In den Morgenstunden des nächsten Tages schienen die letzten deutschen Einheiten aus der Umgebung des Zuchthauses abgezogen zu sein. Deshalb wollte sich der Gefängnispfarrer mit einer weißen Fahne auf den Weg machen, um die Anstalt den russischen Truppen zu übergeben, die bis auf einen halben Kilometer östlich vorgerückt waren.[163] Doch er wurde von einem deutschen Fallschirmjäger aufgehalten, kaum daß er die Zuchthauspforte passiert hatte.[164] Ein herbeigerufener Wehrmachtsoffizier verbot die Übergabe der Anstalt, versprach aber zumindest, sie nicht unter Feuer zu nehmen.[165] »Nach etwa einer Stunde«, berichtete Robert Havemann in seinen Erinnerungen, »erschien wieder ein Soldat vor dem Tor. Diesmal war es wirklich ein Russe, im Arm die russische Maschinenpistole mit dem runden Trommelmagazin. Wir gingen sofort zu ihm und begrüßten ihn auf russisch. Er war sehr erstaunt, daß dies ein Zuchthaus sei. Er hatte gedacht, es handele sich um eine Fabrik. Nachdem wir ihn über unsere Lage aufgeklärt hatten, machte er sich sofort auf den Weg zu seinem Kommandanten.«[166] Es begleitete ihn der Polizeiinspektor Reichel, um der Übergabe-Botschaft einen quasi offiziellen Anstrich zu verleihen.[167]

Um die Mittagszeit des 27. April 1945 rollte ein russischer Panzer auf das Tor des Zuchthauses zu. Seine Turmluke war geöffnet. Mehrere Soldaten standen auf dem T-34 und winkten. Die Gefangenen öffneten das Tor, und der Panzer rollte in den Hof vor das Hauptgebäude. Robert Havemann schilderte den Empfang der Rotarmisten: »Wir umarmten unsere Befreier und führten sie ins Innere. Zuerst ging es in das Haus. Die Russen ließen sich die Schließerschlüssel geben und machten sich daran, alle Zellentüren aufzuschließen. Binnen kurzem füllten sich die Gänge mit den Massen der grauen, ausgemergelten

Gestalten der Gefangenen. Es war ein tief erregender Augenblick. Die Russen wurden umarmt, schließlich hochgehoben, ein ohrenbetäubender Krach erfüllte den Raum. Mit einemmal begannen wir die Internationale zu singen: ›Wacht auf, Verdammte dieser Erde!‹ Wir waren frei. Es war ein schöner warmer Frühlingstag. Die Birken grünten, die Luft war weich und lind.«[168]

Ganz ähnlich erlebte Erich Honecker seine Befreiung, wenngleich er sie nicht so gefühlvoll wie Havemann zu beschreiben wußte. Am Morgen des 27. April 1945 hatte Alfred Perl Honeckers Zellentüre geöffnet: »Ich begab mich an das Haupttor. Die Bewachungsmannschaften waren bereits entwaffnet. Kurze Zeit später erreichte der erste sowjetische Panzer das Zuchthaustor. Unvergessen wird mir immer die Begeisterung bleiben, mit der wir die Sowjetsoldaten in die Arme schlossen. Wohl keiner – auch ich nicht – schämte sich der Freudentränen, als wir die Rotarmisten begrüßten, die als Befreier, als Klassenbrüder und Freunde, als Bahnbrecher einer neuen, einer besseren Zukunft der Menschheit gekommen waren.«[169] Honeckers Worte mögen vorgestanzt klingen, als seien sie einer parteiamtlichen Erklärung entlehnt. Aber sie lassen doch ebenso wie die gewiß sprachmächtigere Beschreibung dieses Tages durch Robert Havemann erkennen, welche Gefühle und Hoffnungen die Gefangenen von Brandenburg-Görden in den Stunden ihrer Befreiung nach Hunger und Folter, nach jahrelanger Zuchthaushaft und ständiger Todesnähe tatsächlich bewegten.

Wilhelm Thiele und Martin Schmidt hielten in ihrem am 8. Mai 1945 niedergeschriebenen Bericht über die letzten Monate im Zuchthaus Brandenburg-Görden fest, daß die Befreiung nicht völlig reibungslos verlief, da sich unter den 3 000 Häftlingen etliche Kriminelle und ausländische Gefangene befanden, die sich aus gewiß unterschiedlichen Gründen nun glaubten schadlos halten zu können:

»Die Ausländer und Kriminellen plünderten die Zellen der Mitgefangenen und die Räume der Beamten. Ein Haufen drang in die Küche ein, konnte aber nach kurzer Zeit durch das tatkräftige Eingreifen einer Gruppe deutscher Soldaten, die als Todeskandidaten in der Anstalt gesessen hatten, wieder herausgeworfen werden, ohne nennenswerten Schaden angerichtet zu haben. Auch die Ausplünderung der Bäckerei konnte durch Einsatz von Genossen verhindert werden. Der stärkste Ansturm wurde auf die Kleiderkammer gemacht, wo sich die Zivilsachen der Gefangenen befanden. Hier kam es, besonders durch die Ausländer, zu unbeschreiblichen Tumulten. Aber auch hier konnte eine Plünderung durch bewaffneten Einsatz der Gefangenenobleute verhindert werden.«[170]

Nachdem die russische Einheit die Gefangenen befreit hatte, zog sie sich aus dem Zuchthaus zurück und setzte ihren Vormarsch fort. Nach vergeblichen Versuchen der Obleute, die so plötzlich freigesetzten Energien durch bloßes Zureden wieder einzudämmen, riefen die KPD-Mitglieder in die Tischlerei und bewaffneten sie. Die Zuchthauspforte wurde geschlossen und mit einer Wache besetzt, ebenso die Ecktürme der Anstalt. Die Ausgabe von Nahrungsmitteln und die Verteilung von Kleidungsstücken erfolgten unter der Regie bewaffneter Polithäftlinge. »Bei Dunkelwerden«, schrieben Thiele und Schmidt, »war die Anstalt fest in unserer Hand. Bewaffnete Posten und Streifen sorgten für Ordnung.«[171] Eine Verteidigung gegen womöglich doch noch anrückende deutsche Truppen sollte nur im äußersten Notfall erfolgen, vielmehr wollte man versuchen, die Soldaten aufzufordern, ihre Waffen angesichts der für sie aussichtslosen Lage niederzulegen.

Am Morgen des 28. April 1945 machten sich Martin Schmidt und Thomas Mrochen auf den Weg zu dem russischen Kampfkommandanten in Brandenburg-Görden und baten ihn, sich im Zuchthaus persönlich einen Eindruck von der noch immer schwierigen Situation zu verschaffen und alle erforderlichen Anweisungen zu treffen. Gegen Mittag tauchte der Offizier tatsächlich im Zuchthaus auf und befahl, »die Gefangenen geordnet zu entlassen«. Nach weiteren zwei Stunden erschien ein Leutnant der Sowjetarmee und verlangte innerhalb von 15 Minuten die vollständige Räumung der Anstalt. Unter Führung der bewaffneten Obleute verließen sämtliche Gefangenen in einer Kolonne den Gebäudekomplex, in dem sie nur mit knapper Not ihre Haftzeit überlebt hatten, und wurden von Rotarmisten nach Ablieferung der Waffen aus der Kampfzone in Richtung Norden längs des Beetzsees herausgeführt. Dann löste sich der geschlossene Zug auf, viele – darunter Erich Honecker und Alfred Perl – suchten sich auf eigene Faust nach Berlin durchzuschlagen. Dennoch gelang es, notierten Thiele und Schmidt, »ca. 160 politische Gefangene und einige Kriminelle zusammenzuhalten, die sich nun geschlossen auf den Heimmarsch machten. Für die Führung des Trecks war die Aufgabe besonders dadurch schwierig, daß der Zug durch unbekanntes Gelände ging (eine Karte war nicht vorhanden), in dem noch dazu einzelne deutsche Kampfgruppen operierten.«[172]

Während die einen unter Führung von Max Wachtel, Wilhelm Thiele, Martin Schmidt, Wilhelm Knapp und Fritz Gäbler über Bagow nach Nauen zogen und danach in dem Dorf Wernitz bei Wustermark das Ende der Kampfhandlungen in Berlin am 2. Mai 1945 abwarteten, um danach in der Spandauer Berend-Kaserne in der Wilhelmstraße notdürftig Quartier zu beziehen[173], verabschiedeten sich Erich Honecker und Alfred Perl von Wilhelm Thiele und erreichten nach einem Eilmarsch in den Abendstunden des 28. April über Nauen hinaus bereits ein Waldgebiet in der Nähe von Oranienburg im Norden Berlins.[174]

Dort wurde die Lage für die beiden noch einmal kritisch. Erich Honecker beschrieb die Situation in seinen Erinnerungen: »Plötzlich hörte ich Stimmen, und ich vermutete russische Soldaten. Mein Versuch glückte, eine Verständigung in russischer Sprache zu erreichen. Ich erklärte den Rotarmisten, daß wir politische Gefangene im Zuchthaus Brandenburg-Görden gewesen und an diesem Tag befreit worden waren. Aber meine Bescheinigung über die ›Wehrunwürdigkeit‹ und die ›Ausschließung aus der Wehrmacht‹ […] konnte sie nicht überzeugen. […] Die Nacht vom 28. zum 29. April 1945 verbrachten Alfred Perl und ich in einer Feldscheune mit anderen aufgegriffenen Personen. Darunter befanden sich desertierte Soldaten der Wehrmacht, SS-Leute und Beamte des faschistischen Regimes ebenso wie nach Deutschland verschleppte Zwangsarbeiter. Am nächsten Morgen war es möglich, unsere Personalien, unser Woher und Wohin mit Hilfe einer sowjetischen Dolmetscherin aufzuklären.«[175]

Honecker konnte seine politische Vergangenheit im Kommunistischen Jugendverband so überzeugend glaubhaft machen, daß er am gleichen Tag dem Komsomol-Sekretär dieser sowjetischen Einheit als Berater zugeteilt wurde. Mit ihr zog er bis in die Umgebung von Bernau, nordöstlich von Berlin. Am 4. Mai 1945 konnte er von dort in die schwer zerstörte Hauptstadt vordringen und sich über Pankow und Weißensee in die Stadtmitte durchschlagen. Im Hinterhaus der Landsberger Straße 37 traf er »Oma Grund« und deren Tochter Charlotte unversehrt an. Da er nirgendwo sonst über eine Unterkunft verfügte und die beiden ihn im März bereits so selbstlos aufgenommen hatten, entschloß er sich, bei ihnen zu bleiben.[176]

In ihrem Gutachten für die DDR-Generalstaatsanwaltschaft aus dem Jahr 1990 beschrieb die Berliner Historikerin Monika Kaiser das Verhalten Erich Honeckers während der zehn Zuchthausjahre in Brandenburg-Görden.[177] Positiv erwähnt werde Honecker von seiten seiner Mitgefangenen lediglich in einem Rundfunkporträt von Arthur Mannbar aus dem Juni 1949 sowie in dem Erinnerungsbuch Erich Hankes, mit dem er Anfang März 1945 aus dem Arbeitskommando geflohen war. Vor allem jene ehemaligen Kommunisten und Mithäftlinge, die später in Westdeutschland lebten, zeichneten nach Darstellung von Monika Kaiser »ein sehr negatives Bild« Honeckers. So werde er etwa von Walter Uhlmann, einem der führenden Organisatoren der illegalen Parteiarbeit im Zuchthaus, als ein stiller junger Mann von höchst ungewöhnlichem Verhalten beschrieben.[178] Statt wie sonst üblich neue Häftlinge zu begrüßen, nach ihrer politischen Vergangenheit oder dem Strafmaß zu befragen und Hinweise für den Umgang mit dem Wachpersonal zu geben, habe sich Erich Honecker »sehr reserviert verhalten«. Auch Eduard Wald, ein weiterer Wortführer des Widerstands in Brandenburg-Görden, habe über Honecker festgehalten: »Der war farblos, scheu und wenig kameradschaftlich, kontrollierte unangenehm genau und spielte sich so ein bißchen als zweiter Chef auf.« Honecker sei stets abweisend geblieben, habe keine Freunde gesucht, »sondern isoliert wie kein anderer« die Jahre verbracht. Auch politisch sei Honecker seinen Mithäftlingen »ein völlig unbeschriebenes Blatt« geblieben. Er habe sich nie an politischen Diskussionen beteiligt, weder zur Volksfrontpolitik noch zum Hitler-Stalin-Pakt, noch zu politischen Tagesfragen. Auch aus den Vorbereitungen der Gefangenen, gegen eine Übergabe des Zuchthauses an die SS Widerstand zu leisten, habe sich Honecker herausgehalten und weder an der Wahl des Gefangenenausschusses teilgenommen noch an den Parteiversammlungen, die in den Tagen unmittelbar vor der Befreiung ungestört stattfinden konnten.

Zudem, so Kaiser, hätten sich Hanke und Honecker am

6. März 1945 aus dem Arbeitskommando abgesetzt, ohne zuvor die Parteiorganisation zu informieren: »Dies hätte für andere Gefangene schlimme Folgen haben können und wurde ihm deshalb von vielen Mitgefangenen sehr verübelt.« Wegen seines »eigenwilligen Verhaltens« in Brandenburg soll Honecker nach den Angaben Walter Uhlmanns von der Kaderabteilung des Zentralkomitees 1945 eine Rüge erhalten haben. Dies allerdings lasse sich aus den Archivquellen nicht nachweisen. Dagegen gehe aus den vorhandenen Protokollen des Brandenburg-Komitees hervor, daß Honecker an dessen Beratungen zwischen 1945 und 1948 nicht teilgenommen habe. Das Protokoll einer Beratung vom 29. Mai 1948, bei der man ihn »wegen der inhumanen Handlungsweise des Anstaltsarztes« Johannes Müller befragen wollte, fehle in den Akten. Scheinbar habe sich Honecker »nicht wie […] andere kommunistische und sozialdemokratische Häftlinge für eine Bestrafung der in Brandenburg begangenen Verbrechen« eingesetzt. Hinzu komme, vermerkte Monika Kaiser, daß Honeckers Lebenslauf, den er am 12. Mai 1945 niedergeschrieben und den Beauftragten des Zentralkomitees übergeben habe, Falschangaben über seinen Beitritt zu politischen Organisationen, zur Übernahme bestimmter Funktionen und zu Verantwortlichkeiten enthalte, »die Erich Honecker nachweislich nicht ausgeübt hat«[179]. Außerdem habe er in diesem Lebenslauf als Begründung für seine gemeinsame Flucht mit Erich Hanke aus dem Arbeitskommando vorgetragen, sie hätten »die aktuelle politische Tätigkeit« aufnehmen wollen, was bei ihm wegen fehlender Verbindungen gescheitert sei. »Das erweckte«, meinte Monika Kaiser, »in Verbindung mit der nachfolgenden Bemerkung ›Übernahme der Anstalt Görden durch den Ausschuß pol. Gefangener, Übergabe an ein Kommando der Roten Armee am 27. April‹ den Eindruck, als hätte die Flucht Honeckers mit der politischen Wider-

standsarbeit sowie mit der Befreiung des Zuchthauses in einem notwendigen Zusammenhang gestanden. Genau das Gegenteil war aber der Fall gewesen. Sie diente, was menschlich angesichts der beabsichtigten Liquidierung aller politischen Gefangenen durchaus verständlich ist, vorrangig dem eigenen Überleben.«

Ein solcher Eindruck mag allein nach der Lektüre des Lebenslaufs von Erich Honecker aus dem Jahr 1945 bei der Historikerin Monika Kaiser, die bis zum Zusammenbruch der DDR im SED-Institut für die Geschichte der Arbeiterbewegung beschäftigt gewesen ist, durchaus entstanden sein. Tatsache jedoch ist, daß weder die Angaben Honeckers in seinem Lebenslauf noch die über seine politische Entwicklung und seine Funktionen an anderer Stelle von seinen tatsächlichen Verwendungen wesentlich abweichen. Und festzuhalten bleibt auch, daß es neben den einzelnen Negativurteilen über Honecker, die Monika Kaiser zitierte, sehr viel mehr positive Berichte über sein Verhalten im Zuchthaus gibt. Es mag genügen, drei davon anzuführen, die von Brandenburg-Häftlingen stammen, deren Ruf auch unter sozialdemokratischen Mitgefangenen als untadelig galt. Robert Menzel schrieb über Erich Honecker: »Nachdem ich von anderen Gefangenen erfahren hatte, wer er war und welche illegale Arbeit er geleistet hatte, bemühte ich mich, ihn über den Hilfswachtmeister Lindner aus der Einzelhaft herauszubekommen und als Kalfaktor einsetzen zu lassen. [...] Erich Honecker half, Kameraden, die auf Grund der schlechten Ernährung an Hunger-Ödemen erkrankten, zusätzlich mit Brot zu versorgen. Das war möglich, weil ich durch meine Tätigkeit in der Wäscherei, die neben der Bäckerei lag, Brot organisieren konnte, das ich ihm beim Wäsche-Umtausch zusteckte. Als er später zur Außenarbeit als Dachdecker eingesetzt wurde, kam er über die Dächer auch zum Dach der Wäscherei, das 8 m hoch war, und ich warf ihm das Brot hinauf. Für uns beide war das nicht ungefährlich, denn die Wachtmeister hätten diese Manipulation beobachten können. Ich riet ihm, einen Strick mitzubringen. Dann nahm ich einen Arbeitskittel und steckte in jeden Ärmel ein Brot. Er zog es hinauf. So konnte er wieder einem Kameraden helfen.«[180] Max Frenzel urteilte: »Erich Honecker hat [...] die verschiedenen Kalfaktorfunktionen, die er im Laufe der Jahre innehatte, stets selbstlos und ungeachtet der Gefahren, die ihm dabei drohten, für seine Genossen und Mitgefangenen und im Interesse der illegalen Parteiorganisation ausgeübt. [...] Er war immer der Genosse, der in diesen schweren Jahren in dieser feindlichen Umwelt trotz Naziterror und täglicher Bedrohung seine Pflicht tat.«[181] Wilhelm Thiele schrieb: »Wenn Genossen jahrelang in einem engen Raum die schwerste Zeit ihres Lebens gemeinsam verbringen, so lernen sie sich nicht nur in- und auswendig kennen, sondern es entsteht auch ein enges Zusammengehörigkeitsgefühl. Erich war von einem unerschütterlichen Optimismus beseelt [...]. Er strahlte eine gewinnende Freundlichkeit aus, die für ihn einnahm. [...] Er wirkte jugendlich frisch und bescheiden. Er vertrat aber auch einen von ihm erarbeiteten Standpunkt konsequent und mit bestechender Folgerichtigkeit.«[182]

Daß Zuchthausalltag – zumal während der Nazi-Zeit – und Todesangst einen ohnehin eher introvertierten Menschen weiter in sich zurückziehen lassen, liegt auf der Hand. Daß sich Erich Honecker während dieser zehn Jahre in vielen Funktionen für seine Kameraden einsetzte und ihnen im Rahmen seiner Möglichkeiten selbst unter Lebensgefahr beistand, ist vielfach belegt. Und daß er schließlich Zurückhaltung zeigte, wo und wenn jedes offene Wort, durch Spitzel weitergetragen, den sicheren Tod bedeutet hätte, kann nur den verwundern, dessen Phantasie und Vorwissen nicht ausreichen, die tatsächlichen

Verhältnisse in einem nationalsozialistischen Zuchthaus nachzuvollziehen.

Erich Honecker hat aus seinen Erfahrungen im Kampf gegen den Nationalsozialismus, aus seinen Zuchthausjahren und aus seiner Befreiung durch russische Soldaten einige Erkenntnisse gewonnen, die er in den Kernbestand seiner politischen Überzeugungen mit aufnahm. Zunächst: Einflußreiche Unternehmer in Deutschland hätten sich bereits während der Wirtschaftskrise Ende der zwanziger und Anfang der dreißiger Jahre der NSDAP insofern zu bemächtigen vermocht, als sie ihre Kapitalinteressen im Windschatten einer von ihnen finanziell und politisch geförderten Massenpartei mit nationalistischen, rassistischen und sozialismusfeindlichen Affekten durchzusetzen versuchten. Weiter: Die gesellschaftlichen Eliten der Weimarer Republik hätten sich nach der Machtübernahme durch Hitler und Konsorten im Januar 1933 deren innen-, außen- und machtpolitischen Vorstellungen nicht nur geöffnet, ihnen jedenfalls weithin nicht widerstanden, sondern sich ihnen zumindest in den Friedensjahren durchaus angenähert. Selbst die von Hitler über etliche Jahre inszenierte Raubpolitik gegenüber den deutschen Juden einerseits und dem Völkerbund (Rückgliederung des Saarlandes, Eingliederung des Memellandes und der Freien Stadt Danzig) beziehungsweise den Anrainerstaaten Tschechoslowakei und Österreich andererseits habe die Unterstützung nicht geschmälert, die Hitler in diesen Kreisen, im Bürger- und Kleinbürgermilieu, aber auch in der Arbeiterschaft und auf dem Land zunehmend fand. Selbst seine Politik des »totalen Krieges« habe trotz immenser Verluste und Bombenschäden nach der Kriegswende von Stalingrad und nach den Invasionen in Süd- und Westeuropa ebensowenig breiten Widerstand in der Bevölkerung wachgerufen wie die ja nicht klammheimlich, sondern in aller Öffentlichkeit vollzogene Entrechtung, Austreibung und Vernichtung der Juden. Und schließlich: Die Befreiung Deutschlands vom Joch des Nationalsozialismus sei den Deutschen nicht aus eigener Kraft gelungen, sondern war allein den Kriegsanstrengungen der Alliierten und darunter nicht zuletzt der Sowjetunion zu verdanken.

Diese Beobachtungen und die daraus abgeleiteten Schlußfolgerungen Erich Honeckers waren weder irreal noch unbegründet, selbst wenn man ihnen nicht in den Konsequenzen folgen will, die Honecker und viele seiner Mithäftlinge daraus zogen. Am 9. Mai 1945 legten Martin Schmidt und Wilhelm Thiele in Stichpunkten strategische Überlegungen vor, die sich »aus den Diskussionen im Zuchthaus Brandenburg« entwickelt hatten und denen sich auch Erich Honecker verpflichtet fühlte. Nur im Bündnis mit den »Außenkräften«, nach Überwindung »privatkapitalistischer Methoden« und durch die »breiteste Mitarbeit aller Werktätigen« lasse sich ein »Ausgangspunkt für die Arbeit« finden, um die »Niederlage des deutschen Faschismus«, die zugleich eine »entscheidende Niederlage der deutschen Bourgeoisie« geworden sei, unumkehrbar werden zu lassen. Die Politik der KPD müsse in der Zukunft sein: »konkret, real, aus den wirklichen Bedürfnissen der Stunde hervorgehend, auf die Einheit (gewerkschaftliche und politische) gerichtet [...], eine gesamtdeutsche Politik [...], rücksichtslos in der Liquidierung der Reste des Faschismus [...], beweglich, großzügig in der Mobilisierung der Massenkräfte [...]«. Die kommunistische Partei müsse »eine wirklich politische Partei mit Machtwillen, Verantwortungsbewußtsein und Freudigkeit« werden, mit einer »sich durch ihre Leistung ergebenden selbstverständlichen Führung aller Werktätigen (kein papierner Führungsanspruch wie ›nur unter der Führung der KPD‹)«. Die im Zuchthaus beschlossene Losung, zu der sich auch die »SPD-Genossen bekannt«

hätten, sei: »Das Ziel: der Sozialismus; der Weg: die Demokratie (neuen Stils); das Mittel: die Einheit.«[183] Dies war, in einem Satz zusammengefaßt, die Botschaft, die Erich Honecker nach zwölf Jahren NS-Herrschaft und nach den ernüchternden Erfahrungen des fruchtlosen Zerwürfnisses zwischen Kommunisten und Sozialdemokraten zuvor mit in die Freiheit nahm.

1945–1989

Der Aufbruch

Der 2. Mai 1945 war ein schöner, sonniger Tag. Hitler hatte sich durch Selbstmord davongemacht. In Berlin erloschen die Kämpfe. Aus östlicher Richtung näherte sich der Stadt eine Fahrzeugkolonne. Ihr Ziel war die Prinzenallee 80 im Bezirk Lichtenberg, heute Einbecker-Straße 41, wo unweit des S-Bahnhofes das Zentralkomitee der KPD in einem der wenigen unzerstörten Häuser untergebracht werden sollte, bis ein geeignetes Gebäude in der Stadtmitte gefunden war. In den Autos saßen die zehn Mitglieder der »Gruppe Ulbricht« – aus Moskau eingeflogene, kommunistische Funktionäre um den damals 51 Jahre alten sächsischen Tischler Walter Ulbricht, die mit Glück und Kollaboration das sowjetische Exil überlebt hatten.

Der jüngste von ihnen war der dreiundzwanzigjährige Wolfgang Leonhard. Der erinnerte sich in seinem Mitte der fünfziger Jahre erschienenen Buch *Die Revolution entläßt ihre Kinder* an diese Heimkehr so: »Langsam bahnten sich unsere Wagen den Weg durch Friedrichsfelde in Richtung Lichtenberg. Es war ein infernalisches Bild. Brände, Trümmer, umherirrende, hungrige Menschen in zerfetzten Kleidern. Ratlose deutsche Soldaten, die nicht mehr zu begreifen schienen, was vor sich ging. Singende, jubelnde und oft auch betrunkene Rotarmisten. Gruppen von Frauen, die unter Aufsicht von Rotarmisten Aufräumungsarbeiten leisteten. Alle sahen sehr müde, hungrig, abgespannt und zerfetzt aus.«[1]

Berlin war eine Ruinenstadt, nur jede vierte Wohnung

noch unbeschädigt. Hunderttausende von Flüchtlingen, Ausgebombten, Soldaten zogen oft genug ziellos mit den kümmerlichen Resten ihrer Habe durch die Straßen. Die Wasser- und Stromversorgung war zusammengebrochen. Zu essen gab es nichts mehr.[2] Es drohten Seuchen. Was wollten da die zehn Kommunisten?

Sie sollten und sie wollten vollendete Tatsachen schaffen. Sie sollten, vor dem Einzug der Westalliierten in Berlin, Verwaltungsbehörden aufgebaut und mit eigenen Leuten besetzt haben. Sie sollten, schneller als sonst im Land, politische Parteien gründen, die später mit nationalem Anspruch auch in den anderen Besatzungszonen auftreten könnten. Sie sollten, vor allem, bereitwillige Vollstrecker der sowjetischen Deutschlandpolitik in all ihren Widersprüchen und Wandlungen sein.

Das begann skurril genug. Ein ausgearbeiteter Deutschlandplan der Russen lag nicht vor. Walter Ulbricht – vor 1933 KPD-Bezirkssekretär von Berlin und Brandenburg, danach bis zu seinem Eintreffen in Moskau 1940 Mitglied der kommunistischen Emigrationsführung in Paris und Prag – gab seinen Leuten daher täglich nach dem Frühstück die von den Sowjets aktuell übermittelten Direktiven weiter.

Als erstes mußten die »antifaschistischen Ausschüsse« aufgelöst werden, die bürgerliche Widerstandskämpfer, Sozialdemokraten und Kommunisten überall in Berlin und in ganz Ostdeutschland gegründet hatten, ohne auf Anordnung »von oben« zu warten. Das freilich war weder im Sinne Moskaus noch im Interesse Ulbrichts, wie dieser ratlosen Genossen im Juni 1945 verriet: »Wir sind nicht für solche Organe. Wenn die Partei eine richtige Politik treibt, dann bleibt für antifaschistische Sekten kein Platz mehr. Jetzt eine Aufnahme der guten antifaschistischen Kräfte durchführen.«[3] Selbstbestimmte politische Arbeit wollten die Sowjets und auch ihre deutschen Beauftragten keineswegs dulden, demokratische Konkurrenz von links war unerwünscht.

Zu den Opfern dieser frühen Flurbereinigung gehörte zunächst in gewissem Sinne auch Erich Honecker, wenngleich er kurz darauf zu ihren Gewinnern zählen sollte. Er hatte nämlich Anfang Mai 1945 nach seiner Rückkehr in die Landsberger Straße gemeinsam mit Kommunisten, die wie er aus den Lagern und Zuchthäusern entkommen oder aus dem Untergrund wieder aufgetaucht waren, in einem Haus an der Einmündung zur Kirchstraße ein solches »Arbeitsbüro« eingerichtet, in dem sich Genossen und politische Freunde aus den Jahren des Widerstands melden konnten, erfaßt wurden und Einsatzaufträge erhielten. »Wir haben dort begonnen«, berichtete Honecker 1990, »den Schutt in den Straßen aufzuräumen und die Dächer in Ordnung zu bringen. Weil Glas nicht vorhanden war, wurden die Fenster mit Pappe zugenagelt.«[4] Weniger hilfreich, was die Alltagsbedürfnisse der Menschen anging, aber durchaus typisch für die Dienstfunktion, die deutsche Kommunisten im Auftrag der russischen Besatzer auszufüllen hatten, war eine andere Anweisung in jenen Tagen, an die sich Honecker im Alter entsann: »In der Arbeitsstelle [...] tauchte plötzlich ein Auftrag auf, innerhalb von 24 Stunden die Landsberger Straße mit den Fahnen der vier Siegermächte auszurüsten. Das war selbstverständlich eine schwere Sache. Aber es hat sich gezeigt, daß die Berliner damals schon sehr erfinderisch waren, so daß am 8. Mai, als die Kapitulation offiziell in Berlin-Karlshorst erfolgte, die Kolonnen [...] durch einen Fahnenwald von alliierten Fahnen fahren konnten.«[5]

Als Erich Honecker am 10. Mai 1945 in der sowjetischen Bezirkskommandantur von Friedrichshain zu tun hatte, stieß er dort zufällig auf Hans Mahle und Richard Gyptner, zwei leitende Funktionäre des Kommunistischen Jugendverbandes, die zur »Gruppe Ulbricht« gehörten. Sie gaben ihm zu verstehen, daß Wichtigeres und »oben« Erwünschteres auf ihn warte als das, was er in den vergangenen Tagen in seinem antifaschistischen Arbeitsausschuß geleistet hatte, und nahmen ihn mit in die Prinzenallee, zum Sitz des Zentralkomitees der KPD.[6]

Über die dort folgende erste Begegnung mit Walter Ulbricht gibt es zwei Darstellungen von Honecker selbst, die sich nicht im Ergebnis unterscheiden, wohl aber in der Zielgerichtetheit, mit der damals über Honeckers politische Zukunft entschieden wurde.

In seinen Lebenserinnerungen schrieb Honecker 1980, Ulbricht – der ihn nicht persönlich kannte – habe ihn zu sich gerufen, ihn über die aktuelle Lage informiert und ihn dann beauftragt, Grundlinien für die Jugendarbeit der KPD auszuarbeiten: »Ihm lag schon ein Entwurf vor, den Wolfgang Leonhard – damals Mitarbeiter der Gruppe der Beauftragten des Zentralkomitees, später unserer Sache abtrünnig und wütender Verleumder der SED und der DDR[7] – verfaßt hatte. Dieser Entwurf trug den lakonischen handschriftlichen Vermerk Walter Ulbrichts: ›Unbrauchbar‹.«[8]

In seinen Gesprächen mit Reinhold Andert und Wolfgang Herzberg schilderte Erich Honecker nach seinem eigenen Abtritt von der politischen Bühne zehn Jahre später sein erstes Treffen mit Walter Ulbricht sehr viel überzeugender. In der Prinzenallee sei er zu einer Begegnung mit anderen Überlebenden aus Konzentrationslagern und Gefängnissen eingeladen gewesen. Dabei habe er, »ungefähr Mitte Mai 1945«, Ulbricht kennengelernt. Der sei nämlich von Tisch zu Tisch gegangen und habe sich, soweit er die Genossen nicht kannte, nach deren Vergangenheit erkundigt, und welche Pläne sie hätten: »Er kam dann mit mir ins Gespräch. Offensichtlich kannte er die Arbeit, die ich im faschistischen Deutschland geleistet hatte, und wußte auch, daß ich zehn Jahre Zuchthaus verbüßt hatte. Er wurde wohl vorher darüber informiert. Jedenfalls fragte er mich, was für Absichten ich hätte, jetzt nach der Befreiung. Ich habe gesagt: ›Weißt du, ich möchte jetzt vor allen Dingen zurück nach Hause fahren, ins Saargebiet, um meine Eltern zu sehen und mich dann in die Arbeit der Partei an der Saar einzureihen.‹ Er sagte: ›Bleib mal lieber hier. Das Saargebiet bekommen sowieso die Franzosen. Hier kannst du jetzt nützlicher sein, du kannst beim Zentralkomitee der Partei eine gute Arbeit machen. Bist du einverstanden?‹«[9]

Honeckers Antwort fiel so aus, wie es von einem wachen Parteisoldaten zu erwarten war, der sich für höhere Verwendungen empfehlen wollte: »Was heißt einverstanden [?] – Ich habe gesagt, ich bin mit jeder Arbeit einverstanden. Da ich als Politischer Leiter des Kommunistischen Jugendverbandes Berlin-Brandenburg verhaftet worden war, dachte ich, jetzt kannst du auch hierbleiben, und habe dann als Jugendsekretär des Zentralkomitees [...] gearbeitet, eine Arbeit, die vorher Wolfgang Leonhard machen sollte. [...] So bin ich einfach hineingeschlittert in meine Tätigkeit als Jugendsekretär des ZK der KPD und später als Vorsitzender des Jugendausschusses der sowjetischen Besatzungszone.«[10]

Der nächste Auftrag der »Gruppe Ulbricht« war noch um vieles heikler als die Auflösung der allenthalben wildwüchsig entstandenen »antifaschistischen Komitees«: Es ging um die Erfassung und politische Durchleuchtung der im Lande verbliebenen Genossen. Zwar hatten viele von ihnen Jahre in Zuchthäusern und Konzentrationslagern verbracht, waren standhafter und solidarischer geblieben als mancher Kommunist im Exil – doch gleichviel, verdächtig waren sie alle. Schließlich hatte sie die Nazi-Zeit der Parteikontrolle entzogen, und Schlimmeres ließ sich in einer Kaderpartei kaum denken. Die Einrichtung von Bezirks- und Stadtverwaltungen innerhalb von nur zwei

Wochen, die Besetzung Hunderter kommunaler Posten mit scheinbar unabhängigen Männern, tatsächlich aber willfährigen Erfüllungsgehilfen, forderte nicht nur die letzten personellen Reserven, sondern auch Einfallsreichtum und Überredungskunst. Wolfgang Leonhard berichtete: »Ulbricht erklärte uns, die Bezirksverwaltungen müssen politisch richtig zusammengestellt werden. Kommunisten als Bürgermeister können wir nicht brauchen. Die Bürgermeister sollen in den Arbeitervierteln in der Regel Sozialdemokraten sein. In den bürgerlichen Vierteln müssen wir an die Spitze einen bürgerlichen Mann stellen, am besten, wenn er ein Doktor ist.«[11] Mindestens die Hälfte aller Funktionen, erläuterte Ulbricht den verblüfften Genossen die in Moskau beschlossene Volksfrontstrategie, müsse mit Bürgerlichen oder Sozialdemokraten besetzt werden. Die Kommunisten sollten sich die Stellvertreterposten sowie die einflußreichen Dezernate für Volksbildung, Personalfragen und Polizeiangelegenheiten vorbehalten. Nicht repräsentieren, sondern kontrollieren war die Losung. »Es ist doch ganz klar«, schloß Ulbricht nach Leonhards Erinnerung jeden Zweifel kategorisch aus, »es muß demokratisch aussehen, aber wir müssen alles in der Hand haben.«[12]

Die Zulassung von Parteien stand zunächst nicht auf der Moskauer Agenda, ebensowenig die Einsetzung einer deutschen Regierung. Statt dessen war die langjährige Besetzung des Landes und dessen wirtschaftliche Ausbeutung ins Auge gefaßt, um wenigstens einen Teil der 1945 gegenüber den westlichen Verbündeten auf knapp einhundertdreißig Milliarden Dollar geschätzten russischen Kriegsschäden ausgleichen zu können. Aufgrund der Kriegseinwirkungen war jedoch die Bruttoproduktion in Ostdeutschland 1946 auf 43 Prozent des Niveaus von 1936 abgesunken. Dennoch wurden bis zum Jahresende 1946 mehr als 1 000 Betriebe demontiert, vor allem aus den Bereichen des Maschinenbaus, der optischen und der chemischen Industrie. Außerdem wurde die zweite Gleisführung fast aller Bahnstrecken abgebaut und für den Wiederaufbau des zerstörten russischen Streckennetzes verwendet. Durch die Demontagen sanken die Kapazitäten der eisenproduzierenden Industrie um 80 Prozent, der Zement- und Papierfertigung um 45 Prozent, der Energieerzeugung um 35 Prozent. Zusätzlich entnahm die Sowjetunion Reparationen aus der laufenden Produktion und überführte etwa 200 wichtige Firmen in sowjetisches Eigentum. Auf diese Sowjetischen Aktiengesellschaften (SAG) entfiel etwa ein Viertel der Gesamtproduktion in der sowjetischen Besatzungszone. Während in den drei Westzonen die Reparationen insgesamt die Summe von zweieinhalb Milliarden Mark zu damaligen Preisen nicht überschritten, machten sie in Ostdeutschland bis 1953 etwa den achtfachen Betrag aus.[13]

»In den ersten Jahren« nach Kriegsende, gab Wolfgang Leonhard die sowjetischen Instruktionen unmittelbar vor dem Flug der »Gruppe Ulbricht« nach Deutschland wieder, sei mit der Gründung politischer Parteien nicht zu rechnen. Die Aufgabe der Kommunisten sei es deshalb, in der staatlichen Verwaltung mitzuarbeiten und die »demokratischen Reformen« der Besatzungsmächte zu unterstützen. Sobald denen eine politische Betätigung der Deutschen wieder sinnvoll erscheine, sollte sie in einem antifaschistischen »Block der kämpfenden Demokratie« organisiert werden und nicht in einzelnen Parteien.[14] Kaum zehn Wochen später allerdings verkündete Wilhelm Pieck, der KPD-Vorsitzende im sowjetischen Exil, bei seiner Rückkehr nach Berlin den neuen Kurs: »Sowohl die KPD als auch die SPD werden als selbständige Parteien neu entstehen. Die Bildung bürgerlicher Parteien soll gefördert werden.« Erst danach sei ein antifaschistischer Block aller Parteien zu schaffen.

Noch überraschender als dieser Moskauer Richtungswechsel an sich war der Wortlaut des »Befehls Nr. 2«, mit dem Marschall Georgi Schukow als Chef der neuinstallierten Sowjetischen Militäradministration (SMAD) am 10. Juni »die Bildung und Tätigkeit aller antifaschistischen Parteien« erlaubte, »die sich die endgültige Ausrottung der Überreste des Faschismus und die Festigung der Grundlage der Demokratie und der bürgerlichen Freiheiten zum Ziel« zu setzen hätten.[15] So erstaunlich wie die Tatsache, daß den Sowjets ausgerechnet »die Festigung der bürgerlichen Freiheiten« als vorrangiges Ziel neuzugründender Parteien bedeutsam erschien, war auch der Gründungsaufruf der KPD vom 11. Juni. Er forderte zwar verständlicherweise »die Vernichtung des Hitlerismus«, aber keineswegs eine sozialistische Umgestaltung Deutschlands, sondern zum nicht geringen Erstaunen von Altgenossen »die völlig ungehinderte Entfaltung des freien Handels und der privaten Unternehmerinitiative auf der Grundlage des Privateigentums«[16]. Selbst linientreue Kommunisten wie Anton Ackermann waren im Sommer 1945 zur Verblüffung ihrer politischen Gegner von einst »der Auffassung, daß der Weg, Deutschland das Sowjetsystem aufzuzwingen, falsch wäre«, da dies nicht den gegenwärtigen Entwicklungsbedingungen im Lande entspreche. Vielmehr gehe es darum, »die Sache der Demokratisierung Deutschlands, die Sache der bürgerlich-demokratischen Umbildung, die 1848 begonnen wurde, zu Ende zu führen«[17]. In weiteren Programmpunkten wurde die Gründung unabhängiger Gewerkschaften, die Enteignung von Nazi- und Kriegsverbrechern sowie eine Bodenreform verlangt. Kurz: eine »demokratische Republik« mit »allen Rechten und Freiheiten für das Volk«. Auf die Frage verunsicherter Genossen, berichtete Wolfgang Leonhard, worin sich diese Politik denn von der irgendeiner beliebigen demokratischen Partei unterscheide, habe Walter Ulbricht grinsend geantwortet: »Das wirst du schon bald merken! Wart nur mal ein bißchen ab.«[18]

Mit diesem Programm dokumentierte die KPD ihre Mimikry. Auf Weisung Moskaus hatte sich die revolutionäre Klassenpartei der Weimarer Zeit, die unter dem NS-Regime, aber auch im Spanischen Bürgerkrieg und in der sowjetischen Emigration einen hohen Blutzoll entrichtete, neuen Mitgliedern und den früher erbittert bekämpften politischen Gegnern aus Sozialdemokratie und Bürgertum zu öffnen. Die KPD war nicht länger Avantgarde des kämpfenden Proletariats in leninistischem Sinne, sondern auf dem Wege, Staatspartei zu werden – und dies, wenn irgend möglich, nicht nur in der sowjetischen Besatzungszone.

Da störten die alten Traditionen. Statt einer Schalmeienkapelle spielte ein Orchester zur ersten Funktionärskonferenz der Kommunisten am 27. Juni 1945 im Berliner Metropol-Theater. Walter Ulbricht merkte an, es sei »nicht mehr zweckmäßig«, die Parteisymbole Hammer und Sichel weiter zu verwenden oder mit »Rot Front!« zu grüßen. Überhaupt müsse »möglichst bald« die Zusammensetzung der Parteimitgliedschaft verändert werden. Die Altgenossen seien mehrheitlich »sektiererisch« gewesen und den Anforderungen der neuen Zeit nicht gewachsen.[19]

Es gelte, verkündete Walter Ulbricht die neue Linie, gegen jene Front zu machen, die »sofort den Sozialismus errichten« wollen. Die KPD sei keine revolutionäre Partei, sondern eine »nationale Partei, eine Partei des ganzen Volkes und des Friedens«. Für die Aufnahme in die Partei dürften keine »unzulässigen Vorbedingungen« gelten. So dürfe es etwa »keine Rolle spielen, ob die betreffenden Antifaschisten katholischen, evangelischen oder jüdischen Religionsgemeinschaften angehören«. Mit einer so handzahmen Politik hielt sich die KPD alle, auch gesamtdeutsche Optionen offen. Weder wollte und sollte sie die westlichen Alliierten der Sowjetunion verschrecken, noch schloß sie Zweckbündnisse mit Politikern oder Parteien anderer Couleur aus. Politische Strategie und Taktik konnten jederzeit den veränderten Tagesbedingungen angepaßt werden.

Freilich veränderte sich mit diesem Auftritt nicht das eigentliche Selbstverständnis der Parteispitze, einen von Stalin erteilten marxistisch-leninistischen Kampfauftrag erfüllen zu müssen. Als die KPD-Führung Ende Mai 1945 entgegen früheren Beschlüssen eine Vereinigung mit der SPD zu einer gemeinsamen sozialistischen Partei ablehnte, tat sie dies nicht aus nobler Zurückhaltung, etwa um den Sozialdemokraten für den Neubeginn gleiche politische Chancen wie sich selbst einzuräumen. Vielmehr entsprang diese Haltung der Befürchtung, in einer solchen Einheitspartei aufgrund der geringeren Mitgliederzahl die Rolle des Juniorpartners übernehmen zu müssen. Und dies war weder im Sinne Ulbrichts, noch lag es im Interesse Moskaus. Also sollten zunächst durch massive Mitgliederwerbung, durch Gründung von Ortsgruppen selbst in kleinsten Gemeinden und durch Schulung eines absolut verläßlichen Funktionärskorps die Ausgangsbedingungen verbessert werden. Ideologische Grundlage dabei war, so der Mannheimer Kommunismus-Forscher Hermann Weber, die Ausrichtung der Mitglieder auf die vorbehaltlose Unterstützung der sowjetischen Besatzungsmacht und die Politik Stalins sowie ihre Immunisierung gegen sozialdemokratische Ideen.

Da Deutschland keinen eigenen Beitrag zur Niederwerfung des NS-Regimes geleistet hatte, galt es für jede der Siegermächte als feindliches Land. In einer »Berliner Deklaration« vom 5. Juni 1945 übernahmen sie folgerichtig die »oberste Regierungsgewalt« und stellten fest, daß Deutschland »nicht mehr fähig« sei, »sich dem Willen der siegreichen Mächte zu widersetzen« und sich daher »allen Forderungen, die ihm jetzt oder später auferlegt werden«, zu unterwerfen habe. Bedingungsloser konnte eine Kapitulation kaum ausfallen. Dennoch versprach Stalin: »Die Sowjetunion feiert den Sieg, obwohl sie nicht beabsichtigt, Deutschland aufzuteilen oder zu vernichten.«[20] Nicht um eine Zertrümmerung Deutschlands oder dessen umgehende Sowjetisierung ging es ihm, sondern vor allem um wirtschaftliche Wiedergutmachung in Form von Reparationen und Demontagen sowie um die zuverlässige Abrüstung eines Landes, das Rußland innerhalb einer Generation zweimal in weiten Landstrichen verwüstet hatte, wobei allein der Zweite Weltkrieg nach Mitte der neunziger Jahre in Moskau veröffentlichten Zahlen annähernd 28 Millionen Russen das Leben gekostet hat.

Alles, was diesem Ziel dienlich schien, fand zuweilen auch sehr abrupten Eingang in die sowjetische Deutschlandpolitik des Jahres 1945. In ihrer Entwicklung war sie ein Reflex der militärischen Lage an den Fronten, der politischen Veränderungen im Bündnis und zuweilen auch der Obsessionen Stalins. Der schnelle Vormarsch der Westalliierten durch Frankreich und der sich versteifende militärische Widerstand der Deutschen an der gesamten Ostfront im Herbst 1944 hatten es noch ein halbes Jahr zuvor möglich erscheinen lassen, daß Briten und Amerikaner vor den Russen Berlin erreichen könnten. Also beeilte sich Stalin, bis Mitte November 1944 jene Vereinbarungen mit seinen Verbündeten abzuschließen, die einerseits die sowjetische Hegemonie in Osteuropa festschreiben und andererseits die gleichberechtigte sowjetische Teilhabe an der Nachkriegsverwaltung Deutschlands garantieren sollten: die Westverschiebung Polens, die Zusicherung einer sowjetischen Einflußzone von der Ostsee bis zum Bal-kan, der Dreimächtestatus von Berlin, eine vorläufige Grenzziehung der Besatzungszonen und die

Einrichtung eines Alliierten Kontrollrats als oberstem Entscheidungsorgan.

Solange der Krieg nicht wirklich beendet war, und dies schien der sowjetischen Führung selbst mit der deutschen Unterschrift unter die Kapitulationsurkunde am 7. Mai 1945 in Reims noch nicht zuverlässig der Fall zu sein, weshalb sie tags darauf einen zweiten Friedensakt ihr gegenüber in Berlin einforderte – so lange wollte sich Stalin in seiner künftigen Deutschlandpolitik nicht festlegen. Vorrang hatte für ihn aus machtpolitischen Erwägungen im Grunde genommen bis zu seinem Tod, ganz sicher aber in den ersten Monaten nach dem Kriegsende die Umkehrung des bekannten Adenauer-Diktums »Lieber das ganze Deutschland halb als das halbe Deutschland ganz«. Da war Stalin zu fast jedem Zugeständnis bereit. Garantie von Privateigentum? Kein Problem. Gründung bürgerlicher Parteien? Aber ja doch. Eine kommunistische Partei ohne kommunistisches Programm? Wird prompt erledigt.

Erst als er im Sommer 1945 nach der den Sowjets verheimlichten Entwicklung der amerikanischen Atombombe und nach deren demonstrativem Einsatz in Japan erkennen mußte, daß die Anti-Hitler-Koalition mit Hitlers Tod ihr natürliches Ende gefunden hatte, machte er sich von jeder Zurückhaltung gegenüber den Besiegten und den früheren Bündnispartnern frei. Stalinismus pur wurde – wenn auch anfänglich nicht ohne weiteres erkennbar – das Programm der Zukunft und Walter Ulbricht dessen gehorsamer Vollstrecker.

Die sowjetische Besatzungsmacht fand in der KPD natürlicherweise ihre wichtigste Stütze und den deutschen Verfechter ihrer Besatzungsziele und zögerte deshalb, als es ihr sinnvoll schien, auch nicht, diese Partei in eine exponierte Stellung zu bringen. Aufgrund der Erfahrungen in den osteuropäischen Ländern, spätestens nach den ersten Wahlergebnissen in Österreich und Ungarn (in Österreich gewannen die Kommunisten nur 5,4 Prozent der Stimmen, in Ungarn fielen sie mit 17 Prozent weit hinter die »Partei der kleinen Landwirte« mit 57 Prozent zurück), aber auch angesichts des Zustroms zur Sozialdemokratie in der sowjetischen Besatzungszone mußte ihr klar geworden sein, daß die Kommunisten auch dort jedenfalls mittelfristig nicht über ausreichend Einfluß verfügen würden, die sowjetische Deutschlandpolitik wirksam durchzusetzen.[21]

Darum griff die Sowjetunion in ihrer Besatzungszone mit jener Rigorosität, die ihr damals innen- wie außenpolitisch generell eigen war, auch in die Auseinandersetzungen um die Vereinigung von KPD und SPD ein, so daß eine Option gegen die Einheitspartei zugleich zum Affront gegen die Besatzungsmacht wurde. Dies schuf ein politisches Klima, in dem schwer auszumachen war, wo für den einzelnen die freie Entscheidung für oder gegen die Einheitspartei aufhörte und wo Anpassung oder Gehorsam begonnen haben; wo die Zustimmung zur Einheitspartei trotz oder wo sie wegen dieser Begleiterscheinungen erfolgt ist; wo sie als Unterwerfung empfunden und abgelehnt oder als Weg zu größerer Handlungsfreiheit verstanden und gebilligt wurde.

Zu dem Zeitpunkt, als das Einheitsprojekt umgesetzt wurde, war die deutsche Sozialdemokratie de facto bereits nach Besatzungszonen aufgespalten und hatte zwei Führungszentren: den Zentralausschuß in Berlin und das »Büro der Westzonen« in Hannover. Wesentlicher Streitpunkt zwischen beiden war die Stellung zu den Kommunisten und zur Einheitspartei – schroff und unflexibel ablehnend das »Büro der Westzonen« und die sich vor allem in den Berliner Westsektoren organisierende Opposition; prinzipiell bejahend, aber zeitweise manövrierend und bremsend die Mehrheit des Berliner Zentralausschusses.

Viele Debatten über Freiwilligkeit oder Zwang beim

Zustandekommen der Einheitspartei, die bis heute mit kaum verminderter Heftigkeit geführt werden, wären hinfällig, wenn dem Zusammenschluß von KPD und SPD 1946 ein Votum der Gesamtmitgliedschaft beider Parteien vorausgegangen wäre. Doch widersprach der eingeschlagene Weg, diese schwerwiegende Entscheidung Delegierten auf Konferenzen und Parteitagen zu überlassen, keineswegs den Traditionen der politischen Arbeiterbewegung in Deutschland. Aber auch die Ergebnisse der ausschließlich in der West-Berliner Sozialdemokratie durchgeführten Urabstimmung 1946 verlieren als Votum gegen die Einheitspartei an Beweiskraft, wenn sie nicht lediglich auf die Abstimmungsteilnehmer, sondern auf die Gesamtzahl der SPD-Mitglieder in den Berliner Westsektoren bezogen werden. Die Frage »Bist Du für den sofortigen Zusammenschluß der beiden Arbeiterparteien?« verneinten bei der Urabstimmung vom 31. März 1946 zwar 82,3 Prozent der Abstimmungsteilnehmer, doch repräsentierten diese nur 47,7 Prozent *aller* SPD-Mitglieder der Berliner Westsektoren. Demgegenüber wurde die Frage »Bist Du für ein Bündnis beider Arbeiterparteien, welches gemeinsame Arbeit sichert und den Bruderkampf ausschließt?« von lediglich 24,8 Prozent der Abstimmungsteilnehmer verneint, was 14,4 Prozent der SPD-Mitglieder der Berliner Westsektoren ausmachte.

Was die Urabstimmung dagegen unanfechtbar belegt, ist erstens die Tatsache, daß in Berlin große Teile der Sozialdemokraten dem dortigen Zentralausschuß die Gefolgschaft aufgekündigt hatten und den von ihm eingeschlagenen Weg in die Einheitspartei nicht mitgehen wollten. Zweitens ist allerdings unbestreitbar, daß selbst diese Sozialdemokraten mehrheitlich eine Neuauflage des »Bruderkampfes« zwischen SPD und KPD ablehnten und ein Zusammengehen beider Parteien erwarteten.

Damit galt für Sozialdemokraten wie für Kommunisten:

Eine starke Minderheit in der KPD trat überzeugt und engagiert für die Einheitspartei ein. Eine ähnlich große Fraktion in der SPD, die sich vor allem aus langjährigen Parteimitgliedern zusammensetzte, hatte erhebliche Vorbehalte oder war strikt gegen einen Zusammenschluß mit der KPD. Die Mehrheit in beiden Parteien war bereit, ihren Führungen gleichwie zu folgen, zumal das Einheitsprojekt auf sie eine solche Anziehungskraft ausübte, daß Bedenken vielfach in den Hintergrund traten. Die Programmatik wie das Parteistatut der SED trugen diesem Gründungskonsens in beachtlichem Maße Rechnung, die eingeräumte Parität bei der Besetzung der Parteifunktionen wirkte vertrauenstiftend, wenngleich in der Realität eine kommunistische Dominanz von Anfang an nicht zu übersehen war.

Die gewiß zutreffende Wertung von PDS-Parteihistorikern um Günter Benser in einer Erklärung »Zum 50. Jahrestag des Zusammenschlusses von KPD und SPD« beschrieb 1996 die Ungleichheit der Startbedingungen beider Parteien: »Es hat beim Zusammenschluß von KPD und SPD zweifellos Zwänge gegeben. Der Zusammenschluß von KPD und SPD vollzog sich in hohem Tempo und bot in der sowjetischen Besatzungszone Befürwortern und Gegnern der Fusion keine Chancengleichheit. Gegner der Vereinigung standen unter Druck. Die Führung der KPD und auch zahlreiche kommunistische Funktionäre vor Ort hatten keine Bedenken, sich der bevorzugten Stellung zu bedienen, die ihnen von der Besatzungsmacht eingeräumt worden war. Durch die sowjetische Besatzungsmacht kam ein breitgefächertes Instrumentarium zum Einsatz: Umwerben von Sozialdemokraten, Appelle an Klassenbewußtsein, Versammlungsverbote, Zensur der Presse, Ablösung einzelner Funktionäre, Androhung von Gewaltmaßnahmen. Es kam zu Inhaftierungen und Aburteilung durch Militärgerichte.«[22]

Trotz dieser Begleitumstände hatte die SED zunächst durchaus den Charakter einer linken sozialistischen Volkspartei. Sie zählte zum Zeitpunkt ihrer Gründung in Ostdeutschland knapp 1,3 Millionen Mitglieder, die annähernd zu gleichen Teilen über die KPD und über die SPD in die Einheitspartei gelangt waren. Und diese Mitgliedschaft war damals durchaus nicht erzwungen, wenn sie auch zweifelsfrei ihrem Träger in vielerlei Hinsicht Vorteile versprach.

Die 1948 im Zeichen des Kalten Krieges forciert einsetzende Ausrichtung der SED nach dem Vorbild der stalinistischen KPdSU (B) war zwar zu einem gewissen Grade durch die Übernahme von Schlüsselpositionen durch Komintern-Funktionäre und Sowjetemigranten in der SED vorbereitet und vorbestimmt. Dennoch markierte sie einen deutlichen Bruch in der Entwicklung der Einheitspartei. Die SED nahm ab diesem Zeitpunkt eine Art Doppelcharakter als Massenpartei und Kaderpartei neuen Typs nach sowjetischem Muster an. Dieser Widerspruch begleitete die SED in ihrer gesamten weiteren Existenz.

Unstreitig ist, daß viele Sozialdemokraten in Ostdeutschland die Neugründung einer gemeinsamen Arbeiterpartei mit den Kommunisten der Wiedergründung ihrer Partei am 15. Juni 1945 auf Grundlage des »Befehls Nr. 2« der sowjetischen Militärregierung vorgezogen hätten: Zu klar war noch in Erinnerung, daß der Machtantritt der Nationalsozialisten ohne den unversöhnlichen »Bruderkampf« der Linksparteien kaum möglich gewesen wäre; und nicht weniger deutlich war schon nach wenigen Wochen Besatzungsherrschaft auszumachen, daß die Sozialdemokraten im politischen Wettbewerb mit den Kommunisten keine faire Chance bekommen würden.

Doch eine Einheitspartei als Überlebenshilfe für die Sozialdemokratie lag weder im Interesse der Sowjets noch der Kommunisten. Zwar hatte Marschall Schukow, Chef der SMAD bis März 1946, dem Mitglied des SPD-Zentralausschußes Otto Grotewohl im Sommer 1945 zugestanden, daß er als sowjetischer Befehlshaber sich nicht »in erster Linie« auf die Kommunisten verlassen könne, weil er wisse, daß die Sozialdemokraten »die Massen hinter sich haben«. Aber SMAD-Propagandachef Sergej Tjulpanow ließ von Anfang an keinen Zweifel daran, daß »diese Vereinigung nur auf revolutionärer, marxistischer Grundlage erfolgen konnte, von den Mitgliedern der Sozialdemokratischen Partei also verlangte, daß sie ihren bisherigen Standpunkt aufgaben und zu den authentischen Anschauungen von Marx und Engels zurückkehrten«. Wilhelm Pieck, der KPD-Vorsitzende, sah das natürlich genauso. Er versicherte vor dem Zentralkomitee seiner Partei im Winter 1945: »Wir werden dann, darüber besteht kein Zweifel, den bestimmenden Einfluß in der gemeinsamen Partei haben, was auch selbstverständlich ist.«

Die Funktion der SPD unmittelbar nach ihrer Zulassung war also eindeutig festgelegt: Sie sollte als mitgliederstärkste der Weimarer Parteien nach dem Zusammenbruch des Nationalsozialismus das politische Vakuum füllen und der sowjetischen Militärregierung Wege zur Beeinflussung der Bevölkerung öffnen, ohne der KPD wirklich gefährlich zu werden. Deren Absicht wiederum war, zunächst die durch Verfolgung und Emigration zersprengte, dezimierte Partei zu sammeln und personell wie programmatisch auf Moskauer Linie zu bringen, um dann später die SPD als Minderheitspartner zu übernehmen.

Doch die Entwicklung nahm fürs erste einen anderen Verlauf. Obwohl die Sozialdemokraten ihr von den Nazis beschlagnahmtes Parteivermögen nicht zurückerhielten, obwohl die einflußreichen Posten in der Verwaltung längst an Kommunisten vergeben waren, obwohl ihre wenigen Zeitungen nur mit geringer Auflage erscheinen konnten und ihre Versammlungen streng überwacht wurden, überrundeten sie die Kommunisten in der Mitgliederzahl schon nach wenigen Monaten. Bis in den November 1945 hatten sich 380 000 Ostdeutsche bei den Sozialdemokraten eingeschrieben, während die KPD mit 303 000 Parteigenossen deutlich ins Hintertreffen geriet. Im März 1946 standen den 680 000 SPD-Mitgliedern 600 000 Kommunisten gegenüber.

Entsprechend wuchs das Selbstbewußtsein der Sozialdemokraten trotz aller Schikanen. Bereits im August 1945 hatte Otto Grotewohl gefordert, daß die kommenden Wahlen »unter scharfer Trennung der einzelnen Parteien durchgeführt werden« müßten, um ein zuverlässiges Stimmungsbild aus der Bevölkerung zu gewinnen. Mitte September 1945 erhob er für die SPD sogar den Anspruch, als »Sammellinse« für die politische Willensbildung insgesamt zu wirken, »in der sich die Ausstrahlungen der übrigen Parteien und Anschauungen des politischen Lebens in Deutschland treffen«. Eine »erfolgreiche Zusammenarbeit« mit Kommunisten sei nur möglich, »wenn sie sich grundsätzlich daran gewöhnen, in ihrem sozialdemokratischen Kameraden nicht mehr den Verräter zu sehen«.

Die Gründung einer Einheitspartei stand für den Vorsitzenden des SPD-Zentralausschusses also nicht mehr auf der Tagesordnung. In einer Rede zum Jahrestag der Novemberrevolution 1918, deren Druck von den Sowjets prompt verboten wurde, stellte Otto Grotewohl fest, daß diese Vereinigung nicht das Ergebnis »eines äußeren Drucks oder indirekten Zwanges« sein dürfe. Sie müsse vielmehr der »eindeutige und überzeugte Wille aller deutschen Klassengenossen« sein und solle nur im Reichsmaßstab, nicht aber in einer Zone allein erfolgen.

Inzwischen hatten die Kommunisten einsehen müssen, daß sie zwar erneut zur schlagkräftigen Kaderpartei geworden waren, aber kaum Aussicht bestand, daß die KPD jemals in Deutschland insgesamt zur Massenpartei mit breitem Rückhalt in der Bevölkerung werden würde. Vor allem aber konnten sie das tiefe Mißtrauen der Menschen in Ostdeutschland nicht überwinden, in Wahrheit nichts anderes als Erfüllungsgehilfen der sowjetischen Besatzer zu sein, für deren Übergriffe, Raubzüge und »Säuberungsaktionen« sie ersatzweise in Haftung genommen wurden.

Dieser Befund veranlaßte die Kommunisten und ihre sowjetischen Berater zu einem Kurswechsel. Am 28. September 1945 beschloß die KPD-Führung eine »neue Offensive«, in der es nun doch beschleunigt um die Gründung einer Einheitspartei mit der Sozialdemokratie allein in der Sowjetzone ging: Ist der Konkurrent im politischen Wettbewerb nicht zu schlagen, empfiehlt sich ein Bündnis, notfalls auch unter Bedingungen, denen der ins Auge gefaßte Partner nur um den Preis des eigenen Untergangs widerstehen kann. SMAD-Aktivist Tjulpanow berichtete in seinen Erinnerungen, daß in seiner Dienststelle »allabendlich um 22 Uhr Angaben darüber eingingen, wie es um den Vereinigungsprozeß stand, welche Schwierigkeiten die Verfechter der Einheit hatten, welcher Widerstand zu verzeichnen war. Von den Beobachtungen setzten wir auch das Zentralkomitee der KPD sowie den Zentralausschuß der SPD in Kenntnis.«[23]

Besonders dort lösten diese »Mitteilungen« der Sowjets erhebliche Verunsicherungen und Ängste aus. Die Schwierigkeiten mit der KPD seien »unerhört groß«, berichtete Otto Grotewohl Anfang Dezember 1945, in manchen Orten fänden sich »kaum mehr Genossen, die bereit sind, mitzuarbeiten. Die sozialdemokratische Partei habe in hohem Maße ihre Bewegungsfreiheit verloren. Die Funktionäre sind zum Teil mutlos.« Trotz dieses Druckes hielt der SPD-Zentralausschuß zunächst noch an seiner Vorstellung fest, einen Zusammenschluß mit der KPD könne nur ein Parteitag der Sozialdemokraten aller Besatzungszonen beschließen. Zwar gaben die SPD-Vertreter auf der sogenannten »Sechziger-Konferenz« am 20./21. Dezember 1945 in Berlin den kommunistischen Forderungen insofern nach, als sie zustimmten, daß »die Erweiterung und Vertiefung der Aktionseinheit« der Beginn der »Verschmelzung« von SPD und KPD sein solle. Doch der Zentralausschuß beharrte Mitte Januar 1946 auf seinen Beschlüssen: »Keine Vereinigung beider Arbeiterparteien [in] einer Besatzungszone. Beide Parteien treten bei etwaigen Wahlen mit getrennten Listen auf. Jede gegenseitige Bekämpfung beider Parteien muß unterbleiben.«

In einer Besprechung zwischen dem KPD-Vorsitzenden Wilhelm Pieck und dem sowjetischen Generalleutnant Bokow einige Tage später stimmten beide in ihrer Einschätzung überein, daß die »Hinweise der Sozialdemokratischen Partei, Vereinigung nur im Reichsmaßstab, Manöver« seien, »um Vereinigung zu verhindern«. Deshalb sei jetzt, so die Gesprächsnotiz von Pieck, »sorgfältige Taktik« erforderlich: »Scharfe Kampagne gegen Rechte, Entlarvung, Isolieren, Taktik des Angriffs ausarbeiten, Schwankende gewinnen.« Das Ziel müsse sein: »Vereinigung der beiden Arbeiterparteien noch vor den Wahlen Ende Mai. 1. Mai als Feiertag der Vereinigung wäre gut. Programm in M[oskau] entscheiden.«

Und so sollte es dann auch geschehen. Am 4. Februar vertraute Otto Grotewohl einem britischen Beobachter an, die SPD sei stärkstem Druck ausgesetzt, sie werde »von russischen Bajonetten gekitzelt«. Vier Tage darauf erklärten die beiden Ost-Sozialdemokraten Grotewohl und Gustav Dahrendorf dem West-Sozialdemokraten und entschiedensten Vereinigungsgegner Kurt Schumacher, daß »die Entwicklung zur Einheitspartei nach Tempo und Inhalt nicht mehr unter ihrem Einfluß« stehe. Am 10. und 11. Februar stimmte der SPD-Parteiausschuß in Berlin, das höchste Gremium zwischen den Parteitagen, dem Zusammenschluß mit der KPD zu: weil vor allem die Parteibezirke in Ostdeutschland den Drohungen der sowjetischen Kommandanten nichts mehr entgegenzusetzen hatten; weil die Aussichten auf einen Reichsparteitag oder auf eine organisatorische Einheit der SPD über die Zonengrenzen hinweg gänzlich ungewiß geworden waren; weil einzelne Landesvertreter wie Böttge (Halle), Buchwitz (Dresden), Hoffmann (Weimar) und Moltmann (Schwerin) allein in dem Zusammengehen mit den Kommunisten noch eine Chance sahen, sozialdemokratische Identität zumindest auf Zeit zu bewahren. Beim Vereinigungsparteitag in Berlin reichten sich Wilhelm Pieck und Otto Grotewohl am 21. April 1946 die Hand. Doch dieser Handschlag der beiden Parteivorsitzenden, der zum trügerischen Markenzeichen und zum offiziellen Parteisymbol der SED werden sollte, konnte nur unzureichend verbergen, daß er von beiden Männern nicht allein aus freien Stücken, sondern erst auf gehörigen Druck Moskaus hin geschah.

Die Parteiführung der SED übernahm ein vierzehnköpfiges Zentralsekretariat mit je sieben Mitgliedern aus KPD und SPD. Von seiten der Kommunisten kamen Anton Ackermann, Franz Dahlem, Hermann Matern, Paul Merker, Wilhelm Pieck, Elli Schmidt und Walter Ulbricht. Die Sozialdemokraten stellten Max Fechner, Erich Gniffke, Otto Grotewohl, August Karsten, Käthe Kern, Helmut Lehmann und Otto Meier. In den 80 Mitglieder zählenden Parteivorstand wurden als »Vertreter der Jugend« Erich Honecker und Heinz Keßler (beide KPD) sowie Edith Baumann und Ernst Hoffmann (beide SPD) gewählt. Trotz zahlenmäßiger Gleichheit war der politische Einfluß der ehemaligen Kommunisten in diesen Gremien deutlich stärker. Das langjährige SPD-Mitglied August Karsten trat bereits 1947 auf sowjetischen Druck »aus Gesundheitsgründen« zurück. Erich Gniffke floh 1948 nach Westdeutschland. Die alten Sozialdemokraten Max

Fechner, Käthe Kern, Helmut Lehmann und Otto Meier wurden 1949 auf weniger wichtige Posten in der Partei- und Staatshierarchie versetzt. Lediglich Otto Grotewohl konnte sich halten: Bis zu seinem Tod 1964 war er Vorsitzender des Ministerrats, also Regierungschef der DDR, stand aber wegen des auch von ihm nie bestrittenen Vorranges der Partei immer im Schatten Walter Ulbrichts.

Von den Kommunisten mußte Anton Ackermann wegen seiner 1945 auf Moskauer Weisung formulierten Theorie des besonderen deutschen Weges zum Sozialismus 1948 Selbstkritik üben, wurde 1949 zum Kandidaten des Politbüros zurückgestuft und nach dem 17. Juni 1953 aus dem Zentralkomitee entfernt. Gleiches widerfuhr Elli Schmidt. Franz Dahlem wurde von seinem Gegenspieler Ulbricht bereits im Mai 1953 mit dem unsinnigen Vorwurf aller Funktionen enthoben, er habe »gegenüber den Versuchen imperialistischer Agenten, in die Partei einzudringen, völlige Blindheit bewiesen«. Paul Merker war schon im August 1950 – ein erster Höhepunkt der von Moskau gesteuerten Entlassung ehemaliger Westemigranten aus allen wichtigen Machtpositionen – mit der unbelegten Begründung abgeschoben worden, er habe »kein Vertrauen zur Sowjetführung« gezeigt und in der Emigration »Befehle der amerikanischen Imperialisten« befolgt.[24] In ihren Funktionen unbeschädigt blieben allein die der Moskauer Politik in all ihren Veränderungen mitunter schon vorauseilend ergebenen Heinz Keßler, Hermann Matern, Wilhelm Pieck, Walter Ulbricht – und Erich Honecker.

Die erste Nagelprobe für die SED waren die Gemeindewahlen im September 1946. In Sachsen beteiligten sich von 3,5 Millionen Wahlberechtigten 3,2 Millionen Wähler; mit 1,6 Millionen Stimmen erreichte die SED 50 Prozent, die Liberaldemokraten erzielten 22 und die CDU 21 Prozent. In den Städten Dresden, Leipzig, Zwickau,

Plauen und Bautzen gewannen CDU und LDP allerdings mehr Stimmen als die SED. Ähnliche Ergebnisse hatten die Kommunalwahlen in Thüringen und Sachsen-Anhalt. Lediglich in Brandenburg und Mecklenburg, wo sich CDU und LDP noch kaum organisieren konnten, kam die SED auf Ergebnisse von 60 und 69 Prozent. Bei den Landtagswahlen im Oktober gewann die SED an Stimmen – nicht aber an Prozenten – in Thüringen (49,3 Prozent) und in Sachsen (49,1 Prozent). Dagegen verlor sie Stimmen in Mecklenburg (49,5 Prozent), in Brandenburg (43,9 Prozent) und in Sachsen-Anhalt (45,8 Prozent). CDU und LDP gewannen absolut wie relativ in allen Ländern dazu. Ihr bestes Ergebnis erzielte die CDU in Mecklenburg mit 34,1 Prozent und die LDP in Sachsen-Anhalt, wo sie auf 29,9 Prozent kam. Die SED erreichte nirgends die absolute Mehrheit, war aber überall die eindeutig stärkste Partei; 1 500 Mitglieder der Freien Deutschen Jugend wurden in die Gemeinderäte, 250 in die Kreistage und 13 in die Landtage gewählt. Entsprechend optimistisch waren die Einheitssozialisten, was ihre Erwartungen für das Wahlergebnis in Groß-Berlin anging. Hier stand allerdings auch die SPD zur Wahl. Der Wahlausgang wurde für die SED zum Debakel. Für die SPD stimmten 48,7 Prozent der Wähler, für die CDU 22,2 Prozent und für die Liberalen 9,3 Prozent. Die SED fiel mit 19,8 Prozent auf den dritten Platz.[25]

Wolfgang Leonhard analysierte die Gründe für dieses Fiasko der »Russenpartei«: »In der Praxis hatten wir alle Maßnahmen der sowjetischen Besatzungsbehörden unterstützt und verteidigt. Wir bekamen von ihnen Papier, Wagen, Häuser und besondere Lebensmittelzuteilungen. Unsere Spitzenfunktionäre wohnten in großen Villen, hermetisch von der übrigen Bevölkerung abgeschlossen, von Soldaten der Sowjetarmee bewacht und fuhren mit Wagen, die teilweise russische Kennzeichen hatten. Das

Wahlergebnis war die logische Folge unserer Abhängigkeit von der sowjetischen Besatzungsmacht.«[26]

Die SED-Führung zog aus dieser Niederlage zwei Konsequenzen: Sie stellte sich bei künftigen Wahlen nur noch in der Nationalen Front gemeinsam mit sogenannten Massenorganisationen wie dem SED-gesteuerten Verband der Genossenschaftsbauern (VdGB), dem Freien Deutschen Gewerkschaftsbund (FDGB) oder dem Kulturbund über Einheitslisten zur Abstimmung, und sie brachte die Gründung der Demokratischen Bauernpartei Deutschlands (DBD) sowie der National-Demokratischen Partei Deutschlands (NDPD) auf den Weg, um die Wählerschaft von CDU und Liberalen auf eine größere Zahl von Parteien aufzuteilen und damit zu schwächen. Die SED aber öffnete sich den »kleinen Nazis«, weil sie sich davon nicht nur Mitgliederzuwachs, sondern auch die Mobilisierung zusätzlicher Wählerschichten versprach.[27]

Bereits am 21. April 1948 meldete das *Neue Deutschland* Vollzug: »Unter die Vergangenheit ist ein Schlußstrich gezogen. Die wirklichen Naziverbrecher sind bestraft und ausgeschaltet, und den sogenannten nominellen Pgs [Parteigenossen] ist die Möglichkeit gegeben, mit allen fortschrittlichen Kräften gemeinsam an den großen Zielen der Einheit Deutschlands, dem Wiederaufbau und der Verständigung der Völker untereinander mitzuarbeiten.« In der sowjetischen Besatzungszone, berichtete das SED-Zentralorgan, seien über eine halbe Million Nazi-Aktivisten aus allen führenden Stellungen entfernt worden, Volksbildung, Justiz und Polizei von Faschisten gesäubert und durch »fortschrittlich-demokratische Kräfte« ersetzt. Im Zuge der Bodenreform hätten 6 807 »Junker und Gutsbesitzer« sowie 1 605 »aktive Faschisten und Kriegsverbrecher« knapp drei Millionen Hektar Land an nahezu eine halbe Million »Neubauern« abgeben müssen.

Damit, kommentierte das Parteiblatt zufrieden, habe

»die sowjetische Besatzungszone eine gründliche und schnelle Entnazifizierung als einzige der vier Besatzungszonen realisiert«. Der Wahrheit entsprach diese Meldung nicht. Zwar verurteilten in den ersten Nachkriegsjahren sowjetische Militärgerichte knapp 27000 Männer und Frauen in mehr oder minder summarischen Verfahren wegen Kriegsverbrechen und politischer Vergehen während der Nazi-Zeit zu Freiheitsstrafen und 776 Angeklagte zum Tode (zum Vergleich: in allen drei West-Zonen zusammen standen 4684 Deutsche wegen der gleichen Tatvorwürfe vor alliierten Gerichten, die 611 Todesurteile aussprachen). Aber danach war es mit der Entnazifizierung in Ostdeutschland schnell vorbei.

Sechs Millionen Mitglieder hatte die NSDAP bei einer Gesamtbevölkerung des »Großdeutschen Reiches« von etwa 80 Millionen. Rund 1,5 Millionen Alt-Pgs lebten in der sowjetischen Zone. Hinzu kamen die Mitglieder der Hitlerjugend und des Bunds Deutscher Mädel. Die umwarb Erich Honecker bereits während der ersten Arbeitstagung der Jugendausschüsse von Groß-Berlin am 2. Dezember 1945. »Jedem einfachen Mitglied«, aber auch »jedem unteren HJ- und BDM-Führer« reiche man die Hand, »wenn er es ehrlich mit Deutschland meint und erkennt, wie sehr er gegen die Interessen des Volkes von den Nazis mißbraucht worden« sei.[28] Die bejahrteren NSDAP-Mitglieder lud der SED-Parteivorstand am 20. Juni 1946 zur Mitarbeit ausdrücklich ein. Nachdem »die Betriebe der Kriegsverbrecher und Naziaktivisten in die Hände der Selbstverwaltung übereignet« worden seien, komme es jetzt auf den demokratischen Neuaufbau Deutschlands an. Der könne um so rascher und erfolgreicher verwirklicht werden, je umfassender alle »aufbauwilligen Kräfte« an ihm mitwirken.

Der Lohn folgte auf der Stelle. »Alle früheren einfachen Mitglieder der Nazipartei«, verfügte die SED, »die nicht besonders belastet sind und sich als aktive Mithelfer an der neuen demokratischen Ordnung betätigen, sollen als Staatsbürger anerkannt und behandelt werden.« Allen, die guten Willens seien, verschaffe die SED »die Möglichkeit zu einem neuen Leben«. Jeder politische Konjunkturritter, der vor dem 31. März 1946 den Eintritt in eine der neugegründeten »antifaschistischen« Parteien SED, CDU oder der Liberal-Demokratischen Partei Deutschlands (LDPD) geschafft hatte, galt grundsätzlich als rehabilitiert. Und auch die meisten anderen hatten nichts wirklich Schlimmes mehr zu befürchten, sofern sie sich nur der neuen Ordnung mit der gleichen Bereitwilligkeit anpaßten, die sie gegenüber der verflossenen gezeigt hatten.

Am 16. August 1947 gab die sowjetische Militärregierung »ehemaligen Mitgliedern der Nazipartei, die sich nicht durch Verbrechen gegen den Frieden und die Sicherheit oder durch Verbrechen gegen das deutsche Volk selbst vergangen haben«, das aktive und passive Wahlrecht zurück. »Eine allgemeine gerichtliche Belangung sämtlicher ehemaligen nominellen, nicht aktiven Mitglieder der Nazipartei«, fügte Marschall Wassili Sokolowski als Begründung dieses »Befehls Nr. 201« hinzu, würde »nur der Sache des demokratischen Aufbaus Deutschlands schaden und dazu beitragen, daß die Positionen der Überbleibsel der faschistischen militaristischen Reaktion gefestigt werden«. Noch einen erheblichen Schritt weiter ging der in dieser politisch brisanten Sache ungewohnt nachsichtige Sokolowski am 26. Februar 1948. Da befahl er überraschend den 262 in Ostdeutschland eingerichteten Entnazifizierungskommissionen, sich am 10. März aufzulösen. Alle Verfahren gegen ehemalige Nazis, denen keine Verbrechen vorgeworfen würden, seien einzustellen.

Was Kalter Krieg und eine Grundgesetzergänzung (Artikel 131) im Westen an Wiedereingliederung von früheren NSDAP-Mitgliedern in Wirtschaft und öffentlichen Dienst möglich machten, setzte im Osten die SED auf Weisung Moskaus durch. Sie wurde, so der bittere Volksspott Ende der vierziger Jahre, »zum großen Freund der kleinen Nazis«. Und nicht nur der kleinen. Eine im November 1946 von der SPD zusammengestellte Liste ehemaliger Nazis, die ihre Karriere fortgesetzt hatten, führte allein in der neuen sächsischen Provinzregierung immerhin zwei Präsidialdirektoren, einen Ministerialdirektor, zwei Präsidialräte, drei Oberregierungsräte, einen Oberlandwirtschaftsrat und drei Landwirtschaftsräte auf, die in kürzester Zeit ihren Weg von der NSDAP zur SED gefunden hatten. »Die SED«, hieß es im DDR-offiziellen Sprachgebrauch, »verkörpert die revolutionären Traditionen der deutschen Arbeiterbewegung und vereinigt die politisch bewußtesten und aktivsten Angehörigen der Arbeiterklasse, der Klasse der Genossenschaftsbauern, der Intelligenz« – und wohl auch der früheren NSDAP.

Denn selbst dem SED-Zentralkomitee, das bestätigen die Personalakten der Partei-Oberen, gehörten mehr ehemalige Nazis als frühere SPD-Mitglieder an. Die »NSDAP-Fraktion« dort zählte im Lauf der Zeit immerhin 27 Männer und eine Frau, darunter hohe Hitlerjugend-Führer, SS-Angehörige, Gestapo-Mitarbeiter und sogar einen KZ-Wächter. Keinen wies die SED von sich, wenn er sich nur vorbehaltlos genug der gemeinsamen Sache widmete. Der langjährige Chefredakteur der Parteizeitung *Neues Deutschland*, Günter Kertzscher, trat 1937 in die NSDAP ein (Mitgliedsnummer: 4 532 251). Ebenso lange dabei war der Bonner Korrespondent dieses Blattes, Gerhard Dengler, der zudem in Rußland mit dem Ritterkreuz, dem höchsten Tapferkeitsorden der Hitler-Wehrmacht, ausgezeichnet worden war. Kurt Blecha, der Leiter des DDR-Presseamtes seit 1958, trat kurz nach dem Überfall auf die Sowjetunion in die Nazi-Partei ein (Mitgliedsnummer:

832). Ernst Melsheimer, Generalstaatsanwalt der ... zwischen 1949 und 1960 und in dieser Funktion verantwortlich für 800 Todesurteile, ließ sich als linientreuer »Rechtswahrer« vom NS-Justizminister noch kurz vor Toresschluß 1944 zum Reichsgerichtsrat vorschlagen.[29]

NSDAP-Mitglieder waren Dieter Fricke, der Direktor des Instituts für Marxismus-Leninismus beim Zentralkomitee der SED, und Manfred Buhr, der Leiter des Zentralinstituts für Philosophie der Ost-Berliner Akademie der Wissenschaften. Der Chemiker Peter-Adolf Thießen, Vorsitzender des Forschungsrates der DDR, trug als »Alter Kämpfer« mit seinem NSDAP-Beitritt bereits im Jahr 1925 (Mitgliedsnummer: 3 096) das Hakenkreuz-Abzeichen ebenso wie der sehr viel jüngere Heinz Eichler (Mitgliedsnummer: 9 983 126), persönlicher Referent von Walter Ulbricht, der später Sekretär des DDR-Staatsrats und Präsidiumsmitglied der Volkskammer wurde. Adolf Garling, Arnold Zimmermann und Werner Miersch, Ratsvorsitzende der DDR-Bezirke Neubrandenburg, Suhl und Cottbus, sammelten ihre ersten politischen Erfahrungen in der Nazi-Partei. Desgleichen Gerhard Schill, Luitpold Steidle, Hans Hirschfeld und Rolf Dieter Nottrodt, die Oberbürgermeister von Dresden, Chemnitz, Weimar und Erfurt.

Mindestens acht DDR-Minister waren, sei es aus Überzeugung oder aus Opportunismus, Nationalsozialisten gewesen: Außenhandelsminister Gerhard Beil, Kulturminister Hans Bentzien, Industrieminister Werner Greiner-Petter, Staatsbankpräsident Horst Kaminsky, Umweltminister Hans Reichelt, Finanzminister Werner Schmieder, Industrieminister Otfried Steger und Wissenschaftsminister Herbert Weiz. Neben Gestapo- und SD-Mitarbeitern, die in der ostdeutschen Polizei oder beim späteren Staatssicherheitsdienst Unterschlupf fanden, hatten mindestens 27 DDR-Generäle eine Karriere in Hitlers Wehrmacht und der Nazi-Partei hinter sich, bevor sie mit gleichem Pflichteifer in den Dienst der Volkspolizei und, später, der Nationalen Volksarmee überwechselten: vom »Blutorden-Träger« Wilhelm Adam, der am Hitler-Putsch 1923 in München teilgenommen hatte und als Kommandeur der Dresdner Offiziershochschule »Friedrich Engels« starb, reicht die alphabetisch geordnete Liste bis zu Hans Wulz, dem Stadtkommandanten von Ost-Berlin.

Die SED nahm alle in Gnaden auf. Sie waren ja so herrlich gefügig. »Es gibt im Bereich der Justiz, der Armee, der Volksbildung oder sonst einem Zweig des Staatsapparates der DDR keinen einzigen Mitarbeiter, der belastet ist«, versicherte der DDR-Generalstaatsanwalt Josef Streit 1965 öffentlich. Der Wahrheit sehr viel näher kam Walter Ulbricht schon im Februar 1948. Damals schrieb er im *Neuen Deutschland* ganz ungeniert: In der neuen Periode des Aufbaues könne nicht mehr die frühere Organisationszugehörigkeit der Maßstab für die Beurteilung des einzelnen sein, sondern die »ehrliche aufopferungsvolle Arbeit«. Die ehemaligen NSDAP-Mitglieder hätten lediglich die »besondere Verpflichtung«, durch »ehrliche Arbeit frühere Fehler wiedergutzumachen«.

Faschismus war, nach marxistischer Definition, eine Verschwörung der wirtschaftlichen und politischen Eliten gegen das arbeitende Volk. Daß deren Machtergreifung und zwölf Jahre währende Machtausübung ohne die Unterstützung einer breiten Bevölkerungsmehrheit nicht möglich gewesen wäre, blendeten die Nachkriegsmachthaber in Ost-Berlin teils aus ideologischen Gründen, teils aus schlichter Praktikabilität im eigenen politischen Alltag gern aus. Damit öffneten sie der Entnazifizierung in Ostdeutschland einen bequemen Weg: Die Eliten wurden, soweit noch greifbar, abgestraft und/oder enteignet. Politische Kontinuitäten wurden ausschließlich im »kapitalistischen Westen« geortet und in immer wieder neu aufgelegten Kampagnen (so etwa gegen Adenauer-Staatssekretär Hans Globke, gegen Vertriebenen-Minister Theodor Oberländer, gegen Bundespräsident Heinrich Lübke und gegen Bundeskanzler Kurt-Georg Kiesinger) namhaft gemacht. Der Masse der kleinen Nazis aber, ohne die das Schreckensregime der großen nicht durchsetzbar gewesen wäre, blieb im Osten wie im Westen die Auseinandersetzung mit der eigenen Vergangenheit erspart. Sarkastisch kommentierte der Berliner Historiker Olaf Groehler diese Massenabsolution durch die Einheitssozialisten: »Auf diese Weise konnten Millionen von Deutschen aus [ihrer] Verantwortung flüchten und sich einem neuen Kommandosystem willig unterwerfen.« Denn gefragt war nun nicht mehr, so Groehler, »wie weit man sich vom Nationalsozialismus und seiner Ideologie tatsächlich gelöst hatte, sondern vielmehr das Gelöbnis zur neuen Ordnung, das durch Taten zu beweisen war«.[30]

Die Freie Deutsche Jugend

Am 27. Juni 1945, also nur wenige Tage nach der Neugründung von KPD und SPD, gab Walter Ulbricht seinen über den Parteikurs noch einigermaßen verunsicherten Parteigenossen in Berlin die Linie vor, der sie künftig zu folgen hätten. Zur »Jugendfrage« erklärte er: »Wir sind nicht dafür, daß ein kommunistischer Jugendverband gegründet wird. Es soll überall ein Jugendausschuß auf demokratischer, antifaschistischer Grundlage bei den Gemeinden gebildet werden, der die Jugendveranstaltungen organisieren soll, Kino, Theater, Sport usw. Es sollen Jugendklubs eingerichtet werden. Im Klubhaus können dann alle Jugendlichen zusammenkommen. Aus diesen Jugendausschüssen wird sich eine freie, einheitliche Jugendbewegung entwickeln können, die auch die christliche Jugend umfaßt.«[31]

Zu diesem Zeitpunkt war Erich Honecker bereits mit Einverständnis, wahrscheinlich auf direkte Empfehlung der Sowjets von Walter Ulbricht zum Jugendsekretär beim Zentralkomitee der KPD ernannt worden, um diese von der russischen Militärverwaltung gewollte, parteiübergreifende, antifaschistische Jugendarbeit in der gesamten Besatzungszone zu organisieren.[32] Heinz Keßler wurde die Verantwortung für die entsprechende Aufgabe in Berlin übertragen. Edith Baumann und Theo Wiechert sollten die Verbindung zu ehemals sozialdemokratischen und sozialistischen Jugendfunktionären sicherstellen. Der von Erich Honecker aus der Antifa-Schule des sowjetischen Straf- und Internierungslagers Rüdersdorf im Sommer 1945 rekrutierte Katholik Manfred Klein wurde beauftragt, Kontakte zu den Kirchen aufnehmen.

In ihrem Aktionsabkommen vom 19. Juni 1945 hatten KPD und SPD vereinbart, keine eigenen Jugendorganisationen zu gründen, sondern im Gegenteil die Aktionsausschüsse beider Parteien in den Ländern, Kreisen und Gemeinden zu einer gemeinsamen Jugendarbeit zu ermutigen. Ziel dieser Bemühungen war zumindest auf kommunistischer Seite, einen Vorlauf für den mittelfristig beabsichtigten Zusammenschluß mit der Sozialdemokratie zu schaffen, zumal junge Menschen keine oder kaum eine Erinnerung an die starren Schlachtordnungen aus der Zeit vor 1933 hatten, die nach der nationalsozialistischen Machtübernahme eine wirksame Gegenwehr durch Generalstreik oder andere politische Massenaktionen verhinderten.

Erich Honecker: »Mit der Überwindung der Spaltung der deutschen Arbeiterbewegung mußten wir auch die [...] Zersplitterung der gesamten deutschen Jugend in viele Verbände, Vereinigungen und Gruppen überwinden.« Und weiter: »Die KPD war sich darüber im klaren, daß das deutsche Volk aus der vom Faschismus verschuldeten Katastrophe nur herausgeführt werden konnte, wenn die Arbeiterklasse einheitlich handelte und ein festes Bündnis mit allen antifaschistisch-demokratischen Kräften schmiedete.«[33]

Im Sekretariat des Zentralkomitees der KPD übernahm der Parteivorsitzende Wilhelm Pieck die Zuständigkeit für die Jugendarbeit, was die Bedeutung unterstreicht, die diesem Bereich von der Parteispitze zugemessen wurde. Erich Honecker, dessen Hauptaufgabe zunächst die Auswahl geeigneter »Kader« war, arbeitete in den folgenden Monaten und Jahren unmittelbar mit Pieck zusammen. Nach dem Umzug des Zentralkomitees Mitte Juli 1945 in die Wallstraße 76–79 in Berlin-Mitte erhielt Honecker dort seinen ersten eigenen Arbeitsplatz als Funktionär der engeren Parteiführung. Nach der Gründung von 21 antifaschistischen Jugendausschüssen in Berlin rief Heinz Keßler zur ersten größeren Jugendkundgebung auf, bei der Honecker junge Christen, Sozialisten, Demokraten und Kommunisten aufforderte, ihre Zukunft in die eigene Hand zu nehmen und so den »nationalsozialistischen Ungeist« zu überwinden. Eine freie und einige deutsche Jugend müsse Wunsch und Ziel aller sein, denen »die Zukunft unseres Volkes am Herzen« liege.[34]

Die Vorarbeiten von Honecker und Keßler haben die sowjetischen Besatzungsbehörden offenbar überzeugt. Am 31. Juli 1945 gestatteten sie die Einrichtung von Jugendausschüssen auch in den übrigen größeren und mittleren Städten ihrer Zone.

Aber die Jugendlichen sollten auch ganz konkret Hand anlegen, sich an den Aufräumungsarbeiten in den zerstörten Städten und Fabriken beteiligen und die »erste Friedensernte« einbringen, sofern Bauern ihre Höfe auf der Flucht vor der Roten Armee verlassen hatten oder sich noch in Kriegsgefangenschaft befanden. Und die Jugendlichen packten tatsächlich nach Kräften zu. Die versprochene Überparteilichkeit der Jugendausschüsse überzeugte sie, und wo nicht, erzwang die äußere Not die Beteiligung eines jeden. Diese über das Land verstreuten Initiativen verlangten sehr bald nach Koordinierung und auch zentraler Anleitung. Mit Theo Wiechert, dem Verantwortlichen für Jugendarbeit im Zentralausschuß der SPD, bereitete Erich Honecker deshalb für den 10. September 1945 in Berlin eine Tagung vor, auf der über das weitere Vorgehen beraten werden sollte. Die Delegierten beschlossen nach Ermunterung durch den sowjetischen Jugendoffizier der SMAD, Major Iwan Bejdin, einen Zentralen Antifaschistischen Jugendausschuß ins Leben zu rufen, und machten Honecker zu dessen Vorsitzendem. In diesen Ausschuß entsandten KPD und SPD je fünf Vertreter. Im Oktober/November kamen noch Beauftragte beider Kirchen hinzu. In den fünf Ländern der sowjetischen Zone wurden danach entsprechende Landesjugendausschüsse gegründet.[35]

Am 2. Dezember 1945 trafen sich wiederum in Berlin 400 Angehörige Berliner Jugendausschüsse mit den Vertretern der inzwischen eingerichteten Landesjugendausschüsse und des Zentralen Jugendausschusses. Sie verabschiedeten einen von den Floskeln der Parteisprache weithin freien Aufruf »Das Leben ruft unsere Jugend« und forderten nach Ansprachen von Wilhelm Pieck und Erich Honecker, in denen beide auf die bereits angelaufene Bodenreform und die Umwandlung von Konzernen in volkseigene Betriebe als notwendige Voraussetzung eines antifaschistisch-demokratischen Staates hinwiesen, die baldige Gründung einer allen Jugendlichen offenstehenden Organisation.[36]

Nachdem ihm Manfred Klein auf Umwegen bei der französischen Besatzungsbehörde in Berlin eine Einreisegenehmigung für das Saarland beschafft hatte, fuhr Erich Honecker wenige Tage später durch die amerikanische in die französische Zone, wo er zum ersten Mal seit zehn Jahren seine Eltern und Geschwister wiedersah: »Die Reise von Berlin über Erfurt nach Eisenach war alles andere als bequem. In total überfüllten Zügen drängten und quetschten sich die Menschen. Wer sich nicht mehr durch Türen oder Fenster in die Waggons hineinzwängen konnte und waghalsig genug war, fuhr draußen auf den Trittbrettern, Puffern oder Wagendächern mit.« Besonders schwierig war der Übergang von einer Besatzungszone in die nächste – trotz eines von der SMAD ausgestellten Ausweises mit der Unterschrift des sowjetischen Oberkommandierenden, Marschall Georgi Schukow: »Wenn dieses Dokument schon für die Rotarmisten so ungewöhnlich war, wie würden sich dann die auf der anderen Seite der Zonengrenze dazu stellen? So gelangte ich erst auf Umwegen über die Höhen der Rhön in die amerikanische Besatzungszone. Ich fuhr in einem leeren Personenzug weiter, faktisch illegal, weil dort Deutschen die Benutzung von Zügen noch verboten war. Als ich Gefahr lief, bei einer Kontrolle entdeckt zu werden, stieg ich auf einen Güterzug um. In Fulda traf ich Genossen der KPD, die mich mit dem Auto nach Frankfurt am Main brachten.«[37]

Frankfurt war nicht weniger zerstört als Berlin, und die Lage der jungen Menschen dort erschien ebenso hoffnungslos. Die Zuteilung an Lebensmitteln unterschied sich in den einzelnen Besatzungszonen kaum, Demontagen durch die Siegermächte wurden überall vorgenommen. Im Oktober 1945 hatten Mitglieder der Bekennenden Kirche, die anders als die Mehrheit der Gläubigen und entschiedener als die meisten Geistlichen während der NS-Zeit Widerstand leistete, in Stuttgart ein »Schuldbekenntnis« abgegeben: »Wir klagen uns an, daß wir nicht mutiger bekannt, nicht treuer gebetet, nicht fröhlicher geglaubt und nicht brennender geliebt haben.«[38] In Nürnberg waren am 20. November die noch lebenden Nazi-Führer vor ein alliiertes Tribunal gestellt worden, um durch die gerichtliche Aufklärung von Kriegsverbrechen und – erstmalig – auch von bislang nicht kodifizierten Verbrechen gegen die Menschlichkeit den Einstieg in ein strafbewehrtes Kriegsvölkerrecht zu schaffen, das die Wiederholung von Angriffskriegen und Massenmord weltweit bannen sollte. Die mittlerweile in allen Besatzungszonen zugelassenen Parteien versuchten sich an einem Neuaufbau des politischen Lebens, wenngleich ihnen wenigstens im Westen eine zonenübergreifende Zusammenarbeit noch verwehrt war. Unter diesen Umständen erfuhr Erich Honecker in seinen Gesprächen mit KPD-Vertretern in Westdeutschland zwar uneingeschränkt Unterstützung, was die Gründung einer möglichst weit gespannten, einheitlichen Jugendbewegung anging, aber konkrete Maßnahmen scheiterten am Widerstand der alliierten Militärregierungen.[39]

Also fuhr Erich Honecker enttäuscht weiter nach Wiebelskirchen, um seine Eltern, seine Schwestern Gertrud und Frieda und seinen Bruder Robert zu treffen, der allerdings zu diesem Zeitpunkt noch in britischer Kriegsgefangenschaft war: »Als ich dort eintraf, hatte meine Mutter gerade den Weihnachtskuchen gebacken. Unbeschreiblich groß war die Freude über unser Wiedersehen nach über zehn Jahren. Wir hatten uns viel zu erzählen, aber leider reichte die Zeit dafür nicht aus. Schon wenige Tage danach mußte ich die Rückreise antreten.«[40]

Wieder in Berlin stieß Erich Honecker im Januar 1946 auf Paul Verner, der sich von Schweden über Polen in die Sowjetzone durchgeschlagen hatte. Beide kannten sich aus der gemeinsamen Jugendarbeit im Saarland 1934. Auf Bitten von Honecker und mit Zustimmung von Wilhelm

Pieck übernahm Verner im Zentralen Jugendausschuß die Leitung der Abteilung Propaganda und die Chefredaktion der inzwischen gegründeten Jugendzeitschrift *Junges Leben*. Ebenfalls auf Anforderung Honeckers schickte der sächsische Landesjugendausschuß Hermann Axen als Organisationsfachmann nach Berlin. Mit Heinz Keßler, Paul Verner und Hermann Axen hatte sich jetzt das Dreigestirn gefunden, das in den kommenden Jahren unter Führung von Honecker den Aufbau der Freien Deutschen Jugend wesentlich steuerte.[41]

Anfang Februar forderten die Landesdelegiertenkonferenzen der Jugendausschüsse, die ihnen seit Monaten in Aussicht gestellte überparteiliche Jugendorganisation schnellstmöglich ins Leben zu rufen. Am 7. Februar einigten sich Vertreter des Zentralkomitees der KPD und des SPD-Zentralausschusses über Ziele und organisatorischen Aufbau ihrer gemeinsamen Jugendarbeit. Widerstand gab es jetzt nur noch vereinzelt unter den Beauftragten der bürgerlichen und kirchlichen Organisationen im Zentralen Jugendausschuß – und bei Robert Bialek, dem Jugendführer der sächsischen KP.[42] Der hatte zwar gegen die Bildung einer Arbeiterjugend aus KPD und SPD keine Einwände, fürchtete aber als Folge einer Zusammenarbeit mit bürgerlichen und kirchlichen Gruppen einen Verlust an politischer Stoßkraft und ideologischem Profil. Erich Honecker verstand diese Position, hielt aber dagegen: »Natürlich wäre mir eine sozialistische Jugendorganisation auch lieber, aber das entspricht nicht den gegenwärtigen Erfordernissen. […] Eine Arbeiterjugendorganisation würde bedeuten, daß wir noch mehr Jugendorganisationen zulassen müssen. Jede bürgerliche Partei würde ihre Jugendorganisation fordern und die Kirchen natürlich auch.« Eine solche Zersplitterung, gab Honecker die Einschätzung der politischen Führung weiter, liege nicht im Interesse der Partei. »Wir müssen also eine überparteiliche, überkonfessionelle Jugendorganisation gründen, die alle Jugendlichen aller Parteien und Konfessionen umfaßt.«[43]

Auf den Einwand Bialeks, diese Organisation werde ein »fürchterlicher Mischmasch« werden, antwortete Erich Honecker gelassen und offenbarte damit, was er von der nach außen getragenen Überparteilichkeit dieser kommenden Jugendbewegung tatsächlich hielt: »Nicht schlimmer machen, als es ist, Robert. Die bürgerlichen Parteien und auch die Kirchen haben gar nicht genügend Funktionäre.« Die KPD müsse jetzt schnellstens an die Ausbildung möglichst vieler und qualifizierter Jugendfunktionäre gehen und die bürgerlichen sowie kirchlichen Vertreter nach Gründung der Jugendorganisation so beschäftigen und einbinden, daß sie in ihr keine wirkliche Gegenmacht aufbauen könnten. »Im Betrieb, in der Wohngruppe, müssen die Leiter der Jugendgruppen unsere Leute sein. Sie müssen das Vertrauen der Jugendlichen durch ihre Aktivität und die Kunst, die Jugendlichen zu führen, erringen. Wenn uns das gelingt, dann ist es unwichtig, wieviel Vertreter der bürgerlichen Parteien und der Kirchen in den höheren Leitungen sitzen.«[44]

Gleichwohl war es nicht so einfach, die Jugendbeauftragten aus CDU und LDPD sowie die Vertreter der beiden Kirchen vom Nutzen einer solchen gemeinsamen Jugendbewegung unter einem gemeinsamen Dach mit der Sozialdemokratie und den Kommunisten zu überzeugen. Die Verhandlungen verliefen, so Erich Honecker in seinen Erinnerungen, »etwas schwieriger« als mit der SPD.[45] Wie dies ablief, beschrieb der katholische Jugendbeauftragte im Zentralausschuß, Manfred Klein. Honecker habe den bis dahin noch ahnungslosen bürgerlichen Vertretern zu Jahresbeginn 1946 mitgeteilt, er halte die baldige Gründung einer überparteilichen, einheitlichen Jugendorganisation für dringend geboten, zumal Gespräche mit der SMAD deren Bereitschaft gezeigt hätten, eine solche Organisation zuzulassen. Zehntausende junger Menschen hätten in Briefen an den Zentralausschuß die Bildung einer antifaschistischen Jugendbewegung gefordert – Hermann Axen wies Waschkörbe voller Resolutionen vor, freilich ohne zu erwähnen, daß sie dank einer Kampagne des Jugendsekretariats der KPD und mit Unterstützung der SMAD, die deren Versand übernommen hatte, zustandegekommen waren.[46] Als Namen dieser Organisation, schlug Honecker vor, halte er Freie Deutsche Jugend (FDJ) für die denkbar neutralste Bezeichnung, und als Symbol empfehle er das der aufgehenden Sonne vor blauem Hintergrund. Da an die Gründung kirchlicher oder jeweils parteigebundener Jugendorganisationen aufgrund sowjetischer Vorbehalte nicht zu denken sei, bleibe gar nichts anderes übrig, als diesen gemeinsamen Versuch zu wagen. Die Kommunisten jedenfalls hätten gegen die paritätische Besetzung sämtlicher Gremien und volle Chancengleichheit beim Aufbau der Freien Deutschen Jugend keinerlei Einwände.[47]

Am 26. Februar 1946 war auch der Widerstand der kirchlichen Opponenten überwunden, die bis zum Schluß der Konstitution eines bloßen Dachverbandes und der Neugründung ihrer von den Nationalsozialisten verbotenen Jugendorganisationen den Vorzug gegeben hätten. Der Zentrale Jugendausschuß beschloß, die Gründung bei der SMAD und bei den Militärregierungen in den anderen Besatzungszonen zu beantragen. Am 7. März erteilte die SMAD nach einem offenkundig vorher abgesprochenen Ablaufplan ihre Genehmigung, während die FDJ in Berlin wegen des Widerstandes der übrigen Mächte im Alliierten Kontrollrat erst im Oktober 1947 gegründet werden konnte und in der Bundesrepublik wegen angeblicher Verfassungsfeindlichkeit bereits nach fünf Jahren 1951 wieder verboten wurde.[48]

Nach den Vorstellungen der Sowjets und der Kommunisten sollte die Gründung einer zumindest zonenweiten und überparteilichen Jugendbewegung abgeschlossen sein, bevor KPD und SPD im April 1946 ihren Zusammenschluß vollzogen. Die erste Delegiertenversammlung der FDJ hingegen wurde für die Zeit nach dem Vereinigungsparteitag festgesetzt, damit unter dem frischen Eindruck der soeben geschaffenen Sozialistischen Einheitspartei etwaige Widerstände gegen Statut, Organisationsform und Personalauswahl für die Jugendarbeit abgewehrt werden könnten. Der vorläufige FDJ-Vorstand unter der Führung von Erich Honecker bestand bis dahin aus zehn Mitgliedern, von denen sieben der KPD und SPD angehörten. Er nahm seine Arbeit in der Mauerstraße 39/40, dem späteren Verlagsgebäude der *Jungen Welt,* auf. Diesen ersten politischen Erfolg Honeckers – bereits nach vier Wochen zählte die FDJ über 160000 Mitglieder – krönte seine Wahl zum Mitglied des Zentralkomitees der KPD auf der ersten landesweiten Konferenz Anfang März in Berlin.[49]

Erich Honecker hatte in dieser Zeit des Neubeginns in den Augen der Parteiführung nicht nur eine uneitle persönliche Zuverlässigkeit, absolute Verschwiegenheit und hohes taktisches Geschick unter Beweis gestellt, sondern auch große Einsatzbereitschaft und eine erhebliche kommunikative Begabung, nicht zuletzt mit parteifremden jungen Menschen anscheinend verläßliche und belastbare Beziehungen herzustellen. Diese Fähigkeiten empfahlen Honecker in ihrer Gesamtheit für seinen weiteren Aufstieg in der Partei. Hinzu kam zweifellos seine Bereitschaft, sich Wilhelm Pieck und Walter Ulbricht, dem eigentlich starken Mann in der neugegründeten SED, ebenso bedingungslos unterzuordnen wie den sowjetischen Vorgaben. Solche unbedingte Parteidisziplin kostete den Mitdreißiger nach den Erfahrungen seines bisherigen Lebens wohl nicht einmal besondere Kraftanstrengung, geschweige denn Überwindung. Alles, was er erreicht hatte, selbst sein Überleben in der zehnjährigen Nazi-Haft, verdankte er der Partei, ihrer Fürsorge, aber eben auch ihrer Anleitung, wobei das eine nicht zu haben war, ohne sich dem anderen kritiklos zu fügen. Diese übereinstimmenden Wahrnehmungen von Pieck, Ulbricht und Honecker deckten sich weitgehend trotz des beträchtlichen Altersunterschiedes und der sehr verschiedenen Bewährungsproben und Belastungssituationen, denen sie in ihrem Leben jeweils ausgesetzt waren. Honecker wurde so unter der sehr genauen und engmaschigen Beobachtung der sowjetischen Militärverwaltung[50] zum »jungen Mann« der »bewährten Kader«.

Der Vereinigungsparteitag wählte am 22. April 1946 auf Vorschlag der KPD Erich Honecker und Heinz Keßler sowie, nominiert durch die Sozialdemokraten, Edith Baumann und Ernst Hoffmann in den Vorstand der SED. In ihrem Manifest erklärte die Partei, an die Jugend gewandt: »In euren Händen wird die Zukunft des Vaterlandes liegen. Unsere Weltanschauung muß der Glaube der jungen Generation werden. Hier findet ihr die höchsten Ideale. Die Sozialistische Einheitspartei Deutschlands [...] vertritt die neue Zeit. Die Sozialistische Einheitspartei, diese junge, vom Leben durchpulste Kampfpartei, ist deshalb eure Partei, die Partei der deutschen Jugend.«[51]

Diese Aufbruchstimmung und der Versuch, die SED als Partei der Jugend zu vermitteln, wobei der neugegründeten FDJ die zusätzliche Aufgabe zugewiesen wurde, über Partei- und Zonengrenzen hinweg den wohlverstandenen Anspruch auf das nationale Erbe und die staatliche Einheit Deutschlands anzumelden, bestimmten das »I. Parlament der Freien Deutschen Jugend« über Pfingsten 1946 in Brandenburg an der Havel. Erich Honeckers Aufgabe war, diesen Balanceakt zu vollbringen, ohne die bürgerlichen und kirchlichen Bündnispartner zu verprellen: die FDJ also als eine Bewegung mit antifaschistisch-demokratisch-sozialistischen Wurzeln vorzustellen, die sich der in der »Hitler-Jugend« nationalistisch fehlgeleiteten jungen Generation öffnen sollte und noch dazu die Bevölkerung in den drei Westzonen für sich als Kraft der nationalen Einheit einnehmen wollte.

Erich Honeckers Rede war ein Musterbeispiel für das damalige Bemühen von Sowjets und SED, die Jugendorganisation als Vorreiterin einer nationalen Einheitsfront gegen die drei anderen Besatzungsmächte in Stellung zu bringen, die dem noch im Potsdamer Abkommen ausdrücklich festgeschriebenen Ziel, Deutschland »als Ganzes« zu bewahren, nicht zuletzt wegen der sowjetischen Besatzungspolitik längst abgeschworen hatten. Honecker löste seinen Auftrag ganz wie erwartet: »Die wahren Belange eines Volkes haben nichts zu tun mit kriegshetzerischen, chauvinistischen Eroberungsplänen. Verstehen wir doch unter nationalen Werten all das Gute, das dem Fortschritt des eigenen Volkes und darüber hinaus dem Wohle der Menschheit dient.«[52] Dieser Inanspruchnahme des Wahren und Schönen als Grundlage verantwortungsvoller Politik konnte keiner widersprechen. Darüber durfte aber bei aller Versöhnlichkeit die Zuspitzung auf den politischen Gegner nicht vergessen werden: »Daher muß man endlich mit der Lüge aufräumen, als seien die Krupp, Thyssen, Klöckner, Flick nationale Menschen. Diese Menschen handeln niemals national und deutsch; das streiten wir ihnen entschieden ab. Sie waren und sind in unseren Augen vaterlandslose Gesellen.« Es seien die »Junker«, die »in der Bodenreform die Gefahr wittern, daß ihnen der Boden für eine zukünftige militärische Betätigung unter den Füßen entzogen« werde.[53]

Auch diese Fokussierung des politischen Angriffs auf wenige Großgrundbesitzer und Großkapitalisten mag nicht nur bei jungen Menschen Zustimmung gefunden haben, zumal damit die weitgehende Entlastung der Bevölkerungsmehrheit von einer Mitverantwortung für Kriegführung und Kriegsverbrechen verbunden war. Daher, so Honecker in einer geschickten Volte, sei »unser Kampf für die Erhaltung der Einheit Deutschlands geradezu eine Notwendigkeit für den Sieg der Demokratie, für den Frieden und für den Fortschritt«. Und deshalb gebe sich die FDJ »als ersten Grundsatz die Erhaltung der Einheit Deutschlands«.

Das taktische Grundprinzip der künftigen Arbeit erläuterte Honecker seinem Stellvertreter Heinz Lippmann bei der Vorbereitung dieser Ansprache: »Das ist eigentlich alles ganz einfach. Unsere Forderungen müssen so formuliert sein, daß sie immer von der Mehrheit verstanden werden oder sich auf der Basis der Potsdamer Beschlüsse bewegen. Gelingt uns das, dann müssen die anderen (gemeint waren vor allem die Kirchen) mitspielen, oder sie begeben sich von selbst in die Isolierung bzw. geraten in Widerspruch zur Besatzungsmacht.« Lippmann erkannte in dieser Bemerkung Honeckers keinerlei Zwischenton oder Hintersinn. Auch bei seiner Rede vor dem Jugendparlament habe er »durchaus glaubwürdig und überzeugend« gewirkt. Die meisten Delegierten hätten den Eindruck mitgenommen, er habe es »ernst mit der Überparteilichkeit, der Stärke durch Einheit und der Vielfalt der Interessen« gemeint. »Immer noch« habe unter den jungen Menschen die Hoffnung bestanden, es könne »wenigstens bei der Jugend gelingen, eine überparteiliche Einheitsorganisation für ganz Deutschland zu schaffen, was zu diesem Zeitpunkt bei der Partei bereits fehlgeschlagen war«.[54]

Zutreffend jedenfalls ist, was Erich Honecker in seinen Erinnerungen an Beispielen jugendlichen Engagements in der unmittelbaren Nachkriegszeit beschrieb: »Ich denke hierbei an die unzähligen Jugendlichen, die seit Mai 1945 die Trümmer mit wegräumten, zerstörte Betriebe, Brücken, Straßen und Bahnen sowie Wohnungen wiederaufbauen halfen. Mitglieder der FDJ und nichtorganisierte Jugendliche griffen zu, als es nach der demokratischen Bodenreform galt, für die Neubauern Wohnhäuser, Stallungen und Scheunen zu errichten. Einige fast völlig zerstörte Dörfer wurden von Mitgliedern der FDJ wiederaufgebaut[55] [...] Viele tausend Jugendliche beteiligten sich daran, die Ernte einzubringen und die Borkenkäferplage in den Wäldern Thüringens und Brandenburgs zu bekämpfen. Jugendbrigaden der FDJ arbeiteten nach ihrer regulären Arbeitszeit am Aufbau des Zellulosewerks in Zerbst. Und viele Mitglieder unserer Organisation wirkten an der Aktion ›Der Sommer für die Kinder‹ mit, um erstmals nach dem Krieg möglichst vielen Kindern schöne Ferientage zu bereiten.« Und so ging es weiter bis in den harten Winter 1946/47, als FDJ-Mitglieder 4 000 Kubikmeter Brennholz schlugen, Sonderschichten im Bergbau fuhren oder, um die Aussaat zu sichern, 21 Reparaturkolonnen für Landmaschinen und 86 Arbeitsbrigaden für die Frühjahrsbestellung zusammenstellten. Als im Frühling 1947 die Oder über ihre Ufer trat und 55 000 Hektar Ackerland unter Wasser standen, bildete allein der FDJ-Landesverband Brandenburg 169 Einsatzgruppen, die sich an der Beseitigung der Schäden beteiligten.[56]

Die jungen Menschen ließen sich begeistern, und sie setzten sich nach Kräften für den Aufbau des zerstörten Landes ein. Kein Wunder, daß die FDJ von der SED mehr und mehr als Kaderschmiede betrachtet und auch in Anspruch genommen wurde. Zu viele Funktionäre der KPD waren während der Nazi-Zeit in den Zuchthäusern, Konzentrationslagern und in den Strafeinheiten von Wehrmacht und SS umgekommen oder hatten sich mit den neuen Machthabern arrangiert; zu viele Sozialdemokraten antworteten auf die Vereinigung beider Parteien mit der Flucht in den Westen. Außerdem war das Vertrauen, das Sowjets und Kommunisten in sie setzten, ohnehin sehr begrenzt. Also mußte die FDJ häufig ihre besten Mitglieder abtreten, wenn es vor allem auf der mittleren Führungsebene der SED galt, offene Stellen qualifiziert zu besetzen, oder wenn es, etwa bei der Polizei, darum ging, eine eigene Struktur parteitreuer Mitarbeiter überhaupt erst aufzubauen.

Zweifellos ist in dieser Rolle der FDJ für die Rekrutierung wichtiger Kader im Partei- und Staatsapparat auch eine Erklärung für die spätere Machtstellung von Erich Honecker zu sehen, denn so entstand ein unvergleichlich dichtes Netzwerk persönlicher Beziehungen, das Honecker später für eigene Zwecke nutzen und auf das er sich im Krisenfall auch verlassen konnte.

Beim II. Parlament der FDJ vom 23. bis zum 26. Mai 1947 in Meißen konnte Edith Baumann melden, daß sich bereits 454 231 junge Menschen der FDJ angeschlossen hatten, so daß die Organisation zu diesem Zeitpunkt einschließlich ihrer Mitglieder in den Westzonen etwa eine halbe Million Angehörige hatte.[57] Herausragende Beschlüsse in Meißen waren die Senkung der Wochenarbeitszeit für die Vierzehn- bis Sechzehnjährigen auf 42 und für die Sechzehn- bis Achtzehnjährigen auf 45 Stunden. Außerdem wurde sowohl den Jugendlichen wie beiden Geschlechtern die Zahlung gleichen Lohns für gleiche Arbeit zugesichert. Der Anteil von Studenten aus Arbeiter- und Bauernfamilien erreichte an den Universitäten 15 Prozent und stieg bis 1949 sogar auf 36 Prozent an. Außerdem senkte der sächsische Landtag auf Antrag der SED das Wahlalter auf 18 Jahre und das der Wählbarkeit auf 21 Jahre ab.[58]

Das für Erich Honecker wichtigste Ereignis dieses FDJ-Treffens aber war seine Rede, weil ihn die Sowjets zum ersten Mal ermächtigt hatten, gewissermaßen »große Politik« zu betreiben. Nun war er auch in dieser Hinsicht erwachsen geworden und zählte zu den wenigen Ostdeutschen, denen die Russen offenbar so weit vertrauten, daß sie aus der Funktion des bloßen Erfüllungsgehilfen in die des bevollmächtigten Botschafters befördert wurden. Bedeutsam war dieses Referat Honeckers in Meißen deshalb, weil es ihn an einem strategischen Wendepunkt der amerikanischen Deutschlandpolitik zum Wortführer der sowjetischen Gegenattacke werden ließ. Während US-Außenminister James F. Byrnes in seiner Stuttgarter Rede am 6. September 1946 das Ende der Besatzungsherrschaft angekündigt hatte und eine Einigung darüber mit den Sowjets noch nicht ausschließen wollte, sah Präsident Harry S. Truman dafür ein halbes Jahr später keine Möglichkeit mehr. Byrnes: »Das amerikanische Volk wünscht, dem deutschen Volk die Regierung Deutschlands zurückzugeben. Das amerikanische Volk will dem deutschen Volk helfen, seinen Weg zurückzufinden zu einem ehrenvollen Platz unter den freien und friedliebenden Nationen der Welt. […] Wenn eine vollständige Einigung nicht möglich ist, werden wir alles in unserer Macht Stehende tun, um die größtmögliche Einigung herzustellen.«[59] Truman dagegen erklärte in seiner Rede vor dem US-Kongreß am 12. März 1947 die Eindämmung des Weltkommunismus zur Hauptaufgabe amerikanischer Politik: »Es muß der außenpolitische Grundsatz der Vereinigten Staaten werden, allen Völkern, deren Freiheit […] bedroht ist, unseren Beistand zu leihen.«[60]

Damit war das Scheitern der gleichzeitig in Moskau stattfindenden Deutschlandkonferenz der alliierten Außenminister vorweggenommen. Die Sowjets konnten nun alles auf die deutsche Karte setzen, sich selbst als die eigentlichen Garanten der deutschen Einheit präsentieren, ohne eine reale Umsetzung dieses Anspruches befürchten zu müssen. So wurde Erich Honecker in Meißen zu ihrem Sprachrohr. Er beklagte die Meinungsverschiedenheiten zwischen den Siegermächten, beschwor deren Gemeinsamkeit, so wie sie im Potsdamer Abkommen zum Ausdruck gekommen war, und forderte, die deutsche Bevölkerung in einer freien Abstimmung »über die Einheit Deutschlands mit zentralisierter Verwaltung« ein Votum abgeben zu lassen. Eines positiven Ergebnisses konnten er und die Sowjets sicher sein, ohne sich dem Risiko freier Wahlen mit einem sehr viel ungewisseren Ausgang gestellt zu haben. Resignation und die fatalistische Einschätzung, die deutschen Interessen spielten im globalen Konflikt der Großmächte doch schon lange keine Rolle mehr, wies Honecker zurück, wobei offenbleibt, ob er dies gegen besseres Wissen tat: »Wir müssen mit aller Entschiedenheit darauf hinweisen, daß diese Auffassungen Fehlschlüsse sind, daß sie durchaus nicht am Platz sind, sondern daß die Haltung des deutschen Volkes und seiner Jugend außerordentlich ausschlaggebend und einflußnehmend auf die Stellung der alliierten Nationen in der Behandlung der deutschen Frage ist.«[61]

Mit seinem Auftritt in Meißen war Erich Honecker in die erste Reihe ostdeutscher Politprominenz aufgerückt. Zuvor hatte er noch dafür gesorgt, daß er künftig aus dem Zentralrat der FDJ nicht mehr massiveren Widerspruch befürchten mußte. Manfred Klein beobachtete als Vertreter der katholischen Jugend mit wachsender Sorge, daß die anfangs gelobte Überparteilichkeit zumindest in der politischen Schulungsarbeit der FDJ immer weniger eingelöst wurde. Vor allem die Kurse der 1946 in Goebbels' weitläufigem Sommerhaus am Bogensee bei Bernau eingerichteten FDJ-Hochschule bekamen nach seiner Einschätzung zunehmend den Charakter einer »Schulung zur praktischen Wahrnehmung der Diktatur des Proletariats im eindeutigen Sinne der SED«[62]. Deshalb beauftragten zehn nicht der SED zugehörige Zentralratsmitglieder Manfred Klein, dieses Thema auf der Zentralratssitzung im Februar 1947 vorzutragen. Manfred Klein formulierte einen Resolutionsentwurf: »Die FDJ möge beschließen, daß jede Anwendung von Gewalt im politischen Leben oder deren Propagierung automatisch den Ausschluß aus der FDJ nach sich zieht.«[63]

Was danach geschah, berichtete Manfred Klein Jahre später in seinem Buch *Jugend zwischen den Diktaturen*: Diese Schilderung sei ausführlicher wiedergegeben, weil sie besonders eindrücklich zu erkennen gibt, wie damals in der FDJ mit Menschen umgegangen wurde, die – den Statuten entsprechend – auf die Gewaltfreiheit und Überparteilichkeit der Jugendorganisation pochten[64]: »Heute, in größerer Distanz, kann ich mich gut in die Gedankengänge Honeckers, Paul Verners, Hermann Axens und Heinz Keßlers versetzen, die unbestritten damals die Fäden in der FDJ in der Hand hielten: Sie mußten, koste es was es wolle, die Resolution verhindern. Entweder mußten wir zur Rücknahme unseres Antrages bewegt werden, oder es mußte uns soviel Angst eingejagt werden, daß wir zunächst de facto auf die weitere Verhandlung verzichteten.«

Erich Honecker habe die erste Variante gewählt, die »zwar mit Sicherheit die Spannung verschärfte, aber vielleicht doch ohne wesentliche Opfer zu beschreiten gewesen wäre. […] Eines Tages bat er mich zum Gespräch unter vier Augen in sein Zimmer und machte mir unmißverständlich klar, daß es für mich das Beste wäre, den von mir eingebrachten Antrag auch selbst wieder zurückzuziehen. Es täte ihm um mich leid. Natürlich nahm ich diese Andeutung durchaus ernst und beriet mich mit Domvikar Lange. Wir kamen jedoch zu dem praktischen Schluß, daß Honecker gar nicht anders handeln konnte und sich in seiner Drohung der Erfolg unseres Schrittes widerspiegelte.

Nun mußten wir Nerven behalten und zu unserer Sache stehen.«

Also ging Erich Honecker zur zweiten Variante über und erhöhte den Druck auf Klein beträchtlich: »Innerhalb der nächsten Woche sprach mich Honecker noch zweimal in gleicher Weise an, das letztemal besonders dringlich, indem er von seiner Haftzeit im Zuchthaus Brandenburg erzählte und von einer ›gewissen Solidarität‹ zur katholischen Jugend noch von dieser Zeit gemeinsamer Verfolgung her sprach: ›... es wäre doch wirklich schade!‹ Auch eine erneute Beratung in unserem Kreis brachte kein anderes Ergebnis, obwohl ich nicht verschweigen kann, daß ich persönlich nicht ganz unberührt von den von Honecker angedeuteten Perspektiven blieb.«

Völlig zu Recht, wie sich wenige Tage später herausstellte. Manfred Klein wurde von zwei sowjetischen Offizieren abgeholt und nach anderthalbjähriger Untersuchungshaft im Berliner Kellergefängnis des sowjetischen Sicherheitsdienstes in der Prenzlauer Allee im Dezember 1948 wegen angeblicher »Kontakte zum amerikanischen Geheimdienst« und wegen eines Treffens mit Konrad Adenauer im Jahr 1946 zu 25 Jahren Zwangsarbeit verurteilt.[65] 1957 wurde er im Austausch gegen den in der Bundesrepublik abgeurteilten nordrhein-westfälischen FDJ-Vorsitzenden Jupp Angenfort aus der Haft entlassen.[66]

Die Beschlußfassung über den Antrag von Manfred Klein wurde auf der Zentralratssitzung im Februar 1947 verschoben – und nie mehr nachgeholt. Der Konflikt zwischen den Kirchenvertretern und den SED-Mitgliedern in der FDJ-Spitze endete im Januar 1948 nicht nach einer Klärung der Meinungsverschiedenheiten, sondern mit dem Rücktritt von Domvikar Robert Lange, des evangelischen Pfarrers Oswald Hanisch, des LDPD-Beauftragten Herbert Geisler und weiterer Gründungsmitglieder der FDJ aus bürgerlichen Kreisen.[67]

Zu deren Enttäuschung mögen auch die Erfahrungen beigetragen haben, die sie mit dem ersten internationalen Auftritt der Freien Deutschen Jugend gemacht haben – der später zum »Friedensflug nach Osten« verklärten Fahrt einer FDJ-Delegation zum »Sportfest der Sowjetjugend« im Juli 1947 in die Sowjetunion. Die Einladung durch das russische Antifaschistische Komitee der Sportjugend kam zustande, nachdem Pfarrer Hanisch während einer Zentralratstagung diesen Wunsch an einen der teilnehmenden SMAD-Offiziere gerichtet hatte. Am 14. Juli 1947 schickte Erich Honecker eine offizielle Anfrage nach Moskau. Bereits drei Tage später traf die Antwort ein – mit einer Einladung für elf Teilnehmer, die alle in der FDJ zusammengeschlossenen Jugendgruppen in ihrer ganzen Breite vertreten sollten und mit der Angabe des Abflugtermins für die Nacht vom 18. zum 19. Juli. Weil ihr in diesen wenigen Tagen die Auswahl einer »zuverlässigen« Reisegruppe nicht mehr möglich erschien, begrenzte die SMAD die Zahl der Teilnehmer auf fünf, die wiederum Honecker benannte: Neben ihm flogen Heinz Keßler und Robert Menzel gewissermaßen auf kommunistischem Ticket sowie Edith Baumann als SED-Vorstandsmitglied sozialdemokratischer Herkunft und Herbert Geisler, der Sportreferent des Zentralrats, aus der LDPD. Nicht dabei waren zu ihrer großen Verblüffung die beiden Geistlichen Lange und Hanisch.[68]

»Haß gegenüber allem, was deutsch war, wäre verständlich gewesen«, schrieb Honecker in seinen Erinnerungen über seine Eindrücke von dieser Reise. Was der FDJ-Delegation tatsächlich begegnete, war jedoch gänzlich anderer Art: »Wir [wurden] als Freunde empfangen. Wir erhielten Speisen und Getränke, die unsere Gastgeber selbst meist noch entbehren mußten.«[69]

Nach der Heimkehr beschrieb Erich Honecker in einer von Herbert Geisler herausgegebenen Broschüre seine

Beobachtungen und Begegnungen während der Fahrt. Ein Foto zeigte die fünf Reisegefährten.[70] Als die FDJ-Zeitung *Junge Welt* zwanzig Jahre später über dieses »historische Ereignis« berichtete, war auch Geisler ein Opfer der Verhältnisse geworden. Er wurde aus diesem Bild ganz einfach herausgeschnitten, und im Text hieß es ohne weitere Namensnennung, es seien 1947 »fünf Vertreter der FDJ unter der Leitung des damaligen FDJ-Vorsitzenden Erich Honecker« in die Sowjetunion geflogen.[71]

Damals, schrieb Honecker-Stellvertreter Heinz Lippmann, habe er ihn »zum ersten Mal überzeugend und glaubwürdig« seine Haltung zur Sowjetunion und seine Auffassung über die Zukunft Deutschlands äußern hören. Nach diesem Besuch, sagte Honecker zu FDJ-Funktionären, wisse er »hundertprozentig«, daß nichts die Sowjetbürger auf ihrem Weg zum Kommunismus aufhalten könne: »Und ich will euch noch etwas sagen: Wenn wir in Deutschland unser Ziel erreichen wollen, aus den Trümmern des Hitler-Faschismus ein modernes, sozialistisches Deutschland zu bauen, dann können wir das nur und einzig und allein mit Unterstützung und an der Seite der sowjetischen Genossen.« Die hätten in wenigen Jahren trotz der Wunden, die der Krieg dem Land geschlagen hatte, Bewunderswertes an Wiederaufbau geleistet. Daher liege für ihn auf der Hand: »Wenn wir mit der Sowjetunion verbündet bleiben, werden wir bald ganz Deutschland besitzen, und dann kann nichts mehr den Sozialismus in Europa aufhalten.« Seit dieser Reise, beobachtete Heinz Lippmann, sei Honecker sehr viel »selbstbewußter und in seinem Auftreten entschiedener« geworden.[72]

Auch im privaten Leben Erich Honeckers ergaben sich Veränderungen. 1947 zog er mit der drei Jahre älteren Edith Baumann, seiner Stellvertreterin im FDJ-Vorstand, zusammen und heiratete sie im Dezember 1949. »Das war keine politische Ehe«, berichtete er Reinhold Andert und

Wolfgang Herzberg 1990. Er sei damals »sehr anlehnungsbedürftig« gewesen. »Wir haben oft zusammen auch bei ihr zu Hause gesessen und haben Entschließungen verfaßt und Referate ausgearbeitet. Sie war auf diesem Gebiet sehr talentiert. Außerdem konnte sie flott Schreibmaschine schreiben. Wir haben gut zusammengearbeitet.«[73] Ein Jahr später kam die Tochter Erika zur Welt.

Offenkundig war die Hochzeit aber keine Liebesheirat, denn schon 1949 lernte Honecker die 15 Jahre jüngere Margot Feist aus Halle näher kennen, der nach dem Besuch der Parteihochschule in Liebenwalde die Leitung der Pionierorganisation »Ernst Thälmann« übertragen wurde. Margot Feist war seit 1949 Mitglied der Volkskammer, seit 1950 Kandidatin und Mitglied des SED-Zentralkomitees und von 1963 bis 1989 Ministerin für Volksbildung. 1952 wurde die Tochter Sonja geboren, und Edith Baumann willigte in die Scheidung ein. Anfang 1953 heirateten Erich Honecker und Margot Feist.[74] Ihre Persönlichkeit und Charaktereigenschaften beschrieb der Honecker-Stellvertreter Heinz Lippmann: »Margot Feist-Honecker ist überaus strebsam, fast ehrgeizig. Das beeinträchtigt jedoch weder ihren weiblichen Charme noch ihre Fähigkeit zu gefühlsbetonten menschlichen Entscheidungen. […] Ihre Intelligenz ist mit Herzlichkeit und Wärme verbunden, und das gibt ihrem Wesen etwas Gewinnendes.« FDJ-Funktionäre, die sich mit einem Anliegen nicht ohne weiteres an Honecker wenden wollten, hätten zuweilen den Umweg über seine Frau gesucht, da sie einen »mäßigenden Einfluß« auf dessen »manchmal aufbrausendes« Temperament ausübe. Insgesamt gelte, so Lippmann: »Margot Feist-Honecker kann hart arbeiten, weiß, was sie will und versteht, sich in einer überwiegend von Männern geführten Gesellschaft durchzusetzen.«[75]

Enttäuschte Hoffnungen

So wie die FDJ zwar nicht ihren Anspruch aufgab, die überparteiliche Organisation für die gesamte Jugend zu sein, faktisch aber unübersehbar zum Steuerungsinstrument und zur Kaderreserve der SED wurde, so entwickelte sich auch die Einheitspartei selbst mehr und mehr von ihrer öffentlich proklamierten und der in ihrem Programm festgehaltenen Gründungsidee hin zu einer bloßen Agentur sowjetischer – was damals hieß: stalinistischer – Politik. Im September 1948 versprach das Zentralsekretariat der SED, das Stalinsche »Machwerk« *Geschichte der KPdSU (B) – Kurzer Lehrgang* (so die abwertende Einschätzung Nikita Chruschtschows 1956) zur Grundlage der Parteischulung zu machen, und beschloß die Einrichtung einer Zentralen Parteikontrollkommission (ZPKK) unter Leitung des Sowjetunion-Emigranten Hermann Matern, die mit einem entsprechenden Unterbau bis in die Kreisverbände hinein für unbedingte Linientreue und Kaderdisziplin sorgen sollte.

Während seiner 16. Tagung kündigte der Parteivorstand im Januar 1949 das ursprüngliche Prinzip der paritätischen Besetzung aller Gremien mit der gleichen Zahl ehemaliger Sozialdemokraten und Kommunisten auf. Die Parteiführung übernahm nun nach Moskauer Muster ein Politbüro, dessen Mitglieder die Kommunisten Franz Dahlem, Paul Merker, Wilhelm Pieck und Walter Ulbricht sowie die früheren Sozialdemokraten Friedrich Ebert, Otto Grotewohl und Helmut Lehmann wurden.

Die 1. Parteikonferenz der SED vom 25. bis 28. Januar 1949 gab endgültig zu erkennen, in welcher Richtung der politische Kurs für die Zukunft abgesteckt war: »Die SED steht heute vor der großen historischen Aufgabe, den demokratischen Neuaufbau in der Ostzone zu festigen und von dieser Basis aus den Kampf für die demokratische

Einheit Deutschlands, für den Frieden und für die fortschrittliche Entwicklung zu verstärken.« Die Partei könne indes diese Aufgaben nur erfüllen, wenn sie »unermüdlich« weiter daran arbeite, die »SED zu einer Partei neuen Typus, zu einer marxistisch-leninistischen Kampfpartei zu entwickeln«[76].

Diese Stalinisierung der SED unter Walter Ulbricht zwei Jahrzehnte nach der Stalinisierung der KPD unter Ernst Thälmann trug zur ideologischen Begriffsklärung nicht wenig bei und zeigte, wohin die politische Reise ging. Zu diesen Bedingungen war, nach westlichem Verständnis zumindest, weder ein »demokratischer Neuaufbau« zu organisieren noch die »demokratische Einheit Deutschlands« zu haben. Die ersten »volksdemokratischen« Wahlen in Ostdeutschland im Mai 1949 unterstrichen zudem, was man sich dort künftig unter freien, gleichen und geheimen Abstimmungen vorzustellen hatte. Die in der Nationalen Front zusammengeschlossenen Parteien erzielten im Deutschen Volksrat mit seinen 330 Sitzen exakt die Zahl an Mandaten, die vorher festgelegt worden war: 90 gingen an die SED, je 45 an CDU und LDPD sowie je 15 an die Demokratische Bauernpartei (DBD) und die National-Demokratische Partei (NDPD). Im Volksrat vertreten waren weiter etliche »gesellschaftliche Vereinigungen« von der FDJ über den Gewerkschaftsbund bis zur Vereinigung der Verfolgten des Naziregimes mit jeweils zwischen fünf und 30 Delegierten, die meist SED-Mitglieder waren. Hinzu kamen 35 direkt nominierte Kandidaten und fünf Vertreter der nur noch in Berlin zugelassenen SPD. Das Entscheidungsmonopol der SED war damit etabliert.

Wahlen, an denen jeder teilzunehmen hatte, wurden in Ostdeutschland zum schieren Zettelfalten, zur Akklamation. Die SED brauchte von diesem Parlament und – innerparteilich – nach ihrer Einführung der Prinzipien des

»demokratischen Zentralismus« auch von den eigenen Mitgliedern Widerspruch kaum mehr zu fürchten. Erich Honecker, der als FDJ-Vorsitzender und Mitglied des SED-Parteivorstandes selbstverständlich auch einen Sitz im Volksrat einnahm, beschrieb in seinen Erinnerungen die damalige Entscheidungslage so, wie er sie durch seine stalinistische Brille sah: »Wir standen vor der Frage, entweder die antifaschistisch-demokratischen Verhältnisse zu festigen und planmäßig die revolutionäre Umwälzung auf dem Weg zum Sozialismus fortzuführen oder die antiimperialistischen, demokratischen Errungenschaften preiszugeben und eine Restauration monopolkapitalistischer Verhältnisse zuzulassen.« Angesichts der so verstandenen Alternative habe sich die SED »logischerweise für das erstere« entschieden. Zugleich, meinte Honecker, sei dies auch »die einzig mögliche Antwort auf die Spaltung Deutschlands durch die restaurativen und konterrevolutionären Kräfte des deutschen und des internationalen Monopolkapitals« gewesen.[77] Zumal die Sowjets anderes auch gewiß nicht zugelassen hätten.

Am 11. Oktober 1949 wählte der Volksrat den SED-Vorsitzenden Wilhelm Pieck zum Staatspräsidenten. Ministerpräsident und Regierungschef wurde Otto Grotewohl, der ebenfalls seinen Platz in der Parteispitze beibehielt. Die eigentlichen Entscheidungen aber traf das unter dem Vorsitz von Walter Ulbricht eingerichtete »Kleine Sekretariat« des Politbüros, das bis in den Juni 1953 hinein durch mindestens zweimal wöchentlich im »Russenstädtchen« Karlshorst stattfindende »Konsultationen« an die nach der DDR-Gründung in Sowjetische Kontrollkommission umbenannte Militäradministration unter General Wassili Tschuikow angebunden wurde. Ostdeutschland war strategisches Vorfeld und militärischer Aufmarschplatz der Sowjetunion, jede politische, jede wirtschaftliche Entscheidung dort berührte russische Interessen unmittelbar, und entsprechend kurz war die Leine, an der nicht nur die DDR-Politiker der ersten Stunde geführt wurden. So verblüffend wie bezeichnend allerdings ist, das diese sowjetischen »Berater« den eindeutigen Herrschaftscharakter ihrer »Anleitungen« in dieser Qualität nicht wahrgenommen zu haben scheinen: »Natürlich gab es Angst und Bedrohung im stalinistischen System. Was man jedoch [...] feststellt, ist eine tiefe Überzeugung von der Überlegenheit des bolschewistischen Wegs – eine Überzeugung, die so fest war, daß nur wenige sowjetische Offiziere bemerkten, wie unpopulär sie in der eigenen Besatzungszone waren und wie nachteilig sich das sowjetische System für die Deutschen auswirkte. Sie waren der Annahme, daß zumindest die Deutschen in der sowjetischen Zone diese Überlegenheit des sowjetischen Weges verstehen würden«[78], beschrieb der Historiker Norman Naimark die damalige Situation.

Zu diesem Fehlurteil, das neben Erich Honecker auch mancher andere in der SED-Spitze teilte, mag die hemmungslose Idealisierung Stalins und der Verhältnisse in der Sowjetunion beigetragen haben, zu der sich die deutschen Parteiführer verpflichtet oder gezwungen fühlten, soweit diese Haltung nicht – psychologisch betrachtet – einer eigentümlichen Lust an der Unterwerfung oder am Pakt mit dem erweislich Stärkeren entsprang.

Der Stalin-Kult nahm mystische und groteske Züge an. Wissenschaftler gelobten, seine beiläufigen und nicht selten platten Bemerkungen über Alltagsbeobachtungen zur Grundlage ernsthafter, akademischer Studien zu machen. Keine Parteiveranstaltung und keine politische Veröffentlichung waren mehr vorstellbar, in denen nicht auf Stalin und das sowjetische Vorbild verpflichtend Bezug genommen wurde. Der III. SED-Parteitag zwischen dem 20. und 24. Juli 1950 schließlich gelobte nicht nur gehorsam den »Kampf gegen Spione und Agenten«, gegen die

»Tito-Clique«, gegen »Trotzkisten« und gegen die »Überreste des Sozialdemokratismus in der SED«, sondern pries in Stalin den »geliebten Führer der Werktätigen der ganzen Welt«, den »besten Freund des deutschen Volkes!«[79] Auf diesem Parteitag hatte auch Louis Fürnbergs so verzweiflungsvoll beschwörende Hymne »Die Partei« ihre Premiere, die, wie konnte es anders sein, in einer tiefen Verbeugung vor Lenin und Stalin ausklang.[80] Die Partei – die starke Mutter, die große Nährerin, der warme Schoß, der letzte Trost. Gleichwohl wurde die Zeile »Die Partei, die Partei, die hat immer recht« auch unter SED-Mitgliedern recht bald zum ironisch zitierten Diktum.

Die Partei wählte Erich Honecker in das Zentralkomitee, das ihn – als Kandidaten – zu den 15 Mitgliedern des neuen Politbüros machte. Nur noch zwei ehemalige Sozialdemokraten, nämlich Otto Grotewohl und Friedrich Ebert, gehörten zu den neun Vollmitgliedern; die anderen waren: Wilhelm Pieck, Walter Ulbricht, Franz Dahlem, Hermann Matern, Fred Oelßner, Heinrich Rau und Wilhelm Zaisser. Unter den Kandidaten war allein Erich Mückenberger ein früherer Sozialdemokrat, die übrigen waren, wie Honecker, Kommunisten: Anton Ackermann, Rudolf Herrnstadt, Hans Jendretzky und Elli Schmidt.

Erich Honecker gehörte jetzt zum engsten Kreis der Macht. Durch Anpassungswillen, durch unbedingte Ergebenheit gegenüber Pieck und Ulbricht und durch aufmerksames Entgegenkommen, was die Vorgaben der russischen »Berater« anging, hatte er sich für den Aufstieg empfohlen. Gleichwohl blieb er nach dem Urteil damaliger Mitarbeiter in seinem Lebenszuschnitt bescheiden. Er trank offenbar mäßig, am liebsten gelegentlich wenige Glas Bier, und bevorzugte kräftige Hausmannskost: Eisbein mit Erbsenpürree und Sauerkraut. Er spielte unverändert gern Skat, und sein betont kameradschaftlicher Umgang mit den ihm nun zugeteilten Personenschützern der Staatssicherheit fiel auf, weil er ungewöhnlich war.[81]

Was sich dagegen änderte, das war nach den Festellungen derselben engen Beobachter sein Führungsstil. Er wurde zunehmend verschlossen, informierte die Mitglieder des FDJ-Sekretariats nur noch ungenügend über Entscheidungen der Parteispitze und bezog seine Direktiven am liebsten direkt von Walter Ulbricht. »Einwände«, schrieb Heinz Lippmann, »ließ Honecker nicht gelten. Er duldete keinen Widerspruch, und wenn seine Argumente nicht überzeugten, behauptete er schlicht, das sei mit der Partei so abgesprochen und müsse deshalb auch so verwirklicht werden.« Immer wieder, so Lippmann, sei deutlich geworden, daß Honecker politische Auseinandersetzungen nur so weit führte, wie er hoffen konnte, ein für ihn günstiges Ergebnis zu erzielen: »Sobald er spürte, daß er sich nicht durchsetzen würde, brach er jede Diskussion ab und ging dazu über, seine Machtposition ins Feld zu führen.«[82] Anfang der fünfziger Jahre meinte Lippmann bei Honecker eine »autoritäre Entwicklung« festgestellt zu haben: »Wenn er dienstags aus den Politbürositzungen in das Sekretariat kam, referierte er ausschließlich nach den Notizen, die er sich auf der Politbürositzung gemacht hatte. Das Sekretariat konnte lediglich gemeinsam mit ihm überlegen, wie sich die eine oder andere Maßnahme oder These der Partei in eine jugendgemäße Sprache oder in der Jugend entsprechende Methoden umsetzen ließe. Grundsatzdiskussionen oder Kritik gab es kaum mehr.«[83]

Wer im FDJ-Zentralrat nicht kuschte, mußte damit rechnen, abserviert zu werden. Horst Brasch, Gerhard Heidenreich, Erich Hönisch, Heinz Keßler und Karl Morgenstern, die aus den Landesverbänden in das Sekretariat übergewechselt waren, bekamen das nachhaltig zu spüren, als sie sich über Honeckers selbstherrliche Amtsführung bei Pieck und Ulbricht beschweren wollten.

Honecker wurde dies zugetragen, er übte gelinde Selbstkritik, führte vorübergehend einen kollegialeren Arbeitsstil ein – und sorgte konsequent dafür, daß seine Kritiker aus der FDJ-Führung verschwanden: Brasch wurde Volksbildungsminister in Brandenburg, Heidenreich erhielt eine Versetzung in die Kaderabteilung beim Zentralkomitee, Hönisch wurde in die Landesleitung der Berliner SED abkommandiert, Morgenstern kam zur Kasernierten Volkspolizei, und selbst sein Skatbruder Keßler hatte künftig beim Aufbau der DDR-Luftwaffe mitzuhelfen.[84]

Eine Konsequenz, die Honecker nach Einschätzung von Lippmann aus dieser Führungskrise zog, sei es gewesen, nie wieder Funktionäre in das FDJ-Sekretariat zu holen, die über gleich lange Parteierfahrung verfügten oder ihm ideologisch überlegen waren. Und dazu gehörte angesichts der schmalen theoretischen Grundlage seiner politischen Bildung nicht sehr viel. Auch Intellektuelle, monierte Lippmann, habe Honecker abgelehnt, »selbst wenn sie politisch hervorragend ausgebildet waren und eine einwandfreie parteiliche Vergangenheit nachweisen konnten«.[85] Freilich habe Honeckers Eigenwilligkeit dort ihre Grenze gefunden, wo er Schaden für sich selbst nicht ausschließen konnte. Als im Mai 1950 die Staatssicherheit den westdeutschen stellvertretenden KPD-Vorsitzenden Kurt Müller festnahm, den Honecker aus der Zeit vor seiner eigenen Verhaftung durch die Gestapo 1935 gut kannte, wagte er keinen Vorstoß zu dessen Gunsten. Lippmann: »Zwar schien er betroffen zu sein, faßte sich jedoch rasch und erklärte unverbindlich: ›Wenn die Partei so einen Schritt tut, wird sie schon wissen, warum.‹«[86]

Zwischen dem in Machtkämpfen wie kein zweiter erfahrenen Walter Ulbricht und dem loyalen, lernbegierigen Erich Honecker entstand eine durchaus nicht gleichberechtigte, sehr wohl aber gegenseitige Beziehung. Ulbricht wie Honecker wußten, daß sie ohne verläßlichen Verbündeten im Politbüro den wechselnden Optionen Stalinscher Politik noch hilfloser ausgeliefert gewesen wären als den auch so schon schwer genug zu überblickenden Intrigen und Fraktionskämpfen in der eigenen Parteiführung. Also folgte Honecker blindlings jeder Entscheidung Ulbrichts, und dieser wiederum schützte ihn, wenn er von anderen Politbüromitgliedern angegriffen wurde, die eigentlich Ulbricht meinten, aber lieber den Sack als den Esel schlugen. Organisationsmängel, die während der ersten Jahre in der FDJ auf allen Führungsebenen zutage traten und kontinuierliche Jugendarbeit unmöglich machten; strategische Fehler vor dem »Deutschlandtreffen« zu Pfingsten 1950, als eine Million Jugendliche aus allen Teilen Deutschlands nach Berlin kamen, um auch im Westteil der Stadt ein Bekenntnis für die »volksdemokratische« Einheit der Nation abzulegen und durch massiven Einsatz der West-Berliner Polizei blutig daran gehindert wurden; Pannen während der »3. Weltfestspiele der Jugend« im Sommer 1951, als die Veranstalter feststellen mußten, daß Ost-Berlin für die Masse der Besucher weder mit Unterkünften noch Verpflegung hinreichend gerüstet war; aber auch die zwischen Ulbricht und Honecker abgestimmte Umgehung der Parteigremien, als das IV. Parlament der FDJ in Leipzig Ende Mai 1952 dazu aufrief, die Adenauer-Regierung in Bonn zu stürzen, damit so nachträglich die Unterzeichnung des »Deutschlandvertrages« zwischen der Bundesrepublik und den drei Westalliierten am 26. Mai und des Vertrages mit Frankreich, Italien, Belgien, Luxemburg und den Niederlanden über die Gründung einer »Europäischen Verteidigungsgemeinschaft« am folgenden Tag in Paris aufgehoben würde, führten zu nicht mehr als leisem Grummeln im Politbüro. Zu stabil war die Allianz zwischen dem durchtriebenen Alten und dem mittlerweile auch schon vierzigjährigen Berufsjugendlichen, und zu unüberwindbar war die Rückversicherung, die sich beide vor jedem ihrer politischen Schritte in Moskau holten.

Umgekehrt war die Rücksicht, die in Moskau auf die Ost-Berliner Statthalter genommen wurde, durchaus begrenzt. Als das sowjetische Außenministerium und das Politbüro der KPdSU ab dem Sommer 1950 erkennen mußten, daß sich mit der Wiederaufrüstung der Bundesrepublik im Rahmen der »Europäischen Verteidigungsgemeinschaft« und durch die Aufhebung des Besatzungsstatuts im »Deutschlandvertrag« die politischen Gewichte in Mitteleuropa zu ihren Ungunsten verschieben könnten, wurde Stalin aktiv.[87] In drei gleichlautenden Noten an die Regierungen der westlichen Siegermächte versuchte er am 10. März 1952 die politische Initiative zurückzugewinnen. Er forderte, »unverzüglich die Frage eines Friedensvertrages mit Deutschland zu erwägen«. Die Notwendigkeit eines solchen Vertragswerkes werde »dadurch diktiert, daß die Gefahr einer Wiederherstellung des deutschen Militarismus, der zwei Weltkriege entfesselt hat, nicht beseitigt« sei, weil die »entsprechenden Beschlüsse der Potsdamer Konferenz immer noch nicht durchgeführt sind«[88]. Es verstehe sich, daß dieser Vertrag »unter unmittelbarer Beteiligung Deutschlands, vertreten durch eine gesamtdeutsche Regierung, ausgearbeitet« werden müsse. Daher sei zwischen allen vier Siegermächten zu prüfen, wie »die schleunigste Bildung einer gesamtdeutschen, den Willen des deutschen Volkes ausdrückenden Regierung« auf den Weg gebracht werden könne.

Als Grundlagen eines Friedensvertrages mit Deutschland zählte Stalin in dieser Note – neben der Gewährleistung aller bürgerlichen Verfassungsrechte – weitreichende machtpolitische Zugeständnisse auf: Deutschland werde als »einheitlicher Staat« wiederhergestellt; alle Streitkräfte der Besatzungsmächte müßten »spätestens ein Jahr nach Inkrafttreten des Friedensvertrages aus Deutschland abgezogen« werden; das deutsche Staatsgebiet werde »durch die Grenzen bestimmt, die durch die Beschlüsse der Potsdamer Konferenz« festgelegt wurden – also die Grenzen des Jahres 1937; Deutschland könne »nationale Streitkräfte« in einem Umfange aufbauen, der »für die Verteidigung des Landes notwendig« sei. Im Gegenzug habe sich Deutschland lediglich zu verpflichten, »keinerlei Koalition oder Militärbündnisse einzugehen, die sich gegen irgendeinen Staat richten, der mit seinen Streitkräften am Krieg gegen Deutschland teilgenommen« habe.

Bis heute ist umstritten, ob Stalin tatsächlich bereit war, die sowjetische Vormachtstellung bis zur Elbe und das SED-Regime zugunsten eines neutralisierten Gesamtdeutschlands preiszugeben. War ihm die Herauslösung beziehungsweise die Nichtaufnahme der Bundesrepublik in das westliche Bündnis und die damit verbundene Schwächung der amerikanischen Position in Mitteleuropa so viel wert, daß er dafür mit dem eigenen Rückzug hinter die Oder, vielleicht sogar hinter die deutsch-polnische Grenze der Vorkriegszeit bezahlt hätte? Oder war das Ganze, weil Stalin die Zurückweisung seiner Vorschläge durch die drei Westalliierten und die Bonner Regierung von vornherein unterstellte, nichts als ein Propagandamanöver, um die längst beschlossene Aufrüstung in der DDR besser begründen zu können und um die Verantwortung für die deutsche Teilung endgültig von sich auf die Westmächte bzw. die Adenauer-Regierung zu verlagern?

Diese Frage ist aufgrund der noch immer unzureichenden Quellenlage nicht abschließend zu beantworten. Jedenfalls bestellte Stalin Ende März 1952 Otto Grotewohl, Wilhelm Pieck und Walter Ulbricht, denen ebenso wie den anderen osteuropäischen Regierungen der Wortlaut der Stalin-Note nur Stunden vor ihrer Übergabe an die Westmächte bekanntgegeben worden war, nach Moskau zum Rapport. Sie sollten über die Wirkung dieses Friedensvertragsangebotes in der DDR berichten und neue Direktiven in Empfang nehmen. In einem ersten Gespräch der SED-Führer mit dem Moskauer Politbüro am 1. April 1952 versicherte Pieck erwartungsgemäß, »der Vorschlag der Sowjetregierung« habe »eine große Bewegung der Massen ausgelöst – durch die die Westmächte und ihre Adenauer-Regierung in harte Bedrängnis geraten«. Danach wollte er aber bei seinen sowjetischen Gesprächspartnern in Erfahrung bringen, was ihn existenziell sehr viel mehr bedrängte: »Wie stehen die Perspektiven hinsichtlich des Abschlusses eines Friedensvertrages mit Deutschland; wird es zu einer Konferenz der vier Mächte kommen, welche Ergebnisse sind von dieser Konferenz zu erwarten?«

Da zu diesen Fragen die Meinungsbildung im Politbüro der KPdSU noch nicht abgeschlossen war, blieben sie unbeantwortet. Beim nächsten Treffen am 7. April allerdings redete Stalin Klartext. Er verstand die Antwort der Westmächte vom 25. März, in der auf seinen vordergründig sehr entgegenkommenden Friedensvertragsvorschlag überhaupt nicht eingegangen worden war, sondern freie Wahlen in Gesamtdeutschland gefordert wurden, als Ausdruck ihres Desinteresses, ja als Kampfansage. Er erklärte, daß, »welche Vorschläge zur deutschen Frage wir auch machen würden, die westlichen Staaten mit ihnen nicht einverstanden wären und Westdeutschland auf keinen Fall aufgeben würden. Zu denken, daß es einen Kompromiß geben oder die Amerikaner den vorgeschlagenen Friedensvertrag akzeptieren könnten, wäre ein großer Irrtum. Die Amerikaner brauchen eine Armee in Westdeutschland, um Westeuropa zu halten. […] Tatsächlich entwickelt sich in Westdeutschland ein selbständiger Staat.«

Da angesichts dieser zutreffenden strategischen Beurteilung der amerikanischen Position die Aussichtslosig-

1 Die Mutter Karoline Honecker mit ihren vier Kindern Willi, Erich, Katharina und Frieda (von links), um 1915

2 Spielmannszug des Wiebelskirchener Roten Frontkämpferbundes, 1929, hinter der großen Trommel Wilhelm Honecker, neben ihm E. H.

3 Nach der Verhaftung im Dezember 1935

4 Auf dem »Friedensflug nach Osten«, 1947, hier begann die Beziehung zwischen E. H. und Edith Baumann, mit der er zwei Jahre verheiratet war.
Von links: Herbert Geisler, Robert Menzel, Edith Baumann, E. H., Heinz Keßler

5 Als Vorsitzender der Freien Deutschen Jugend, 1951

6 E. H. gratuliert Walter Ulbricht zum 78. Geburtstag am
   30. Juni 1971

7   VIII. SED-Parteitag, Berlin 1971.
    Von links: Willi Stoph, Leonid Breschnew, E. H.

8 Jagdausflug à la Honecker, 1971. Vorn Leonid Breschnew

9 E. H. mit Fidel Castro während seines Kuba-Besuches, Februar 1974

10 E. H. inthronisiert den neuen FDJ-Vorsitzenden Egon Krenz, 1976

11 E. H. mit Ehefrau Margot, Tochter Sonja und Enkel Roberto, 1977

12 Delegation grüner Bundestagsabgeordneter in der DDR, Oktober 1983.
Antje Vollmer, Lukas Beckmann, Dirk Schneider, Otto Schily, Petra Kelly und Gerd Bastian (von links)

13 Besuch Willy Brandts, September 1985

14 Als offizieller Gast von Bundeskanzler Helmut Kohl beim Staatsbesuch in der BRD, 1987

15 Im Angesicht des Untergangs, mit Michail Gorbatschow bei dessen Berlin-Besuch am 7. Oktober 1989

16 Mit Sonderbotschafter James Holger beim Verlassen der chilenischen Botschaft in Moskau, 29. Juli 1992

17 In Santiago de Chile, April 1993

keit des eigenen Vorstoßes feststand, entschied sich Stalin zu dessen propagandistischer Auswertung. Er stimmte in drei weiteren Noten freien Wahlen zu – wohl wissend, daß weder die Westmächte noch die Bonner Regierung sich darauf einlassen würden. Er ging mit diesem Zugeständnis kein Risiko ein, schob die Schuld für ein Scheitern seiner Vertragsinitiative aber eindeutig auf die Gegenseite. Im übrigen kehrte er zur Ausgangslage sowjetischer Sicherheitsüberlegungen zurück, wie sie sich nach dem Zweiten Weltkrieg entwickelt hatten, und wies folgerichtig die SED-Führer an: »Sie müssen [nun] auch ihren eigenen Staat organisieren. Die Demarkationslinie zwischen West- und Ostdeutschland muß als Grenze angesehen werden – und zwar nicht nur als eine normale, sondern als eine sehr gefährliche [tatsächlich wohl: gefährdete] Grenze. Der Schutz dieser Grenze muß verstärkt werden.«

Gleichwohl bremste Stalin Ulbrichts neu erwachten revolutionären Überschwang, als dieser fragte, ob man »angesichts der tiefen Spaltung Deutschlands« denn nicht jetzt endlich an jene »Maßnahmen« herangehen könne, »die bei der Entwicklung in Richtung Sozialismus durchgeführt werden müssen«. Stalins Antwort, die ihm Manövrierfreiheit für weitere deutschlandpolitische Vorstöße sichern sollte: »Obgleich in Deutschland zwei Staaten geschaffen werden, ist es vorerst nicht angebracht, lauthals vom Sozialismus zu reden.« Es müsse vielmehr »die Propagierung der Einheit Deutschlands die ganze Zeit« fortgesetzt werden. Denn dies habe »für die Erziehung des Volkes in Westdeutschland große Bedeutung«. Dort solle jedermann bewußt werden, daß die deutsche Einheit nur mit den Sowjets zu haben sei. Deshalb würden »auch weiterhin Vorschläge zu Fragen der Einheit Deutschlands« gemacht – nicht zuletzt, »um die Amerikaner zu entlarven«.

Stalins Deutschlandpolitik Anfang der fünfziger Jahre

läßt sich – bezogen auf das Verhältnis der Bundesrepublik zu den Vereinigten Staaten – aus seiner Einschätzung des wirtschaftlichen und militärischen Rückstandes der Sowjetunion gegenüber den Vereinigten Staaten erklären. Einen Keil zwischen die Bundesrepublik und die USA zu treiben, erschien ihm in hohem Grade nützlich. Den Abzug der Amerikaner aus Zentraleuropa durch äußerst weit reichende Angebote an die Bevölkerung und die Politiker in Westdeutschland zu beschleunigen, lag da nur nahe. Ob Stalin zugunsten dieser letztlich von defensiven Sicherheitsinteressen bezüglich des eigenen Machtbereichs bestimmten Strategie die ihm von den Westalliierten nie streitig gemachte DDR tatsächlich aufgegeben hätte, wird sich eindeutig kaum beantworten lassen. Daß dies zumindest nicht ausgeschlossen war, muß jedenfalls alle SED-Führer seit Wilhelm Pieck und Walter Ulbricht tief beunruhigt haben.

Zumal sie es ihrerseits an Bündnistreue nie fehlen ließen. Seit dem Juni 1951 stellte das SED-Zentralkomitee die Losung »Von der Sowjetunion lernen heißt siegen lernen« in den Mittelpunkt seiner Agitation, insbesondere die Methoden der sowjetischen Wirtschaftsführung seien genauestens zu studieren und »schöpferisch« anzuwenden. Konkret bedeutete dies, daß die 2. Parteikonferenz der SED im Juli 1952 die Parole vom beschleunigten »Aufbau des Sozialismus« ausgab, die Überführung der Landwirtschaft, des Handels und des Kleingewerbes in Produktionsgenossenschaften vorantrieb und den Ausbau der Schwerindustrie in den Mittelpunkt ihrer Planungen stellte. Angesichts der ohnehin knappen Ressourcen bedeutete dies den Abzug erheblicher Mittel aus dem Konsumgüterbereich. Die Folgen insgesamt waren eine deutliche Verknappung des Warenangebots, damit verbunden Tausch- und Umgehungsgeschäfte auf dem »grauen« Markt und eine weitere, wenngleich nicht eingestandene Entwertung der bis zum Ende der DDR international nicht konvertiblen eigenen Währung. Grundnahrungsmittel wie Fett, Fleisch und Zucker blieben rationiert, die Einkommen stagnierten bis 1955 bei einem monatlichen Durchschnittseinkommen von 345 Mark brutto. So verwundert es kaum, wenn die Bevölkerung diesen Kurs weithin als verschärfte Ausbeutung und schiere Übertragung von jedenfalls für Deutschland nicht tauglichen Prinzipien der »Russenwirtschaft« verstanden hat.[89]

Parallel dazu wurde die Stalinisierung von Partei und Gesellschaft auf die Spitze getrieben. Die Blockparteien verkamen zu reinen Befehlsempfängern ohne jede Eigenständigkeit, das bis 1949 beachtliche kulturelle und wissenschaftliche Leben erlahmte zusehends, immer mehr Menschen verließen über die noch einigermaßen offenen Grenzen das Land – rund 1,5 Millionen waren es bis Ende 1950, weitere 320 000 in den beiden folgenden Jahren und über 120 000 in den ersten vier Monaten des Jahres 1953.[90] Nachdem bereits der III. Parteitag der SED im Juli 1950 das Politbüromitglied Paul Merker nicht mehr wiedergewählt und das Zentralkomitee im August beschlossen hatte, ihn sowie weitere führende Kommunisten wie Leo Bauer, Lex Ende und Willi Kreikemeier wegen angeblicher Verbindungen zu dem angeblichen US-Agenten Noel Field auszustoßen, bereitete Walter Ulbricht 1952 Schauprozesse nach sowjetischem Muster gegen vermeintliche politische Konkurrenten wie Franz Dahlem und Hans Lauter vor.[91] »Lang lebe unser weiser Lehrmeister, der Bannerträger des Friedens und Fortschritts in der ganzen Welt, der große Stalin«, übertraf Ulbricht während der 2. Parteikonferenz den üblichen Personenkult noch einmal um Längen und beschwor: »Wir werden siegen, weil uns der große Stalin führt!«[92]

Doch Stalin starb am 5. März 1953 nach kurzer Krankheit. Heinz Lippmann beschrieb, wie Erich Honecker die ärztlichen Bulletins über den sich schnell verschlechternden Gesundheitszustand des vergötterten Parteiführers aufnahm: »Er schien es nicht fassen zu können. [...] Als Honecker das Sekretariat zusammenrief, versagte seine Stimme, und Tränen rannen über seine Wangen. [...] Als die Nachricht von Stalins Tod eintraf, wurde er sehr ernst und sagte, jetzt würden sehr schwere Zeiten kommen, die wir nur überwinden könnten, wenn wir fest zusammenhielten.« Lippmann gewann den Eindruck, als habe Honecker befürchtet, daß »alles, was seit 1945 aufgebaut worden war, nun zusammenstürzen würde«. Er habe sogar gegenüber seinen Mitarbeitern von der Möglichkeit eines Krieges gesprochen, »von der Chance, die die amerikanischen Imperialisten jetzt ausnützen würden, um das führerlos gewordene Weltfriedenslager zu überfallen«[93].

Walter Ulbricht dagegen faßte sich schnell. Er ahnte, daß jede Trauerpause seinen innerparteilichen Gegnern Vorsprünge einräumen könnte, je nachdem welche Fraktion innerhalb der KPdSU-Führung die so plötzlich freigewordene Machtzentrale besetzen würde. Bevor sich in Moskau ein Nachfolger aus dem Triumvirat des Außenpolitikers Wjatscheslaw Molotow, des ZK-Sekretärs Georgi Malenkow und des Geheimdienstchefs Lawrenti Berija herausentwickeln konnte, versuchte Ulbricht innerhalb der SED Fakten zu schaffen. Am 14. Mai 1953 wurde Franz Dahlem auf seine Veranlassung »wegen politischer Blindheit gegenüber der Tätigkeit imperialistischer Agenten und wegen nicht parteimäßigen Verhaltens zu seinen Fehlern« – er wagte Widerworte, statt sich folgsam oder wenigstens stumm in sein Schicksal zu fügen – aus dem Zentralkomitee ausgeschlossen und sämtlicher Funktionen enthoben. Die Politbüro-Mitglieder Wilhelm Zaisser und Rudolf Herrnstadt hingegen, die sich der Unterstützung Berijas sicher glaubten, drängten auf eine Ablösung Ulbrichts und meinten mit der Zustimmung von

Anton Ackermann, Hans Jendretzky, Heinrich Rau und Elli Schmidt rechnen zu können, die alle von Ulbricht in der jüngeren Vergangenheit wiederholt gerügt oder entmachtet worden waren. Ulbricht wiederum konnte verläßlich nur auf Hermann Matern und Erich Honecker zählen; Wilhelm Pieck, Fred Oelßner und die früheren Sozialdemokraten Friedrich Ebert, Otto Grotewohl und Erich Mückenberger würden es wohl wie meist in ihrem Leben mit den am Ende Stärkeren halten.[94] Daß an diesem Tag auch eine Erhöhung der Arbeitsnormen um zehn Prozent verfügt wurde, was den ohnehin kargen Lebensstandard der Menschen weiter verschlechterte, nahm bei all diesen Intrigen und Machtkämpfen im Politbüro kaum einer der Genossen mit der gebotenen Aufmerksamkeit zur Kenntnis.[95]

In Moskau jedoch war die wachsende Unruhe in der ostdeutschen Bevölkerung sehr wohl registriert worden. Nicht zuletzt die Warnungen des Politischen Beraters der Sowjetischen Kontrollkommission, Wladimir Semjonow, der im April zur Berichterstattung in die Sowjetunion reiste, führten zu dem Beschluß der neuen KPdSU-Führung, die Bremsen energisch anzuziehen. Da sich Wilhelm Pieck ohnehin zur Kur in Rußland aufhielt, wurden Walter Ulbricht, Otto Grotewohl und Fred Oelßner für den 3. und 4. Juni 1953 zum Rapport nach Moskau einbestellt. Auf russischer Seite nahmen neben Berija, Malenkow und Molotow, Nikita Chruschtschow, Nikolai Bulganin, Anastas Mikojan, Lazar Kaganowitsch sowie der soeben als Nachfolger von General Wassili Tschuikow neuernannte sowjetische Oberkommandierende in der DDR, Marschall Gretschko, und Wladimir Semjonow an der Ausgabe des neuen Kurses teil. Der Wortlaut dieser Kanzelabkündigung ließ an Deutlichkeit nichts zu wünschen übrig: Infolge einer »fehlerhaften politischen Linie« sei in der DDR eine »äußerst unbefriedigende« politische und wirtschaftliche Lage entstanden. Als Hauptursache dafür sei zu erkennen, daß von der SED »fälschlicherweise der Kurs auf einen beschleunigten Aufbau des Sozialismus in Ostdeutschland« eingeschlagen worden sei. Bei der Versorgung der Menschen seien »ernste Schwierigkeiten« entstanden, der Kurs der Mark sei »stark gefallen«, und »bedeutende Schichten« der Bevölkerung seien »gegen die bestehende Macht eingenommen«. Bauern, die »sonst stark an ihrem Landstück hängen, begannen massenhaft ihr Land [...] zu verlassen und sich nach Westdeutschland zu begeben«. Aber auch die »politische und ideologische Arbeit« der SED-Führung stärke die DDR nicht. Insbesondere seien »ernste Fehler« im Verhältnis zu den Kirchen begangen worden, die in »groben Administrierungsmaßnahmen und Repressalien ihren Ausdruck fanden«. Ebenso sei die Bedeutung der »politische[n] Arbeit unter der Intelligenz« nicht erkannt worden.

Kaum ein Feld ließen die Russen bei ihrer politischen Neujustierung aus. »Maßnahmen zur Stärkung der Gesetzlichkeit und Gewährung der Bürgerrechte« seien zu treffen, von »harten Strafmaßnahmen, die durch keine Notwendigkeit« begründet seien, müsse abgesehen werden. Die »Ausrottung der Elemente des nackten Administrierens« sei als eine der wichtigsten neuen Aufgaben der SED zu betrachten, damit »Regierungsmaßnahmen vom Volk verstanden« würden und Unterstützung fänden. Die bisher durchgeführte »Propaganda über die Notwendigkeit des Übergangs der DDR zum Sozialismus« sei als »unrichtig« zu betrachten, da sie die SED zu »unzulässig vereinfachten und hastigen Schritten« sowohl auf politischem wie wirtschaftlichem Gebiet getrieben habe. Die »schädliche Praxis der groben Einmischung der Behörden in die Angelegenheiten der Kirchen« sei einzustellen. Als künftige »Hauptaufgabe« sei der »Kampf für die Vereinigung Deutschlands auf demokratischer und friedlicher

Grundlage« anzusehen. Da auch die SPD, der »noch bisher bedeutende Massen der Werktätigen folgen«, gegen die Bonner Wiederaufrüstungs- und Westintegrationsverträge eingestellt sei, müsse »die allgemein feindliche Position gegenüber dieser Partei für die heutige Periode« verworfen werden. Vielmehr sei anzustreben, »wo und wenn es möglich ist, gemeinsame Aktionen gegen die Adenauersche Politik der Spaltung und der imperialistischen Knechtung Deutschlands zu organisieren«[96].

Am 5. und 6. Juni 1953 kam es im Ost-Berliner Politbüro zu einer »Aussprache« über dieses Dokument, das zwar nicht die Preisgabe der DDR anstrebte, aber sehr wohl die gesamte Politik der SED auf eine vollkommen neue Grundlage stellte. Dabei verlas Otto Grotewohl »das überreichte Dokument über die Lage in der DDR«, und Walter Ulbricht »erläuterte die konkret einzuleitenden Maßnahmen«, als hätte er nie eine andere Politik betrieben oder für richtig gehalten. Die Aufhebung der Normerhöhung von zehn Prozent, die in der Arbeiterschaft seit Tagen für erhebliche Unruhe sorgte, gehörte allerdings nicht dazu, weil diese ihm schlicht nicht aufgetragen worden war. Und dies war – Ironie der Geschichte – deshalb nicht geschehen, weil der entsprechende Regierungsbeschluß vom 28. Mai 1953 in der russischen Hauptstadt noch nicht bekannt war, als dort die sowjetische Parteiführung ihre dramatische Kurskorrektur beschloß.[97]

Wie sehr sich die Stimmung unter den Arbeitern verschlechtert hatte, deckte ein Bericht auf, den der Vorstand des Freien Deutschen Gewerkschaftsbundes (FDGB) am 13. Juni 1953 dem Zentralkomitee vorlegte. Darin hieß es über die zunehmend ungeduldigen Forderungen der Mitglieder an der Basis: »Die negativen Diskussionen bewegen sich in folgender Richtung: 1. Evtl. Aufhebung des Beschlusses über Normerhöhung. 2. Diejenigen, die die Fehler gemacht haben, müssen zur Verantwortung gezogen werden. 3. ZK und Regierung sind unfähig, den Staat zu leiten. 4. Die SED muß verschwinden, sie hat abgewirtschaftet. 5. Gerüchte über die Flucht von W. Pieck, Verhaftung von Otto Grotewohl, Walter Ulbricht und weiteren Ministern [...]«[98]

Trotz solcher Alarmmeldungen erkannten weder die SED-Führung noch die sowjetischen Instanzen in der DDR den tatsächlichen Ernst der Lage. Auch als sich am 16. Juni, ausgehend von den Großbaustellen in der nach Moskauer Vorbild errichteten Prachtstraße Stalinallee, Demonstrationszüge zum »Haus der Ministerien« in der heutigen Wilhelmstraße bewegten und die meisten Berliner Betriebe stillagen, glaubte das Politbüro an einen überwiegend auf wirtschaftliche Forderungen beschränkten Protest, der sich durch die Rücknahme der Normerhöhung beschwichtigen lassen werde. Ein Meinungsaustausch zwischen Gretschko und Semjonow sowie Grotewohl, Ulbricht und Zaisser in der Nacht zum 17. Juni hatte die auch später in immer neuen Variationen verbreitete Erklärung zum Ergebnis, daß die Unruhen von West-Berlin ausgegangen seien, die Lage in der DDR aber nicht bedrohlich erscheine. Vorsorglich wurden etliche russische Einheiten, die sich im Sommermanöver befanden, nach Berlin befohlen und in erhöhte Gefechtsbereitschaft versetzt. Zusätzlich wurde ebenfalls nur in Ost-Berlin der Polizei- und Sicherheitsapparat in Alarmbereitschaft versetzt. Ein Leitungsstab nahm unter dem Kommando von Zaisser im Hauptquartier der Staatssicherheit in der Normannenstraße die Arbeit auf. Gehandelt werden durfte aber nur nach Rücksprache mit der Sowjetischen Kontrollkommission in Karlshorst, die wiederum auf Befehle aus Moskau wartete.[99]

Als sich in den Morgenstunden des 17. Juni trotz der Rücknahme der Normerhöhung nicht nur in Ost-Berlin, sondern in den Industriezentren des ganzen Landes neue

Demonstrationszüge, an denen zwischen einer und anderthalb Millionen Menschen teilnahmen, mit politischen Forderungen nach freien Wahlen und dem Rücktritt der SED-Spitze und dem Abzug der sowjetischen Truppen in Bewegung setzten, wurde der Parteiführung sehr bald klar, daß die eigenen Kräfte nicht ausreichen würden, die Situation zu beruhigen. Demonstranten besetzten in der DDR 13 Polizeistationen und zwei MfS-Dienststellen in Niesky und Görlitz, etwa 1 400 Häftlinge wurden aus einem Dutzend Gefängnissen befreit, Parteigebäude und Verwaltungseinrichtungen in großer Zahl gestürmt.

Ab zehn Uhr vormittags setzte das sowjetische Oberkommando in Ost-Berlin und in weiteren Städten der DDR motorisierte Einheiten aus 16 Divisionen ein, um öffentliche Gebäude zu schützen und die Demonstranten zu zerstreuen. Panzer rollten in die Stadtzentren, jedenfalls in Ost-Berlin, Magdeburg und Jena kam es zum Einsatz von Schußwaffen. Die sowjetischen Kommandanten verhängten über 167 der 217 Stadt- und Landkreise den Ausnahmezustand, Versammlungen und Kundgebungen wurden verboten und eine nächtliche Ausgangssperre von 21 bis vier Uhr in der Frühe verfügt. Marschall Gretschko informierte Moskau über die Zahl der Opfer: 33 Personen seien durch russische Soldaten, 17 durch ostdeutsche Polizei ums Leben gekommen; 18 Rädelsführer seien standrechtlich erschossen worden; die Zahl der Verwundeten unter den Demonstranten gab er mit 294 an, die der Verhafteten mit mehr als 8 000. Drei Tote – einen Polizisten, einen Stasi-Mann und einen Gefängnisbeamten – zählte die SED unter den eigenen Genossen; mindestens 40 russische Soldaten sollen ebenfalls standrechtlich erschossen worden sein, weil sie sich geweigert hatten, mit Waffengewalt gegen die Demonstranten vorzugehen.

Daß es sich bei den Unruhen in den Junitagen 1953 nicht um begrenzte, von außen in Gang gesetzte und aufgeheizte Proteste, sondern um einen veritablen Volksaufstand gehandelt hat, ergab sich nicht zuletzt aus dem Verhalten der SED-Führung selbst. Bis auf Erich Honecker und den ZK-Sekretär Karl Schirdewan, die in dem von russischen Panzern gesicherten Gebäude in der Stadtmitte die Stellung hielten, setzte sich das Politbüro unter Sowjetschutz nach Karlshorst ab. Die Evakuierung der Parteispitze und ihrer Familien nach Rußland wurde vorbereitet. Über eine Standleitung aus dem Zentralkomitee wurden das Politbüro und das Sowjetkommando über die aktuelle Entwicklung auf dem Laufenden gehalten, soweit Polizei- und Parteidienststellen auf Grund der verworrenen Lage überhaupt noch Meldungen an das Parteihauptquartier weitergaben. Erst in den Abendstunden beruhigte sich in Ost-Berlin und in der DDR insgesamt die Situation. Aus »verschiedenen Quellen« sei überliefert, schrieben die Historiker Ilko-Sascha Kowalczuk und Stefan Wolle in ihrer jüngsten Untersuchung über die sowjetische Besatzungspolitik in Ostdeutschland, daß »Ulbricht am 17. Juni 1953 die Macht als verloren ansah und eine erbärmliche Figur abgab«.[100]

Am Abend des 17. Juni stimmten Sowjetführer und das Politbüro eine gemeinsame politische Analyse über die Ursachen der Massenproteste untereinander ab, die kurz darauf über den Rundfunk ausgestrahlt wurde: »Der Anlaß für die Arbeitsniederlegungen der Bauarbeiter in Berlin ist durch den gestrigen Beschluß in der Normenfrage fortgefallen. Die Unruhen, zu denen es danach gekommen ist, sind das Werk von Provokateuren und faschistischen Agenten ausländischer Mächte und ihrer Helfershelfer aus den deutschen kapitalistischen Monopolen.« Die Regierung forderte die Arbeiter zur Rückkehr in die Betriebe auf, die »Schuldigen an den Unruhen« würden streng bestraft. Offenkundig meinte damit das Politbüro weder sich selbst noch seine Politik in der Vergangenheit, sondern nicht zuletzt jene Menschen, die beides nicht mehr ertragen wollten. Von den Verhafteten wurden in den folgenden Monaten 106 zum Tode und 1 067 zu Freiheitsstrafen von insgesamt 6 321 Jahren Zuchthaus verurteilt. Trotz dieser Schauprozesse, die in erster Linie die Bevölkerung außerhalb der Gerichtssäle disziplinieren sollten, mußte Stasi-Chef Ernst Wollweber Mitte Dezember 1953 bei einer Dienstbesprechung selbstkritisch eingestehen: »Wir [müssen] feststellen, daß es uns bis jetzt nicht gelungen ist, [...] die Hintermänner und die Organisatoren des Putsches vom 17. Juni festzustellen. Der Auftrag [des Politbüros] besteht nicht allein darin festzustellen, daß es amerikanische faschistische Elemente waren, sondern er lautet konkret: Wer ist beteiligt, wo, wann und mit wem diese Aktion vorbereitet wurde, weil das diese Kreise sein werden, die in Zukunft ebenfalls die Aktionen mit größter Wahrscheinlichkeit leiten werden.«[101]

Erich Honecker vertrat diese parteioffizielle Sprachregelung nicht nur nach der Niederschlagung der Unruhen, als er während einer Tagung des FDJ-Zentralrates am 21. August 1953 zerknirscht einräumte: »Die Ereignisse des 17. Juni zeigten, daß eine Reihe Mitglieder unseres Verbandes nicht sofort das Wesen der faschistischen Provokation erkannten [...]. Das hatte seine Ursache in dem Mangel an politischen Kenntnissen.«[102] Honecker glaubte bis an sein Lebensende tatsächlich daran, diese »Ereignisse« seien ein aus dem westlichen Ausland ferngesteuerter konterrevolutionärer Putsch gewesen. Vielleicht konnte er andere Erklärungen und Einsichten auch nicht zulassen, weil sie ihm – anders als etwa Bertolt Brecht – von seinem persönlichen wie politischen Selbstverständnis her fremd, ja ungeheuerlich erschienen wären. Einen Volksaufstand gegen die SED als »Mutter der Massen«, gegen die Arbeiter-und-Bauern-Macht, konnte und durfte es für ihn nicht geben. Er hätte ja nicht nur das ideologische Theorem der Partei grundlegend in Frage gestellt, sondern ihm in Wahrheit die Basis entzogen. Brecht, der sich in seinen letzten Lebensjahren solchem Zweifel nicht mehr entzog, schlug den Parteioberen unter der Überschrift »Die Lösung« in bitterer Ironie eine prinzipielle Alternative vor: »Wäre es da/Nicht doch einfacher, die Regierung/Löste das Volk auf und/Wählte ein anderes?«[103]

Immerhin hatte der Volksaufstand vom 17. Juni 1953 etliche Folgen, die auch Erich Honecker trotz aller ängstlichen Selbstbeschränkung nicht verborgen geblieben sind. Der Massenprotest bewies erneut, daß sich die Parteiführung und Regierung in Ost-Berlin auf die eigene Bevölkerung nicht wirklich verlassen konnten. Er unterstrich, daß ohne den Einsatz russischer Truppen weder die Vormachtinteressen der Sowjetunion in der DDR noch das SED-Regime gesichert waren. Er sorgte für das politische Überleben Walter Ulbrichts, weil die Führung in Moskau nach der Verhaftung Berijas am 7. Juli 1953 wenigstens in ihrem Festungsglacis personelle Kontinuität jedem Wechsel vorzog.[104] Damit verstärkte er das Bündnis zwischen Walter Ulbricht und Erich Honecker, dessen unbedingte Vasallentreue der zwei Jahrzehnte Ältere als Empfehlung für den weiteren Aufstieg des Jüngeren in der Parteihierarchie zur Kenntnis nahm. Und er machte die Führung in Moskau auf eine Eigenschaft Honeckers aufmerksam, die, neben seinem persönlichen Mut, dort nicht gering geschätzt wurde: seine Loyalität, die – weniger positiv bewertet – wegen seiner eher gering ausgeprägten geistigen Beweglichkeit die Grenze zum politischen Starrsinn gelegentlich überschritt.

Der Sicherheitsmann

Der Aufstieg Erich Honeckers zum zweiten Mann hinter Walter Ulbricht innerhalb weniger Jahre ist nicht der intellektuellen Kapazität, nicht der strategischen Potenz, nicht dem taktischen Geschick Honeckers zuzuschreiben, also nicht seinen etwa vorhandenen, aber bis zu diesem Zeitpunkt nicht zutage getretenen überragenden Fähigkeiten auf irgendeinem Gebiet, sondern er ist, wie man sehen wird, äußeren Umständen geschuldet und dem unbeirrten Festhalten Honeckers an zwei politischen Prämissen. Erstens: Die Menschen in der DDR könnten wegen der besonderen Bedingungen in einem geteilten Land und der damit einhergehenden Präsenz des Klassenfeindes nicht durch »Sozialdemokratismus« oder andere revisionistische Streicheleinheiten vom Erfordernis und von der Sinnhaftigkeit bolschewistischer Strukturen in Partei, Staat und Lebensumfeld überzeugt werden, sondern nur durch eine Verschärfung und Beschleunigung des Klassenkampfes, an dessen Ende geschichtsnotwendig das kommunistische Paradies reiche Belohnung für jeden bereithalten werde. Zweitens: Ohne massive Unterstützung seitens der Sowjetunion könne die DDR an der Front zum kapitalistischen und imperialistischen Lager den Attacken ihrer Gegner nicht standhalten; was umgekehrt heißt: ein wesentliches Ziel von SED-Politik müsse sein, der KPdSU zu vermitteln, daß sie ein eigenes und vitales Interesse an der politischen und wirtschaftlichen Stabilität in der DDR haben sollte und die dafür erforderlichen Beiträge auf unterschiedlichstem Gebiet zu leisten hat.

Zunächst jedoch galt es, die Angriffe im Politbüro zu überstehen, die im Sommer 1953 gegen Erich Honecker gerichtet wurden, weil Walter Ulbricht nach der überraschenden Verhaftung seines Opponenten Berija am 7. Juli in Moskau und nach der den Sowjets ja nicht verborgen gebliebenen grundsätzlichen und damit gefährlichen Qualität der Massenproteste vom 17. Juni nicht mehr zur Disposition stand. Otto Grotewohl stellte am 2. Juli das weitere Verbleiben Honeckers im Politbüro in Frage: »Wenn ich in den ganzen Jahren auch nur die geringste Tendenz zu einer Entwicklung bei ihm beobachtet hätte, würde ich die Frage nicht stellen.« Ulbricht, der sowohl eine Personaldiskussion wie eine inhaltliche Debatte vermeiden wollte, die in eine »Fehlerdiskussion« seiner eigenen Anteile am Volksaufstand hätte einmünden können, bügelte ab: »Die Frage ist schon erledigt: der geht auf Schule.«[105] Doch eine Woche später legte Elli Schmidt, mutiger als Grotewohl, noch einmal nach und ging Ulbricht sehr direkt an: »Der ganze Geist, der in unserer Partei eingerissen ist, das Schnellfertige, das Unehrliche, das Wegspringen über die Menschen und ihre Sorgen, das Drohen und Prahlen – das erst hat uns soweit gebracht und daran, lieber Walter, hast du die meiste Schuld. [...] Wer dir zum Munde redet und immer hübsch artig ist, der kann sich viel erlauben. Honecker zum Beispiel, das liebe Kind.«[106]

Ganz folgenlos blieben diese Angriffe nicht. Ulbricht zog Honecker aus der politischen Frontlinie zurück und trug ihm auf, die FDJ zu reorganisieren und dabei entschlossen die letzten Schritte zu gehen, um aus dem ursprünglich überparteilichen Jugendverband eine für alle Parteizwecke verfügbare Nachwuchsorganisation und Kaderreserve der SED zu machen.[107] Der IV. Parteitag der SED im April 1954 bewies, daß nach dem Ausschluß von Paul Merker und Franz Dahlem, von Wilhelm Zaisser und Rudolf Herrnstadt, von Anton Ackermann, Hans Jendretzky und Elli Schmidt die Partei ganz im Ulbrichtschen Sinne wieder »auf Linie« war. Der »Neue Kurs« war der alte, im neuen Politbüro saß wie selbstverständlich wieder Erich Honecker. Die innerparteiliche Opposition war »hinausgesäubert« worden, an die Stelle von

Wilhelm Zaisser trat Karl Schirdewan, der 1934 als ZK-Mitglied des Kommunistischen Jugendverbandes verhaftet worden war und bis 1945 im Zuchthaus und Konzentrationslager gesessen hatte.

Auf dem V. Parlament der FDJ Ende Mai 1955 schloß Erich Honecker seine Jugendarbeit nach zehn Jahren mit einem Aufruf zur Militarisierung der ostdeutschen Jugend ab: »Jeder, der ein Gewehr der bewaffneten Kräfte der Deutschen Demokratischen Republik trägt, dient der Verteidigung des Friedens, dem Schutz der Errungenschaften unserer Republik und dem Kampf für das einige, demokratische, friedliebende Deutschland. Deshalb tun wir alles, um die bewaffneten Kräfte unserer Republik zu stärken und die Jugend auch durch militärische Ausbildung in die Lage zu versetzen, ihre Heimat erfolgreich zu verteidigen.«[108] Zusätzlich verpflichtete sich die FDJ in einem neuen Statut, »die führende Rolle der Arbeiterklasse und ihrer Partei, der Sozialistischen Einheitspartei Deutschlands«, anzuerkennen und den sowjetischen Jugendverband der KPdSU Komsomol »als Vorhut der demokratischen Weltjugend« zu betrachten, dessen Beispiel nachzueifern sei.[109] Zur Belohnung bekam Honecker von Wilhelm Pieck den »Vaterländischen Verdienstorden in Gold« überreicht und wurde im Sommer 1955, nachdem seine dauernde Anwesenheit im Politbüro zur Unterstützung Ulbrichts nicht mehr in gleichem Maße wie in den zwei vorhergehenden Jahren vonnöten war, zum Besuch der Parteihochschule nach Moskau abgeordnet, wohin er Ende August 1955 abreiste.

Zweck des Aufenthaltes sei es gewesen, so Honecker, »erneut die grundlegenden Werke von Karl Marx, Friedrich Engels und Wladimir Iljitsch Lenin« – nicht länger aber von Stalin – zu studieren. »Das Studium bestärkte mich in der Überzeugung, daß man sich die marxistisch-leninistische Theorie nicht als abstrakte Formel aneignen darf«, sondern sie als Anleitung zum Klassenkampf verstehen müsse, »um subjektivistische Entstellungen und Fehler auszuschließen«[110]. Tatsächlich diente das Lehrprogramm also weniger der Aneignung wissenschaftlicher Erkenntnisse, was in der knappen Zeit auch gar nicht möglich gewesen wäre, sondern auf dem Wege einer intensiven »Rotlichtbestrahlung« der Vermittlung grundlegender Prinzipien sowjetischer Politik. Die Beauftragten des Zentralkomitees der KPdSU wollten auf diese Weise ungestört Einfluß nehmen auf die Kaderausbildung und Kaderauslese der nachgeordneten Filialparteien und deren Nachwuchs für Spitzenämter kennenlernen.

Über sein sicherlich aufwühlendstes Erlebnis in Moskau allerdings schwieg sich Erich Honecker in seinen Memoiren aus: über den XX. Parteitag der KPdSU im Februar 1956, auf dem Chruschtschow in einer geschlossenen Sitzung den bis dahin vergötterten Stalin als Schädling der Partei förmlich vernichtete. Für Honecker und für die Mitglieder der SED-Delegation, zu denen Ulbricht, Grotewohl, Schirdewan und Alfred Neumann zählten, muß diese Geheimrede, über die sie – wie die anderen Gastdelegationen auch – Stunden später durch Dolmetscher des Zentralkomitees informiert wurden, einem Fegefeuer gleichgekommen sein. Dabei ging es gar nicht um die »politischen Fehler«, die Stalin alleinverantwortlich von seinen Nachfolgern zugeschrieben wurden, obwohl sie doch alle den eigenen Aufstieg in der sowjetischen Parteihierarchie dem kräftigen Mitwirken an diesen »Fehlern« und nicht ihrem antistalinistischen Widerstand zu verdanken hatten. Es war insofern kaum von Bedeutung, ob Stalin nun die Abweichung von leninistischen Prinzipien der kollektiven Führung vorgehalten, die »Verletzung der sozialistischen Gesetzlichkeit« unterstellt, ob ihm persönlicher Machtmißbrauch nachgewiesen oder »ernste Fehler in der Leitung des Staates sowie auf dem Gebiet der militärischen Führung« aufgedeckt wurden – sehr viel entscheidender und für die mit sowjetischen Gottesmorden nicht vertrauten ausländischen Kommunisten kaum zu ertragen war, daß der jahrzehntelang verklärte, ja angebetete Stalin nun mit gleicher Inbrunst als Teufel exorziert wurde.

Walter Ulbricht, der bereits vor Hitlers Machtantritt, danach im sowjetischen Exil und schließlich in der DDR etliche »Parteisäuberungen« nicht nur überstanden, sondern zu eigenem Fortkommen ebenso entschlossen wie skrupellos ausgenutzt hatte, faßte sich als erster. Im Parteiorgan *Neues Deutschland* erklärte er am 4. März, Stalin sei nun eben kein »Klassiker« des Marxismus mehr, Personenkult habe es in der DDR nicht gegeben, die Partei werde kollektiv geführt, und eine »Fehlerdiskussion« nütze allein dem politischen Gegner. Sehr viel problematischer indes als diese rituelle Reinigung war für die der leninistischen Orthodoxie verpflichtete SED-Führung die in die Zukunft weisende Neubestimmung der sowjetischen Politik, weil sie nicht nur ihr theoretisches Selbstverständnis über den Haufen warf, sondern auch ihr politisches Überleben in Frage stellte: Nicht die Konfrontation, nicht die Überwindung, sondern die friedliche Koexistenz zwischen Staaten sozialistischer und kapitalistischer Gesellschaftsordnung sei auf lange Sicht das Ziel sowjetischer Politik; der Aufbau des Sozialismus in den einzelnen Staaten des eigenen Blocks verlaufe auf durchaus »unterschiedlichem Wege« entsprechend der nationalen Besonderheiten der einzelnen Länder; und – ein Quantensprung in der Marxismus-Rezeption – nicht die Revolution sei die Voraussetzung eines Überganges zum Sozialismus, sondern auch ein gewaltfreier, parlamentarischer Weg sei denkbar.[111]

Hätte nicht im Verlauf des Jahres 1956 die Wandlung der politischen Verhältnisse in Ungarn von antistalinistischem Protest zu nationalem Unabhängigkeitskampf und der Umschlag materieller Forderungen polnischer Arbeiter in offene Russenfeindschaft im Oktober des gleichen Jahres die Hegemonialinteressen der Sowjetunion in Osteuropa ernsthaft gefährdet, wäre das politische Überleben Ulbrichts – und mit ihm Honeckers – nach den Beschlüssen des XX. Parteitages der KPdSU erneut höchst zweifelhaft gewesen. Zu gering waren die Schnittmengen zwischen den politischen Vorstellungen Ulbrichts und Chruschtschows. So aber sicherte wiederum, wie 1953, russische Großmachtambition ein eigentlich überwundenes orthodox-kommunistisches System und Regime in den Frontstaaten ab. Insofern kann es auch nicht verwundern, daß Ulbricht, zweifellos mit sowjetischer Zustimmung, ausgerechnet Honecker nach dessen Rückkehr im Juli 1956 nach Ost-Berlin im Politbüro die Verantwortung für die Sicherheitspolitik der Partei nach innen und außen übertrug. Denn damit zog sich Ulbricht, wie von der KPdSU-Führung zweifellos erwünscht, aus der zentralen Alleinzuständigkeit zurück, ohne jedoch politischen Opponenten wie Karl Schirdewan und Ernst Wollweber, die auf Moskauer »Empfehlung« ihre wichtigen Ämter als ZK-Sekretär für Kaderfragen und als Minister für Staatssicherheit erhalten hatten, allzuviel Macht einzuräumen. Die weitere Entwicklung bestätigte Ulbrichts Taktik. Der damalige Berliner SED-Sekretär Heinz Brandt beschrieb sie in seinen Aufzeichnungen: »Es steht außer Zweifel, daß eine kurze Zeit lang Nikita Chruschtschow damit einverstanden war, ja erstrebte, daß Karl Schirdewan zum Ersten Sekretär der SED aufrücke und ein neues Politbüro etabliere. [...] Als Chruschtschow nach dem Ungarn-Debakel in wachsende Schwierigkeiten geriet – wurde ihm doch vorgeworfen, mit seiner Geheimrede, seiner Tauwetter-Politik die Auflösungserscheinungen im bisher ›monolithischen‹ Ostblock ausgelöst zu haben –, sah er sich gezwungen, die Schirdewan-Wollweber-Fronde fallenzulassen. Walter Ulbricht schwang sich wieder fest in den Sattel und ging zum rücksichtslosen Gegenangriff über.«[112] Mit Erich Honecker an seiner Seite.

Ulbricht wollte – und mit ihm wollte dies Honecker – in der SED aufräumen, die Gunst der Stunde nutzen, um mit den Gegnern endgültig abzurechnen, ohne wahrzunehmen, daß wie schon 1953 an deren Stelle immer wieder andere nachwachsen würden, weil sich ja die Gründe nicht veränderten, an denen sich Widerstand entzündete und ständig neu entzünden mußte. Förderte der Ältere den Jüngeren, weil der keine Hausmacht hatte und selber unter Druck stand, nahm umgekehrt Honecker für Ulbricht Partei, weil allein der ihm den Durchmarsch zu den eigentlichen Schaltstellen der Macht öffnen konnte: eine Zweckgemeinschaft auf beiden Seiten, keine Liebesbeziehung.

Während sich in Ungarn der anfängliche Protest der Intellektuellen zum Bürgerkrieg auswuchs, der von den Russen blutig niedergeschlagen wurde, befreite sich in Polen die Partei von ihrer sowjettreuen Führung, weil eine gewaltsame Intervention in zwei Ländern die Möglichkeiten Moskaus überschritt und vielleicht doch zu einem Konflikt mit den Vereinigten Staaten geführt hätte.

Und in der DDR? Dort blieben die Arbeiter ruhig, zu nahe war ihnen noch die Erfahrung aus dem Juni vor drei Jahren. Doch an den Hochschulen und in den Verlagen rumorte es: Wissenschaftler und Publizisten, Kommunisten allesamt, klagten den »dritten Weg«, den »menschlichen Sozialismus« ein. An ihrer Spitze die »Harich-Gruppe«: Wolfgang Harich, Philosophiedozent an der Ost-Berliner Humboldt-Universität; Manfred Hertwig, Redaktionssekretär der *Deutschen Zeitschrift für Philosophie;* Walter Janka, ein alter Spanien-Interbrigadist und Leiter des Aufbau-Verlages; Heinz Zöger und Gustav Just, Chefredakteure der Kulturzeitschrift *Sonntag.* Die sich aus dem programmatischen Verlauf des XX. Parteitags der KPdSU unmittelbar erschließenden Thesen dieses kleinen Oppositionskreises erschienen der SED-Spitze für den Fortbestand ihrer zentralistischen, auf Walter Ulbricht ausgerichteten Führungsstruktur derart gefährlich, daß sich das Politbüro im Winter 1956/57 fortdauernd mit ihm beschäftigte. Erich Honecker übernahm es während der 30. ZK-Tagung Ende Januar 1957, diese Männer in dem von Ulbricht anempfohlenen »politischen Meinungsstreit« als kriminelle Subjekte verächtlich zu machen. Die Mitschrift seiner rüden Attacke beweist, daß Honecker kein Vorwurf zu plump, keine Unterstellung zu widersinnig war, um in dieser Auseinandersetzung nicht genutzt zu werden.[113]

Seine Argumentation sei ausführlicher zitiert, weil sie erkennbar werden läßt, wie tief Erich Honecker auf seinem Weg nach oben gesunken war, welche Mittel er einzusetzen bereit war, wenn ihm dies politisch oder aus Gründen des persönlichen Machterhalts geboten schien:

»Honecker: Damit steht [...] vor uns die Frage, wie wir die Tätigkeit solcher Leute wie Harich und anderer einzuschätzen haben [...]. Handelt es sich bei der verbrecherischen Tätigkeit dieser Leute um eine isolierte Aktion wildgewordener Spießbürger, über die wir zur Tagesordnung übergehen können, oder wollte diese Gruppe jenen Kräften den Weg ebnen, denen das friedliche Wirken der Bevölkerung der Deutschen Demokratischen Republik [...] ein Dorn im Auge ist? [...] Die Konzeption dieser Leute, deren staats- und parteifeindliche Tätigkeit durch die Parteiführung aufgedeckt wurde, stimmt vollkommen mit der Konzeption Adenauers und Brentanos und anderer Vertreter der aggressivsten Teile des westdeutschen Monopolkapitals überein.«

Kein Wort Erich Honeckers über das angebliche politische Konzept dieser Männer entsprach deren wirklichen Vorstellungen. Jeder einzelne dieser Vorwürfe war frei erfunden. Ebenso wie die weiteren Feststellungen, die nicht am Stammtisch oder in einer Wahlkampfrede vorgetragen wurden, sondern im höchsten politischen Gremium der Partei und damit deutlich werden ließen, auf welcher Faktengrundlage und welchem intellektuellem Niveau dort gar nicht so selten folgenreiche Entscheidungen getroffen wurden: »Ihre Konzeption ist eindeutig konterrevolutionär. Sie zielt darauf ab, die führende Rolle der Partei zu untergraben und mit Hilfe der westdeutschen Militaristen die Arbeiter-und-Bauern-Macht zu beseitigen. Der Restaurierung des Kapitalismus in der Deutschen Demokratischen Republik sollte Tür und Tor geöffnet werden. Unsere Partei verfügt über Unterlagen, daß diese Abenteurer Anfang November [dem Zeitpunkt der Niederschlagung des ungarischen Aufstandes] die augenblickliche Stimmung so einschätzten, daß in der Deutschen Demokratischen Republik eine Lage entsteht, die es ihnen erlaubt, im trüben zu fischen.«

Das Gegenteil war richtig. Die führende Rolle der SED wollten die Parteireformer gerade sicherstellen, um den sozialistischen Charakter der DDR bewahren zu können. Zwar sahen sie einen inhaltlichen Zusammenhang ihrer Thesen mit den entsprechenden Forderungen der ungarischen und polnischen Opposition, aber sie gingen – fälschlich – davon aus, daß es im wohlverstandenen Interesse der SED wie der KPdSU gewesen wäre, sich solchen Reformen im Interesse der eigenen Zukunftsfähigkeit zu öffnen. In ihrem als »Plattform« bezeichneten Grundsatzpapier hatten sie ausdrücklich betont: »Wir wollen unsere Konzeption vom besonderen deutschen Weg zum Sozialismus und […] eines vom Stalinismus gereinigten Marxismus-Leninismus vollkommen legal in der Partei und in der DDR diskutieren und verwirklichen.«[114]

Eine Zusammenarbeit mit »Spionagediensten«, wie Erich Honecker weiter unterstellte, um Druck auf die Parteispitze auszuüben, war für Harich und seine Freunde unvorstellbar: »Wie sich Harich in seinen vielfachen Besprechungen mit dem Ostbüro [der SPD] und anderen Vertretern westlicher Spionagedienste ausdrückte, [sollte] ›der Aufstand‹ im Namen einer sogenannten ›SED-Opposition‹ von den westberliner Sendern ›RIAS‹ [Rundfunk im amerikanischen Sektor] und ›Freies Berlin‹ geleitet werden. Diese Brüder, die bedenkenlos mit dem Arbeiterblut spielten, die sich schon im voraus vorstellten, wie konterrevolutionäre Banden auf die Arbeiterklasse und ihre Funktionäre losgelassen werden, wollten sich persönlich beim ersten Anzeichen der von ihnen erstrebten Entwicklung nach Westberlin in Sicherheit bringen, um, unterstützt durch ihre westlichen Geld- und Waffenlieferanten, von hier aus die konterrevolutionären Provokationen zu leiten.«

Ziel dieser parteifeindlichen Gruppe sei es gewesen – und auch dieser Vorwurf war in seiner Plattheit falsch: »Der Einfluß der Partei auf den Staatsapparat, die Wirtschaft und die Massenorganisationen sollte beseitigt, der sozialistische Aufbau nicht weitergeführt und die Errungenschaften der Arbeiter-und-Bauern-Macht beseitigt werden. Westdeutsche Konzerne sollten Konzessionen innerhalb der Deutschen Demokratischen Republik eingeräumt und volkseigene Betriebe an die Kapitalisten verkauft werden. Hand in Hand mit der Durchführung dieser Maßnahmen, die in schamhafter Weise als ›deutscher Weg zum Sozialismus‹ deklariert wurden, sollte [...] die so von jeglichem ›Stalinismus‹ gereinigte Deutsche Demokratische Republik [...] aus dem Warschauer Vertrag austreten.«

In direkter Umkehrung des Protestes von Harich und seinen Freunden gegen die stalinistische, inzwischen aber zumindest prinzipiell überwundene Entartung des Sozialismus in der Sowjetunion unterstellte ihnen Honecker, um sowjetischen Widerstand gegen die von ihm und Ulbricht beschlossene »Parteisäuberung« abzublocken: »Für diese sonderbaren Sozialisten war der Sozialismus in der Sowjetunion und in anderen sozialistischen Ländern ›historisch überlebt‹ und angeblich zu einem Hemmnis für die weitere Entwicklung der gesellschaftlichen Verhältnisse geworden. [...] Für diese Nachbeter imperialistischer Ideologien ist die Macht der Arbeiter und Bauern in der Sowjetunion und in anderen volksdemokratischen Ländern nichts anderes als die ›Herrschaft eines extremen, zentralisierten, autoritären, bürokratischen Apparates über die Massen‹.«

Aus diesem Grund sei konsequentes Handeln geboten: »Im Zusammmhang mit der Aufdeckung des konterrevolutionären Zentrums Harich hat die Zentrale Parteikontroll-Kommission die Überprüfung der Haltung der staatsfeindlichen Betätigung einiger Genossen eingeleitet.« Denn es sei in einigen Parteiorganisationen »üblich« gewesen, daß »man sich mit dem feindlichen Auftreten einzelner Parteimitglieder nicht auseinandergesetzt oder es in versöhnlerischer Weise mit ideologischen Unklarheiten erklärt und entschuldigt« habe. Erich Honecker erwies sich als folgsamer Lehrling in der bedenkenfreien Anwendung stalinistischer Folterwerkzeuge. Offenen Widerspruch wagte zu diesem Zeitpunkt in der Parteiführung niemand mehr. Im März 1957 wurde Harich zu zehn Jahren und Hertwig zu zwei Jahren Zuchthaus verurteilt, im Juli Janka zu fünf, Just zu vier und Zöger zu zweieinhalb Jahren – statt Diskussion und Meinungsstreit Gefängnis.

Die Brisanz der Lage dürfe nicht unterschätzt werden, warnte Erich Honecker in seiner Abrechnung vor der 30. Tagung des Zentralkomitees. Die vom 29. ZK-Plenum beschlossene Bewaffnung von Partei- und Staatsfunktionären sei inzwischen angelaufen, entsprechend »der vom Politbüro bestätigten Nomenklatur werden ungefähr

10 000 Genossinnen und Genossen mit einer Pistole bewaffnet«. Die Ausgabe der Waffen erfolge ausgehend von den grenznahen Kreisen und sonstigen Schwerpunkten in Etappen, der »festgelegte Personenkreis soll außerdem durch Instrukteure der Volkspolizei am Karabiner und der Maschinenpistole ausgebildet werden«. Das Funktionärskorps einer Arbeiterpartei wurde aus Angst vor eben diesen Arbeitern und den eigenen Mitgliedern aufgerüstet und im Waffengebrauch geschult.

Doch die Opposition gegen eine Fortsetzung des im Kern stalinistischen Kurses der SED-Führung reichte, wie schon 1953, bis ins Politbüro und in das Zentralkomitee: Karl Schirdewan, der ZK-Sekretär für Kaderfragen, Stasi-Minister Ernst Wollweber, der ZK-Sekretär für Wirtschaft Gerhart Ziller, der stellvertretende Vorsitzende des Ministerrats Fritz Selbmann, die stellvertretende Leiterin der staatlichen Plankommission Grete Wittkowski und mit Fred Oelßner der Chefideologe im Politbüro forderten die Übertragung der sowjetischen Entstalinisierung auf die DDR und den eigenen Parteiapparat, eine auch der privaten Initiative und gegenüber dem privaten Kapital offenere Wirtschaftspolitik, um die Versorgungslage im Land endlich zu verbessern und eine Politik der deutschdeutschen Entspannung anzustoßen. Und wieder war Erich Honecker der Kettenhund, den Ulbricht in der 35. ZK-Sitzung im Februar 1958 von der Leine ließ. Auch dieses Wortprotokoll wurde zu DDR-Zeiten unter Verschluß gehalten.[115] Aus gutem Grund: Es ist ein Dokument des blanken Poststalinismus – kalter Machtwille auf seiten des Angreifers und Selbsterniedrigung bei den Angegriffenen als hilflose Überlebensübung.

Weil diese Niederschrift die stupende Dürftigkeit des politischen Argumentationsschatzes Erich Honeckers in dieser Auseinandersetzung und die stumme Ohnmacht seiner politischen Gegner auf besonders eindrückliche

Weise offenbart – und damit die innerparteilichen Zustände damals lebhaft beschreibt, sei sie ebenfalls in einigen Teilen wiedergegeben:

»Honecker: Das Politbüro sieht sich verpflichtet, das Zentralkomitee über Auseinandersetzungen mit einer Gruppe von leitenden Genossen zu unterrichten, die fraktionsmäßig gearbeitet haben und das Ziel verfolgten, die Generallinie der Partei und die Parteiführung selber zu verändern. [...] Anfang Dezember 1957 erhielt das Politbüro [...] die Mitteilung, daß im Verlaufe eines geselligen Beisammenseins [...] zwei Mitglieder des Zentralkomitees, und zwar die Genossen Ziller und Selbmann, mit offenen Ausfällen gegen die Politik und die Beschlüsse der Partei auftraten. [...] Auf dieser Zusammenkunft brachte Genosse Ziller gegenüber einigen Genossen zum Ausdruck, daß auf der nächsten Tagung des Zentralkomitees, also auf dem heutigen 35. Plenum, eine Gruppe von Genossen, und zwar namentlich die Genossen Schirdewan, Oelßner, Ziller, Wollweber, Selbmann und Wittkowski, auftreten würden, um eine Änderung sowohl der politischen Linie als auch der Parteiführung herbeizuführen.«

Diese »Zusammenkunft« war eine Vorstandssitzung der Wismut AG gewesen, nach deren Ende Gerhart Ziller, so die Aussagen etlicher Teilnehmer, um einiges zu tief ins Glas geschaut hatte. Honecker hatte jedoch keine Bedenken, solche halbtrunken zustande gekommenen Kraftmeiereien zum Anlaß eines politischen Großreinemachens zu nehmen: »Bevor es vom Genossen Ziller zu solchen parteifeindlichen Ausfällen kam, fragte er sehr besorgt den Genossen Last, den früheren Stellvertreter des Ministers für Staatssicherheit [...], ob seine [...] Telefongespräche vom Staatssicherheitsdienst abgehört worden seien. Auf die Antwort des Genossen Last, daß dies keinesfalls der Fall sei und auch niemand auf eine solche Idee gekommen ist, sagte Genosse Ziller: ›Dann können wir ja loslegen. Verlaß dich darauf, ich [...] werde auspacken. Was glaubst du, was sich auf dem 35. Plenum abspielen wird? Da können die Halunken was erleben!«

Es werde zu Auseinandersetzungen kommen, wie sie noch nie dagewesen seien. »Maßgebliche Stellen« seien darüber unterrichtet worden, was für diesen Tag geplant war, »mit Genossen Puschkin [dem sowjetischen Botschafter] sei gesprochen worden«. Auch Schirdewan habe sich angeblich gut vorbereitet, so Honecker in dem Bericht weiter, »um auf dem nächsten Plenum loszulegen«, und werde, so vemutete Honecker, von den eingangs erwähnten Genossen unterstützt.

Doch der sowjetische Botschafter mochte in diesen SED-internen Streit nicht eingreifen. Das Politbüro sei bei der Untersuchung »mit Ausnahme der Genossen Schirdewan und Oelßner«, zu der Schlußfolgerung gelangt, daß »die außerordentlich ernsten Vorgänge [...] auf eine fraktionelle Tätigkeit hinweisen, die schon seit längerer Zeit in Gang gebracht sein mußte«. Die Konsequenz der Parteispitze: »Wir haben nicht zugelassen, daß sich unter dem Deckmantel des Kampfes gegen den Dogmatismus die Konterrevolution organisierte. [...] Wir haben uns keine Fehlerdiskussion aufzwingen lassen. [...] Man kann in Deutschland keine Minderung der Spannungen herbeiführen, ohne die Deutsche Demokratische Republik allseitig zu sichern und zu stärken.«

Mit dieser Einschätzung lag Erich Honecker aus SED-Sicht nicht falsch. Wer in der Parteiführung nach den Erfahrungen von 1953 und den aktuellen Vorgängen in Polen und Ungarn nicht die Machtfrage in den Mittelpunkt seiner strategischen Überlegungen stellte, lief in der Tat Gefahr, diese Macht zu verlieren – entweder insgesamt nach einem Volksaufstand oder doch gegenüber einer reformbereiten Parteispitze. Zu solchen Reformen indes waren weder Ulbricht noch Honecker bereit. Sie wußten beide um die Fragilität ihres Rückhalts in der Bevölkerung, aber auch bei jenen Parteikadern, die stärkeren Basiskontakt hatten als sie selbst. Dort nahmen die Forderungen nach Stärkung der innerparteilichen Demokratie, das heißt nach Einbeziehung der Parteimitglieder in die Meinungs- und Entscheidungsfindung der Führung zu. Doch so weit wollte auch in Moskau niemand gehen. Entstalinisierung bedeutete dort keine Annäherung an westliche Demokratievorstellungen, sondern allein die Absicherung des eigenen Herrschaftsanspruchs gegen Konkurrenten im Apparat und die Effizienzsteigerung innerparteilicher und gesamtgesellschaftlicher Abläufe. Es ging dabei also keineswegs um eine »Sozialdemokratisierung« von Partei und Programm oder, außen- und sicherheitspolitisch, um wirkliche Abrüstung und Entspannung im Konflikt mit den Vereinigten Staaten. Diese Leichtfertigkeit, wie begründet auch immer, warf Honecker dem Stasi-Chef Wollweber vor und behielt dabei sehr wohl im Auge, daß ein so harter Kurs der Abgrenzung gegenüber wirklichen oder vermeintlichen politischen Gegnern ihn sowohl Ulbricht wie Chruschtschow als verläßlicher Bundesgenosse empfehlen würde: »Genosse Wollweber hatte den Feind nicht gesehen. Die Politik der Entspannung und der Koexistenz hatte er für seine Tätigkeit völlig falsch aufgefaßt. […] Im Ergebnis dieser falschen Orientierung wurde der Kampf gegen das Ostbüro der SPD, einer imperialistischen Agentur, die mit dem amerikanischen und dem englischen Geheimdienst zusammenarbeitet, faktisch eingestellt.« Die Genossen um Schirdewan und Wollweber hätten die Beschlüsse des XX. Parteitages der KPdSU vollkommen mißverstanden: »Sie waren der Meinung, daß die Politik der Entspannung auch ein Nachlassen des Kampfes gegen den Klassenfeind bedeutet.«

In seiner Verteidigungsrede wagte Ernst Wollweber kein Widerwort. Sie war in ihrer Unterwürfigkeit so selbstverletzend, weil Wollweber inzwischen um die Mehrheitsverhältnisse im Zentralkomitee wußte und auch darüber informiert war, daß er von sowjetischer Seite – anders als unmittelbar nach dem XX. Parteitag im Februar 1956 – aufgrund der Erfahrungen, die Chruschtschow mit den Folgen eines auch nur leise nachlassenden Druckes auf die Menschen in Polen und Ungarn gemacht hatte, keine Unterstützung mehr erwarten konnte: »Genossen! Es hat tatsächlich in der Zeit von November 1956 bis April 1957 eine Reihe Differenzen, die auch zu Auseinandersetzungen führten, zwischen dem Genossen Ulbricht und mir gegeben. Diese Differenzen betrafen aber in keinem Fall die Linie der Partei, sondern betrafen Schwächen, Fehler und Mängel in der Durchführung.« Dann fuhr Wollweber fort: »Das nächste, Genossen. Ich habe zu keiner Zeit und mit niemandem den Genossen Schirdewan als den kommenden Mann in eine Beziehung zum Genossen Ulbricht [...] gestellt, nirgends! Gegenüber niemandem!«

Auch Karl Schirdewan war nicht mehr in guter Verfassung, als er vor dem ZK-Plenum die Angriffe Honeckers abzuwehren versuchte. Er wußte, daß selbst die mit der Führung von Ulbricht und Honecker Unzufriedenen ihm nicht zur Seite stehen würden, nachdem Moskau signalisiert hatte, daß es an einer Auswechslung des Duumvirats weniger interessiert war als an einer ungefährdeten Absicherung seines Festungsglacis in Ost- und Mitteleuropa. Also zeigte Schirdewan zunächst die obligatorische Demutsgeste und hoffte so auf eine Beißhemmung bei Honecker: »Ich muß als das Erste setzen, Genossen, daß ich zu keiner Zeit Zweifel oder Schwankungen an der Richtigkeit der Politik unserer Partei hatte. [...] Aber manchmal bin ich mit der Art und Weise nicht klargekommen, auch nicht hinsichtlich der Behandlung von Kadern. Ich schreibe mir die Schuld zu. [...] Als ich den XX. Parteitag gelesen oder gehört habe, und als ich auch das Testament von Lenin über Stalin gelesen habe [...], da habe ich mir gesagt: Es ist also bei aller hervorragenden Tätigkeit möglich, daß es Schwächen und Mängel auch bei Persönlichkeiten gibt.« Am Ende dann die in solchen innerparteilichen Säuberungsprozessen zwar nicht ungewöhnliche, in ihrem Erfolg aber äußerst fragliche Bitte um Nachsicht: »Ich war der Meinung, wenn man der Auffassung ist, daß meine Entwicklung in der Parteiführung eine falsche Orientierung nimmt, daß es dann richtiger gewesen wäre, mit mir offen darüber zu sprechen und eine ruhige, den Parteiinteressen dienende andere Orientierung vorzuschlagen. [...] Gibt es eine fraktionelle Gruppe oder eine fraktionelle Tätigkeit? Es gibt eine solche fraktionelle Tätigkeit nicht.« Und schließlich die öffentliche Hinnahme des Urteils: »Ich möchte zum Schluß sagen, daß ich mit dem Vorschlag des Politbüros an das Zentralkomitee, was meine Funktionsenthebung anbelangt, völlig einverstanden bin.«

Doch alle Unterwürfigkeit war vergebens. Walter Ulbricht und Erich Honecker wollten den Triumph, und sie wollten ihn ungeschmälert. Schirdewan und Wollweber wurden als »fraktionelle Gruppe« aus dem Zentralkomitee, Oelßner aus dem Politbüro entfernt. Ziller konnte sich nicht mehr verteidigen, er nahm sich am 14. Dezember 1957 das Leben. In seinem Abschiedsbrief an Grotewohl schrieb er unter Vorwegnahme des erwarteten Urteils: »Da ich das Gefühl der bitteren Einsamkeit und der ohnmächtigen Uneinigkeit nur zu gut seit dem Jahre 1936, als ich von den Nazis aus dem Zuchthaus entlassen wurde, kenne, will ich es nicht noch einmal hinnehmen. [...] Also, Genossen, verzeiht – die Schuld liegt bei mir.«[116]

Erich Honecker hatte Walter Ulbricht die Schmutzarbeit abgenommen. Der Lohn dafür folgte auf dem Fuße. Er rückte während des V. Parteitages der SED im Juli 1958 als Vollmitglied ins Politbüro auf. Als ZK-Sekretär für Kader und Leitende Parteiorgane wurde er gewissermaßen zum Personalchef der SED und war ab jetzt in seinem zweiten Amt, als ZK-Sekretär für Sicherheitsfragen, politisch verantwortlich für Polizei, Geheimpolizei und Armee. Erich Mielke, der ihn aus der Stasi-Zentrale mit Geheimdienstinformationen über die Ulbricht-Gegner versorgt hatte, wurde zum Dank für intrigante Zuarbeit während dieser regelrechten Enthauptung der innerparteilichen Opposition zum Generaloberst befördert. Damit verschaffte sich Honecker bei der Staatssicherheit einen bis zu seinem eigenen Sturz 1989 zutiefst ergebenen Schildknappen. Honecker war am – vorläufigen – Ziel seiner Wünsche angekommen: Er war unbestritten der zweite Mann in Partei und Staat, der Scharfrichter als Kronprinz.

Entstalinisierung hatte für Honecker weder eine grundsätzlich ideologische noch eine persönliche Bedeutung. Nach dem ersten Schock, den er während seines Studienjahres in der Sowjetunion nach den Enthüllungen Chruschtschows auf dem Parteitag zweifellos erlebte, ließ er eigene Betroffenheit nie wieder erkennen. Entstalinisierung hieß für ihn jetzt vielmehr, jeder ideologischen Debatte entgegenzutreten, die den uneingeschränkten Machtanspruch der Partei hätte beschädigen können. »Tendenzen des Kommandierens, der Bevormundung, der sektiererischen Abkapselung von den Massen« seien dabei zwar zu bekämpfen – dies war eine seiner wiederkehrenden Forderungen, die allerdings nicht den Rückzug der Partei aus ihrer angemaßten Allgegenwart und Allzuständigkeit meinte, sondern lediglich einen volkstümlicheren Einsatz ihrer Herrschaftsmittel.[117] Denn das Ziel, das es zu erreichen galt, war hoch gesteckt. Walter Ulbricht hatte es auf dem V. Parteitag in ignoranter Mißachtung der wirklichen Wirtschaftsverhältnisse und ihrer ungünstigen Perspektiven bei einer verschärften Fortsetzung des »sozialistischen Aufbaues« und eines weithin auf die sozialistischen Länder beschränkten Warenaustausches vorgegeben: »Die Volkswirtschaft der DDR ist innerhalb weniger Jahre so zu entwickeln, daß die Überlegenheit der sozialistischen Gesellschaftsordnung der DDR gegenüber der Herrschaft der imperialistischen Kräfte im Bonner Staat eindeutig bewiesen wird und infolgedessen der Pro-Kopf-Verbrauch unserer Bevölkerung mit allen wichtigen Lebensmitteln und Konsumgütern den Pro-Kopf-Verbrauch der Gesamtbevölkerung in Westdeutschland erreicht und übertrifft.«[118]

Der Mauerbau

Da Erich Honecker sich in den folgenden Jahren auf seinen neuen Aufgabenbereich einstellte, das heißt sich bevorzugt darum kümmerte, die Parteikontrolle im Sinne einer direkten persönlichen Überwachung sämtlicher Sicherheitsorgane zu erhöhen und ausschließlich Personen seines Vertrauens auf frei werdende Kommandostellen berief, kam die nächste für seinen weiteren Karriereweg entscheidende Bewährungsprobe am 13. August 1961 mit dem Bau des »antifaschistischen Schutzwalles«.

An diesem Augustsonntag stand die Sonne hoch am Himmel, in Berlin und vor der amerikanischen Ostküste. Der ein gutes halbes Jahr zuvor ins Amt gewählte US-Präsident John F. Kennedy saß am Steuer der Hochseejacht seines Vaters. Die »Marlin« kreuzte bei mäßigem Wind wenige Seemeilen östlich des Kennedy-Anwesens in Hyannis Port am Cape Cod. Es ging auf zwölf Uhr zu, als der Präsident von einem Sicherheitsbeamten an Bord erfuhr, daß der Ostsektor Berlins in den frühen Morgenstunden durch Stacheldrahtverhaue vom Westteil der Stadt abgeriegelt worden war. Kennedy reagierte auf diese Nachricht vollkommen kühl. Er schien von dieser Botschaft nicht überrascht.

Auch der britische Premierminister Harold Macmillan ließ sich an diesem Tag bei seiner Jagd auf Moorhühner im schottischen Hochland durchaus nicht stören, obwohl er – »streng geheim und sofort vorlegen« – durch eine Eilbotschaft von den dramatischen Vorgängen in Berlin erfuhr. Und selbst Bundeskanzler Konrad Adenauer (CDU) zeigte keinerlei Aufregung, als ihn der Minister für gesamtdeutsche Fragen Ernst Lemmer (CDU) in seinem Rhöndorfer Haus anrief und über die Teilung der Stadt unterrichtete. Adenauer ging mit seiner Familie zur Messe wie jeden Sonntag. Anschließend beriet er sich mit seinen engen Mitarbeitern Hans Josef Globke und Heinrich Krone. Dann ließ er eine Pressemeldung verbreiten: »Im Verein mit unseren Alliierten werden die erforderlichen Gegenmaßnahmen getroffen. Die Bundesregierung bittet alle Deutschen, auf diese Maßnahmen zu vertrauen.« Am nächsten Tag fügte er im Fernsehen beruhigend hinzu, es bestehe »absolut kein Grund« zur Panik. Weder mit Macmillan noch mit Kennedy hatte Adenauer bis zu diesem Zeitpunkt über die Krise gesprochen. Erst am 22. August besuchte er Berlin.[119]

Business as usual also in Bonn, London und Washington. Gespannte Aufmerksamkeit dagegen in Moskau. Allein in Berlin kochte der Asphalt. Zehntausende Menschen versammelten sich beiderseits der Absperrungen, weinten, schrien ihre Wut hinaus und winkten sich verzweifelt zu. Etwa 200 000 Menschen hatten 1960 die DDR in Richtung Westen verlassen. Zwischen Januar und August 1961 war noch einmal die gleiche Zahl über die offene Grenze nach West-Berlin geflohen. In Ost-Berlin konnten als Folge dieser Fluchtwelle 45 000 Arbeitsplätze nicht mehr besetzt werden. Allein am 12. August meldeten sich wiederum 2 400 Menschen in den West-Berliner Notaufnahmelagern.[120] Einen Tag später war allen, die nach Westen wollten, der Weg versperrt, Flucht nur noch unter Lebensgefahr möglich. Angesichts der gelassenen Reaktionen in Bonn, London und Washington auf die gewaltsame Teilung der Millionenstadt Berlin stellt sich die Frage, ab wann und wie die politische Führung im Westen von den geplanten Ereignissen dort unterrichtet wurde. Dokumente und Aussagen von Beteiligten geben darauf inzwischen eine überraschende Antwort.

Seit dem Herbst und Winter 1960 hatten die Stäbe von Volkspolizei und Nationaler Volksarmee geprüft, wie die Fluchtwege am wirkungsvollsten abzuriegeln wären, da das Militär der DDR wegen des Viermächtestatus der Stadt in Ost-Berlin nicht als Grenzposten eingesetzt werden durfte. Im März 1961 schlug Walter Ulbricht während einer Tagung des Warschauer Pakts vor, die Sektorengrenze nach West-Berlin zu sperren. Da dies einen Bruch der Potsdamer Viermächtevereinbarung bedeutet hätte, die seit dem Kriegsende Berlin als Ganzes der Kontrolle aller vier Siegermächte unterstellte, gab der sowjetische Staats- und Parteichef Nikita Chruschtschow noch kein grünes Licht. Er wollte lieber in Verhandlungen mit den Amerikanern eine friedensvertragliche Regelung herbeiführen, die eine staatsrechtliche Anerkennung der DDR einschließlich Ost-Berlins als Hauptstadt enthalten sollte.[121] Damit hätten Ulbricht und Honecker anschließend freie Hand bekommen, gegen die aufmüpfige Bevölkerung nach Belieben durchzugreifen.

Am 27. Juli 1961 teilte Chruschtschow den Amerikanern die Notwendigkeit von Absperrmaßnahmen in und um Berlin mit; Kennedy mahnte in seiner Antwort die Respektierung der alliierten Rechte lediglich für West-Berlin an und forderte den Regierenden Bürgermeister Willy Brandt (SPD) in einem harschen Brief fünf Tage nach dem Mauerbau auf, von gesamtdeutschen Träumereien und »schönen Reden« endlich Abschied zu nehmen. Der Weg zu diesem Schreiben, das den Abschied von der amerikanischen Strategie des *roll back* und den Beginn einer neuen, auf die politische Wirklichkeit abgestellten deutschen Ostpolitik markierte, ließ in nicht mehr als zehn Wochen kaum etwas an Spannung aus. Die Angst vor dem Ausbruch eines Dritten Weltkrieges ging jedenfalls nicht nur in Europa um.

Nachdem am 8. November 1960 der jugendlich-dynamische Demokrat John F. Kennedy im Alter von 43 Jahren ins Weiße Haus gewählt worden war, kündigte er als politisches Ziel eine globale »Allianz gegen Tyrannei, Armut, Krankheit und Krieg« an. Während seines ersten Zusammentreffens mit Kennedy am 3. Juni 1961 in Wien gab Chruschtschow allerdings zu erkennen, daß ihm sehr viel mehr an handfester Politik, nämlich an einem Friedensvertrag mit Deutschland zu russischen Bedingungen gelegen war. Völkerrechtliche Anerkennung der Teilung des Landes, Anerkennung West-Berlins als selbständige politische Einheit, Entmilitarisierung und Neutralisierung Deutschlands, Anerkennung der Oder-Neiße-Linie als endgültige deutsche Ostgrenze und dann, am Ende, irgendwann freie Wahlen – das waren seine nicht ganz taufrischen Wiederholungen altbekannter und von westlicher Seite immer wieder zurückgewiesener sowjetischer Positionen. Sollten die Westmächte auf diesen Vorschlag nicht eingehen, kündigte er an, werde die Sowjetunion einen solchen Vertrag nur mit der DDR abschließen und ihr auch die Kontrolle der Zufahrtswege nach West-Berlin übertragen.

Kennedy reagierte ablehnend. Chruschtschow ruderte zurück und ließ, um die erregten Gemüter vor allem in Berlin zu beruhigen, Walter Ulbricht am 15. Juni 1961 während einer Pressekonferenz in Ost-Berlin feststellen: »Niemand hat die Absicht, eine Mauer zu errichten. Ich habe vorhin schon gesagt, wir sind für vertragliche Beziehungen zwischen West-Berlin und der Regierung der

Deutschen Demokratischen Republik.« Dennoch liefen die Vorbereitungen auf östlicher Seite weiter, den Flüchtlingsstrom, der seit 1953 abermals rund zwei Millionen Menschen über die Grenze gespült hatte, endgültig einzudämmen. Und dies hieß, wenn schon eine gesamtdeutsche Regelung nach Moskauer Vorstellungen nicht möglich war, wenigstens eine wirksame Absperrung des Ostteils von Berlin durchzusetzen. Zwar gelang es dem im Nationalen Verteidigungsrat der DDR für diese Maßnahme verantwortlichen Erich Honecker, die im Winter 1960 einsetzenden Planungsarbeiten geheimzuhalten, doch die eigentliche Anlaufphase dieser Aktion blieb den westlichen Geheimdiensten natürlich nicht verborgen. Sowjetische Panzertruppen und Einheiten der Nationalen Volksarmee wurden in Bereitstellungsräume rings um die Stadt eingewiesen, die Betriebskampfgruppen und Polizeieinheiten wurden mobilisiert, große Mengen von Stacheldraht und Betonpfählen mußten nach Ost-Berlin transportiert werden, die Einsatzpläne wurden vom Politbüro gutgeheißen.

Hätten die Westmächte gegen diese Operation, deren Ziel klar erkennbar war, protestieren wollen, hätten sie dies in jenen Tagen unschwer gekonnt. Aktiv dagegen vorzugehen, wäre ihnen freilich schwergefallen. Denn eine Besprechung, die Kennedy am 8. Juli 1961 mit seinen engsten politischen und militärischen Beratern in seinem Sommersitz Hyannis Port einberief, kam zu dem Ergebnis, daß die gegen Berlin einsetzbaren NATO-Divisionen eine Stärke von gerade fünfzehn oder sechzehn der mindestens erforderlichen dreißig Divisionen hatten. Demgegenüber standen in der DDR zwanzig russische Divisionen mit voller Kampfkraft, die im Bedarfsfall täglich um bis zu vier Divisionen hätten verstärkt werden können.

Beunruhigt durch die dramatisch anwachsenden Flüchtlingszahlen und die Berichte der Nachrichtendienste, die vor dem Ausbruch eines neuen Volksaufstandes in der DDR warnten, traf sich Kennedys Abrüstungsberater John McCloy am 26. und 27. Juli 1961 mit Chruschtschow in dessen Urlaubsort Sotschi am Schwarzen Meer. Chruschtschow bezweifelte in diesen Gesprächen, daß die Westmächte willens seien, um die Verteidigung ihrer Rechte in Berlin tatsächlich zu kämpfen. Im übrigen gäbe es aber auch gar keinen Grund für einen Krieg, wenn beide Seiten »vernünftig« blieben. Der russische Diplomat Valentin Falin, damals 35 Jahre alt und in der Deutschlandabteilung des Moskauer Außenministeriums eingesetzt, berichtet, Chruschtschow habe McCloy »in groben Zügen über das Bevorstehende« informiert. Seit diesem Tag habe Kennedy gewußt, daß in Berlin Absperrungsmaßnahmen zur Stabilisierung der Machtverhältnisse in der DDR vorgesehen seien, sich aber nicht gegen die westalliierte Präsenz in der Stadt richten würden.

Kennedy gab diese Hinweise an seinen stellvertretenden Sicherheitsberater Walt Rostow weiter: »Chruschtschow steht vor einer unerträglichen Situation. Ostdeutschland blutet aus. Als Folge gerät der gesamte Ostblock in Gefahr. Er muss handeln, um diese Entwicklung zu stoppen. Vielleicht baut er eine Mauer.« In einer Fernsehansprache am 27. Juli 1961 formulierte Kennedy »three essentials« der amerikanischen Deutschlandpolitik, die von Chruschtschow durchaus als Ermutigung verstanden werden konnten, an seinen Teilungsplänen für Berlin festzuhalten. Kennedy forderte die Garantie der uneingeschränkten US-Anwesenheit in West-Berlin, freien Zugang nach West-Berlin und das politische Selbstbestimmungsrecht für die West-Berliner. Von Ost-Berlin war nicht mehr die Rede.

Vier Tage darauf wurde William Fulbright, der Vorsitzende des Auswärtigen Ausschusses des US-Senats, noch etwas deutlicher. In einem Fernsehinterview erklärte er:

»Die Russen haben die Macht, ihren Bereich in jedem Fall abzusperren [...] Ich verstehe nicht, weshalb die Ostdeutschen ihre Grenze nicht schließen. Ich denke, sie haben das Recht dazu.« Weitere Ermunterung brauchten weder Chruschtschow noch Ulbricht. Am 5. August 1961 gaben die Staats- und Parteichefs des Warschauer Paktes in Moskau grünes Licht für den Mauerbau in Berlin. Chruschtschow erklärte: »Wollen wir es so betrachten: Wenn wir jetzt die Bedürfnisse der DDR nicht in Betracht ziehen und keine Opfer bringen, dann werden die deutschen Genossen nicht aushalten. Die inneren Kräfte reichen dazu nicht, die wirtschaftlichen Kräfte reichen dazu nicht. Und was bedeutet es, wenn die DDR liquidiert wird? Es bedeutet, daß die Bundeswehr bis zur polnischen Grenze vorrückt, [...] es bedeutet, daß die Bundeswehr näher an unsere sowjetische Grenze [...] heranrückt. Ich glaube, wenn das als Folge unseres mangelnden Verständnisses geschehen würde, dann würde es uns teurer zu stehen kommen, [...] als wenn wir jetzt das Nötige täten, um der DDR zu helfen und sie zu stärken. Indem wir ihre Position stärken, stärken wir unsere Position. Deshalb, Genossen, ist dies eine Hilfe, so würde ich sagen, nicht nur für den Genossen Walter und die Deutschen in der DDR, sondern auch für uns selbst.«[122]

Und so geschah es: In der Nacht zum 12. August genehmigte Marschall Iwan Konew als Oberkommandierender der »Gruppe der Sowjetischen Streitkräfte in Deutschland« (GSSD) die von Honecker abgezeichneten detaillierten Pläne. Ein deutscher Einsatzstab wurde im Ost-Berliner Polizeipräsidium eingerichtet, die eigentliche Befehlsgewalt lag allerdings bei der Kommandozentrale der GSSD in Karlshorst.[123] Am 12. August informierte Walter Ulbricht um 22 Uhr die in sein Landhaus am Döllnsee gerufenen Mitglieder des Politbüros sowie die Präsidien von Staatsrat und Ministerrat über den kurz bevorstehenden Beginn der Operation »Rose«. Um Mitternacht zum 13. August erloschen an der Sektorengrenze auf Ost-Berliner Seite die Straßenlaternen, Angehörige der Kampfgruppen bezogen ihre Posten, da nach den alliierten Vereinbarungen nationale deutsche Streitkräfte sich weder in West- noch in Ost-Berlin aufhalten durften. Der grenzüberschreitende Verkehr der S- und U-Bahnen wurde eingestellt, gegen sechs Uhr früh war die Sektorengrenze abgeriegelt.

In Berlin blieb es – politisch – ruhig. Willy Brandt warnte die Bevölkerung vor unbedachtem gefährlichem Widerstand gegen die Grenzabriegelungen. Die Westalliierten protestierten gegen die Absperrmaßnahmen, um ihrer Pflicht zu genügen, und verstärkten ihre Garnisonen um wenige Panzer als beredtes Zeichen ihrer geringen Entschlossenheit, gegen die vollzogene Teilung der Stadt vorzugehen. Als Kennedy in den Mittagsstunden des 13. August erfuhr, daß sich diese Aktion, wie angekündigt, nicht gegen die US-Interessen in West-Berlin gerichtet und auch den Zugang nach West-Berlin für US-Angehörige nicht behindert hat, setzte er seinen Segeltörn fort. Der Nationale Verteidigungsrat der DDR beschloß zwei Tage später den weiteren Ausbau der Grenze. Ab dem 21. August begann die von den Sowjets bis ins einzelne geprüfte und angeordnete »ingenieurtechnische Ausstattung« auch der Westgrenze zur Bundesrepublik. Dabei regte Marschall Konew besonders an: »Es ist angebracht, Maßnahmen zur Aussiedlung aus dem grenznahen Streifen erst nach Verbesserung der ingenieurtechnischen Anlagen der Grenze und der Verstärkung ihres Schutzes durch ausreichende Kräfte zu beginnen. [...] Die Dienstvorschriften für den Schußwaffengebrauch durch Angehörige der deutschen Grenztruppen [...] sind zu präzisieren.«[124]

Als Folge dieser am 14. September 1961 angemahnten »Präzisierung« verloren an der innerdeutschen Grenze und an der Berliner Mauer bis zum Zusammenbruch der DDR im Herbst 1989 mindestens 584 Menschen ihr Leben, weitere 757 wurden durch Schüsse oder Minen schwer verletzt. Aber auch 25 Angehörige der Grenztruppen der DDR wurden, so sah es Erich Honecker 1990, bei bewaffneten Fluchtversuchen oder anderen Zwischenfällen an den Grenzanlagen »meuchlings ermordet«, ohne freilich zu reflektieren, welche Rolle er bei der Errichtung des sogenannten Schutzwalls, der ein ganzes Land über 28 Jahre abriegeln sollte, gespielt hatte.[125]

Die mit dem Mauerbau auf östlicher Seite verbundenen Hoffnungen erfüllten sich jedoch nicht. »Berlin-West stellte nicht irgendein Territorium innerhalb der DDR dar«, schrieb Erich Honecker in seinen Lebenserinnerungen, »sondern nach den Worten seiner regierenden Politiker die ›billigste Atombombe‹, den ›Pfahl im Fleische des Ostens‹, die ›Frontstadt‹ des kalten Krieges. Dort trieben nicht weniger als 80 Spionage- und Terrororganisationen ihr Unwesen. Währungsspekulationen wurden von dort in großem Stil betrieben, um die Wirtschaft der DDR zu zersetzen. In Berlin-West hatten sich Zentralen für die Abwerbung von Arbeitskräften aus der DDR etabliert. [...] Konnten wir tatenlos zusehen, wie unter Ausnutzung der offenen Grenze, in einem Wirtschaftskrieg sondergleichen, unsere Republik ausgeblutet wurde? [...] Wir unternahmen keine andere Aktion als jeder andere unabhängige, souveräne Staat. Lediglich nahmen wir unsere Grenze gemäß dem damals wie heute von der Organisation der Vereinten Nationen verbrieften Völkerrecht unter Kontrolle. Damit wurde der Frieden gerettet und der Grundstein für das weitere Aufblühen der Deutschen Demokratischen Republik gelegt.«[126]

Diese schiefe Optik, durch die das aufgrund seiner Funktionen im Zentralkomitee am besten informierte Mitglied der politischen Führung der DDR die Ursachen für die Teilung Berlins und die Absperrung des ganzen Landes wahrnahm, war wohl ein unverzichtbares Hilfsmittel, weil es verhindern half, den Blick auf das eigene politische Versagen zu richten. Es gab in Deutschland 1961 keine von westlicher Seite drohende Aggression. Alle Berlinkrisen seit 1948 gingen von der Sowjetunion aus. Es gab keine Währungsspekulationen in nennenswertem Maßstab, weil sowohl der Devisen- wie der Gütertransfer beschränkt und unattraktiv waren. Es gab keine Abwerbezentralen, die zu Zeiten des »Wirtschaftswunders« und der Vollbeschäftigung dem angespannten Arbeitsmarkt im Westen zu Lasten der DDR Spitzenkräfte zuführen wollten. Die von den Sozialisierungsmaßnahmen enttäuschten Bauern und Handwerker, Wissenschaftler, Ingenieure und Mediziner kamen von allein und in großer Zahl. Der Mauerbau hat nicht den Frieden gerettet, denn der war damals in Mitteleuropa nicht bedroht, und er hat auch nicht die Grundlagen »für das weitere Aufblühen« der DDR gelegt. Dort blühte nichts. Es richteten sich vielmehr die Menschen, die danach nicht mehr oder nur noch unter erheblicher Lebensgefahr fliehen konnten, mit dem System gezwungenermaßen ein. Der Volksaufstand 1953 zeigte, daß die SED-Führung zumindest in ihrer damaligen Zusammensetzung nicht das Vertrauen der Bevölkerung hatte. Die verweigerte Entstalinisierung 1956 bewies, daß die Parteispitze jede Lockerung ihres totalitären Anspruches deshalb ablehnte, weil sie in deren Konsequenz um das eigene politische Überleben hätte fürchten müssen. Die Errichtung des »antifaschistischen Schutzwalles« 1961 offenbarte, daß der DDR-Führung keine Unwahrheit zu weit hergeholt war, um den schlichten Tatbestand zu verbergen, daß ihr das Volk davongelaufen wäre, wenn man es daran nicht mit Gewalt gehindert hätte.

Dies einzusehen, überforderte nicht nur Erich Honecker. Zumal er nach der Ablösung Chruschtschows durch den sehr viel farbloseren Apparatschik Leonid Breschnew im Oktober 1964 seine Stunde nahen fühlte. Anders als Ulbricht, der als letzter noch lebender Zeitgenosse Lenins unter den Parteichefs des Warschauer Paktes sich schon aufgrund seiner Parteibiographie her Breschnew überlegen fühlte, fand Honecker leichter Zugang zu dem sechs Jahre älteren Russen. Sie hatten das gleiche Hobby, die Jagd, vor allem aber ein ähnliches Sensorium, was die Gefährdung ihrer persönlichen Machtstellung anging. Ideologische Diskurse erschienen beiden verzichtbar, wenn ganz pragmatisch die Sicherung ihrer Positionen, ihres Einflusses auf der Tagesordnung stand. Honecker nutzte die Animositäten zwischen dem alterseitlen Ulbricht und dem sich seiner selbst noch nicht vollends sicheren Breschnew berechnend aus. Bereits auf der 7. ZK-Tagung im Dezember 1964 bremste Honecker Liberalisierungstendenzen in der Kultur- und Wirtschaftspolitik, warnte Ulbricht angesichts der ersten Kanzlerkandidatur Willy Brandts vor unbegründetem Optimismus in der Deutschlandpolitik und mahnte eine noch engere Zusammenarbeit mit der Sowjetunion in jedem Bereich an. Ein Jahr darauf – inzwischen war das von Ulbricht geförderte, von Erich Apel betriebene und von Breschnew mißtrauisch beäugte »Neue Ökonomische System der Planung und Leitung der Volkswirtschaft« (NÖSPL), das eine größere Eigenverantwortlichkeit der einzelnen Wirtschaftsbetriebe vorsah, nach dem Selbstmord von Apel und wegen sowjetischer Ermahnungen durch traditionelle zentralistische Lenkungsmechanismen ersetzt worden – legte Honecker während des 11. ZK-Plenums wiederum ein demonstratives Bekenntnis zur Sowjetunion ab. Das wenige Tage zuvor geschlossene Handelsabkommen, das die Wirtschaft der DDR wesentlich auf die sowjetischen Bedürfnisse ausrichtete, sei, so lobte Honecker ohne jeden kritischen Unterton, »beispiellos in der Geschichte«. Und auf dem VII. Parteitag im April 1967 lobhudelte er, die »Kommunisten der ganzen Welt« wüßten, daß »die Geschichte der Partei Lenins, der Kommunistischen Partei der Sowjetunion, die Rolle des Pioniers des Menschheitsfortschritts, der Avantgarde der internationalen Bewegung zugewiesen« habe.[127]

Ulbricht dagegen legte zumindest auf eine gewisse ideologische Distanz zum bürokratisch-totalitären Sowjetkommunismus Wert, dem er selbst Jahrzehnte seines Lebens geweiht oder auch geopfert hatte. In der zweiten Hälfte der sechziger Jahre entwickelte er seine These vom »Systemcharakter des Sozialismus«, der eine lange andauernde und »relativ selbständige sozialökonomische Formation in der historischen Epoche des Übergangs vom Kapitalismus zum Kommunismus« darstelle. Damit bestritt er kaum verbrämt den Führungsanspruch der KPdSU, nach deren Vorstellungen der Sozialismus in der Sowjetunion bereits seit 1936 verwirklicht war und sich die Gesellschaft seitdem auf dem Weg zum Kommunismus befand, also den sozialistischen Ländern um eine historische Epoche voraus war. Fügt man dieser Überlegung Ulbrichts das Leninsche Diktum hinzu, daß die Führungsrolle im kommunistischen Lager jenem industrialisierten Land zukomme, das sich als erstes den revolutionären Übergang vom Kapitalismus zum Sozialismus erkämpft habe, wird das Prekäre an Ulbrichts Denken deutlich. Denn seiner Auffassung nach war es die SED, die nachgewiesen hatte, daß »der Marxismus-Leninismus auch für industriell hochentwickelte Länder volle Gültigkeit hat« – und nicht die KPdSU, die 1917 lediglich der Revolution in einem vorindustrialisierten Land zum Durchbruch verhalf. Es ist unmittelbar einsichtig, daß ein Partei-Generalsekretär wie Breschnew, dem es nie um anderes als um die

Durchsetzung des Vormachtanspruches der KPdSU und sowjetischer Hegemonialinteressen ging, solche ideologischen Befreiungsübungen Ulbrichts mit Mißfallen beobachten mußte. Und nachvollziehbar ist auch, daß Honecker gerade in seiner betonten Sowjettreue die risikoarme Chance sah, sich aus dem Schatten Ulbrichts zu lösen und sich der sowjetischen Parteiführung als verläßlicher Bundesgenosse zu empfehlen.

In der von Moskau erzwungenen Strafaktion der Warschauer-Pakt-Staaten gegenüber der Tschechoslowakei im August 1968, an der lediglich Rumänien nicht teilnahm, konnte der im Nationalen Verteidigungsrat für die Vorbereitung des DDR-Beitrages zuständige Erich Honecker seine Bündnistreue nachdrücklich in Erinnerung rufen. Am 3. Januar 1968 hatte die KPČ Alexander Dubček zum Generalsekretär gewählt. In ihrem »Aktionsprogramm« forderte sie am 18. April, das Machtmonopol der Partei aufzugeben: »Die Kommunistische Partei stützt sich auf die freiwillige Unterstützung durch die Menschen. Sie verwirklicht ihre führende Rolle nicht dadurch, daß sie die Gesellschaft beherrscht, sondern dadurch, daß sie der freien, fortschrittlichen und sozialistischen Entwicklung am fortschrittlichsten dient.«[128] Der »Prager Frühling« war angebrochen, der Traum eines »Sozialismus mit menschlichem Antlitz« hatte endlich sein Beispiel gefunden. Auf der Hand lag aber auch, daß diesen Traum in den Parteiapparaten nur träumen konnte, wer zur Preisgabe seiner Macht bereit war, um sie, durch das Vertrauen der Menschen, auf friedlichem Wege zurückzugewinnen. Breschnew und Honecker gehörten nicht zu diesen Träumern.

Auf der 6. Tagung des SED-Zentralkomitees im Juni 1968 stellte Honecker fest, daß er keinen Anlaß sehe, die Forderung nach einer Diktatur des Proletariats für überholt zu halten. »Wir lassen es nicht zu«, sagte er, »daß man die zentrale Frage unserer Weltanschauung verwässern will. Wir wissen ganz genau, daß sich an der Machtfrage seit eh und je Marxisten und Revisionisten voneinander unterschieden haben.«[129] Nachdem weder politischer Druck noch die Gewaltdemonstration eines um Wochen verlängerten Manövers der Warschauer-Pakt-Staaten in der Tschechoslowakei die dortige Parteiführung zum Einlenken bewegt hatten, beschloß das Politbüro der KPdSU am 17. August die militärische Intervention. Die Operation »Donau« lief in der Nacht vom 20. zum 21. August 1968 mit der Besetzung des Prager Flughafens durch sowjetische Luftlandetruppen an. In den Morgenstunden überschritten sowjetische, polnische, ungarische und bulgarische Einheiten die Grenzen. Die Nationale Volksarmee der DDR war mit ihrer 7. Panzerdivision und der 11. Motorisierten Schützendivision den Reserven des sowjetischen Oberkommandos zugeteilt. Zum Einsatz auf dem Territorium der Tschechoslowakei kamen aber lediglich einige DDR-Nachrichtentruppen und deutsche Verbindungsoffiziere zu den sowjetischen Kommandostäben. Die Invasionsarmee, die das Land innerhalb 36 Stunden vollständig unter Kontrolle hatte, war mit 7 500 Panzern, 2 000 schweren Geschützen, 1 000 Flugzeugen und zeitweilig 800 000 Soldaten aufgerüstet. Während ihres Einmarsches, dem sich die Tschechen ausschließlich mit Mitteln des zivilen Widerstandes entgegenstellten, wurden 35 Männer und Frauen erschossen, 38 Menschen wurden von Militärfahrzeugen überrollt, drei weitere kamen auf andere Weise ums Leben. Die Zahl der Verletzten betrug mindestens 689.[130]

Im Oktober 1968 legte der DDR-Generalstaatsanwalt eine Statistik vor, daß sich in Ostdeutschland 1 189 Personen an Sympathiekundgebungen für die Tschechoslowakei beteiligt hätten, wobei 75 Prozent zwischen 12 und 30 Jahren alt gewesen seien; nach dieser Zählung waren

84,2 Prozent Arbeiter, 8,5 Prozent Schüler und Studenten, 7 Prozent Intellektuelle.[131] Im selben Monat verteidigte Erich Honecker vor dem 9. Plenum des Zentralkomitees die Beteiligung der DDR an diesem völkerrechtswidrigen, gewaltsamen Vorgehen gegen einen souveränen Staat ohne jede Einschränkung: »Wenn schon die revisionistische und konterrevolutionäre Entwicklung in der ČSSR so weit fortgeschritten war, daß politische Mittel nicht mehr ausreichten, das Land vor dem Zugriff des Imperialismus zu schützen, dann mußte sich die internationale sozialistische Solidarität auch durch militärische Hilfe bewähren.« Pardon könne da nicht gegeben werden, denn: »Der Gegner greift, unterstützt von allen Spielarten des Revisionismus, die führende Rolle der Partei an, weil er den Führungskern des Sozialismus treffen will. Er greift mit der Partei den Träger der marxistisch-leninistischen Weltanschauung an, ohne die es keinen Sozialismus geben kann. Er greift mit der Partei auch alle progressiven Kräfte an, weil sie sich in Erkenntnis der historischen Rolle der Arbeiterklasse um die Partei der Arbeiterklasse scharen.«[132]

Seine eigene Zukunftshoffnung freilich verschwieg Erich Honecker den Mitgliedern des Zentralkomitees, aber die hatten seine Botschaft ohnehin verstanden: Solange er und Breschnew dafür sorgen würden, daß sich die Interessen beider Länder decken, so lange würde die Sowjetunion die DDR und ihre Führungsmannschaft nicht im Stich lassen – egal, ob der Angriff von innen oder von außen erfolgen sollte.

Der Machtwechsel

So verkürzt kann man es auch ausdrücken: »Auf der 16. Tagung am 3. Mai 1971 wählte mich das Zentralkomitee der SED einstimmig zu seinem Ersten Sekretär. Walter

Ulbricht hatte darum gebeten, ihn von dieser Funktion zu entbinden, da sein Alter und seine Verantwortung gegenüber dem Volk es ihm nicht länger gestatteten, diese Tätigkeit auszuüben.«[133] An dieser Formel, auf die Erich Honecker in seinen Lebenserinnerungen den von ihm seit längerem und mit beträchtlichem intriganten Aufwand inszenierten Machtwechsel verkürzte und beschränkte, ist nichts und dennoch alles falsch. Zeitzeugen und Dokumente überliefern in ihrer Darstellung von Vorgeschichte und Ablauf dieses Vorganges eine politische und menschliche Dramatik, wie sie in der Geschichte der DDR kein zweites Mal zu beobachten war.

Die Meinungsverschiedenheiten zwischen dem Kreml-Machthaber Leonid Breschnew und Walter Ulbricht reichten bis in das Jahr des Amtsantrittes Breschnews 1964 zurück und hatten ihre wesentliche Ursache in dem Unvermögen und dem Unwillen des alternden SED-Chefs, sich nach den gelinden Auflockerungen der Chruschtschow-Ära nun erneut den hegemonialen Vorgaben Moskaus uneingeschränkt und möglichst auch noch ohne Widerworte unterwerfen zu sollen. Insofern war Honecker zwar nicht aus anderem Holz geschnitzt als Ulbricht, aber er stand Breschnew zumindest zeitweilig in dessen wirtschafts- und deutschlandpolitischen Einschätzungen näher und erkannte vor allem sehr schnell, daß er sich die im Grunde weithin nur atmosphärischen Störungen zwischen den beiden Parteivorsitzenden für den eigenen Aufstieg nutzbar machen konnte. Und dies setzte er ebenso planvoll wie kaltblütig in die Tat um, indem er die deutschlandpolitische Kontroverse zwischen Ulbricht und Breschnew mit seinen eigenen Nachfolgebestrebungen so kunstvoll verknüpfte, daß Breschnew am Ende nicht mehr anders handeln konnte, als Ulbricht barsch zum Rückzug aus seinem Amt aufzufordern.

Nach Bildung der großen Koalition in Bonn im Dezember 1966 hatte Walter Ulbricht den Machthabern in Moskau wiederholt vorgeschlagen, in Gesprächen mit dem neuen Bundeskanzler Kurt Georg Kiesinger (CDU) und Außenminister Willy Brandt (SPD) auszuloten, ob Bonn nicht bereit sei, von seinem völkerrechtlich umstrittenen »Alleinvertretungsanspruch« auch für die Menschen in der DDR abzurücken. Leonid Breschnew hielt diese Frage damals für nicht vordringlich, wichtiger war ihm, die auseinanderstrebenden Interessen in seinem Herrschaftsbereich einzudämmen. Ein größerer außenpolitischer Bewegungsspielraum seines westlichsten Frontstaates, der mit einer Aufgabe des westdeutschen »Alleinvertretungsanspruches« verbunden gewesen wäre, mußte ihm unter dieser Zielsetzung geradezu kontraproduktiv erscheinen. Als Ulbricht sich drei Jahre später mit Kiesinger und dem neugewählten Bundespräsidenten Gustav Heinemann (SPD) treffen wollte, um durch eine »Friedensinitiative« den Weg zu »gutnachbarlichen Beziehungen« zwischen der Bundesrepublik und der DDR zu öffnen, pfiff ihn Breschnew abermals zurück.

Am 2. Dezember 1969 wurde die SED-Führung sogar nach Moskau zitiert, um die Folgen der Bonner Regierungsübernahme durch die sozialliberale Koalition aus SPD und FDP unter der Kanzlerschaft Willy Brandts im Kreml zu beraten. In seiner Regierungserklärung hatte Brandt die völkerrechtlich aparte Konstruktion der Existenz von »zwei Staaten in Deutschland« vorgetragen – und daß er bereit sei, auf dieser Grundlage Verhandlungen mit Moskau, Warschau und Ost-Berlin aufzunehmen. Doch Breschnew war mißtrauisch. Die »Phrasen« der Bonner Regierung seien »wirklich demagogisch, nationalistisch«, kanzelte er laut Gesprächsprotokoll diesen sehr zaghaften, aber in der Bundesrepublik von konservativer Seite gleichwohl erbittert bekämpften Ansatz einer neuen Deutschland- und Ostpolitik ab.[134] Diese Bonner Offerten würden

»in nebelhafter Form verlockend angeboten«, meinte Breschnew. Tatsächlich gehe es der Sozialdemokratie darum, die »Grundpfeiler« der DDR zu unterhöhlen. Den ostdeutschen Genossen gab er mit auf den Weg, sie sollten die Illusionen in der DDR-Bevölkerung über Brandt zerstören, man müsse »ihn entlarven«.

Weitere Bedenken trug Leonid Breschnew nach Prüfung eines von Walter Ulbricht vorgelegten Vertragsentwurfes »Über die Aufnahme gleichberechtigter Beziehungen zwischen der Deutschen Demokratischen Republik und der Bundesrepublik Deutschland« vor. Die Formulierung, daß in Bonn und Ost-Berlin diplomatische Vertretungen in Form von »Missionen« und nicht von »Botschaften« eingerichtet werden sollten, erschien ihm als zu weitgehendes Zugeständnis an die westliche Seite. Es müsse klargestellt werden, so ordnete er an, daß beide Staaten füreinander Ausland seien. Schärfungsbedarf sah Breschnew auch im Hinblick auf die Oder-Neiße-Linie, deren Anerkennung und Unverletzlichkeit als Nachkriegsgrenze festgeschrieben werden müsse. Außerdem, so seine Forderung, müsse Bonn bereits vor Verhandlungsbeginn die völkerrechtliche Anerkennung der DDR vollziehen.

Leonid Breschnew appellierte an seine Gäste: »Das Ansehen der DDR ist das Ergebnis unserer gemeinsamen Politik. Das kann auch die neue Regierung in Bonn nicht übersehen. […] Solange wir einig sind, kann nichts Schlimmes geschehen. Die ganze Nato erreichte gegen uns bisher nichts. Wenn wir gemeinsam vorgehen, dann wird sich alles gut entwickeln. […] Wir müssen hier eine einheitliche Meinung haben – dies ist eine prinzipielle Frage.« Diese Aufforderung war vor allem an Ulbricht gerichtet, dessen deutschlandpolitische Eigenwilligkeiten Breschnew zunehmend mißfielen. Der Sachse nämlich war auf seine alten Tage durchaus kein Bremser ost-westlicher Entspannungspolitik mehr, sondern ganz im Gegenteil ein Pragmatiker, der den Regierungswechsel am Rhein für eine eigene und offensive Politik nutzen wollte. Was ihn dabei antrieb, formulierte er bei einer späteren Begegnung mit Breschnew im August 1970 folgendermaßen: »Wenn wir die Existenz einer unter sozialdemokratischer Führung stehenden Regierung Westdeutschlands nicht maximal ausnutzen, um die friedliche Koexistenz zu erreichen, dann werden uns die Völker das nicht verzeihen, auch nicht das Sowjetvolk.«[135]

Damit stand Walter Ulbricht im Widerspruch nicht nur zu Breschnew, sondern auch zu Erich Honecker. Denn dieser, der sich später gern als Wegbereiter der Entspannung und deutsch-deutschen Annäherung feiern ließ, stand dem Ost-West-Dialog anfänglich mit äußerster Skepsis gegenüber. Wie Breschnew fürchtete auch Honecker die ideologischen und innenpolitischen Gefahren, die von dem Bonner Kurswechsel ausgehen konnten. Seine Führungsgenossen warnte er im Spätherbst 1969: »Wir sind Zeugen eines großangelegten Versuchs, hinter dem Nebel einer großangelegten Reform an Haupt und Gliedern die Bundesrepublik in der Systemauseinandersetzung zwischen Kapitalismus und Sozialismus attraktiver zu machen.« Mit den »neuen Akzenten« in der Außenpolitik, so analysierte Honecker laut Gesprächsmitschrift, versuche die Brandt-Regierung die westdeutsche Ostpolitik aus der Stagnation herauszuführen, »um sie als Hauptbeweis für ihre ›realistische Haltung‹ aller Welt, besonders gegenüber den sozialistischen Ländern, vorzuzeigen.« Dennoch warnte Honecker vor falschen Illusionen: »Man kann schon jetzt voraussehen, daß sich die Regierung Brandt/ Scheel nicht wesentlich von der Linie Kiesinger entfernen wird.«[136] Zum weiteren Vorgehen schlug Honecker einen Vertragsentwurf über die Herstellung gleichberechtigter Beziehungen »auf der Grundlage des Völkerrechts« vor. Außerdem sollte Bonn aufgefordert werden, »alle Gesetze und Normativakte aufzuheben, die völkerrechtswidrig über die Grenzen der BRD [hinaus] Wirksamkeit beanspruchen« – wie etwa der von der Bundesregierung seit den fünfziger Jahren erhobene »Alleinvertretungsanspruch« für ganz Deutschland. Honecker schloß seine Ausführungen mit einem Seitenhieb auf Ulbricht: Die SED müsse sich in allen diesen Fragen eng mit der KPdSU abstimmen.

Während der 12. Tagung des Zentralkomitees im Dezember 1969 wurde deutlich, daß die große Mehrheit des Politbüros Erich Honeckers Bedenken und Einschätzungen teilte. Als Walter Ulbricht in seiner Grundsatzrede moderate Töne anschlug und die Herstellung »guter Nachbarschaft« als anzustrebendes Ziel formulierte, setzte Honecker unter Verweis auf das Propagandakonstrukt angeblicher Aggressionsplanungen der Bundesregierung unvermindert auf ideologische Konfrontation. »Man könnte seitenlang diktieren«, höhnte Honecker über die Bonner Politiker, »wie sich diese Herren das Eindringen in sozialistische Länder nach dem Muster der zur Genüge bekannten grauen Pläne vorstellen. […] Einmal will man sich aufgeschlossen und objektiv geben, und zum anderen will man durch Kontakte unter der Schwelle der völkerrechtlichen Anerkennung [und] die politische Wachsamkeit einschläfern.«[137]

Nachdem Willy Brandt unbeeindruckt von solchen Störmanövern seine Bereitschaft zu einem Treffen mit dem DDR-Regierungschef Willi Stoph erklärte hatte, verstärkte Erich Honecker Anfang 1970, immer mit Blick auf Moskau, seinen Kurs der Abgrenzung. Am 22. Februar veröffentlichte das *Neue Deutschland* kurz vor einem Besuch von Sowjetaußenminister Andrej Gromyko in Ost-Berlin eine Rede, die Honecker in der Parteihochschule »Karl Marx« gehalten hatte. Dieser Vortrag war gespickt mit Ausfällen gegen die Bonner Regierung, die nichts anderes im Sinn habe, als mit Hilfe der Politik des »Brückenschlages«, der »Konvergenz« und der »Wirtschaftshilfe« den »Stoß in die sozialistischen Länder zu führen«.

Zwei Monate nach der Erfurter Begegnung von Brandt und Stoph im März trafen sich die Parteiführer der Sowjetunion und der DDR zur Manöverkritik. »Von der organisatorischen Seite war das Treffen nicht exakt vorbereitet«, mäkelte Breschnew. »Es gab Momente, die man hätte vermeiden können.«[138] Damit meinte er nicht nur die »Willy, Willy«-Ovationen für den westdeutschen Kanzler vor dessen Hotel in Erfurt. Auch politisch war nicht alles optimal nach seinen Vorstellungen verlaufen. So sei es Brandt gelungen, mit dieser Begegnung seine Ostpolitik zu profilieren. Andererseits sei er mit seinem Versuch gescheitert, »zwischen sozialistischen Ländern zu differenzieren«, das heißt, einen Keil zwischen sie zu treiben. Unterm Strich aber, faßte Breschnew zusammen, sei das Treffen von Erfurt dennoch »nützlich« gewesen, da die Welt nun wisse, daß es zwei deutsche Staaten gebe, die Verhandlungen miteinander führen.

Für den 21. Mai 1970 war Willi Stophs Gegenbesuch in Kassel verabredet worden. Diesmal sollte es keine Pannen geben. »Wir müssen an das Gespräch so herangehen, unsere Position so aufbauen, daß unsere Propaganda ein Maximum an Gewinn bringt für die DDR, für die sozialistischen Länder in der Weltöffentlichkeit«, steckte Breschnew die Marschroute ab. Stoph erhielt genaue Anweisungen.[139] Er sollte sich dafür einsetzen, daß beide deutsche Staaten sich um ihre Aufnahme in die Vereinten Nationen bemühen. Breschnew meinte euphorisch: »Dies würde eine Weltrevolution auslösen.« Ansonsten sollte sich Stoph in seinen Gesprächen auf wenige Kardinalfragen beschränken, bei denen das Bonner Entgegenkommen absehbar begrenzt war, etwa auf die völkerrechtliche Anerkennung der DDR, die Festschreibung aller nach dem Krieg entstandenen Grenzen in Europa, die Ratifizierung des Atomwaffensperrvertrages und die vollständige Erfüllung aller Verpflichtungen aus dem Potsdamer Abkommen. Breschnews Strategie war damit klar: Jede über dieses Treffen hinausgehende Bonner Initiative sollte abgeblockt werden. »Wir sind für eine Denkpause«, sagte der Sowjetführer. Nur müsse Stoph es so einrichten, daß die Veranwortung für das Scheitern der Verhandlungen bei der Bundesregierung liege. Sobald der Kanzler bereit sei, »die Probleme real zu sehen«, also sowjetische Vorgaben zu akzeptieren, könne man ja weiterverhandeln. Die Begegnung in Kassel brachte denn auch keinerlei Fortschritte.

Was Willi Stoph und Erich Honecker damit ohne weiteres hinnahmen, führte auf der 13. Tagung des Zentralkomitees im Juni 1970 zum offenen Konflikt innerhalb der SED-Führung. Parteichef Walter Ulbricht sollte das Schlußwort halten. Mit dem Entwurf der Rede war die Mehrheit der Politbüro-Mitglieder aufgrund der unmißverständlichen sowjetischen Vorgaben nicht einverstanden, weil ihnen viele Formulierungen zur Deutschland-Politik nicht rigoros genug erschienen. Honecker, Paul Verner und Hermann Axen korrigierten Ulbrichts Papier und strichen etwa die Formulierung, die DDR sei nach Erfurt und Kassel zu einer »dritten Runde« bereit. Doch der Abdruck der Rede im *Neuen Deutschland* enthielt auf wundersame Weise wieder genau diesen gestrichenen Passus. Das sei eben so »durchgerutscht«, erklärte der Parteichef auf Rückfrage diesen Affront.

Tatsächlich war Ulbricht in diesen Tagen entschlossen, sich seinen Konkurrenten Erich Honecker vom Hals zu schaffen. Er wartete ab, bis Sowjetbotschafter Pjotr Abrassimow am 1. Juli 1970 zu einer ZK-Sitzung nach Moskau reiste. Dann rügte er im Politbüro unter dem Tagesordnungspunkt »Fragen der Arbeitsweise des Politbüros und des Sekretariats des ZK« die spalterischen Aktivitäten Honeckers, kündigte dessen Ablösung als Zweiter Sekretär der SED an und forderte die Anti-Ulbricht-Fronde auf, sich angesichts der höheren Anforderungen und der komplizierter gewordenen Probleme der wissenschaftlich-technischen Revolution zunächst einmal zu qualifizieren, statt innerparteiliche Ränke zu schmieden. »Die weitere Behandlung dieser Frage«, diktierte Ulbricht ins Protokoll, »erfolgt in der nächsten Sitzung des Politbüros des ZK am Dienstag, den 7. Juli 1970.«[140]

Erich Honecker fuhr nach dem Ende der Sitzung sofort in die Sowjetbotschaft Unter den Linden, um Moskau von diesem Coup Ulbrichts zu unterrichten. Tarassow, der persönliche Referent Abrassimows, ließ diesen über Direktleitung aus der Moskauer ZK-Sitzung herausrufen und gab auf dessen Frage, was denn geschehen sei, folgenden Bescheid: »Ja, wissen Sie, Pjotr Andrejewitsch, in Ihrem Arbeitszimmer sitzt zur Zeit Honecker. Er ist völlig verzweifelt und niedergeschlagen. Honecker erzählt, daß eine Sitzung des Politbüros stattgefunden hat, auf der man beschlossen habe, ihn vom Posten des 2. Sekretärs der SED abzulösen und auf Parteischule zu schicken. Honecker bittet Sie, Pjotr Andrejewitsch, die Führung unserer Partei darüber zu informieren.«[141]

Pjotr Abrassimow verständigte Leonid Breschnew, und dieser erteilte den Befehl: »Du fliegst sofort, also umgehend, zurück nach Berlin, sprichst mit Walter und veranlaßt ihn, daß er das zurücknimmt.« Der Botschafter traf am selben Tag gegen neun Uhr abends wieder in Berlin ein und fuhr sofort weiter zu Walter Ulbrichts Landhaus am Döllnsee. Er stellte Ulbricht zur Rede und wies dessen Erklärung für die Absetzung Honeckers, der sei »ein grüner, unreifer Kommunist«, der »noch lernen« solle, dem man »noch etwas beibringen« müsse, als unglaubhaft zurück. Dann gab er Breschnews strikte Weisung weiter:

»Genosse Ulbricht, ich würde Sie bitten, das Politbüro einzuberufen und alles wieder so herzustellen, wie es gewesen ist.«

Und so geschah es. Walter Ulbricht knickte ein. Es kam am 7. Juli 1970 nicht, wie ursprünglich vorgesehen, zur Abberufung Erich Honeckers, sondern zum Rückzug Ulbrichts auf ganzer Linie: »Er denke, daß die Zeit für Genossen Honecker ausreichend gewesen sei, um seinen Platz zu finden. Es wäre möglich, daß wir ihn daher wieder in seine Funktion berufen.«[142] Im Beschlußprotokoll der Politbürositzung wurde festgehalten: »Dem Vorschlag des ZK der KPdSU, die Probleme der Weiterführung der Politik der SED in Vorbereitung des VIII. Parteitages und alle damit im Zusammenhang stehenden Fragen Ende September mit dem Politbüro des ZK der KPdSU zu beraten, wird zugestimmt. Das Politbüro beschließt einstimmig, die bisher geführte Diskussion zu beenden.«[143]

Walter Ulbrichts Attacke war damit abgeschlagen, Erich Honecker allein durch die »brüderliche Hilfe« von Breschnew gerettet. Da Ulbricht aber seine wachsende Isolierung im Politbüro spürte, entschloß er sich vor dem Moskau-Rapport zu einem spektakulären Alleingang. Am 17. Juli 1970 hielt er während der »Ostsee-Woche« in Rostock eine Rede, mit der er neue Bewegung in die von Breschnew verordnete Stagnation in den deutsch-deutschen Beziehungen bringen wollte. Kein Wort mehr von entschiedenen Vorbedingungen für weitere Verhandlungen. »Da waren die ganzen Prinzipien der völkerrechtlichen Anerkennung herausgelassen«, warf Hermann Axen nachträglich Ulbricht empört vor. Damit war für die Bedenkenträger im Politbüro das Maß voll.[144]

Breschnew empfing Honecker auf dessen Drängen hin am 28. Juli 1970 zu einem Geheimgespräch in Moskau.[145] »Du kannst mir glauben, Erich«, eröffnete Breschnew, der Honecker mal duzte, mal siezte, die Aussprache, »die

Lage, wie sie sich bei euch [...] entwickelt hat, hat mich tief beunruhigt. Die Dinge sind schon jetzt nicht mehr eure eigene Angelegenheit. [...] Bis vor kurzem war die DDR für uns etwas, was man nicht erschüttern kann. Jetzt taucht aber eine Gefahr auf. Nicht lange, und der Gegner, Brandt, wird dies erkennen und für sich ausnutzen.« Ganz im Sinne Honeckers stellte Breschnew die Frage: »Was will Walter mit der [...] durch nichts zu beweisenden Möglichkeit einer Zusammenarbeit mit der westdeutschen Sozialdemokratie; was versteht er unter der Forderung, der Brandt-Regierung zu helfen [?] Es [...] darf zu keinem Prozeß der Annäherung zwischen der BRD und der DDR kommen.«

Leonid Breschnew war die Eigenmächtigkeiten und ideologischen Kapriolen Walter Ulbrichts leid. Er nahm ihm »eine gewisse Überheblichkeit« gegenüber anderen sozialistischen Ländern, auch gegenüber der Sowjetunion, persönlich übel: »Alles macht man besser in der DDR, alle sollen lernen von der DDR. [...] Das muß man ändern – das mußt du ändern.« Dazu war Erich Honecker nur allzugern bereit, sofern und sobald Breschnew Ulbricht in den Ruhestand versetzen würde. Der KPdSU-Chef versprach, noch im August 1970 mit Ulbricht so zu sprechen, »daß er die Situation begreift«. Dabei werde er ihm den Rückzug nahelegen: »Er wird auf mich hören. Denn meine Meinung ist unsere Meinung.« Bis dahin werde Ulbricht keinen Schaden anrichten können: »Wir haben doch Truppen bei Ihnen. Erich, vergiß das nie: Ohne uns gibt es keine DDR.«

Dem Drängen Erich Honeckers nach einem schnellen Führungswechsel in Ost-Berlin gab Breschnew allerdings zu diesem Zeitpunkt noch nicht nach: »Um es offen zu sagen, wir sind auch unter Berücksichtigung der neuen Lage im Politbüro der SED nicht dafür, Walter einfach auf die Seite zu schieben. [...] selbst der Gegner rechnet damit, daß du die Parteiarbeit leitest und Walter als Vorsitzender des Staatsrates wirkt.« Einen »anderen Weg« könne man nur ins Auge fassen, wenn »es nicht anders geht – aber dann mit Entschlossenheit«. Offenbar wollte Breschnew unter den gegebenen Umständen die zweifellos noch vorhandenen Ulbricht-Anhänger im SED-Parteiapparat nicht verprellen, solange gewährleistet war, daß in Ost-Berlin nichts mehr aus dem Ruder lief: »Was wir bis dahin benötigen, um gegen alle, auch bis jetzt undenkbaren Absichten Walters gewappnet zu sein, ist, daß Sie uns laufend informieren, alle zwei Tage und wenn plötzlich was auftritt – sofort. [...] Wir möchten keine Überraschungen erleben. [...] Du bist uns dafür verantwortlich.«

Leonid Breschnew, dem die unruhige Situation in der von Warschauer-Pakt-Truppen besetzten Tschechoslowakei noch immer erhebliche Sorgen machte, fürchtete – ebenso wie Erich Honecker – zunehmend, daß Willy Brandts Ostpolitik die DDR destabilisieren könnte. Deshalb warnte er am Rande des Ostblockgipfels im August 1970 die Ost-Berliner Delegation in Abwesenheit Walter Ulbrichts: »Die DDR ist für uns, die Sowjetunion, für die vereinigten sozialistischen Bruderländer ein wichtiger Posten. Sie ist das Ergebnis des Zweiten Weltkrieges, sie ist unsere Errungenschaft, die mit dem Opfer des Sowjetvolkes, mit dem Blut der Sowjetsoldaten erzielt wurde. Die DDR ist für uns etwas, das man nicht erschüttern kann und darf.«[146]

Schon am 21. August 1970, und nicht wie ursprünglich vorgesehen erst im September, traf sich Leonid Breschnew zu einem beinahe vierstündigen Gespräch mit Walter Ulbricht. Einen Tag später informierte der KPdSU-Chef beide Delegationen über die Unterredung: »Wir erhielten in letzter Zeit einige Signale und Gerüchte, daß bei Euch im Politbüro, sagen wir, Reibereien und Streitigkeiten entstanden sind.«[147] Es habe jedoch keinen Sinn, beruhigte Breschnew die Gemüter, »die Ergebnisse der mehr als 20 Jahre fester Zusammenarbeit in Frage zu stellen«. Er und Ulbricht seien – zur großen Enttäuschung Honeckers – zur Meinung gelangt, »alles zu löschen, was jetzt vorgefallen war«. Wichtig sei, daß »alle an einem Strang ziehen«. Zur umstrittenen Deutschlandpolitik Ulbrichts stellte Breschnew abschließend fest: »Wir sind übereingekommen, daß die Verhandlungen der DDR mit der BRD nicht vorangetrieben werden müssen. Wollen wir erst mal sehen, was die Bundesregierung tut, wie die Ratifizierung [des Moskauer Vertrages über gegenseitigen Gewaltverzicht und Anerkennung der Grenzen in Europa] verläuft, wie die Verhandlungen der Volksrepublik Polen mit der BRD verlaufen. Kurz, wir wollen die Entwicklung des politischen Klimas prüfen. Dann werden wir zu gegebener Zeit uns wieder konsultieren und unsere Meinungen und Aktionen vereinbaren.« Laut Protokoll hat es bei dieser Zusammenkunft keinen offenen Streit zwischen den zwei Parteichefs gegeben. »Ich bin mit allem einverstanden, was Genosse Breschnew gesagt hat«, versicherte Ulbricht. Gegenüber den Bonner Thesen von der »Einheit der Nation« und den »innerdeutschen Beziehungen« wollten sich beide Parteiführungen »unversöhnlich« verhalten.

Trotz seiner Zustimmung und Anerkennung des sowjetischen Führungsanspruchs (»Ohne sie können wir nicht weiter«), hielt Walter Ulbricht aber zumindest wirtschaftspolitisch an seinen eigenen Vorstellungen fest. Er hob in Moskau gegenüber sowjetischen Politikern die Leistungen der DDR-Wissenschaftler auf dem Gebiet der Kybernetik und der Systemtheorie hervor, strich die Modernisierung der Chemieindustrie der DDR als »Musterbeispiel« für den gesamten Ostblock heraus und gab seine Gedanken dazu in einer Tischrede wenig konziliant wieder: »Wir wollen uns so in der Kooperation als echter deutscher Staat entwickeln. Wir sind nicht Belorußland, wir sind kein Sowjetstaat.«[148] Und auch seinen Verständigungskurs mit der westdeutschen Sozialdemokratie gedachte Ulbricht nicht wirklich aufzugeben. Für ihn war seine Vertragspolitik »eine wichtige Waffe zur Zurückdrängung des Revanchismus«. Und ein Mittel, mit dem er große Teile der SPD-Basis für eine neue Politik gewinnen wollte. Ulbricht hoffte am Ende sogar, die Einheit der Arbeiterklasse eines Tages doch noch in ganz Deutschland zu erreichen. In bemerkenswerter Selbstüberschätzung glaubte er, sein sozialistisches DDR-Modell auf die Bundesrepublik übertragen zu können.[149]

Leonid Breschnew und Erich Honecker waren Pragmatiker genug, solchen Träumen nicht zu folgen. In einem persönlichen Schreiben vom 21. Oktober 1971 erinnerte der KPdSU-Chef Walter Ulbricht daran, daß Willy Brandts Politik »mit ihrem Akzent auf die ›Einheit‹ der deutschen Nation« gerichtet und damit geeignet sei, die »gesellschaftlichen und ökonomischen Grundfesten der DDR zu erschüttern […] In Bonn muß man sich darüber im klaren sein, daß hinter der DDR die gesamte Macht der Sowjetunion und der vereinigten Länder des Sozialismus steht.«[150]

In Bonn war man sich über die mit diesem Tatbestand zwar nicht notwendig verbundene, aber doch dadurch naheliegenderweise eingeschränkte Souveränität der DDR klarer als offenbar Walter Ulbricht in seinen letzten Lebensjahren. Sowohl im Politbüro wie im Zentralkomitee versuchte er bis in den Dezember 1970 hinein, Mehrheiten für seine Vorstellungen zu organisieren. Daraufhin schickten am 21. Januar 1971 – vorformuliert von Erich Honecker – 13 von 20 Mitgliedern und Kandidaten des SED-Politbüros einen Hilferuf an das Politbüro der KPdSU und »den Genossen Leonid Iljitsch Breschnew«, in dem sie Ulbrichts Entmachtung noch vor dem VIII. Parteitag im Juni 1971 forderten.¹⁵¹ Dieser siebenseitige Brief, der außer von Erich Honecker auch von Hermann Axen, Gerhard Grüneberg, Kurt Hager, Werner Jarowinsky, Günter Kleiber, Werner Lamberz, Günter Mittag, Erich Mückenberger, Horst Sindermann, Willi Stoph, Paul Verner und Herbert Warnke unterschrieben wurde, die ihre Parteikarriere ausnahmslos Walter Ulbricht verdankten, aber ihm durch loyales Verhalten nicht länger danken wollten, zeugt in seiner kleingeistig denunziatorischen Sprache von dem beschränkten politischen und intellektuellen Format seiner Verfasser:

»Genosse Walter Ulbricht hält sich gar nicht an Beschlüsse und getroffene Vereinbarungen. [...] In der Einschätzung internationaler Fragen wird von ihm teilweise in den Formulierungen hinter die Beschlüsse der Moskauer Beratung [...] zurückgegangen. Das würde dazu führen, daß wir zum VIII. Parteitag nicht mit einer einheitlichen Meinung kommen, sondern mit der Meinung der Mehrheit des Politbüros und des Zentralkomitees auf der einen und der des Genossen Walter Ulbricht auf der anderen Seite. [...] Leider sind die Meinungsverschiedenheiten nicht nur in unserer Partei, sondern dank der Umgebung des Genossen Walter Ulbricht auch im Westen bekannt geworden. [...] Leider können wir nicht umhin festzustellen, daß sich bei Genossen Walter Ulbricht in der letzten Zeit bestimmte negative Seiten seines auch ohnehin schwierigen Charakters immer mehr verstärken. In dem Maße, in dem er sich vom wirklichen Leben der Partei der Arbeiterklasse und aller Werktätigen entfremdet, gewinnen irreale Vorstellungen und Subjektivismus immer mehr Herrschaft über ihn. Im Umgang mit den Genossen des Politbüros und mit anderen Genossen ist er oft grob, beleidigend und diskutiert von einer Position der Unfehlbarkeit. [...] Aus vielen Bemerkungen und manchem Auftreten geht hervor, daß sich Genosse Walter

Ulbricht gerne auf einer Stufe mit Marx, Engels und Lenin sieht. […] Seine Haltung gipfelte in einer Bemerkung im Politbüro, daß er ›unwiederholbar‹ sei. Die übertriebene Einschätzung seiner Person überträgt er auch auf die DDR, die er immer wieder in eine ›Modell‹- und ›Lehrmeisterrolle‹ hineinmanövrieren will. […] In der Haltung und im öffentlichen Auftreten von Genossen Walter Ulbricht liegen ernste Gefahren für die Beziehungen unserer Partei zur Kommunistischen Partei der Sowjetunion und zu den Bruderparteien. Angesichts der Verantwortung unserer Partei […] halten wir es für unsere internationalistische Pflicht, das Politbüro der KPdSU über die bei uns entstandene Lage zu informieren und zu bitten, uns bei der Lösung dieser komplizierten Frage zu helfen. Wir sind der Ansicht, daß eine solche Lösung darin bestehen könnte, daß die Funktion des Ersten Sekretärs des Zentralkomitees der SED sehr bald von der des Vorsitzenden des Staatsrates der DDR getrennt wird und Genosse Walter Ulbricht nur die Funktion des Vorsitzenden des Staatsrates der DDR ausübt. Dabei wäre es gleichzeitig geboten, die bisher übertriebenen und künstlich ausgeweiteten Befugnisse des Staatsrates zu beschränken. Die Tätigkeit des Staatsrates, die heute oft dazu benutzt wird, um ohne das Politbüro Entscheidungen zu treffen, wäre der Kontrolle des Politbüros zu unterstellen. […] Bei unseren Erwägungen können wir auch nicht daran vorbeigehen, daß nach offiziellem ärztlichen Befund die gegenwärtige arbeitsmäßige Belastung des Genossen Walter Ulbricht unverantwortlich ist. Es wurde ihm von den ihn betreuenden Ärzten dringend und wiederholt empfohlen, täglich nur vier Stunden zu arbeiten, sich mittwochs, sonnabends und sonntags zu erholen und nur einmal in der Woche abends für zwei Stunden an Veranstaltungen teilzunehmen. […] Deshalb wäre es sehr wichtig und für uns eine unschätzbare Hilfe, wenn Genosse Leonid

Iljitsch Breschnew in den nächsten Tagen mit Genossen Walter Ulbricht ein Gespräch führt, in dessen Ergebnis Genosse Walter Ulbricht von sich aus das Zentralkomitee der Sozialistischen Einheitspartei Deutschlands ersucht, ihn aufgrund seines Alters und seines Gesundheitszustandes von der Funktion des Ersten Sekretärs [...] zu entbinden. [...] Wir erwarten Ihre Antwort und Hilfe.«

Doch selbst diese peinliche Nachrede unreifer Männer, die zu feige waren, ihren Konflikt mit dem über Jahrzehnte untertänig bewunderten Walter Ulbricht im Politbüro offen auszutragen, führte in Moskau noch nicht zu der erwünschten Reaktion. Erst nach dem XXIV. Parteitag der KPdSU zitierte Leonid Breschnew sowohl Erich Honecker wie Walter Ulbricht am 12. April 1971 zu getrennten Unterredungen nach Moskau. Im abschließenden Gespräch mit Honecker stellte Breschnew fest, daß er den Vorschlag, Ulbricht wegen seiner jahrzehntelangen Verdienste in das neuzuschaffende Amt eines Ehrenvorsitzenden zu befördern und ihm die Funktion des Staatsratsvorsitzes zu belassen, für eine »gute Variante« halte.[152] Am 27. April dankte das SED-Politbüro dem KPdSU-Generalsekretär »für das Verständnis und die Zustimmung zu dem von Genossen Walter Ulbricht unterbreiteten Vorschlag«. Der erzwungene, aber im Vollzug Ulbricht selbst zugemutete Rücktritt und der intrigant eingefädelte Amtsantritt Honeckers – verschämt umschrieben als »die Ergebnisse der Konsultation« – seien Beiträge »für die weitere Entwicklung der kontinuierlichen marxistisch-leninistischen Politik der SED, ihre brüderliche Zusammenarbeit mit der KPdSU sowie die weitere allseitige Stärkung der DDR als sozialistischer Staat«[153]. Am 3. Mai bat Walter Ulbricht auf der 16. Tagung des Zentralkomitees, ihn – wie bis in den Wortlaut seiner Erklärung hinein abgesprochen – aus »Altersgründen« von der Funktion des Ersten Sekretärs zu entbinden.

Seine Nachfolge trat, selbstverständlich einstimmig gewählt, Erich Honecker an.

Nach 52 Jahren Parteimitgliedschaft stand der bald achtundsiebzigjährige Walter Ulbricht vor seinem politischen Ende. Mochte er auch gehofft haben, sich durch die Rücktrittsbitte einen ehrenvollen Abgang zu verschaffen und die ihm verbliebenen Ämter als Politbüromitglied, Ehrenvorsitzender der SED und Staatsratsvorsitzender der DDR ungeschmälert ausfüllen zu können – er sollte sich täuschen. Zu eigenwillig und zu unberechenbar war Ulbrichts Kurs in den vergangenen Jahren für die sowjetische Vormacht geworden, als daß sie ihn jetzt gegen die Karrierepläne seiner Ziehsöhne in Schutz genommen hätte, von denen nicht ein einziger länger als unvermeidlich zu ihm stand. Nutznießer dieser sich über anderthalb Jahre hinziehenden Intrige war vor allem Erich Honecker. Er wurde mit 48 Jahren neuer Erster Sekretär der SED, und ihn wählte die Volkskammer im Juni 1971 auch zum Vorsitzenden des Nationalen Verteidigungsrates der DDR. Ulbrichts Spur sollte, wie es in den Parteidiktaturen des Ostblocks üblich war, ausgelöscht werden. Obwohl immerhin noch Staatsratsvorsitzender, wurde er zur Unperson. Zu wichtigen politischen Veranstaltungen wurde er nicht mehr eingeladen oder, unter Verweis auf seine angegriffene Gesundheit, vom Besuch ausgeschlossen. Als 1972 die zweite Auflage des ideologischen Standardwerks *Politisches Grundwissen* erschien, war er schon keine Erwähnung mehr wert. In der ersten Auflage war sein Name fast einhundertmal genannt worden.

Wie schäbig die SED-Genossen seiner engsten Umgebung mit ihrem ehemaligen Chef umsprangen und wie kleinkariert es im Politbüro, dem höchsten Machtorgan der DDR, zuging, ergibt sich aus dem Protokoll der Politbürositzung vom 26. Oktober 1971, die Erich Honecker als Beweis des dort angesetzten Scherbengerichts ausnahmsweise protokollieren ließ. Die Mitschrift umfaßt 86 Seiten, wobei die Seiten 31 bis 36 mit den Ausführungen Paul Verners entfernt wurden, bevor das Dokument im Parteiarchiv abgelegt wurde.[154]

Walter Ulbricht wollte sich am 26. Oktober nach wochenlanger Abwesenheit wegen altersbedingter Herz-Kreislauf-Schäden im Politbüro zurückmelden. Bereits während seiner Untersuchungen im Ost-Berliner Regierungskrankenhaus hatte er sich gegenüber den Ärzten über seine zunehmende Isolierung beklagt. Jetzt fielen seine einstigen Gefolgsleute über ihn her.

Protokoll eines Scherbengerichts

Auszüge aus diesem Protokoll der Politbürositzung vom 26. Oktober 1971 zeigen – bis in den Sprachduktus hinein – bemerkenswerte Parallelen zu Abläufen und Verfahrensweisen, denen Honecker 18 Jahre später selber zum Opfer fiel:

»Walter Ulbricht: Nach der Analyse der Professoren kann ich meine Pflicht als Vorsitzender des Staatsrates bis in die 80er Jahre erfüllen. [...] Ich kann wieder arbeiten, und damit wird sich alles wieder beruhigen. [...] Als Genosse Breschnew in der komplizierten Phase meiner Krankheit mit mir sprach und mir Mut machte, habe ich ihm gesagt, daß ich meine Hauptaufgabe darin sehe, die Funktion als Vorsitzender des Staatsrates auszuüben. Zweitens, daß ich ein Buch über die Geschichte der internationalen Arbeiterbewegung schreiben will. Drittens habe ich mir vorgenommen, ein Buch über Probleme der sozialistischen Architektur zu schreiben. [...] Was die Frage des Krankheitszustandes betrifft: Ich bin kuriert worden, wie andere auch. [...] Der Blutdruck ist auf das Mögliche gesenkt worden. [...] Daß Professor Baumann besorgt über den Zustand meiner Nerven ist, da hat er Recht. Das ist das einzige, was mich auch besorgt macht. [...] Aber es wird nicht passieren, daß, wenn ich in der Volkskammer nicht angereizt werde, mir die Nerven durchgehen. [...] Was die Frage der Nichtdurchführung oder das Nichteinverständnis zur Durchführung der Veränderungen vom März betrifft, wo ich zurückgetreten bin und Erich als Ersten Sekretär vorgeschlagen habe, und den Beschluß vom Mai: Ich habe geglaubt, daß man das sachlich und kameradschaftlich durchführt. Aber die Sache war leider so, daß ich, als ich krank war, sozusagen aus der Öffentlichkeit weggewischt wurde. [...] Ihr werdet sagen, das war immer so. Aber es war immer so, daß der Präsident der Volkskammer höflich dem ausscheidenden Funktionär den Dank aussprach, aber hier wurde es so betrieben, daß nicht einmal der Tagesordnungspunkt den Abgeordneten bekannt war. [...] Genosse Honecker war die fünfte Woche nicht bei mir. Er sagte, er war krank. Ich kann das nicht beurteilen. Aber es gibt noch andere Politbüromitglieder. Ist das nicht erlaubt, daß andere Politbüromitglieder zu mir kommen? Jedenfalls hat sich die ganze Zeit niemand sehen lassen. [...] Daß das sehr menschlich ist, kann man nicht sagen.

Genosse Willi Stoph: Die hier dargelegten Fakten über das Verhalten des Genossen Ulbricht und seine absolut unbefriedigende Stellungnahme verlangen ernste Konsequenzen [...]. Ich [...] verurteile die Angriffe des Genossen Ulbricht gegen den Ersten Sekretär, Genossen Honecker, gegen das Politbüro und das Verhalten des Genossen Ulbricht außerhalb des Politbüros, das ganz statutenwidrig ist. [...] Das Politbüro kann nicht zulassen, daß außerhalb des Politbüros eine persönliche Meinung vertreten wird, die nicht mit den Beschlüssen übereinstimmt. Das kann man nicht zulassen, ob angeblich Verärgerung vorliegt oder nicht. Was ist das für ein Maßstab. Für uns alle gelten die Beschlüsse gleichermaßen. Nehmen wir das Beispiel mit den Ärzten. [...] Was du den Ärzten und speziell dem Prof. Baumann über das Politbüro erzählt hast, das geht die Ärzte nichts an. Die Ärzte haben den Auftrag, die ärztliche Betreuung vorzunehmen und deinen Gesundheitszustand zu beurteilen. [...] Wir müssen Genossen Ulbricht ersuchen, die Äußerungen, die das Politbüro betreffen, zurückzunehmen und außerhalb des Politbüros alle Angriffe, Verdächtigungen usw. zu unterlassen. [...] Im Mittelpunkt kann nicht die Person des einzelnen stehen. Im Mittelpunkt muß die Partei, die Erfüllung der Beschlüsse stehen. [...]

Genosse Alfred Neumann: Jeder Parteifunktionär und besonders solch einer, der Staatsfunktionen hat, ist mit seinem Gesundheitszustand nicht sich selbst überlassen. Sein Gesundheitszustand ist eine Partei- und Staatsangelegenheit. Die eigene Beurteilung deiner Krankheit: Du sagst, daß man dich mit vorgeschobenen Argumenten von der Arbeit fernhalten will. Wie kannst du so etwas behaupten. Man kann falsch behandelt werden. Das ist ganz normal. Wer ist von uns nicht schon ungerecht behandelt worden. Deswegen darf ich nicht empfindlich sein. [...]

Genosse Günter Mittag: Auch du, Genosse Ulbricht, hast dich an die Parteibeschlüsse, an das Parteistatut zu halten, und es ist nicht erlaubt, gegen den Ersten Sekretär des ZK und das Politbüro zu polemisieren. Schon gar nicht gegenüber Genossen, die nicht Mitglieder des Politbüros sind. [...] Das Politbüro hat immer die Linie gehabt, keine Fehlerdiskussion zuzulassen. [...] Es kann nicht zwei Linien geben, Genosse Ulbricht. Sondern es kann nur eine Linie der Partei geben, nämlich die Linie des Zentralkomitees unter Leitung des Genossen Erich Honecker als Erstem Sekretär, die der Parteitag beschlossen hat, die richtig ist und keine andere Linie. [...] Die Tätigkeit von Genossen Ulbricht ist eine fraktionelle Tätigkeit. [...]

Genosse Ulbricht: Ich habe mit niemandem sprechen können.

Mittag: Du hast mit vielen gesprochen. Du hast mit Verdrehungen gearbeitet, mit Lügen und Verleumdungen. [...] Genosse Ulbricht soll hier erklären, daß er seine verleumderische, intrigantenhafte Tätigkeit einstellt. Es ist auch notwendig, daß du der Genossin Lotte Ulbricht sagst, daß sie ihre gegen die Partei gerichteten Bemerkungen einstellt. Die Partei ist klüger, als du das einschätzt, Genosse Ulbricht. Es ist erforderlich, daß du klar sagst, daß du falsch gehandelt hast. Ich habe mir, nachdem ich das hier alles gehört habe, daß du das Amt eines Vorsitzenden des Staatsrates weiter ausüben willst, folgende Frage gestellt: Ist es überhaupt richtig und zweckmäßig, daß du wieder als Vorsitzender des Staatsrates vorgeschlagen wirst? Dein Verhalten rechtfertigt das nicht. [...]

Werner Lamberz: Die Lösung der personellen Fragen war sauber, taktvoll, ehrenvoll. [...] Der Gegner konnte keine Spalte finden. Die Partei hat sich dadurch gefestigt. Von den ausländischen Genossen hören wir überall, daß wir das richtig geklärt haben und daß man das so machen muß. [...] Zur Auseinandersetzung mit dem Gegner: Dein Fehlen auf dem Parteitag hat er am meisten ausgenutzt. [...] In der ganzen Partei gab es dazu Diskussionen. Es gab auch Diskussionen zum Verhalten der Genossin Lotte Ulbricht auf dem Parteitag. Der ganze Parteitag war empört. Alle haben gesehen, sie saß da. Hat sich nicht zustimmend geäußert. Sie ist vor dem Ende des Parteitages weggegangen.

Ulbricht: Daß sie wegging, war richtig. Sie mußte zu mir kommen.

Lamberz: Alle haben bemerkt, daß sie nicht bei der Rede des Genossen Breschnew Beifall geklatscht hat.

Ulbricht: Sie konnte doch nicht bei der deutschen Übersetzung klatschen. Sie hat ja russisch direkt verstanden.

Lamberz: Der ganze Parteitag war empört. [...] Und jetzt sagst du, alle haben ein Komplott geschmiedet und wollten putschen. [...]

Erich Mielke: Unsere Partei ist stark und hat den Wechsel in der Funktion des Ersten Sekretärs ohne Schwierigkeiten überstanden. Es gab dabei keinerlei Schwierigkeiten. Aber es gibt genügend andere Schwierigkeiten, die jetzt vom Genossen Ulbricht ausgehen, z. B. die Tatsache, daß man die Ärzte diffamiert. Das sickert doch durch. Von uns verlangt man dann immer den Beweis, wo solche Dinge herkommen, und wir brauchen gar nicht zu suchen. Denn der Urheber solcher Dinge ist klar. Das muß man richtig einschätzen. [...] Genosse Ulbricht sollte einmal darüber nachdenken, alle Genossen, die immer zum Genossen Ulbricht gestanden haben, haben gegen ihn gesprochen. Sie haben gegen sein Auftreten Stellung genommen. Das ist doch ein wichtiges Charakteristikum. Vielleicht liegt sein Verhalten darin begründet, daß wir ihn immer zu sehr geachtet, ja verehrt haben und ihm deshalb zu spät die Wahrheit gesagt haben. Was heute hier behandelt wurde, hat große Bedeutung. Alle Genossen haben ihre Meinung gesagt. Wir haben nicht geschwiegen. Genosse Ulbricht muß sich jetzt selbst sagen, hier ist der Punkt, wo wir ihm gesagt haben, was wir denken. [...]

Günther Kleiber: [...] Die Geschichte geht doch schon los beim VIII. Parteitag. Wir haben gesagt, schone dich, damit du voll einsatzfähig bist während des Parteitages. [...] Du hast uns hier in eine ernste Lage gebracht. Ich mußte damals diskutieren mit ausländischen Genossen. Sie haben so gefragt: Ist das eine politische oder medizinische Krankheit? Wir haben eine politische Diskussion geführt und die Frage parteimäßig beantwortet. Aber die Genossin Lotte saß da mit umwickelten Händen und hat nicht geklatscht.[155]

Ulbricht: Sie umwickelt ihre Hände am Döllnsee auch.

Kleiber: [...] Du hast hier erklärt, du willst schriftstellerisch arbeiten. Du willst z. B. ein Buch über Architektur schreiben. Ich stelle mir die Frage, daß das bei deinem Gesundheitszustand nicht einfach ist, vor allem, wenn man über ein Gebiet schreibt, in dem man nicht gerade gearbeitet hat. Wenn du über deine Erfahrungen in der revolutionären Arbeiterbewegung schreibst, so ist das leichter, da hast du Erfahrungen. Aber bei Architektur frage ich mich wirklich [...], ob das jetzt unbedingt notwendig ist. Wichtig ist jetzt, daß wir im Fünfjahrplan 500 000 Wohnungen bauen wollen und wir überlegen müssen, wie man das schaffen kann. [...]

Erich Honecker: Ich möchte den Genossen danken für die einheitliche Meinung, die wir als Kollektiv haben. Bevor Genosse Ulbricht spricht, möchte ich drei kurze Bemerkungen machen und einen Beschluß vorschlagen:

1. daß alle Genossen im Politbüro die Meinung vertreten, daß dies die letzte Sitzung war, auf der wir uns mit solchen Fragen beschäftigen.

Ulbricht: Einverstanden.

2. [...] Früher haben wir uns mit dem Gesundheitszustand des Genossen Ulbricht beschäftigt, heute beschäftigen wir uns mit politischen Fragen. Deswegen haben wir heute auch die Empfehlung der Ärzte mißachtet und eine so lange Sitzung durchgeführt.

3. Die Einheit der Partei, des Politbüros und des ZK ist unser höchstes Gut. [...] Ich glaube, alle Genossen sind damit einverstanden, daß wir die heutige Diskussion nicht vor das ZK stellen.

4. Die personelle Zusammensetzung der staatlichen Organe, über die wir keinen Zweifel haben, wird festgelegt in der Sitzung des Politbüros am 16. 11. [...] In dieser Sitzung wird über die personellen Fragen entschieden und dann dem ZK vorgelegt.

Mein Vorschlag für die Beschlußfassung [...]:

1. Dem Bericht des Genossen E. Honecker über die Unterredung mit Genossen Ulbricht am 21. 10. 1971 wird einstimmig zugestimmt. Die Ausführungen des Genossen Ulbricht, die sich im Inhalt gegen das Politbüro und den Ersten Sekretär sowie gegen die behandelnden Ärzte richten, werden zurückgewiesen.

2. Das Politbüro nimmt die Erklärung des Genossen Ulbricht zur Kenntnis, daß er seine Haltung zum Politbüro und zum Ersten Sekretär des ZK auf Grund der Aussprache, die im Politbüro stattfand, revidiert und die Anschuldigungen zurücknimmt. […]

Ulbricht: Das Politbüro nimmt zur Kenntnis, daß Genosse Ulbricht voll und ganz einverstanden ist.

Honecker: […] daß er die Disziplin im Politbüro einhält, den Beschlüssen des Politbüros zustimmt und den Weisungen des Ersten Sekretärs Folge leisten wird.

3. Entsprechend der Empfehlung des Ärztekollegiums wird festgelegt:

a) die Arbeitsaufnahme des Genossen Ulbricht ist frühestens ab 15. November 1971 gestattet;

b) die Arbeitszeit des Genossen Ulbricht soll in der Woche nicht mehr als drei bis vier Stunden an drei Tagen betragen;

c) Reisen sind vorerst zu vermeiden. Die Teilnahme an Sitzungen darf nicht länger als zwei Stunden betragen. Reden dürfen die Dauer von 15 Minuten nicht überschreiten;

d) auf Grund der ärztlichen Empfehlungen sind entsprechend dem Befinden des Genossen W. Ulbricht Erholungspausen einzulegen.

Ulbricht: Ich bin einverstanden mit dem Beschluß.

Honecker: Das bedeutet, daß wir keine weiteren Diskussionen führen werden.«

Walter Ulbricht fügte sich der Parteidisziplin. Im November 1971 wurde er dafür einstimmig erneut zum Vorsitzenden des Staatsrates gewählt – ein rein repräsentatives Amt. Er starb im Alter von 80 Jahren am 1. August 1973.

Ein halbes Jahr zuvor, am 21. Dezember 1972, hatten der Bonner Unterhändler Egon Bahr (SPD) und sein DDR-Verhandlungspartner Michael Kohl in Ost-Berlin den Grundlagenvertrag über die künftigen Beziehungen zwischen den beiden deutschen Staaten unterzeichnet. In seinen Bestimmungen entsprach das Vertragswerk den Vorstellungen Ulbrichts sehr viel mehr als den strikten Abgrenzungsbemühungen von Honecker und Breschnew. Doch Honecker sah, nachdem Ulbricht kaltgestellt war, keinen ernsthaften Grund mehr für seine ursprüngliche Gegenposition, zumal Willy Brandt zu erkennen gab, daß es ohne Grundlagenvertrag und Viermächte-Abkommen für Berlin keine Ratifizierung des Moskauer und des inhaltlich gleichen Warschauer Vertrages durch den Bundestag geben werde. Und daran wiederum war Breschnew ganz besonders gelegen.

Bei seinem Putsch gegen Walter Ulbricht konnte Erich Honecker aus unterschiedlichen Gründen auf breite Unterstützung im Zentralkomitee und im Politbüro rechnen. Viele Mitglieder hatte Ulbricht in den vergangenen Jahrzehnten durch eigenwillige Entscheidungen und autoritäre Umgangsformen verärgert. Andere waren Honecker aus gemeinsamen FDJ-Zeiten verbunden. Entscheidend aber war, daß Honecker den durch Ulbrichts Altersstarrsinn verprellten Leonid Breschnew für sich gewinnen konnte. Damit war in der Ost-Berliner Parteispitze für jedermann erkennbar geworden, daß Ulbrichts Zeit abgelaufen war und Honecker als der Mann von morgen zu gelten hatte. Alte Loyalitäten, soweit überhaupt vorhanden, galten nun nichts mehr. Wer seine politische Zukunft sichern wollte, mußte jetzt auf Honecker setzen.

Triumph in Bonn

Erich Honecker war nicht der »geborene« Nachfolger von Walter Ulbricht. Sicherlich: Er hatte im Laufe der Jahre aufgrund der Funktionszuweisungen des Parteivorsitzenden eine Machtfülle im Politbüro auf sich vereinigt wie kein zweiter. Doch richtig ist auch, daß er sich im Spitzengremium der SED nicht auf eine gewachsene Hausmacht stützen konnte. Dort gab es Neider, Widersacher und Unentschiedene in erheblicher Zahl, so daß er es letztlich allein sowjetischer Protektion zu danken hatte, wenn er nachträglich als der richtige Mann erscheinen mochte, der sich zu gegebener Zeit am entscheidenden Ort bereitgehalten hat. Denn der VII. Parteitag hatte noch im April 1967 ein Politbüro ganz nach Ulbrichts Vorgaben gewählt, die mit Honeckers Praxis, sich Mitarbeiter bevorzugt aus dem Kreis vertrauter FDJ-Kader zu bestellen, durchaus nicht übereinstimmten. An die Seite der alten Parteiführer traten deutlich jüngere, akademisch ausgewiesene Wissenschaftler und Wirtschaftsfachleute, die verkrustete Leitungsstrukturen aufbrechen und dem Land einen Weg in die, natürlich kommunistische, Zukunft öffnen sollten: Gerhard Grüneberg, Walter Halbritter, Günther Kleiber und Günter Mittag. Diese ehrgeizigen Männer ohne den Stallgeruch altgedienter Apparatschiks waren Ulbricht verbunden, standen deshalb aber Honecker mindestens zunächst nicht nahe. Der konnte erst im Dezember 1970 das Aufrücken Hermann Axens ins Politbüro durchsetzen und, während des VIII. Parteitages im Juni 1971, die Beförderung der nicht stimmberechtigten Kandidaten Werner Krolikowski und Werner Lamberz zu stimmberechtigten Vollmitgliedern. Die freigewordenen Kandidatensitze übernahmen mit Erich Mielke und Harry Tisch zwei Bundesgenossen Honeckers bei der Ablösung Walter Ulbrichts. In den kommenden Jahren rückten dann Vertraute Honeckers in größerer Zahl nach: Werner Felfe, Joachim Herrmann, Heinz Hoffmann, Heinz Keßler, Ingeburg Lange, Konrad Naumann, Gerhard Schürer, Paul Verner. Nach dem Tode Ulbrichts wählte die Volkskammer am 3. Oktober 1973 den Honecker damals nicht durchweg gewogenen Willi Stoph zum Vorsitzenden des Staatsrates, also zum eher einflußarmen Staatschef. Sein Nachfolger im Amt des Vorsitzenden des Ministerrates, d. h. als Regierungschef, wurde der von Beginn an sichtlich überforderte, aber Honecker treu ergebene Horst Sindermann. Schon nach drei Jahren mußte er in einer Rochade abgelöst werden, die den inzwischen botmäßigen Stoph erneut zum Regierungschef werden ließ und Honecker zusätzlich zu seinen Funktionen als Parteivorsitzender und Vorsitzender des Nationalen Verteidigungsrates das dritte Amt des Staatsoberhauptes bescherte.

Zumindest bis dahin aber, als er – wie Walter Ulbricht zuvor – alle wichtigen Staats- und Parteiämter auf sich vereinigte, präsentierte sich ein gänzlich neuer Honecker, der in Auftreten und Umgang nur mehr wenig mit dem stillen, scheinbar gefühlsarmen, in sich gekehrten Funktionär der vergangenen Jahre und kaum etwas mit dem unnahbaren, kalten, schwer berechenbaren Amtsvorgänger Ulbricht gemein zu haben schien.[156] In dieser Zwischenetappe seines Aufstiegs zur Nummer eins in Staat und Partei zeigte sich Erich Honecker ungleich kommunikativer, nach außen gekehrt, ging direkt auf Menschen zu und sprach sie gern unter ausdrücklichem Bezug auf seine eigene Herkunft aus der Arbeiterklasse als Prolet unter Proleten an. Dabei mußte er sich nicht verstellen. Sein Mißtrauen gegenüber Intellektuellen, deren geistige Beweglichkeit er oft genug als Nachweis politischer Unzuverlässigkeit betrachtete, seine bescheidenen kulturellen Bedürfnisse, die sich über das Agitpropniveau seiner frühen Jahre kaum hinausentwickelt hatten, seine bodenständigen Eß- und Trinkgewohnheiten, sein bevorzugtes Freizeitvergnügen, mit Mitarbeitern oder alten FDJ-Freunden einen zünftigen Skat zu dreschen, sein behäbiger Geschmack, was Kleidung und Einrichtung seines Wandlitzer Siedlungshauses anging, sein starker Familiensinn, seine unauffällige Lebensführung – das war alles zweifellos populär, das war ungekünstelt, da war viel Kleinbürgerliches und wenig oder nichts, was ihn von der Masse der Parteigenossen unterschied.

Erich Honecker liebte weder das Aktenstudium, noch hatte er wie Walter Ulbricht den Ehrgeiz, durch eine Fortentwicklung sozialistischer Theoreme in den Kreis der Klassiker des Marxismus-Leninismus aufzusteigen. Er war ein Mann der Macht, der Praxis, der schnellen und klaren Entscheidungen. Differenzierung, Abwägung, strategische Bedenken waren seine Sache nicht: Im Bündnis mit der Sowjetunion, dem »Land des Roten Oktober«, so hatte Honecker es in Parteischulungen früh gelernt, und so empfand er es aus eigener Erfahrung durchweg bestätigt, bewegten sich SED und DDR sozusagen gesetzmäßig auf der Siegerstraße der Geschichte, weil sie im Unterschied zu ihren politischen Gegnern kapitalistischer Observanz mit dem Marxismus-Leninismus über ein »wissenschaftliches« Programm verfügten, das Zukunftshoffnungen zu berechenbarer politischer Gewißheit werden ließ.

Selbstherrliches Auftreten war Erich Honecker damals fremd. Vielmehr ermunterte er seine Mitarbeiter und die den Ministerien vorgeschalteten Sekretariate des SED-Zentralkomitees ausdrücklich, ihm aus ihrem Zuständigkeitsbereich auch ohne Aufforderung, also aus eigenem Antrieb und auf eigene Verantwortung, knapp begründete, aber entscheidungsreife Vorlagen auf den Tisch zu legen, die vom Politbüro kurz beraten und dann freilich in seinem Sinne verabschiedet werden konnten. »Einverstanden E. H.« – dies wurde zu seiner handschriftlichen Paraphe, mit der er zügig die Ausarbeitungen der Sekretariate des Politbüros und des Zentralkomitees abzeichnete und so nicht nur den Eindruck von Entscheidungsfreude hervorrief, sondern – wichtiger noch – den nachgeordneten Instanzen und Mitarbeitern das Gefühl vermittelte, er stünde ganz selbstverständlich hinter ihnen und zu einmal getroffenen Grundsatzentscheidungen. So verstand er die neubeschworene Kollektivität der Führung: Sie sollte, wo Ulbricht dekretieren konnte und wollte, mögliche Opponenten einbinden und die Ressourcen der Partei besser als in der Vergangenheit nutzen.

Seine dennoch mitunter bewußt eigenmächtigen oder unter Verweis auf sowjetische Empfehlungen getroffenen Anordnungen verstießen vorsätzlich gegen eingeschliffene Üblichkeiten des Parteiapparats und verursachten damit im eigentlich statischen Herrschaftsgefüge Ost-Berlins eine solche Unruhe, daß personelle Veränderungen und inhaltliche Neuorientierungen möglich wurden, wie sie in den kapitalistischen Ländern Folge von Wirtschaftskrisen und Regierungswechseln sind. Erich Honecker schätzte die auswuchernden, häufig selbstreferentiellen bürokratischen Apparate von Partei, Staat, gesellschaftlichen Organisationen und Staatssicherheit, die teure und sich gegenseitig blockierende Parallelverwaltungen und Kontrollinstanzen geschaffen hatten, keineswegs, doch vermochte er auch nicht, sich von ihnen zu trennen, weil sie ihm als Mittel des Machterhalts und des ganzheitlich-totalitären Herrschaftsanspruchs der Partei letztlich unerläßlich erschienen.

Diesen Gegensatz zwischen der Grundidee des Marxismus-Leninismus, Klassengegensätze und staatliche Herrschaftsformen im Zuge eines revolutionären Prozesses überwinden zu können, und der bürokratischen Praxis, wie sie sich im alltäglichen Leben der DDR breitgemacht hatte und eigenständige Initiativen lähmte, konnte Erich Honecker nicht auflösen. Wohl weisen seine Parteitagsreden aus, daß er diese Widersprüche sah, aber sie belegen auch die Unmöglichkeit, sie aufzuheben, ohne den eigenen Führungsanspruch und den der Partei preiszugeben. Vor allem während des VIII. Parteitages 1971 verurteilte er entschieden Rechthaberei, Subjektivismus, Schönfärberei einzelner Funktionäre und forderte: »Wo immer derartige Tendenzen auftreten, muß kompromißlos gegen sie gekämpft werden.« Es gebe Genossen, die verlernt hätten, den »Wert der Kritik und Selbstkritik« zu schätzen: »Sie lieben keinen konstruktiven Widerspruch. Sie halten sich für unfehlbar und unantastbar. Eine derartige Haltung muß mit der Kraft des Kollektivs korrigiert werden.«[157] Doch gegen keine dieser Erscheinungen ging Honecker mit der versprochenen Entschlossenheit tatsächlich an, weil ihm bewußt war, daß gegen den Personenkult in der Parteiführung nur kämpfen kann, wer zuvor diese der Parteibasis entfremdeten Funktionäre ihrer Machtfülle entkleidet, da innerparteiliche Demokratie allein auf Kosten zentralistischer Machtausübung zu entwickeln ist. Und daran war ihm, je weiter er seine eigene Machtposition festigen und ausbauen konnte, um so weniger gelegen.

Hinzu kam, daß Erich Honecker seit dem Volksaufstand 1953, seit der Massenflucht Anfang der sechziger Jahre und bei dem anhaltenden Rückzug eines beträchtlichen Teils der Bevölkerung aus dem politischen und gesellschaftlichen Leben keinen Zweifel an der Brüchigkeit der eigenen Machtgrundlage haben konnte. Der Rückstand der DDR gegenüber der Bundesrepublik war in keinem Bereich vor allem des wirtschaftlichen Lebens durch »sozialistische Wettbewerbe« welcher Art auch immer einzuholen. Der Abstand wurde im Gegenteil immer größer, und mit ihm wuchs sich die Unzufriedenheit etlicher zum Verdruß vieler und zur Enttäuschung aller aus.

Einen Ausweg aus diesem Dilemma erhoffte sich Erich Honecker durch die allmähliche Zusammenführung von Wirtschafts- und Sozialpolitik, die er auf dem VIII. Parteitag 1971 und dem IX. Parteitag im Mai 1976 proklamierte, was heißen sollte, daß die Bevölkerung in stärkerem Maße als zuvor an den wirtschaftlichen Erfolgen und den Produktivitätsfortschritten des Landes teilhaben sollte. Durch eine Intensivierung des wirtschaftlichen Austausches vor allem mit der Sowjetunion wurde der kostenträchtige Unterhalt eigener Grundstoffindustrien in der rohstoffarmen DDR weithin verzichtbar. Frei werdende Gelder könnten, so hoffte man, nun endlich in die Förderung der Konsumgüterherstellung, in den Wohnungsbau und in sozialpolitische Maßnahmen umgeleitet werden.

Tatsächlich gelang es, ab Ende 1976 die Mindestbruttolöhne von 350 auf 400 Mark und die Mindestrenten auf 230 Mark monatlich anzuheben. Ab Mitte 1977 wurde auch für Schichtarbeiter die Arbeitszeit verkürzt und ab Jahresbeginn 1979 der Mindesturlaub verlängert.[158] Bereits zwischen 1970 und 1974 war die Produktion etwa bei Personenwagen von 126 000 auf 155 000 jährlich angewachsen, statt 380 000 Kühlschränke wurden 488 000 hergestellt. Auf 100 DDR-Haushalte entfielen 1975 rechnerisch 26 PKW (1970: 15), 73 Waschmaschinen (1970: 53), 82 Fernsehgeräte (1970: 69) und 86 Kühlschränke (1970: 56). Von 1971 bis 1975 wurden 500 000 Wohnungen modernisiert oder neu gebaut, bis 1980 kamen annähernd 800 000 weitere hinzu.[159] Dieses waren angesichts der beschränkten Möglichkeiten des Landes durchaus beachtliche Leistungen. Sie folgten der Kursvorgabe, die Erich Honecker auf dem VIII. Parteitag 1971 verkündet hatte: »Für unsere Gesellschaft ist die Wirtschaft Mittel zum

Zweck, Mittel zur immer besseren Befriedigung der wachsenden materiellen und kulturellen Bedürfnisse des werktätigen Volkes.«
Freilich wuchsen diese Mittel selbst bei »planmäßiger erfolgreicher Arbeit« nicht sprunghaft, sondern nur langsam an: »Wir haben deshalb sorgfältig abzuwägen, wo diese Verbesserungen am dringendsten sind und wo mit den verfügbaren Mitteln für die Werktätigen jeweils besonders wichtige Fortschritte erzielt werden können.« Dabei, forderte Erich Honecker, gehe es nicht nur um Produktionssteigerungen, sondern auch um Einstellungsveränderungen gegenüber der Bevölkerung im Handel und im Dienstleistungssektor. Die Menschen müßten »gut bedient und sachkundig beraten« werden. Gleichgültigkeit in dieser Hinsicht, »ihre Mißachtung als ›untergeordnete Aufgabe‹ dürfen wir nirgendwo mehr dulden. Mehr und bessere Waren, die dem Bürger gefallen und seine Bedürfnisse befriedigen, Ideen für deren rationelle und ausreichende Produktion, Initiativen für die Dienstleistungen – das betrachten wir in unserer Gesellschaft als wichtige Staatsangelegenheit.« Gleichwohl, hob Honecker hervor, könne »unsere Gesellschaft niemals mehr verbrauchen, als produziert worden ist«[160].

Neben solchen Appellen an die Parteimitglieder, die Machtbasis der SED durch eine größtmögliche Berücksichtigung der materiellen Wünsche der Bevölkerung abzusichern, bekam das Bemühen um eine völkerrechtliche Anerkennung der Eigenstaatlichkeit der DDR wachsendes Gewicht. Die bereits unter Ulbricht aufgenommenen und damals von Erich Honecker aus ideologischen und sicherheitspolitischen Bedenken noch kritisch kommentierten Gespräche zwischen dem Staatssekretär im Bonner Bundeskanzleramt Egon Bahr und dem DDR-Beauftragten Michael Kohl wurden nach Ulbrichts Sturz von Honecker mit Moskauer Unterstützung fortgesetzt. Im

September 1971 unterzeichneten die Botschafter der vier Weltkriegsalliierten das Berlin-Abkommen, in dem einerseits der besondere politische Status der Stadt festgeschrieben, andererseits aber von sowjetischer Seite die gewachsenen Beziehungen West-Berlins zur Bundesrepublik nicht länger in Frage gestellt wurden. Ein Transitabkommen zwischen der Bundesrepublik und der DDR im Dezember 1971 und der Verkehrsvertrag ein halbes Jahr später zeigten, daß jetzt beide Seiten bereit waren, sich als Völkerrechtssubjekte anzuerkennen. Und dies war die entscheidende Voraussetzung für den Abschluß des deutsch-deutschen Grundlagenvertrages im Dezember 1972.

In dessen Artikel 4 wurde der von Bonn seit den fünfziger Jahren postulierte »Alleinvertretungsanspruch« der Bundesrepublik für ganz Deutschland aufgegeben. Und im Artikel 6 stimmten beide Seiten überein, daß »die Hoheitsgewalt jedes der beiden Staaten sich auf sein Staatsgebiet beschränkt. Sie respektieren die Unabhängigkeit und Selbständigkeit jedes der beiden Staaten in seinen inneren und äußeren Angelegenheiten.« Eingeschränkt wurde diese faktische völkerrechtliche Anerkennung der DDR lediglich durch zwei Klauseln eines Briefes, den die sozialliberale Bundesregierung auf Grund der ständigen Rechtsprechung des Bundesverfassungsgerichts als Vertragsbestandteil dem DDR-Unterhändler überreichte. Fragen der Staatsangehörigkeit, hieß es darin, seien durch diesen Vertrag nicht geregelt worden, und der Vertrag stünde auch »nicht im Widerspruch zu dem politischen Ziel der Bundesrepublik Deutschland, auf einen Zustand des Friedens in Europa hinzuwirken, in dem das deutsche Volk in freier Selbstbestimmung seine Einheit wiedererlangt«.

Mit diesem Generalvorbehalt, der nicht im eigentlichen Vertragstext enthalten war, konnte Erich Honecker leben, denn erst jetzt war es der DDR möglich, auf internationaler Ebene außerhalb des eigenen Bündnisblocks zu operieren. Nach und nach erfolgte der Austausch diplomatischer Vertretungen selbst mit Staaten und Regimen, die zuvor von Ost-Berlin erbittert bekämpft worden waren, beispielsweise mit afrikanischen Diktaturen, Francos Spanien und dem Iran unter der Schah-Herrschaft. Nach der Aufnahme beider deutscher Staaten in die Vereinten Nationen als Mitglieder 133 und 134 im September 1973 eröffnete im Jahr darauf die gegenseitige Einrichtung von Botschaften in Bonn und Ost-Berlin, die allerdings mit Rücksicht auf westdeutsche Empfindlichkeiten »ständige Vertretungen« genannt wurden, auch eine neue Phase der zwischenstaatlichen Politik.

Freilich führte diese scheinbare Normalität nach außen auch zu einem Anwachsen der Spannungen innerhalb der DDR. Seit 1964 durften ostdeutsche Rentner zu Verwandten in den Westen reisen, und auch aus der Gegenrichtung schwoll trotz mancherlei Schikanen an der Grenze und mehrfach erhöhtem Pflichtumtausch von »harter« D-Mark in »weiche« Mark der DDR zum Kurs von 1 : 1 der Besucherstrom an. So fuhren 1973 eine Million Neugierige in die eine Richtung und acht Millionen in die andere, nach Osten. Die westdeutschen Fernsehprogramme waren außerhalb des geographisch bedingten »Tals der Ahnungslosen« rund um Dresden beinahe überall in der DDR zu empfangen. Die Lebenswirklichkeit des jeweils anderen Landes und seiner Menschen ließ sich nicht länger aussperren oder propagandistisch verbiegen.

Hilflos bemühte sich Ost-Berlin um Abgrenzung. Die von Johannes R. Becher 1949 geschriebene und von Hanns Eisler vertonte DDR-Hymne »Auferstanden aus Ruinen« durfte wegen einer nicht länger opportunen Zeile nur noch gesummt, aber nicht mehr gesungen werden: »Laß uns dir zum Guten dienen, Deutschland einig Vaterland.« 1974 erhielt die DDR nach 1949 und 1968 ihre dritte

Verfassung, in der von Deutschland keine Rede mehr war. Statt dessen sollte sich das Land künftig als ein gleichsam überterritorialer »sozialistischer Staat der Arbeiter und Bauern« begreifen, der »für immer und unwiderruflich mit der Union der Sozialistischen Sowjetrepubliken verbündet« ist. Doch eine wirkliche DDR-Identität, ein Gefühl kultureller Autonomie und nationaler Eigenständigkeit, sollte sich auch in den kommenden Jahren nicht entwickeln. Die Aufnahme Martin Luthers, Friedrichs des Großen, der Preußen-Generale Scharnhorst und Gneisenau, ja selbst Bismarcks in das »nationale Erbe« der DDR, die Wiederaufstellung von Denkmälern, die Herausgabe prachtvoller Gedenkbände und Biographien, die Namensübereignung historischer Vorbilder auf Schulen, Hochschulen und Truppenteile der NVA waren von vornherein zum Scheitern verurteilte Versuche, ein Nationalbewußtsein zu schaffen, wo es den Willen zur eigenen Nation nicht gab.

Ganz besonders augenfällig wurde dieses Geburtsproblem der DDR in der Folge der »Konferenz für Sicherheit und Zusammenarbeit in Europa«, deren Verhandlungen im Juni 1973 in Helsinki begannen. Im August 1975 unterzeichneten 35 Staaten deren »Schlußakte«, die den Verlauf der Nachkriegsgrenzen in Europa festschrieb und damit dem Sicherheitsinteresse der Sowjetunion und der mit ihr verbündeten Staaten entgegenkam. Im Gegenzug verpflichteten sich die Teilnehmerländer, »die Menschenrechte und Grundfreiheiten, einschließlich der Gedanken-, Gewissens-, Religions- oder Überzeugungsfreiheit« zu achten und »die wirksame Ausübung der zivilen, politischen, wirtschaftlichen, sozialen, kulturellen sowie der anderen Rechte und Freiheiten, die sich alle aus der dem Menschen innewohnenden Würde ergeben und für seine freie und volle Entfaltung wesentlich sind, [zu] fördern und [zu] ermutigen«.

Unter Hinweis auf dieses von Erich Honecker unterzeichnete Helsinki-Dokument forderten Künstler und politische Oppositionelle in den folgenden Jahren Publikations- und Versammlungsrechte und eine rasch anwachsende Zahl von DDR-Bürgern Reisefreiheit. Zwar brachten die Wahlen zur Volkskammer im Oktober 1976 das gewohnte Ergebnis von 99,86 Prozent Jastimmen, aber eine Vielzahl vorläufig nicht miteinander verbundener Vorgänge und Zwischenfälle zeigte, daß die Unzufriedenheit in der Bevölkerung zunahm und damit der Druck im Kessel anstieg. Die der SED-Parteilinie im Kern widersprechenden Reden westeuropäischer Kommunisten während der im Juni 1976 in Ost-Berlin stattfindenden Konferenz von 29 kommunistischen Parteien, die im Parteiorgan *Neues Deutschland* abgedruckt werden mußten, wanderten von Hand zu Hand. Vor allem galt dies für die Ansprache des spanischen KP-Führers Santiago Carrillo, in der er keinen Zweifel daran ließ, daß »wir Kommunisten heute kein Führungszentrum [mehr] haben, an keine internationale Disziplin gebunden sind«.

Im August verbrannte sich der evangelische Pfarrer Oskar Brüsewitz aus Protest gegen die Unterdrückung der Kirche durch Staat und Partei auf dem Marktplatz von Zeitz. Im November wurde der Liedermacher Wolf Biermann während einer Tournee durch die Bundesrepublik, zu der er von der Ost-Berliner Kulturbürokratie ausdrücklich ermuntert worden war, ausgebürgert. DDR-Künstler, die gegen diese Maßnahme protestierten, wurden so unter Druck gesetzt, daß etliche gleichfalls das Land verließen oder abgeschoben wurden. Das von Rudolf Bahro 1977 in der Bundesrepublik veröffentlichte Buch *Die Alternative* griff die Diktatur der Bürokratie in Partei und staatlicher Verwaltung der DDR an – und führte zur Verhaftung des Autors, zu dessen Verurteilung zu acht Jahren Zuchthaus und zu seiner Ausreise 1979.

Das vom *Spiegel* 1978 gedruckte *Manifest* ungenannter, aber nach Diktion und Sachzusammenhang wohl dem akademischen Milieu angehörender DDR-Oppositioneller forderte Demokratisierung und Rechtsstaatlichkeit. Und die Wirtschaft stagnierte aufgrund der erheblich angehobenen sowjetischen Rohstoffpreise und der zunehmenden Belastung durch Wirtschafts- und Militärhilfe für Länder der Dritten Welt.

Es waren also wieder jene bekannten Ingredienzen beisammen, die bereits früher wiederholt für eine explosive Mischung gesorgt hatten: wirtschaftliche Unzufriedenheit, ideologischer Druck und fehlende Freizügigkeit. Da Reisefreiheit um den Preis des Verlusts des eigenen Staatsvolks nicht eingeräumt werden konnte, die wirtschaftliche Entwicklung wegen der Abhängigkeiten innerhalb des Rates für gegenseitige Wirtschaftshilfe einseitig kaum zu beeinflussen war, blieb geringer Bewegungsspielraum lediglich im ideologischen Bereich und, wenn es Moskau denn gestattete, im Verhältnis zur Bundesrepublik. Nachdem die SED zu Beginn der achtziger Jahre gelobt hatte, die »führende Rolle der marxistisch-leninistischen Partei« in Gestalt der KPdSU nicht antasten zu wollen, weil es ohne sie keinen Sozialismus gebe, ließ Moskau die Zügel ein wenig locker: »Die Interessen der sozialistischen Länder sind ihrem Inhalt nach und ihren Erscheinungsformen nach außerordentlich reichhaltig und verschiedenartig. [...] Der sozialistische und kommunistische Aufbau vollzieht sich heute unter spezifischen nationalhistorischen, ökonomischen, geographischen, demographischen und anderen Bedingungen.«[161] Die im Zusammenhang mit der Intervention in der Tschechoslowakei im August 1968 verkündete Breschnew-Doktrin von der eingeschränkten Souveränität sozialistischer Länder wurde so zwar nicht aufgehoben, aber zugunsten voneinander abweichender Entwicklungswege unter Berücksichtigung nationaler Besonderheiten modifiziert, solange dadurch das Bündnissystem nicht in Gefahr geriet.

Etwas größeren Manövrierraum im deutsch-deutschen Verhältnis und damit zum dringend erforderlichen Ausgleich DDR-interner Spannungen und Defizite durch Bonner Entgegenkommen erhielt Erich Honecker aber erst nach dem Amtswechsel von Breschnew zu Juri Andropow im November 1982 und von Andropow zu Konstantin Tschernenko im Februar 1984. Zwar galten, wie am Beispiel Polens durch die von Moskau erzwungene Verhängung des Kriegsrechts gegenüber der unabhängigen Gewerkschaft »Solidarność« im Dezember 1981 unschwer zu erkennen war, die sowjetischen Vormachts- und Sicherheitsinteressen im eigenen Block weiterhin uneingeschränkt, doch Erleichterungen im Wirtschaftsaustausch und Reiseverkehr zwischen den beiden deutschen Staaten wurden zugestanden, zumal Moskau Chancen sah, auf diesem Weg die strikte Embargopolitik der USA nach dem russischen Einmarsch in Afghanistan zumindest partiell zu unterlaufen.

Durch die Stationierung nuklearer Mittelstreckenraketen in der Bundesrepublik nach dem konservativ-liberalen Regierungswechsel in Bonn 1982 und durch die Aufstellung zusätzlicher taktischer Atomraketen in der DDR wären beide deutsche Staaten im Konfliktfall zum zentralen Kriegsschauplatz geworden. Die beiden Supermächte befreiten sich durch diese Dislozierung von Atomwaffen kurzer Reichweite in ihrem jeweiligen Vorfeld aus der Bündnisverpflichtung zum sofortigen Einsatz interkontinentaler Vergeltungswaffen. Dieser strategische Rückzug lag zwar im buchstäblich vitalen Interesse der Vereinigten Staaten und der Sowjetunion, dagegen keinesfalls in dem von DDR und Bundesrepublik, die zum künftigen nuklearen Schlachtfeld ausersehen waren. Daher stießen sowohl die gleichgerichteten Vorstöße von Bundeskanzler

Helmut Kohl (CDU) wie von Erich Honecker, so schnell wie möglich zu einem beiderseitigen Abbau der Mittel- und Kurzstreckenraketen, zu einem Verzicht auf biologische und chemische Kampfstoffe sowie zu einer erheblichen Reduzierung der konventionellen Streitkräfte in Europa zu kommen, auf wenig Wohlwollen in Washington und Moskau.

Auf den Weg gebracht wurde diese gemeinsame Abrüstungsinitiative durch den auf Moskauer Intervention hin mehrfach verschobenen Besuch von Bundeskanzler Helmut Schmidt (SPD) in der DDR im Dezember 1981. In Gesprächen, die nicht zuletzt wegen der Kriegserfahrung beider Politiker auf einer Basis gegenseitigen Verständnisses verliefen, wurde von Erich Honecker die Moskau irritierende Forderung erhoben, die Raketen – »das Teufelszeug« – müßten verschwinden, und von deutschem Boden dürfe niemals wieder Krieg ausgehen. Solche Eigenmächtigkeit hatte sich in der Vergangenheit kein ostdeutscher Politiker angemaßt.

Als der in der Vergangenheit aus Moskau wie Ost-Berlin gleichermaßen heftig befehdete bayerische Ministerpräsident Franz Josef Strauß (CSU) zu seinem Besuch in der DDR im Juli 1983 die Bonner Bürgschaft für einen Milliardenkredit als Gastgeschenk mitbrachte, wurde die neue Annäherung augenfällig. Erich Honecker erhielt eine Einladung zum Gegenbesuch in der Bundesrepublik. An der Grenze wurden prompt Schießverbote erteilt, automatische Selbstschußanlagen, die viele Opfer gefordert hatten, wurden abgebaut und der zuvor verdoppelte Zwangsumtausch für Rentner bei Ostreisen gesenkt. Für einen zweiten von insgesamt drei Milliardenkrediten verbürgte sich Bonn im Sommer 1984.[162]

Das waren zu viele der Wohltaten. Erich Honecker mußte auf Druck Moskaus im September 1984 seinen Staatsbesuch absagen. Der Vorwand dafür war die ungeschickte, wenn auch zweifellos zutreffende Aussage des Vorsitzenden der CDU/CSU-Bundestagsfraktion Alfred Dregger in einem Interview, die Zukunft der Bundesrepublik hänge nicht davon ab, ob ihr »Herr Honecker die Ehre seines Besuchs erweist«. Tatsächlich wollte die Sowjetunion verhindern, daß sich zwischen beiden deutschen Staaten so etwas wie die von Erich Honecker eigenmächtig proklamierte »Verantwortungsgemeinschaft« oder »Sicherheitspartnerschaft« entwickeln könnte. Dieses hätte die eigenen Hegemonialinteressen der Sowjetunion berührt und war damit für Moskau nicht hinnehmbar.

Erst nach dem Amtsantritt Michael Gorbatschows als Generalsekretär der KPdSU im März 1985 sollte neuer Schwung in die deutsch-deutschen Beziehungen kommen. Gorbatschow, seit 1970 Mitglied des dem SED-Zentralkomitee vergleichbaren Obersten Sowjets und seit 1980 Vollmitglied des Politbüros, verfügte wenige Wochen nach seiner Amtsübernahme einen einseitigen Stopp für die Aufstellung sowjetischer Mittelstreckenraketen in Osteuropa, verzichtete auf Atomwaffentests und schlug im Januar 1986 den Vereinigten Staaten einen Dreistufenplan vor, um sämtliche Nuklearwaffen bis zum Jahr 2000 zu beseitigen. Da Gorbatschow die äußerst prekäre wirtschaftliche und finanzielle Situation sowohl der UdSSR wie der DDR wohlvertraut war, die eine Fortsetzung des Wettrüstens auf östlicher Seite ausschloß, stand 1987 einer Erneuerung der Bonner Einladung an Honecker nichts mehr im Wege.

Der offizielle Empfang Erich Honeckers in der Bundeshauptstadt am 7. September 1987 zählte sicherlich zu den Höhepunkten seines Lebens. Der Arbeitersohn, der in seinem Bildungsweg über Volksschule und abgebrochene Dachdeckerlehre kaum hinausgekommen war, der Kommunist, den die Nazis ins Zuchthaus gesteckt und die bürgerlichen Regierungen der Nachkriegszeit – so sie ihn überhaupt zur Kenntnis nahmen – als sowjetischen Satrapen abgetan hatten, der Staats- und Parteichef der DDR, dem noch immer die volle völkerrechtliche Anerkennung seines Landes und seiner Regierung vorenthalten blieb, dieser Mann aus kleinen Verhältnissen wurde mit Staatshymne und Ehrenkompanie, mit Flaggenschmuck und allen Respektsbezeugungen dort willkommen geheißen, wo er noch wenige Jahre zuvor nach einem Grenzübertritt als Vertreter eines diktatorischen Regimes verhaftet worden wäre.

Mit seinem Besuch in Bonn war Erich Honecker in mehrfacher Hinsicht am Ziel seiner politischen Laufbahn angekommen. Er und sein Land waren zur politischen Realität geworden, die manche zwar als Zumutung empfanden, vor der aber niemand mehr die Augen verschließen konnte. Er sprach auf gleicher Augenhöhe mit denselben Politikern, die vor 15 Jahren dem Grundlagenvertrag ihre Zustimmung verweigert hatten und die noch Jahre später empört abgelehnt hätten, ihm auch nur die Hand zu schütteln. Jetzt bemühten sie sich um möglichst fotogene Gesprächstermine während der Staatsvisite, stritten um Einladungen für Diners und Empfänge während der weiteren Aufenthalte in Düsseldorf, Trier, Saarbrücken und München.

Bundespräsident Richard von Weizsäcker (CDU) räumte in einem Vieraugengespräch mit Erich Honecker am 7. September 1987 ein, der »Weg des Grundlagenvertrages« sei, »prinzipiell gesprochen, der richtige«. Er sehe »keinen Sinn darin, sich gegenseitig die Schuld zuzuschieben, daß sich in der Nachkriegszeit vieles auseinanderentwickelt habe, was sich nicht hätte auseinanderzuentwickeln brauchen [...] Man solle nicht über die nächsten 50 Jahre spekulieren, sondern sich der Forderung des Tages stellen« und einen »Umgangston finden, bei dem man sich nicht überfordert«. Gelegentlich – und dies mußte in Honeckers Ohren wie Bedauern klingen – »trete die BRD der DDR mit Äußerungen zur deutschen Frage nahe, umgekehrt müsse man mit Berlin (West) in der Praxis weiterkommen«[163].

Sehr nahe trat jedenfalls Bundeskanzler Helmut Kohl (CDU) seinem auf völkerrechtliche Abgrenzung und internationale Anerkennung erpichten Gast, als er ihn mit Blick auf die Hardliner in der eigenen Partei während eines festlichen Abendessens in der Bad Godesberger Redoute darauf aufmerksam machte, daß auch dieser Besuch an den »unterschiedlichen Auffassungen der beiden Staaten zu grundsätzlichen Fragen« nichts ändern werde. Insbesondere stünde für Bonn die Präambel des Grundgesetzes »nicht zu Disposition«, die das gesamte deutsche Volk auffordere, »in freier Selbstbestimmung die Einheit und Freiheit Deutschlands zu vollenden«.

Noch unangenehmer wurde es für Erich Honecker, als ihn Kohl im »kleinen Kreis« am gleichen Tag auf den Schußwaffengebrauch an der innerdeutschen Grenze ansprach. In der Niederschrift des DDR-Protokollführers, deren inhaltliche Zuverlässigkeit von keinem der westdeutschen Gesprächspartner in Frage gestellt wurde, heißt es dazu: »Honecker erwiderte, es gibt keinen Schießbefehl. Es gibt eine Anordnung zum Gebrauch von Schußwaffen, so wie es auch in der BRD eine solche Anordnung gibt. Jeder, der ein ordnungsgemäßes Visum hat, kann über einen Grenzübergang die Grenze überschreiten, ansonsten ist die Grenze militärisches Sperrgebiet.« Anschließend zitierte Honecker zur eigenen Entlastung aus dem westdeutschen »Gesetz über den unmittelbaren Zwang bei Ausübung öffentlicher Gewalt durch Vollzugsbeamte des Bundes« aus dem Jahr 1974, worin es heißt: »Die […] genannten Vollzugsbeamten können im Grenzdienst Schußwaffen auch gegen Personen gebrauchen, die sich der wiederholten Weisung, zu halten oder die Überprüfung ihrer Person oder der etwa mitgeführten Beförderungsmittel und Gegenstände zu dulden, durch die Flucht zu entziehen versuchen.« Die westdeutschen Anordnungen zum Schußwaffengebrauch an der Grenze, erklärte Honecker süffisant, unterschieden sich nicht von den entsprechenden Regelungen der DDR.[164]

Dem Protokoll zufolge stellte Erich Honecker weiter fest: »Wir sind nicht für solche Zwischenfälle. Es gibt auch weniger Zwischenfälle als Meldungen darüber. Wir wollen nicht, daß Menschen umkommen. Aber man muß die Regelungen im militärischen Sperrgebiet beachten.« Und Helmut Kohl antwortete: »Ich erwarte nicht, daß sich heute oder morgen etwas ändert, aber jede Meldung über einen solchen Zwischenfall ist von Übel. Wenn man in dieser Frage etwas bewegen könnte, wäre das von großer Bedeutung. Jeder dieser Vorfälle beschäftige die Öffentlichkeit.«[165] Anschließend sprachen Kohl und Honecker wenig konflikttträchtig über den Ausbau des Tourismus und über Städtepartnerschaften.

Alfred Dregger, dessen brüske Zurechtweisung 1984 als Begründung für die Absage des damals geplanten Honecker-Besuchs herhalten konnte, kam am 8. September 1987 mit dem Gast auf Schloß Gymnich über die Restaurierung kulturgeschichtlich wertvoller Bausubstanz in Dresden, Görlitz, Bad Doberan und Stralsund ins Gespräch: »In Stralsund gäbe es ein ganzes Stadtensemble, das noch in schlechtem Zustand sei. Er meinte, daß mit privater Unterstützung aus der BRD die Erhaltung von Baudenkmälern in der DDR gefördert werden könnte. Dafür wolle er etwas tun.« Honecker, der davon ausgegangen war, von dem CDU-Rechtsaußen wegen Schießbefehl oder humanitärer Fragen in der DDR hart angegriffen zu werden, reagierte verblüfft. Er dankte dem CDU/CSU-Fraktionsvorsitzenden »für das geäußerte Interesse« und erläuterte dann »die großzügigen Maßnahmen zur Restaurierung von Kulturdenkmalen in der DDR«. Im übrigen aber betonte er, was die angebotenen Gelder anging: »Wir haben unseren eigenen Ehrgeiz.«[166]

Dem damaligen nordrhein-westfälischen Ministerpräsidenten Johannes Rau (SPD) erläuterte Erich Honecker den neuen Kurs Gorbatschows aus seiner Sicht: »Er unterhalte sehr enge Beziehungen zu M. Gorbatschow, und von den Repräsentanten der sozialistischen Länder habe er sich wahrscheinlich am häufigsten mit ihm getroffen. Für die UdSSR sei der sich dort vollziehende Prozeß unbedingt erforderlich, um das Lebensniveau des Volkes zu erhöhen. Auf diesem Gebiet sei ein Vergleich mit der DDR schier unmöglich, denn was Gorbatschow für die UdSSR anstrebe, habe die DDR bereits erreicht. Die Sowjetunion arbeite daran, Tempoverluste in der industriellen Entwicklung aufzuholen, wobei zu berücksichtigen sei, wieviel sie in die militärische Verteidigung habe investieren müssen.« Die DDR dagegen verfolge den »Kurs der Einheit von Wirtschafts- und Sozialpolitik«, könne und brauche daher in dieser Hinsicht keinen Kurswechsel vornehmen.[167]

Das Treffen mit dem bayerischen Ministerpräsidenten Franz Josef Strauß in München am 11. September 1987 war für Erich Honecker gewiß einer der Höhepunkte seiner Reise, die ihn auch in das Marx-Geburtshaus nach Trier und zu einem kurzen Aufenthalt in seinen Geburtsort Wiebelskirchen geführt hatte. Strauß und Honecker fanden nach ihrem persönlichen Kennenlernen 1983 offenbar schnell einen direkten Draht zueinander. Beide verstanden sich als Pragmatiker, als Machtpolitiker, deren Handeln sich zwar in einem weltanschaulichen Rahmen vollzog, sich diesem aber nicht auslieferte. Sowohl Honecker wie Strauß liebten den Überraschungscoup, schätzten es, sich selbst in Szene zu setzen – und hatten nicht zuletzt ein gemeinsames Hobby: die Jagd. »Strauß war ein

Realpolitiker«, sagte Honecker nach seinem eigenen Abgang von der politischen Bühne, »ich habe ihn sehr geachtet.« Er sei »ein sehr dynamischer Mann« gewesen, ebenso einflußreich wie lernfähig. Vor allem aber: »Er war korrekt in der Entwicklung seiner Beziehungen zur DDR. Ich möchte ganz offen sagen: Wenn was mit Strauß besprochen war, hat er dafür gesorgt, daß es eingehalten wurde, was man von anderen Bundespolitikern weniger sagen kann.« Strauß habe er »nie als einen Feind der DDR gesehen«. Und Strauß habe sich auch nie als solcher verstanden.[168]

In München gab Franz Josef Strauß seinem Gast 1987, wie die Gesprächsprotokolle der DDR-Delegation weiter zeigen, einen zur Veröffentlichung durchaus ungeeigneten Schnellkurs in Weltgeschichte und Geostrategie und griff dabei die Amerikaner scharf an: »2 500 Jahre lang seien Kriege geführt worden, einmal müsse Schluß damit sein. In den USA werde aber diskutiert, was geschehen solle, ergebe sich doch noch ein neuer Krieg. In der Militärgeographie werde dafür eine Verkürzung auf den deutschen Raum, beiderseits der Grenze, vorgesehen. Dies bedeute: ›die USA in voller Sicherheit, Westeuropa in hoher Sicherheit, wir in vollem Risiko‹. 80 bis 90 % der militärischen Ziele in einem neuen Krieg lägen nur auf deutschem Boden – sowohl in der Bundesrepublik als auch in der DDR. Bei der heutigen Treffgenauigkeit der Waffen sei jeder Punkt in der Bundesrepublik und der DDR erreichbar.« Das eigentlich selbstverständliche politische Interesse beider deutschen Staaten sei also, in ihren jeweiligen Bündnissystemen massiv auf eine breite Abrüstung im nuklearen und konventionellen Bereich hinzuwirken, »auf keinen Fall sei F. J. Strauß für eine Politik, die Krieg wieder als denkbar erscheinen läßt«.

Und auch sonst strich der CSU-Chef seinem Besucher Erich Honecker kräftig um den Bart: »Zu bilateralen Fragen übergehend, stellte F. J. Strauß fest, in den vergangenen Monaten hätten zwischen beiden Seiten hochrangige Gespräche in sehr guter Atmosphäre stattgefunden. [...] Die Signale der DDR für guten Willen, so die großzügigen Reisegenehmigungen, die Amnestie für Straftäter, die Abschaffung der Todesstrafe, zu der sich noch nicht einmal Frankreich habe entschließen können, seien verstanden worden. Die Grenzlage sei weiterhin ruhig, die Grenzabfertigung korrekt und zügig, auch die Grenzsperranlagen seien verändert worden. E. Honecker habe Wort gehalten. Die Grenzanlagen zwischen der DDR und der Bundesrepublik könnten nicht so sein wie zwischen Bayern und Österreich, aber offenbar strebe E. Honecker als langfristige Zielsetzung eine ähnliche Situation an.«[169]

Erich Honecker lud Helmut Kohl zu einem offiziellen Gegenbesuch in der DDR ein und konnte befriedigt nach Hause fahren. Das Abschlußkommuniqué schrieb fest, daß beide Seiten gewillt seien, »im Sinne des Grundlagenvertrages normale gutnachbarliche Beziehungen zueinander auf der Grundlage der Gleichberechtigung zu entwickeln«. Dabei würden »beide Staaten die Unabhängigkeit und Selbständigkeit« des anderen »in seinen inneren und äußeren Angelegenheiten respektieren«[170]. Mehr an Ertrag konnte Honecker von diesem ersten deutschen Gipfeltreffen nach der mißlungenen Begegnung von Willy Brandt und Willi Stoph im Mai 1970 in Kassel nicht erwarten. Ihm war von bürgerlichen Politikern ohne jede Ausnahme buchstäblich der rote Teppich ausgerollt worden.

Um so verwunderlicher, daß CDU-Parteistrategen bis heute die Parole ausgeben, die Sozialdemokraten, mit Gerhard Schröder und Oskar Lafontaine immer vorneweg, seien doch allesamt vaterlandslose Gesellen gewesen, denen Deutschlands Einheit nie wirklich am Herzen gelegen habe. National unzuverlässige Genossen waren sie, hieß und heißt es vor allem in Wahlkampfzeiten von seiten der Union, die persönlicher Vorteile wegen in den achtziger Jahren den Verfassungsauftrag der Wiedervereinigung aufgegeben hätten, die lieber mit den Machthabern in Ost-Berlin kungelten, als entschieden für die Durchsetzung der Menschenrechte in der DDR einzutreten.

»Interne Gespräche sollten geführt werden.«

Besonders beweiskräftig als Beleg solcher Gesinnung scheinen den Unionspolitikern Dokumente aus ehemals ostdeutschen Archiven zu sein, von denen etliche in der Vergangenheit gezielt gestreut wurden, um den Ruf des politischen Gegners nachhaltig zu beschädigen. Vor allem Springer-Blätter nahmen derlei Anregungen aus dem konservativen Lager immer wieder auf. »Durfte Schröder 1986 diesen Brief schreiben«, fragte etwa die *Bild am Sonntag* im September 1997 und stellte dann dezidiert fest, daß sich Gerhard Schröder in einem Brief an das damalige SED-Politbüromitglied Egon Krenz »ungewöhnlich tief und herzlich vor dem Repräsentanten des SED-Regimes verbeugt« hätte.

Was war geschehen? Mitte Dezember 1985 besuchte der SPD-Politiker auf Einladung Erich Honeckers drei Tage lang die DDR. Vorgesehen waren Gespräche mit dem Staats- und Parteichef, mit dem für Auslandsbeziehungen zuständigen Politbüromitglied Hermann Axen und mit Honecker-Adlatus Egon Krenz. Krenz wurde krank und schrieb Schröder daher am 15. Dezember einen persönlichen Brief – per Du, als Ex-FDJ-Vorsitzender an den ehemaligen Juso-Chef: »Lieber Gerhard Schröder! Herzlich willkommen in der DDR! Es tut mir sehr leid, daß wir uns während Deines Besuches bei uns nicht treffen können. Aus persönlichen Gründen bin ich nicht in Berlin. Da ich Dein Programm und Deine Gesprächspartner kenne, bin ich überzeugt, daß Du mit Deinem Aufenthalt in der DDR zufrieden sein wirst. Für Deinen Wahlkampf wünsche ich Dir Durchstehvermögen und natürlich Erfolg! Sicherlich gibt es früher oder später eine Gelegenheit für einen Gedankenaustausch. Ich jedenfalls würde mich darüber freuen. Für die bevorstehenden Feiertage und für 1986 wünsche ich Dir viel Freude und alles erdenklich Gute! Mit freundlichen Grüßen! Egon Krenz«[171]

Nach seinem Besuch in Ost-Berlin und Leipzig hielt es Gerhard Schröder für eine Sache der Höflichkeit, Krenz für den »freundlichen Willkommensgruß« zu danken. Die Gespräche in der DDR seien offen und informativ gewesen, besonders Erich Honecker habe ihn beeindruckt, schrieb Schröder. Einen weiteren Dankesbrief schickte der damalige SPD-Spitzenkandidat für die Niedersachsenwahl an Honecker, dem er bei dem Treffen im Auftrag seiner Tochter eine Zeichnung mit einer Friedenstaube übergeben hatte: »Falls Sie die Bundesrepublik Deutschland nach der Wahl in Niedersachsen besuchen sollten, würde ich mich freuen, wenn ich Sie als Ministerpräsident in Hannover begrüßen könnte. Meine Tochter hat sich sehr über Ihren Brief gefreut. Ich soll Sie herzlich von ihr grüßen. Sie hat ihre Mutter gebeten, den Brief aufzuheben, weil in ihrem Zimmer das Durcheinander zu groß sei.«

Was drücken diese Briefe aus? Eine unangemessene Nähe und Liebedienerei gegenüber den »Repräsentanten eines Unrechtsregimes«, wie Unionspolitiker und Springer-Presse meinten – oder nicht doch nur, wie Gerhard Schröder sagt, das Bemühen, durch einen freundlichen Umgangston und ohne Aufgabe von Rechtsansprüchen die verhärteten Frontstellungen zwischen den beiden deutschen Staaten ein wenig aufzuweichen, nachdem sich durch den Amtsantritt Michail Gorbatschows die politische Großwetterlage entspannt hatte?

Das erste Mal begegneten sich Gerhard Schröder und Egon Krenz im März 1980. Eine FDJ-Delegation kam auf Einladung der Jungsozialisten nach Bonn. Die Atmosphäre blieb freundlich-distanziert. In dem gemeinsamen Kommuniqué nach dem Gespräch mit dem damaligen Juso-Vorsitzenden Schröder hieß es in schlechtem Kader-Deutsch: »Im Mittelpunkt standen aktuelle Fragen des Weltgeschehens und der internationalen Jugendbewegung. Dabei wurde die Notwendigkeit unterstrichen, ungeachtet verschiedener weltanschaulicher und politischer Positionen einen konstruktiven Beitrag zur Sicherung des Friedens als wichtigstes und erstes Lebensinteresse der Jugend zu leisten.«[172]

Aber auch als Krenz und Schröder Anfang September 1984 zum zweiten Mal zusammentrafen, kam keine besondere Herzlichkeit zwischen den beiden Männern auf. Krenz, inzwischen Politbüromitglied, empfing die SPD-Bundestagsabgeordneten Schröder und Wolfgang Roth in Ost-Berlin zu einem, wie das Parteiorgan *Neues Deutschland* nachträglich routinemäßig berichtete, »Meinungsaustausch über aktuelle Fragen des Kampfes für den Frieden und der europäischen Sicherheit«. Herausgekommen war dabei für die Gastgeber anscheinend nicht viel Verwertbares. Denn in der Schlußerklärung stellten beide lediglich kühl fest, was zwischen ihnen ohnehin unbestritten war: »Die Gesprächspartner unterstrichen, daß für die Beziehungen zwischen der DDR und der BRD die strikte Einhaltung des Grundlagenvertrages notwendig sei. Das schließe die Verpflichtung beider Seiten ein, die Unabhängigkeit und Selbständigkeit des anderen Staates in seinen inneren und äußeren Angelegenheiten zu respektieren.«[173] In einer internen Gesprächsnotiz vermerkte das »Büro Krenz« immerhin, Schröder habe zusätzlich darauf verwiesen, »daß er – wie große Teile der SPD-Mitgliedschaft – die Meinung vertrete, daß die Zeit reif sei, die

DDR-Staatsbürgerschaft zu respektieren, zu einer Festlegung der Elbe-Grenze zu kommen und die Erfassungsstelle Salzgitter aufzulösen«. Außerdem habe Schröder die Bitte geäußert, vor den niedersächsischen Landtagswahlen weitere Gespräche in der DDR führen zu können. Er wolle so vor der Öffentlichkeit den praktischen Nutzen eines konstruktiven Dialogs für beide Seiten dokumentieren.[174]

Für die Machthaber in Ost-Berlin war weder aus dieser noch aus späteren Schröder-Erklärungen viel Honig zu saugen. Die Respektierung der DDR-Staatsbürgerschaft und die Anerkennung der Nachkriegsgrenzen in Europa entsprachen ohnehin dem deutschland- und ostpolitischen Vertragswerk jener Jahre. Und auch das Versprechen, die »Zentralstelle der Landesjustizverwaltungen zur Erfassung von Unrechtshandlungen in der DDR« aufzulösen, war im Kern bedeutungslos, da jede bundesdeutsche Staatsanwaltschaft sowieso von Amts wegen und unabhängig von dieser Einrichtung verpflichtet war, Straftaten an Deutschen zu verfolgen – sei es in West- oder in Ostdeutschland.

Nach der Begegnung mit Erich Honecker im Dezember 1985 traf sich Schröder noch fünfmal mit DDR-Politikern: im März 1987 mit Egon Krenz und Hermann Axen in Ost-Berlin vor einem Referat in der Akademie für Gesellschaftswissenschaften »Über die Rolle der Sozialdemokratie in den westlichen Industriegesellschaften«; im Juli 1987 kam eine SED-Delegation nach Hannover, Schröder nahm an zwei Veranstaltungen teil; im September 1987 gab es ein Gespräch mit Erich Honecker während dessen Staatsbesuch in der Bundesrepublik; im Dezember 1987 sah Schröder den ZK-Abteilungsleiter Gunter Rettner und, im Jahr darauf, ebenfalls in Hannover, das Politbüro-Mitglied Werner Eberlein.

Die SED-internen Aufzeichnungen dieser Unterhaltungen sind nach der Erinnerung von Heinz Thörmer, des langjährigen persönlichen Referenten Gerhard Schröders, im wesentlichen korrekt: »Natürlich hat Schröder oft andere Akzente gesetzt, als diese Auswertungen zu erkennen geben. Aber inhaltlich gefälscht in dem Sinne, daß sie völlig anderes wiedergäben, als tatsächlich besprochen worden ist, sind sie nicht.«[175] Besonders anregend indes scheinen diese Begegnungen für keinen der Beteiligten gewesen zu sein. Zwar vermerkten die ostdeutschen Protokollanten, daß die Treffen durchweg »in einer offenen, konstruktiven und freundschaftlichen Atmosphäre« stattfanden. Aber die Gesprächsinhalte wiederholten sich doch mit stupender Regelmäßigkeit. »Gerhard Schröder sprach sich für die Respektierung der DDR-Staatsbürgerschaft, für die Festlegung der Grenze auf der Mitte der Elbe und für die Auflösung der Zentralen Erfassungsstelle in Salzgitter aus«, hieß es im März 1987 nach dem Schröder-Besuch in Ost-Berlin.[176] Gleiches meldeten die SED-Späher im Juli desselben Jahres aus Hannover. Als Enthüllung wußten sie lediglich zu berichten, daß Schröder und Karl Heinz Vach, ein Mitglied der DKP-Bezirksleitung, »auf Du und Du miteinander stehen«.[177]

Selbst Erich Honecker entlockte dem Niedersachsen im September 1987 kaum Neues. Sehr anerkennend, vermerkte die Gesprächsnotiz weiter, habe sich Schröder über die Ergebnisse des offiziellen Besuchs des Genossen Honecker in Bonn geäußert: Das sei doch »ein wahrer Durchbruch«.

Zweifellos gewichtiger als all diese dürftigen Vermerke nach offiziellen Treffen war das, was der ZK-Abteilungsleiter Gunter Rettner nach einem Gespräch mit Schröder im Dezember 1987 zur Unterrichtung Honeckers festhielt: »Gerhard Schröder informierte über die Lage in Niedersachen. E. Albrecht sei [...] sehr angeschlagen. Die Positionen der SPD in Niedersachsen seien weiter gefestigt worden. G. Schröder arbeite daran, flächendeckend Organisationseinheiten der SPD aufzubauen. Das sei durch seinen Vorgänger K[laus] Ravens vernachlässigt worden. Schröder schätzte ähnlich wie Lafontaine die bundesweite Situation der SPD als sehr günstig ein. Er schloß nicht aus, daß H[ans]-J[ochen] Vogel 1990 doch noch einmal als Bundeskanzler kandidiert. Von uns, so sagte G. Schröder, ist der Oskar Lafontaine eindeutig der beste.«[178]

So amüsant sich heute, nach dem turbulenten Abgang Lafontaines aus der SPD-Politik dessen Anpreisung als geeigneterer Kanzlerkandidat der SPD aus dem Munde Schröders liest, so erklärungsbedürftig ist, was er zum Streit über den Verlauf der Elbgrenze und die Erfassungsstelle Salzgitter vortrug – und über die SPD-internen Meinungsverschiedenheiten wegen des seit 1984 mit der SED ausgehandelten Debattenpapiers beider Parteien: »Auf die Frage der Elbegrenze eingehend, sagte G. Schröder, er sehe das größte Hindernis für eine einvernehmliche Regelung in der Person E. Albrechts. Albrecht sei ein ›Überzeugungstäter‹. Er habe Schröder gegenüber zum Ausdruck gebracht, daß er persönlich sich nicht an der ›Zementierung der Teilung Deutschlands‹ beteiligen möchte. Andererseits aber stehe E. Albrecht unter erheblichem Druck, auch aus Bonn. Die SPD in Niedersachsen wolle ihrerseits die Frage der Elbegrenze immer wieder in die Debatte bringen. G. Schröder warf erneut die Frage einer Städtepartnerschaft der Stadt Salzgitter mit einer Stadt in der DDR auf. Wenn wir zustimmten, könnte er garantieren, daß in der Präambel der entsprechenden Vereinbarung die Forderung nach der Abschaffung der sogenannten Erfassungsstelle enthalten ist. Ich habe G. Schröder eine schnelle Entscheidung zugesagt. Des weiteren bat G. Schröder, im Frühjahr 1988 in der DDR ein Symposium mit Wissenschaftlern zum gemeinsamen Dokument

Der Streit der Ideologien und die gemeinsame Sicherheit durchzuführen, an dem er gerne teilnehmen würde. Seiner Auffassung nach dürfe man das Dokument nicht den Epplers allein überlassen.«[179]

Dieses Zitat Gunter Rettners aus dem Jahr 1987 stellt Gerhard Schröder insoweit richtig, als er darauf verweist, er habe damit lediglich ausdrücken wollen, daß es innerhalb der SPD auch andere Positionen zu diesem der SED abgerungenen Grundsatzpapier gegeben habe als die des zum damaligen Zeitpunkt sehr DDR-kritischen Vorsitzenden der SPD-Grundwertekommission Erhard Eppler.[180] Und über die Elbgrenze, sagt Schröder, habe er keine Staatsgeheimnisse ausgeplaudert. Darüber werde noch immer gestritten, wenn auch mit vertauschten Fronten. Forderte die DDR damals ihren Verlauf in der Strommitte, sei dem Land Mecklenburg-Vorpommern heute die Rücknahme auf das östliche Flußufer lieber. Dann nämlich müßte Niedersachsen für die teuren Polizeikontrollen und Rettungseinrichtungen auf der Elbe allein aufkommen.

Sieht Gerhard Schröder derartige »Enthüllungen« aus DDR-Geheimarchiven also eher gelassen, geht die Aussicht auf solche Veröffentlichungen dem im März 1999 wegen wirtschafts- und steuerpolitischer Meinungsverschiedenheiten zurückgetretenen SPD-Parteivorsitzenden und vormaligen Bundesfinanzminister Oskar Lafontaine offenbar stärker unter die Haut. Eine Bitte des Magazins *Stern,* die SED-Aufzeichnungen mit den Notizen und Aktenvermerken vergleichen zu können, die Lafontaine unter dem Eindruck der jeweiligen Begegnungen selbst angefertigt hatte, ließ er von Mitarbeitern ablehnen: »Bei Gesprächen, die Oskar Lafontaine in der Vergangenheit mit DDR-Politikern geführt hat, sind nie Aufzeichnungen gemacht worden. Es ist bekannt, daß Gesprächspartner der SED im nachhinein Aufzeichnungen angefertigt haben, die in der Regel interpretationsbedürftig sind. Die Gespräche, die Herr Lafontaine als Oberbürgermeister von Saarbrücken und als Ministerpräsident des Saarlandes führte, drehten sich um Familienzusammenführung, Jugendaustausch, Städtepartnerschaften, Sportaustausch und wirtschaftlichen Austausch. Die Ergebnisse wurden stets bekanntgegeben und sind umfangreich dokumentiert.«[181]

Da trügt die Erinnerung offenkundig in zweierlei Hinsicht. Die Aufzeichnungen der DDR-Emissäre, die zur Unterrichtung Erich Honeckers bestimmt waren, mußten zuverlässig sein, weil sie von diesem zur Grundlage politischer Entscheidungen gemacht wurden. Jede Fehlinformation, die nach Einrichtung der diplomatischen Vertretung in Bonn nicht lange unentdeckt geblieben wäre, hätte für den Berichterstatter schwerwiegende Folgen gehabt. Und die ersten Gespräche, die Oskar Lafontaine mit DDR-Politikern geführt hat, fanden lange vor seiner Wahl zum Oberbürgermeister von Saarbrücken, nämlich bereits 1968, statt und hatten, wie viele der übrigen später, einen anderen Inhalt, als von Lafontaine angegeben. Am 21. März 1968 empfahlen zwei SED-Funktionäre aus Cottbus dem Zentralkomitee eine künftig engere Zusammenarbeit mit dem SPD-Nachwuchs: »Oskar Lafontaine, Saarbrücken, Pater-Delp-Str. 50. Juso, Delegierter des Landes- und Bundesparteitages der SP, steht sehr links. Verbindung mit ihm ist auszubauen. Lehnt Führungsgruppe der SP um Wehner/Schmidt völlig ab. Aber für Brandt. Wünscht Zusendung der Bände *Geschichte der deutschen Arbeiterbewegung* und Marx-Engels-Gesamtausgabe.«[182]

Im selben Jahr eröffnete Oskar Lafontaine SED-Besuchern, daß er nach seinem Examen als Diplomphysiker »hauptamtlich politisch zu arbeiten« gedenke. Außerdem äußerte er angeblich Verständnis für die militärische Niederschlagung des »Prager Frühlings« durch die Truppen des Warschauer Paktes im August 1968: »Lafontaine als Teilnehmer des Landes- und Bundesparteitages der SPD zeigte eine sehr realistische Denkweise. Er brachte zum Ausdruck, daß er für das Eingreifen der verbündeten sozialistischen Länder Verständnis habe.« Freilich bedauerte er, so notierten die DDR-Emissäre, »daß nicht rechtzeitig eine politische Lösung gefunden werden konnte«[183].

Im August 1981, inzwischen war er zum SPD-Landesvorsitzenden und Oberbürgermeister von Saarbrücken gewählt worden, empfahl Oskar Lafontaine dem Ersten Sekretär der Ständigen Vertretung der DDR in Bonn, Klötzer, »bei einem früher oder später doch wohl zustande kommenden Besuch« Honeckers in der Bundesrepublik den damaligen CDU-Ministerpräsidenten des Saarlandes, Werner Zeyer, nicht zu empfangen. Der sei »ein Antikommunist durch und durch« und würde »eine Visite des Staatsratsvorsitzenden als politisch nützlich empfinden, um jedoch danach sein gegebenenfalls angeschlagenes politisches Renommee durch noch stärkeren Antikommunismus wieder aufzubessern«[184].

Nach einer DDR-Reise im März 1982 beschrieb Oskar Lafontaine einem DDR-Diplomaten seine Eindrücke, wie es scheint, ohne jede Ironie folgendermaßen: »Er könne nur jedem empfehlen, sich die DDR anzusehen. Es sei schon beeindruckend zu erfahren, was dort geschaffen worden ist. Von besonderer Bedeutung sei für ihn natürlich das Gespräch mit […] Erich Honecker gewesen. Es habe sich um ein offenes und freimütiges Gespräch gehandelt.«[185]

Ähnlich vertraut plauderte Oskar Lafontaine mit Erich Honecker während dessen Abstechers in die Saarbrücker Staatskanzlei im September 1987. Im »kleinen Kreis«, hob das DDR-Protokoll hervor, habe Lafontaine bekräftigt, daß »das Saarland auch weiterhin für die Normalisierung der Beziehungen zwischen den beiden Staaten vorangehen wolle«. Honecker versprach, daß »sich O. Lafontaine auch zukünftig der Unterstützung durch die DDR sicher sein könne«. Dann wies Honecker darauf hin, daß »die Politik der SED von allen Generationen in der DDR getragen würde«, während »O. Lafontaine erwiderte, daß die SPD gerade unter der Kanzlerschaft von H. Schmidt in dieser Hinsicht große Fehler gemacht habe. Schmidt habe die Jugend nicht integriert und der Entwicklung der grünen Bewegung freien Raum gegeben. Ohne dem wäre die SPD heute eine 45-Prozent-Partei.«[186]

Sehr viel unangenehmer als diese Vermerke dürften Oskar Lafontaine die Aufzeichnungen sein, die der ZK-Abteilungsleiter Gunter Rettner nach seinen Treffen mit ihm im Dezember 1987 und im Mai 1988 angefertigt hat. Selbst wenn nicht jede Äußerung des SPD-Ministerpräsidenten im Wortlaut korrekt festgehalten ist, gibt es doch an der Wiedergabe des Sinngehaltes keinen Zweifel. Am 25. November 1987 hatten Stasi-Mitarbeiter in der Ost-Berliner Zionskirche nach einer rüden Hausdurchsuchung Aktivisten der dortigen Friedensbewegung festgenommen. Auch Oskar Lafontaine protestierte gegen diese Maßnahme in eine Presseerklärung. Grund genug für eine Rüge durch seinen DDR-Besucher Gunter Rettner: Es gebe Anlaß, »über einige Divergenzen zu sprechen«. Lafontaines kritische Reaktion »habe Unverständnis ausgelöst«. Schließlich habe gerade er »davon profitiert, daß die Beziehungen DDR-Saarland besonders gut sind«. Jetzt dagegen »sei O. Lafontaine dabei, in der DDR einen Glaubwürdigkeitsverlust zu erfahren«.

Die weiteren Ausführungen Gunter Rettners verdienen es, wörtlich zitiert zu werden: »Sichtlich betroffen erwiderte O. Lafontaine, daß es niemals seine Absicht gewesen sei, die Politik E. Honeckers zu diskreditieren. Zu E. Honecker habe er ein tiefes Vertrauen. [...] Seinerseits sei E. Honecker zu ihm immer aufrichtig gewesen und habe ihm jeweils die Wahrheit gesagt. Was seine Presseerklärung im Hinblick auf die Vorgänge um die Zionskirche betreffe, so habe er sie in erster Linie aus innenpolitischer Sicht abgegeben. Die Wirkungen in der DDR habe er dabei nicht im Auge gehabt. [...] Er wolle auf keinen Fall, daß in der Führung der SED der Eindruck entsteht, als habe er seine Haltung geändert. ›Sage bitte Erich Honecker‹, so fuhr er fort, ›daß alles gilt, was wir miteinander besprochen haben.‹ Zugleich bitte er um Verständnis für seine Lage. Eine ›völlige Enthaltsamkeit bei kritikwürdigen Erscheinungen in der DDR könne er aus innenpolitischen Gründen nicht‹ üben. Allerdings müsse man in Zukunft sorgsamer abwägen, wann und wozu man das tut. Ein rechtzeitiger Hinweis aus Berlin könne dabei sehr hilfreich sein.«

Von Oskar Lafontaine angesprochen, weshalb dem SPD-Bundestagsabgeordneten Gert Weißkirchen die Einreise in die DDR verweigert worden sei, antwortete Gunter Rettner, er kenne die Einzelheiten nicht, »es stelle sich für ihn aber die Frage, was die häufigen Besuche Weißkirchens bei der DDR feindlich gesinnten Leuten sollten. Er habe den Eindruck, daß einige Kreise in der SPD das gemeinsame Dokument beider Parteien falsch verstünden. Die neue Kultur des Streits schlösse ja bekanntlich die Einmischung in die inneren Angelegenheiten der Staaten aus.«

Oskar Lafontaine gab zu verstehen, so zumindest informierte Gunter Rettner laut einer Paraphe vom 14. Dezember 1987 auch Erich Honecker unmittelbar, »er halte ohnehin nichts vom Streit der Ideologien. Soweit ihm bekannt sei, sei Weißkirchen ein Einzelgänger, der sich mit bestimmten Kontakten in der DDR interessant machen wolle. In einer Partei wie der SPD sei es nahezu unmöglich, alles unter Kontrolle zu bringen, schon gar nicht die

Abgeordneten des Bundestages. Deshalb bitte er darum, wenn es solche Probleme gebe, ihm das rechtzeitig mitzuteilen.«[187]

Bereits fünf Monate später war Gunter Rettner wieder in Saarbrücken. »Anknüpfend an das letzte Gespräch«, schrieb der ZK-Kandidat danach nieder, habe Oskar Lafontaine darauf verwiesen, »daß seiner Meinung nach die SPD in eine Schieflage komme, wenn sie den Konservativen das Eintreten für systemkritische Kräfte in den sozialistischen Ländern überlasse«. Zugleich herrsche in der SPD-Führung »Einigkeit darüber, daß Sozialdemokraten bei ihrem Auftreten in der DDR alles vermeiden müßten, was eine Stärkung dieser Kräfte bedeute«. Außerdem bat Lafontaine den SED-Beauftragten, »die Möglichkeit zu prüfen, ob er mit Genossen Erich Honecker einen ausführlichen Meinungsaustauch führen könne. Daraus habe er immer wichtige Impulse erhalten.«[188]

Ein Vierteljahr später war es soweit. Erich Honecker und Oskar Lafontaine trafen sich im August 1988. Es war ihre letzte Begegnung. Honecker zeigte Verständnis für die innerparteilichen und innenpolitischen Nöte Lafontaines, verwies aber auch auf die eigenen Bedrängnisse. Und die wuchsen derart an, daß sich Politbüro-Mitglied Hermann Axen am 8. September 1989 in einer geheimen »Vorlage« für die Spitzengenossen letzte Hilfe von »realistischen« Sozialdemokraten aus dem Westen erhoffte: »Es sind alle Möglichkeiten der Parteikontakte und des Dialogs zu nutzen, um jene sozialdemokratischen Kräfte zu stärken, die an der konstruktiven Fortsetzung der Kontakte mit der SED interessiert sind und sich für eine sachliche, realistische und gutnachbarliche Gestaltung der Beziehungen zwischen der DDR und der BRD bzw. Berlin (West) aussprechen und einsetzen. [...] Interne Gespräche sollten geführt werden mit Oskar Lafontaine, Gerhard Schröder, Karl-Heinz Hiersemann [der damalige bayerische SPD-Vorsitzende], Rudolf Scharping u. a.«[189] Verantwortlich für die Vorbereitung dieser Seelenmassagen war abermals der ZK-Funktionär Gunter Rettner. Freilich kam es zu keinem dieser geplanten Treffen mehr. Die Menschen in der DDR nahmen, wie man weiß, ihre Zukunft lieber selbst in die Hand.

Gleichwohl scheint die Häme unter Unionsleuten über solche vertraulichen SED-Dokumente zumindest voreilig. Denn die Aufzeichnungen, die nach den in ihrem Verlauf nicht weniger verbindlichen Kontakten zwischen Vertretern der bürgerlichen Parteien und DDR-Politikern ans Tageslicht gekommen sind, sprechen kaum eine andere Sprache. So kündigte Helmut Kohl laut einem Zitat des früheren SED-Parteiblatts *Neues Deutschland* aus SED-Dokumenten nach der Wiedervereinigung Erich Honecker in einem Telefonat am 19. Dezember 1983 an: »Sie sprechen hier mit einem Mann, der nichts unternehmen wird, um sie in eine ungute Lage – ich will es nicht näher interpretieren – zu bringen.« CSU-Chef Franz Josef Strauß gab am 10. Juni 1985 dem DDR-Staatssekretär und Stasi-Offizier im besonderen Einsatz (OibE) Alexander Schalck-Golodkowski mit auf den Weg: »Eigentlich darf ich Ihnen dies gar nicht sagen, Herr Schalck, aber nehmen Sie das mal mit, ich und meine politischen Freunde sind froh darüber, daß Erich Honecker als Staatsratsvorsitzender und Generalsekretär der Partei die Geschicke der DDR leitet. Wir hoffen, daß das noch viele Jahre der Fall ist.«[190] Und noch am 15. Dezember 1988, also nicht lange vor Toresschluß, beschwor CSU-Generalsekretär Peter Gauweiler im Auftrag des bayerischen Ministerpräsidenten Max Streibl die DDR-Staatsführung angesichts von *Glasnost* und *Perestrojka* in der Sowjetunion und in Polen: »Das darf es doch nicht geben, daß Sie auch noch in die Anarchie gehen.«[191]

Es war weniger eine politische Sorge, die den CSU-Politiker damals umtrieb als die Befürchtung, mit Honecker könnte im Fall eines Umsturzes in der DDR der bedeutendste Schuldner der Bundesrepublik zahlungsunfähig werden. Die Westverschuldung des Landes betrug zu diesem Zeitpunkt die beträchtliche Summe von immerhin rund 60 Milliarden Mark und war durch die Deviseneinnahmen des Landes aus dem regulären Wirtschaftsaustausch mit nichtsozialistischen Staaten nicht mehr annähernd abzudecken.[192] Die Ursache dieser finanzpolitisch gefährlichen Überspannung der Leistungsfähigkeit der DDR war der von Honecker auf dem VIII. Parteitag 1971 verkündete neue Kurs, die Politik der SED sei den Interessen der Arbeiterklasse direkt zugewandt, das Volk müsse die Früchte seiner Arbeit unmittelbar ernten können. Weil aber die vom Parteivorsitzenden verkündeten Konsumptionsprogramme nicht aus eigener Kraft erwirtschaftet werden konnten, wurden sie zunächst aus der Substanz finanziert und danach mit Hilfe schnell anwachsender Westkredite.

Werner Krolikowski, Kandidat des Politbüros seit 1971 und Sekretär des Zentralkomitees für Wirtschaftsfragen seit 1973, beschrieb nach Erich Honeckers Entmachtung die Bredouille, in die dadurch nicht nur die Wirtschaftslenkung, sondern auch er ganz persönlich geriet: »Da in der Honeckerzeit […] die Westverschuldung eine rasante Zunahme aufwies, ersuchte ich darum, eine Hochrechnung darüber zu machen, welchen Stand der Westverschuldung die DDR in den 80er Jahren erreicht, wenn Honecker und Mittag so weitermachen. […] Mit diesem Papier ging ich zu Honecker, ersuchte ihn, das in meiner Anwesenheit zu lesen, was er auch tat[;] wonach er fragte: Na und was ist? Ich setzte mich mit ihm auseinander, daß dieser Weg der Verschuldung im Westen für die DDR nicht geht, daß es ein Weg ins Unglück ist, daß er die Westverschuldung nicht zu einem Standbein seiner Politik machen darf, daß wir zu einem Ausbeutungsobjekt des Imperialismus werden (wegen der großen Höhe der Zinsen und Gebühren), daß uns früher oder später die Zahlungsunfähigkeit (Bankrott) droht, so daß es unverantwortlich ist, auf dieser wachsenden Westverschuldung seine Wirtschafts- und Sozialpolitik aufzubauen. Auch habe der VIII. P[artei]T[ag] dazu kein Mandat erteilt[.] Honecker stand auf und setzte mir auseinander, daß das seine Sache sei, daß es zur Panikmache keinen Grund gebe und daß ich ein Panikmacher sei. Er verlangte von mir und beauftragte mich, daß dieses Papier (die Hochrechnung über die Westverschuldung) sofort vernichtet wird und niemand etwas davon erfährt.«[193]

Werner Krolikowski wurde nach seinen eigenen Angaben als Bedenkenträger nach und nach zur Seite geschoben, Erich Honecker verbündete sich statt dessen immer mehr mit dem ursprünglich von Ulbricht stark geförderten Günter Mittag und mit dem Außenhandelsexperten Alexander Schalck-Golodkowski, der ausgesprochen kreativ im Auffinden neuer Möglichkeiten war, durch verdeckte Operationen an Westdevisen in beachtlicher Menge zu gelangen. Mitte der siebziger Jahre hatte die sowjetische Führung vorgegeben, daß »die DDR aufgrund ihrer Wirtschaftskraft im Westen höchstens Kredite in Höhe von 6 Milliarden VM [Valutamark] aufnehmen kann und sollte und alles[,] was darüber hinausgeht, sehr von Übel sei.«[194] Die Westverschuldung hatte zu diesem Zeitpunkt diesen Betrag allerdings schon weit überschritten. Werner Krolikowski: »Als Breschnew 1979 zum 30. Jahrestag der DDR in Berlin war – (die DDR hatte damals gerade ca. 30 Milliarden Valutamark Westverschuldung) – schlug Breschnew vor dem gesamten Politbüro mit der Faust auf den Tisch und warf Honecker sehr ernst vor, daß er mit seiner Westverschuldung die DDR in den Bankrott führt.«[195] Nach der Aufzeichnung Krolikowskis mußte die DDR in den achtziger Jahren bereits Westkredite aufnehmen, um die Zinszahlung der Altschulden begleichen zu können: »Das ist der Zustand, in dem sich früher zur Zeit des Kaisers oder im Rußland des Zaren die Offiziere, wenn sie in dieser Lage waren, erschossen haben.«[196]

Weder erschoß sich Erich Honecker, noch wurde die finanzielle Malaise der DDR zum Gegenstand von Erörterungen im Politbüro gemacht. Schließlich gab es Politiker wie Franz Josef Strauß, die bei der Vereinbarung von Milliardenkrediten hilfreich zur Seite standen, und dann waren da ja auch noch politische Gefangene in großer Zahl, die man zu Geld machen konnte. Nach einer Aufstellung Alexander Schalck-Golodkowskis nahm die DDR aus dem »Gefangenenfreikauf« durch die Bundesrepublik zwischen 1964 und 1985 über 2,5 Milliarden DM ein.[197] Weitere Deviseneinnahmen schrieb die Parteiführung auf Sonderkonten der Deutschen Handelsbank (DHB) und der Deutschen Außenhandelsbank (DABA) in Ost-Berlin gut. Drei derartige Geheimkonten, die nicht der Bankenkontrolle des Finanzministeriums unterlagen, sind bekannt: Das Konto 528, über das Stasi-Minister Erich Mielke verfügen konnte, verbuchte zeitweilig die Zahlungen aus dem »Gefangenenfreikauf«, die Zuwendungen für die evangelische und katholische Kirche in der DDR, Einnahmen aus »operativen Vorgängen« der Staatssicherheit, beschlagnahmte Devisen von Ausländern und Devisengutschriften aus dem zwischenstaatlichen Giroverkehr mit der Bundesrepublik nach der Auflösung von DDR-Sparguthaben. Das Volumen dieses Kontos erreichte jährlich die Summe von bis zu 40 Millionen DM.[198] Das Konto 584 wickelte die Einnahmen und Ausgaben von DDR-Firmen ab, die offen oder verdeckt im westlichen Ausland Geschäfte machten. Am 9. Dezember 1988 gab Schalck-Golodkowski den Kontostand an Honecker weiter: 106,3 Millionen DM; bis zum Jahresende 1989 würde dieser Betrag, so die Prognose des Stasi-Offiziers, »eine Höhe von 129,0 Mio. DM erreichen«.[199] Das Konto 628 war das Verfügungskonto des Generalsekretärs und sollte nach dessen Anweisung ein laufendes Guthaben von 100 Millionen DM aufweisen. Diese Summe speiste sich ebenfalls aus den Häftlingsfreikäufen, aus Bartransfers für die katholische Kirche der DDR sowie aus den Gewinnen der Intershops und der Firma Genex, die beide Westprodukte gegen Devisen auf dem DDR-Markt verkauften.[200] Zusätzliche Einnahmen ergaben sich aus Valutakonten im Ausland. Der Schalck-Stellvertreter Manfred Seidel gab in seiner Beschuldigtenvernehmung am 6. Dezember 1989 an, vom Generalsekretärskonto 628 seien insgesamt 304,2 Millionen DM ins Ausland geflossen, wovon 104,2 Millionen DM bei Banken in Österreich, der Schweiz und in Dänemark angelegt worden seien. Vom Stasi-Konto 528 waren nach Seidels Aufstellung 91,5 Millionen DM im Ausland untergebracht worden.[201] Und die Außenhandelsfirmen von Schalck-Golodkowski haben nach einer Zusammenstellung des DDR-Finanzministeriums vom 16. Februar 1990 zum Jahresende 1989 sogar über ein Guthaben von 1,58 Milliarden DM verfügt.[202]

Von diesen Transaktionen, aus denen im übrigen keines der daran beteiligten Politbüromitglieder persönlichen Vorteil zog, erfuhr der DDR-Bürger nichts. Enttäuscht und erregt hat hingegen viele, was sie nach dem Herbst 1989 über die privilegierten Wohn- und Lebensverhältnisse der SED-Führung in Erfahrung brachten. Es war weniger die Tatsache, daß die Staats- und Parteiführer seit 1961 in einer streng bewachten Siedlung wenige Kilometer nördlich von Berlin in Wandlitz abgeschirmt wie in einem Freiluftzoo lebten, was die ehemaligen DDR-Bürger in Rage brachte, als der Machtmißbrauch und die dreiste Bereicherung einzelner, worüber die Medien in den folgenden Jahren berichteten. Freilich wurde in diesen sensationell aufgemachten »Enthüllungen« nicht selten maßlos übertrieben. Denn die Häuser waren weder nach Bauart noch Einrichtung luxuriös, keine goldenen Armaturen oder Marmorböden schmückten die Sanitärbereiche, die eher kleinen Räume öffneten sich nicht durch in den Fußboden versenkbare Panoramafenster in eine gepflegte Parklandschaft. In den Garagen warteten keine Edelkarrossen; Luxusvillen, Segelyachten oder Vollblutpferde besaß keiner der Wandlitz-Bewohner. Und offene Schwimmbecken oder auch Hallenbäder gab es nicht nur dort. Nein, die Häuser entsprachen in Stil und Ausstattung dem Westniveau der sechziger Jahre und den kleinbürgerlichen Ansprüchen ihrer Bewohner. Etliche Menschen in der DDR – und zwar nicht allein Prominente mit Westkontakten, sondern auch nicht wenige Handwerker, die über private Zusatzeinkünfte verfügten – wohnten weitaus gediegener. Wahr aber ist, wie Egon Krenz geschrieben hat, daß in einem eigenen Laden in der Siedlung »viele Erzeugnisse westlicher Produktion, extra importiert, verkauft wurden. Die waren für DDR-Mark ansonsten nirgendwo zu haben. Hier liegt die doppelte Moral [...]. Wir kauften, was angeboten wurde, und fanden fast schon normal, was dem Normalstandard im Lande keineswegs entsprach.«[203] Und wahr ist auch, daß dort nicht nur für an die 300 Berechtigte italienische Weine und französischer Käse bereitgehalten wurde, sondern Kurierfahrer der Staatssicherheit in West-Berliner Geschäften zu jeder Zeit beschafften, wonach die Bewohner der Waldsiedlung gelüstete: Videofilme oder Erdbeeren im Winter, teurer Schmuck oder exquisite Parfums – ganz eingedenk der Dienstanweisung an das Stasi-Personal aus dem Dezember 1987, »durch qualifiziertes, einfühlsames und gefühlvolles Handeln das subjektive Wohlbefinden« und eine »optimale und niveauvolle Betreuung und Versorgung der führenden Repräsentanten« zu gewährleisten.[204] Sechs Millionen DM jährlich durften für solche Einkäufe nach einer Anordnung Erich Honeckers ausgegeben werden, wobei die Warenpreise im Kurs von 1:1 und erst in den letzten Jahren im Umtauschwert von 1:1,2 ausgezeichnet wurden.[205]

Dennoch – feudal war der Lebenszuschnitt in Wandlitz nicht. Erich Honecker antwortete nach seiner Absetzung auf entsprechende Vorwürfe: »Wer mich kennt, der weiß, daß ich sehr viel Wasser getrunken habe und kaum Wein, geschweige denn Wodka oder Kognak. Von einem feudalen Leben kann ich gar nicht sprechen, obwohl mein Gehalt mir das erlaubt hätte. Ich habe jeden Morgen ein oder zwei Brötchen gegessen mit Butter und Honig; mittags waren wir im Zentralkomitee, da habe ich entweder gegrillte Wurst mit Kartoffelpüree, Makkaroni mit Speck oder Gulasch gegessen, und abends habe ich zu Hause gegessen, etwas ferngesehen und bin schlafen gegangen«[206]

Erich Honecker traf der nach seinem Rücktritt erhobene Vorwurf der persönlichen Bereicherung tief. Als Mitglied des Polibüros erhielt er ein Monatsgehalt von 5 500 Mark.[207] Seine Rechnungslegung: »Was stand mir zur Verfügung? Zu Wohnzwecken das zugewiesene Einzelhaus Nummer 11 im Objekt Waldsiedlung […]. Die Miete wurde laut Mietvertrag auf 467 Mark monatlich festgelegt. Alle Einkäufe erfolgten auf eigene Rechnung. […] Rund 1 000 Mark zahlte ich im Monat an Beiträgen, davon 300 bis 500 Mark an die SED, 55 Mark an den FDGB und weiteres an andere Organisationen. […] Ein bißchen gespart habe ich natürlich. Das waren 184 000 Mark bis zum 15. Dezember 1989.«[208]

Was bleibt von den Vorwürfen, das eigene Leben auf Kosten der anderen DDR-Bürger luxuriös ausgestattet zu haben? Es gab den Fuhrpark mit Volvos und Citroëns, der aus Sicherheitsgründen Familienangehörigen für Privatfahrten zur Verfügung stand. Es gab die Flugbereitschaft, die von Mitgliedern des Politbüros auch für Urlaubsreisen ins Ausland genutzt wurde. Und es gab die »Freizeitobjekte«, d. h. Wochenend-, Ferien- und Jagdhäuser, die von Staats wegen unterhalten, aber den Parteiführern exklusiv überlassen wurden.[209] Die insgesamt 18 Staatsjagdgebiete maßen 108 000 Hektar und kosteten den Staat 1989 über 20 Millionen Mark. Der Generalforstmeister der DDR, Rüthnick, beschwerte sich im Dezember 1989 in einem Brief an den Vorsitzenden der Untersuchungskommission der Volkskammer, die Belege für den Machtmißbrauch der Politbüromitglieder zusammentragen sollte: »Alle jagdlichen und sonstigen Einrichtungen der Jagdgebiete haben sie unentgeltlich genutzt, das Wild wurde durch andere für sie gehegt und zum Abschuß vorgeführt. Ihre privaten Leidenschaften haben dem Staat hohe Kosten verursacht. Die persönlich durchgeführten Abschüsse, die mehr mit Wildschlächterei als mit Jagdausübung zu tun hatten, entbehren jeglicher Moral und Ethik.«[210]

Der Stasi-Personenschützer Adelhard Winkler machte im Februar 1990 öffentlich, wie ihm Honecker bei solchen Jagdausflügen mitspielte: »Wir sind dann auch gemeinsam auf Pirsch gegangen. Die Jagd lief dann meist so ab, daß ich die Gerätschaften bei mir hatte, und wenn Wild auftauchte, legte Herr Honecker den Lauf seiner Waffe auf meine linke Schulter und schoß. Aufgrund dieser Jagdgebahren habe ich am linken Ohr einen Gehörsturz und höre nur noch zu 65 % auf diesem Ohr. Vor ca. 3 Jahren wollte man mich wegen dieses Gehörschadens berenten. Ich habe daraufhin mit Herrn Honecker gesprochen, und er hat mir einen Gehörapparat aus dem NSW [Nichtsozialistischen Wirtschaftsgebiet] kommen lassen. Mit diesem Apparat konnte ich dann meinen Dienst bei ihm weiter versehen.«[211]

1989–1994

Der Sturz

Die internationale Anerkennung der DDR, die zunehmende Fokussierung der Aufmerksamkeit des sowjetischen Staats- und Parteichefs Michail Gorbatschow auf die Entwicklungsdisproportionen im eigenen Land, die in der zweiten Hälfte der achtziger Jahre wachsende blockübergreifende Einsicht, daß es zu einer Politik der Abrüstung und Entspannung nicht zuletzt aus nationalem Eigeninteresse keinerlei Alternative gab – dies alles hätte Erich Honecker Wege öffnen können, nun endlich auch den Binnendruck zu mindern und in der Bevölkerung um Zustimmung für das marxistische Gesellschaftsmodell zu werben, in dem doch – so zumindest der von Karl Marx im Kommunistischen Manifest vorgegebene Anspruch – ein jeder nach seinen Bedürfnissen leben könne, weil »die freie Entwicklung eines jeden die Bedingung für die freie Entwicklung aller ist«. Die äußeren Voraussetzungen waren dafür günstiger als jemals zuvor in der vierzigjährigen Geschichte der DDR.

Mit der SPD war nach langen Verhandlungen am 27. August 1987 die gemeinsame Grundsatzerklärung *Der Streit der Ideologien und die gemeinsame Sicherheit* verabschiedet worden, in der sich beide Parteien gegenseitig anerkannten und damit eine Gegnerschaft, ja Feindschaft beendeten, die bis zur Spaltung der deutschen Arbeiterbewegung nach dem Ersten Weltkrieg zurückreichte. »Keine Seite darf der anderen die Existenzberechtigung absprechen«, hieß es in diesem Dokument über eine neue »Streitkultur« zwischen sozialdemokratischen und kommunistischen Parteien: »Unsere Hoffnung kann sich nicht darauf richten, daß ein System das andere abschafft. Sie richtet sich darauf, daß beide Systeme reformfähig sind und der Wettbewerb der Systeme den Willen zur Reform auf beiden Seiten stärkt.« Der SED war gleichwohl an einem Höchstmaß von Abgrenzung noch immer gelegen: »Die ideologische Auseinandersetzung ist so zu führen, daß eine Einmischung in die inneren Angelegenheiten anderer Staaten unterbleibt.« Solche Beschränkung nahm der Vorsitzende der SPD-Grundwertekommission Erhard Eppler freilich erst nach dem Zugeständnis seines Ost-Berliner Verhandlungspartners Otto Reinhold, Rektor der Akademie für Gesellschaftswissenschaften beim ZK der SED, hin, daß »Kritik, auch in scharfer Form, nicht als ›Einmischung in die inneren Angelegenheiten‹ der anderen Seite zurückgewiesen werden« dürfe.

So umstritten der aktuelle Nutzen und das ihm innewohnende zukünftige Gefährdungspotential eines solchen Papiers für beide Parteien auch immer war, es führte jedenfalls zu einer merklichen Entspannung in der ideologischen Auseinandersetzung. Auf ähnliche Weise sorgte die Ministerin für innerdeutsche Beziehungen, Dorothee Wilms (CDU), am 25. Januar 1988 für eine beträchtliche Abrüstung im jahrzehntealten wechselseitigen Austausch von Unterstellungen und propagandistischen Behauptungen, als sie in einem Vortrag in Paris feststellte, es gehe der konservativ-liberalen Bundesregierung »nicht um eine rückwärts gerichtete Lösung der deutschen Frage, sondern um deren vorwärtsgerichtete freiheitliche Beantwortung«. Eine Antwort im Einklang mit den Erfahrungen und Lehren der Geschichte werde gesucht, was Lösungen »im Alleingang oder gegen den Willen unserer Nachbarn« ausschließe. »Wir wissen«, versicherte die Ministerin ihrem internationalen Publikum zweifellos nach vorheriger Abstimmung mit Bundeskanzler Helmut Kohl, »daß die

Überwindung der Teilung Deutschlands in naher Zukunft nicht zu erwarten ist, weil auch die Teilung Europas noch andauert«.

Honecker hätte also gekonnt, wenn er nur gewollt hätte. Keine innerparteiliche Fraktion, die diese Bezeichnung verdiente, bedrängte ihn. Keine Massenbewegung wie die polnische Gewerkschaftsopposition »Solidarność« sammelte den Widerstand der Basis. Nicht einmal die Kirchenoberen, die sich in den siebziger Jahren anpassungswillig auf einen handzahmen Kurs »Kirche im Sozialismus« hatten festlegen lassen, übten Druck auf ihn aus. Es waren wenige, meist junge Menschen, die sich in Friedens-, Umwelt- und »Ausreise«-Gruppen, in Literaturzirkeln oder um einzelne Musikbands zusammengefunden hatten, die Unlust, Verdruß und Widerspruch zu zeigen wagten. Doch Staatssicherheit und Partei reagierten, wie schon in der Vergangenheit, mit Repression.

Anderes fiel ihnen auch deshalb nicht ein, weil das eigene Selbstverständnis und das marxistisch-leninistische Gesellschaftsmodell gleichermaßen bruchlos und widerspruchsfrei waren. Beides schien seinen Anhängern vollkommen, dazu wissenschaftlich abgesichert und unter beträchtlichen Opfern dem Klassenfeind abgerungen. Jeder Zweifel, jedes Zugeständnis hätte den Anspruch und die Gewißheit gemindert, die »Wahrheit« erkannt und die »Notwendigkeit der Geschichte« immer als Bündnispartner zur Seite zu haben. »Die Anmaßung war unser Verhängnis«, schrieb das Politbüromitglied Günter Schabowski achtzehn Monate nach seinem eigenen Sturz. Das Unheil sei aus der selbst zugesprochenen »Heilsbringerschaft« erwachsen: »Hier ist die eigentliche und letzte Quelle der Repression in unserem obrigkeitlichen, etatistischen Sozialismusversuch.« Auf die Blochsche Frage indes, ob der Stalinismus mit seinen Repressionen den Sozialismus zur Unkenntlichkeit verzerrt oder nicht doch viel eher zur Kenntlichkeit erst gebracht habe, gibt Schabowskis selbstkritische Einsicht noch keine Antwort.[1]

Die Herrschaftspraxis des DDR-Sozialismus jedenfalls bezeugte bis zu seinem Ende, daß er immer mehr das Wohl der Partei und ihrer Kader als das des einzelnen Menschen im Auge hatte.[2] Als sich Anfang Juni 1987 in der Nähe des Brandenburger Tors Tausende Jugendliche versammelten, um ein Rockkonzert mitanzuhören, das auf West-Berliner Seite vor dem nur wenige hundert Meter entfernten Reichstagsgebäude veranstaltet wurde, marschierten Volkspolizei und Staatssicherheit in Zivil auf, um die Menge auseinanderzuknüppeln. Zwei Tage später versammelten sich abermals etliche tausend Berliner im Stadtzentrum auf der Straße Unter den Linden, riefen: »Gorbi, Gorbi« und forderten: »Die Mauer muß weg!« Wieder trieb sie die Polizei vor sich her und verhaftete jeden, dessen sie habhaft werden konnte. Mitte November 1987 durchsuchten Staatsanwaltschaft und Staatssicherheit die im Gemeindehaus der Ost-Berliner Zionskirche untergebrachte regimekritische »Umweltbibliothek«, beschlagnahmten Vervielfältigungsgeräte und Druckmaterial und machten so das weitere Erscheinen der von der »Initiative für Frieden und Menschenrechte« verbreiteten Zeitschrift *Grenzfall* für eine gewisse Zeit unmöglich. Etliche Mitarbeiter wurden verhaftet und zur Ausreise gedrängt. Mitte Januar 1988 zeigten einige Teilnehmer des alljährlichen traditionellen Gedenkmarsches zur Erinnerung an die Ermordung von Rosa Luxemburg und Karl Liebknecht Transparente mit dem Luxemburg-Zitat »Freiheit ist immer die Freiheit des Andersdenkenden«. Sie wurden sofort festgenommen, und es folgte eine Welle von Festnahmen unter den Anhängern der Friedens- und Menschenrechtsgruppen. Einige ihrer Sprecher wie Freya Klier, Stephan Krawczyk und Vera Wollenberger wurden durch die Androhung hoher Freiheitsstrafen gezwungen, ihrer Ausreise zuzustimmen. Nachdem der SED-Ideologe Kurt Hager im April 1987 in einem Interview der Zeitschrift *Stern* auf die Frage nach *Perestroika,* also Umgestaltung auch in der DDR, mit der Gegenfrage geantwortet hatte: »Würden Sie, wenn Ihr Nachbar seine Wohnung neu tapeziert, sich verpflichtet fühlen, Ihre Wohnung ebenfalls zu tapezieren?«, wurden sowjetische Zeitschriften wie der *Sputnik,* die sich im Zeichen von *Glasnost,* also Offenheit, mit dem Stalinismus und Poststalinismus auseinandersetzten, zur begehrten »Bückware«, was heißt, sie waren so gefragt, daß an den Kiosken nur noch gute Bekannte der Verkäufer in ihren Besitz kamen. Mitte November 1988 wurde der *Sputnik* sogar von der Postzeitungsliste gestrichen, so daß ihn selbst seine Abonnenten nicht mehr bekamen. Er hatte in seinem Oktoberheft einen Beitrag über den Hitler-Stalin-Pakt veröffentlicht, der die deutsche Kriegsführung bis zum Überfall auf die Sowjetunion im Sommer 1941 wesentlich erleichterte und in seinem Wortlaut sowohl in der UdSSR wie in der DDR bis zu diesem Zeitpunkt geheimgehalten worden war.

Die Staats- und Parteiführung traute den eigenen Bürgern nicht. Trotz des verbreiteten Unmuts in der Bevölkerung meldete die Zentrale Wahlkommission am Wahlabend im Mai 1989 eine Beteiligung von 98,78 Prozent der Wahlberechtigten und einen Anteil von 98,85 Prozent Jastimmen. Dieses Ergebnis war offenkundig gefälscht. Bürgerrechtler, die in den Wahllokalen einiger Städte von ihrem Recht auf Wahlbeobachtung Gebrauch gemacht hatten, registrierten bis zu 20 Prozent Neinstimmen. Doch selbst wenn man diese Einzelfeststellungen auf die DDR insgesamt überträgt, wäre der SED die Billigung ihrer Politik oder zumindest deren Hinnahme durch eine Zweidrittelmehrheit nicht zu bestreiten gewesen.

Diese Zustimmung, von der in kapitalistischen Ländern Parteien und Regierungen nur träumen können, reichte den Machthabern in Ost-Berlin aber nicht aus. Deren Selbstverständnis ließ aus prinzipiellen Gründen keinen Raum für Gegenstimmen. Der Staat war von seinem postulierten Klassencharakter her der Staat aller Bürger, die Partei war mit gleicher Begründung die selbstverständliche Interessenvertretung aller Bewohner dieses Landes – weswegen sollte da auch nur ein Wähler mit ihrer Politik nicht einverstanden sein? Die DDR begriff sich parteiamtlich als antifaschistische und sozialistische Alternative zur Bundesrepublik, als das andere und bessere Deutschland. Nur darin sah sie ihre Existenzberechtigung, wie der Gesellschaftswissenschaftler Otto Reinhold im August 1989 vortrug, und daraus wuchs ihre Unfähigkeit zum strategischen Kompromiß, stärker noch nach innen als nach außen: »Welche Existenzberechtigung sollte eine kapitalistische DDR neben einer kapitalistischen Bundesrepublik haben? Natürlich keine. Nur wenn wir diese Tatsache immer vor Augen haben, wird klar erkennbar, wie wichtig für uns eine Gesellschaftsstrategie ist, die kompromißlos auf die Festigung der sozialistischen Ordnung gerichtet ist. Für ein leichtfertiges Spiel mit dem Sozialismus, mit der sozialistischen Staatsmacht ist da kein Platz.«[3]

Diese so verfaßte und begriffene Staatsmacht geriet nach dem Verständnis der SED-Führung im Laufe des Jahres 1989 zunehmend in Gefahr. In Warschau verhandelten seit dem Februar Regierungsvertreter mit der Opposition über politische Reformen und gewerkschaftlichen Pluralismus. Anfang April verständigte sich dieser »Runde Tisch« auf einen Prozeß nachhaltiger Demokratisierung: Der »Senat«, die zweite Kammer des polnischen Parlaments, sollte bei den im Sommer folgenden Wahlen frei gewählt werden können; für den »Sejm«, die erste Kammer, galt für die Dauer einer Legislaturperiode noch die Vorgabe, daß 60 Prozent der Sitze den Blockparteien und fünf Prozent den katholischen Gruppierungen zufallen würden, während 35 Prozent durch freie Wahl vergeben werden könnten. Gesetze, die der »Sejm« verabschieden würde, sollten durch einen Einspruch des »Senats« mit Zweidrittelmehrheit blockiert werden können. Die Gewerkschaft »Solidarność« wurde offiziell zugelassen. Bei den Wahlen Mitte Juni fielen alle frei besetzbaren Mandate im »Sejm« an »Solidarność«-Vertreter und darüber hinaus 99 von 100 Sitzen im »Senat«. Am 24. August wählte das Parlament Tadeusz Mazowiecki, einen führenden katholischen Oppositionellen, zum neuen Regierungschef. Polen war auf dem Weg zur Demokratie westlichen Zuschnitts und nicht länger ein sozialistischer Staat im überkommenen Sinn.

Ähnliche Entwicklungen zeigten sich in Ungarn. Ebenfalls im Februar 1989 beriet das Politbüro über die Einführung eines wirklichen Mehrparteiensystems an Stelle der im Nationalen Block organisierten und von den Kommunisten gelenkten Parteien. Anfang Mai wurden die Sperranlagen an der Grenze zu Österreich abgebaut. Mitte Juni begannen nach polnischem Vorbild die Gespräche mit der Opposition an einem »Runden Tisch«. Die gleichzeitig feierlich vollzogene Beisetzung von Imre Nagy, des 1958 hingerichteten Führers des ungarischen Volksaufstandes im Jahr 1956, in einem Ehrengrab markierte den Wandel. Ende Juni öffnete das Land seine Grenzen zu Österreich; der »Eiserne Vorhang« war gefallen, auch wenn DDR-Bürger diese nun offene Grenze zunächst noch nicht passieren durften.

In der DDR dagegen blieb alles beim alten, lange Gewohnten, dessen die Menschen nach diesen Beispielen in Ungarn und Polen aber mittlerweile so überdrüssig geworden waren, daß sie es nicht länger unverändert hinzunehmen bereit waren. Am 6. Februar 1989 erschossen Grenzsoldaten an der Berliner Mauer den 20 Jahre alten Chris Gueffroy bei seinem Fluchtversuch. Die Folge:

Nach dessen Tod – dem letzten von 943 Opfern an der innerdeutschen Grenze – wurde den Grenztruppen der Schußwaffengebrauch untersagt, weil von der politischen Führung vor dem vierzigsten Jahrestag der Staatsgründung diese blutigen Machtdemonstrationen gegen das eigene Volk als inopportun betrachtet wurden. Diese Entscheidung wurde der Bevölkerung aber nicht bekanntgegeben, die Zahl der Ausreisegesuche stieg sprunghaft an. Seit der Kommunalwahl im Mai versammelten sich an jedem entsprechenden Datum der folgenden Monate Hunderte vor allem in Berlin und Leipzig, um an die Wahlfälschung zu erinnern und um Demokratisierung und Reisefreiheit einzufordern. Selbst der Volkskammerbeschluß vom 8. Juni 1989, in dem das vier Tage zuvor stattgefundene Massaker der chinesischen Sicherheitskräfte an Oppositionellen auf dem Platz des Himmlischen Friedens in Peking gebilligt wurde, weil angesichts von angeblich »gewaltsame[n], blutige[n] Auschreitungen verfassungsfeindlicher Elemente« Ruhe und Ordnung nur »unter Einsatz bewaffneter Kräfte« wiederherzustellen gewesen sei, schreckte sie nicht. Da aber weder die SED noch staatliche Stellen auf ihr Begehren eingingen, flohen die Menschen, um sich nicht einer »chinesischen Antwort« bei ihren Protestkundgebungen oder einem lebensgefährlichen Grenzdurchbruch auszusetzen, in die diplomatischen Vertretungen der Bundesrepublik in Ost-Berlin, Budapest, Prag und Warschau. Durch diese Botschaftsbesetzungen glaubten die Ausreisewilligen ein Nachgeben der DDR-Regierung erzwingen zu können – zumal im Vorfeld der geplanten Republikfeierlichkeiten. Wegen Überfüllung mußten die Ständige Vertretung in der Hannoverschen Straße Ost-Berlins am 8. August sowie die bundesdeutschen Botschaften in Budapest am 10. August und in Prag am 22. August geschlossen werden.

Der Binnendruck in der DDR stieg von Woche zu Woche. Daran änderte auch der nicht zuletzt durch großzügige Wirtschaftshilfe der Bundesrepublik herbeigeführte Beschluß der ungarischen Regierung wenig, am 11. September 1989 die Grenze nach Österreich für DDR-Bürger zu öffnen: Mehr als 25 000 Menschen kamen bis zum Monatsende auf diesem Weg in den Westen, und Tausende weitere bereiteten ihre Fahrt nach Ungarn vor. 6 000 Menschen hatten in der Prager Botschaft Zuflucht gesucht, 700 in Warschau, und nach jeder klammheimlich durchgeführten Leerung der Ständigen Vertretung in Ost-Berlin, die mit Unterstützung des von Erich Honecker für solche »humanitären Fragen« eingesetzten Rechtsanwalts Wolfgang Vogel abgewickelt wurde, rückten neue Menschen nach. Ab dem 30. September stimmte die DDR-Regierung zu, daß Flüchtlinge aus der Tschechoslowakei und Polen nach Westdeutschland übersiedeln konnten – und dies in Sonderzügen, die bis zu den schweren Zwischenfällen am 4. Oktober in Dresden, als Ausreisewillige die Bahngleise blockierten und den Hauptbahnhof stürmen wollten, zunächst noch über DDR-Territorium geleitet wurden.

Nachdem die DDR am 3. Oktober den visafreien Grenzübertritt in die Tschechoslowakei aufgehoben hatte, weil sich das Nachbarland dem Massenandrang nicht mehr gewachsen fühlte und mit einer Grenzöffnung nach ungarischem Vorbild drohte, war dieser Umweg als Ausweg versperrt. Die Spannung in der DDR wuchs tagtäglich. Noch am 1. Juni 1989 war das Ministerium für Staatssicherheit in einer Lagebeurteilung davon ausgegangen, daß sich die Gesamtzahl der Oppositionellen auf 2 500 Personen beschränke, die sich in 160 »feindlich-negativen Zusammenschlüssen«, darunter 150 kirchlichen Gruppierungen, organisiert hätten – für das MfS zwar keine *quantité négligeable,* aber eine Herausforderung, die aufgrund der eigenen Stärke und der Vielzahl geheimer Mitarbeiter in diesen Organisationen durchaus beherrschbar schien.

Keine vier Monate später stellte die Staatssicherheit fest, »daß sich die oppositionellen Bestrebungen so entwickelt haben, daß sie nicht mehr ohne weiteres liquidiert werden können. Operative Maßnahmen des MfS mit repressivem Charakter sind aufgrund der Lageentwicklung nicht [mehr] möglich. Demzufolge ist die politische Einflußnahme/Führung entscheidend.«[4] Die zersplitterte und durch erzwungene Ausreisen immer wieder ihrer wichtigsten Köpfe beraubte Opposition mit den unterschiedlichsten Zielrichtungen hatte unter dem Dach des am 9. September 1989 gegründeten »Neuen Forums« zusammengefunden. Intellektuelle, Wissenschaftler, Künstler und Geistliche um den Rechtsanwalt Rolf Henrich, den Molekularbiologen Jens Reich, die Malerin Bärbel Bohley und den Pfarrer Hans-Jochen Tschiche schufen eine »politische Plattform für die ganze DDR«, weil – so der Gründungsaufruf – die »gestörte Beziehung zwischen Staat und Gesellschaft die schöpferischen Potenzen unserer Gesellschaft [lähmt] und die Lösung der anstehenden lokalen und globalen Aufgaben [behindert].« Es komme jetzt darauf an, so die noch vorsichtig-zurückhaltende Formulierung, daß »eine größere Anzahl von Menschen am gesellschaftlichen Reformprozeß mitwirkt, daß die vielfältigen Einzel- und Gruppenaktivitäten zu einem Gesamthandeln finden«.

Neben diesem Kern einer, wie sich bald zeigen sollte, politischen Massenbewegung entwickelten sich die Friedensandachten in der Leipziger Nikolaikirche seit Anfang September 1989 zu einem weiteren Zentrum der Opposition. Was in den zurückliegenden Jahren Gebetstunden und Gottesdienste evangelischer Friedensaktivisten (»Schwerter zu Pflugscharen«) in geringer Zahl waren, wurde zu von der Kirche nur mehr am Rande begleiteten Kundgebungen erst von Hunderten, dann von Tausenden mit dem SED-Regime Unzufriedener (»Reisefreiheit statt Massenflucht«), die nicht das Land dauerhaft verlassen, sondern sein Regierungs- und Herrschaftssystem nach ihren Vorstellungen verändern wollten. Am 10. September wurde in allen evangelischen Kirchengemeinden der DDR ein offener Brief der Kirchenleitung an Erich Honecker verlesen, in dem das Problem der Ausreisen angesprochen und »erneut und dringlich« gesellschaftliche Reformen angemahnt wurden. Am 15. September klagte die evangelische Kirchenleitung in Eisenach »deutliche Zeichen« für gesellschaftliche, politische und wirtschaftliche Reformen in der DDR ein. In Leipzig entschlossen sich am 25. September die etwa 2 000 Teilnehmer eines Friedensgebetes in der Nikolaikirche nach dem Ende ihrer Veranstaltung zu einem Marsch über den Karl-Marx-Platz zum Hauptbahnhof und forderten die offizielle Zulassung des »Neuen Forums«. Die Polizei hielt sich zurück, erst eine Woche später sprengte sie erneut angesetzte Demonstrationen in Leipzig, Magdeburg und Dresden, deren Teilnehmerzahl sich inzwischen vervielfacht hatte – allein in Leipzig war sie auf 25 000 Personen angewachsen.

Die Versuche der SED-Führung, den Bevölkerungsprotest vor dem vierzigsten Jahrestag der DDR-Gründung zu deckeln oder ihm doch zumindest die öffentliche Wirkung zu nehmen, blieben demnach ohne Erfolg. Im Gegenteil, der Einzelwiderstand gegen Partei- und Staatsallmacht aus je unterschiedlichen Beweggründen war zusammengewachsen zu einem breiten Strom des Mißvergnügens, des Überdrusses, der Empörung und am Ende der Wut über ein Herrschaftssystem, das der Bevölkerung die Einlösung jener Menschenrechte verwehrte, zu deren Anerkennung sich die DDR-Regierung in internationalen Verträgen völkerrechtlich verpflichtet hatte. Besonders prekär entwickelte sich die Lage für Partei- und Regierungsvertreter Ende September, Anfang Oktober 1989 deshalb, weil die Menschen neben ihren bekannten Forderungen nach Reiseerleichterungen zunehmend Reformwünsche der inneren Verhältnisse der DDR ausdrückten, nämlich ihren Veränderungswillen der festgefressenen Machtstrukturen und damit Möglichkeiten demokratischer Partizipation einforderten.

Da Erich Honecker in seinen Gesprächen mit Michail Gorbatschow, der vom 5. bis 7. Oktober in Berlin zu Gast war, auch nicht andeutungsweise zu erkennen gab, daß er den Ernst der Lage im eigenen Land, aber auch für den sozialistischen Block insgesamt erkannt hatte, entschloß sich Gorbatschow während eines Treffens mit dem SED-Politbüro am 7. Oktober 1989 zu deutlichen Worten: »Mutige Zeiten erwarten uns, mutige Beschlüsse sind erforderlich. [...] Ich halte es für sehr wichtig, den Zeitpunkt nicht zu verpassen und keine Chance zu vertun. [...] Wenn wir zurückbleiben, bestraft uns das Leben sofort.«[5] Auf einer anschließenden Pressekonferenz des Sprechers des sowjetischen Außenministeriums Gennadi Gerassimow gab der Dolmetscher dieser Mahnung den Wortlaut, der sich in Windeseile verbreitete und zum Omen des Niedergangs der SED und des Sturzes von Erich Honecker werden sollte: »Wer zu spät kommt, den bestraft das Leben.«[6]

Dabei hatte Erich Honecker wohl bereits seit dem Herbst 1981, als die Sowjets ihre jährlichen Erdöllieferungen überraschend um zehn Prozent kürzten, begriffen, daß den Genossen in Moskau im Zweifel das eigene Überleben wichtiger war als »proletarischer Internationalismus« oder das Wohlergehen der Verbündeten in Ost-Berlin. Auf seine Anfrage, weshalb für zwei Millionen Tonnen Öl die Existenz der DDR aufs Spiel gesetzt werde, erfuhr Honecker von Konstantin Russakow, dem nach

Berlin entsandten Emissär des Moskauer Zentralkomitees, daß die Situation der Sowjetunion mit jener im Frühjahr 1918 zu vergleichen sei, als allein der verlustreiche Friedensschluß von Brest-Litowsk mit der Preisgabe Finnlands, des Baltikums, Ostpolens und der Ukraine an Deutschland die vollständige Niederlage verhindert habe.[7]

Spätestens seit diesem Zeitpunkt konnte Erich Honecker wissen, daß er und die DDR zur Disposition gestellt würden, wenn vitale sowjetische Interessen dies geböten. Als sich am 9. Oktober 1989 in Leipzig 70 000 Personen zur Montagsdemonstration versammelten, war der Parteispitze – und wohl auch Erich Honecker – klar, daß sie die Situation mit den bisherigen Mitteln nicht mehr beherrschen konnte. Michail Gorbatschow hatte Tage vorher zu verstehen gegeben, daß Eile geboten sei: Gebraucht werde »eine aktive Politik der Partei. Verspätungen bedeuten Niederlagen, denn spontane und chaotische Kräfte könnten ausufern, antisozialistische, antigesellschaftliche Elemente diese Prozesse mißbrauchen.« Gleichwohl liege die »Hauptverantwortung für das, was auf diesem Boden vor sich geht«, bei der SED. Mit sowjetischer Unterstützung könne bei einem Prozeß der Umgestaltung – *Perestroika* – gerechnet werden, Direktiven oder Stellvertreterpolitik werde es aber von russischer Seite nicht mehr geben. Der Einsatz russischer Streitkräfte gegen eine demonstrierende und protestierende Bevölkerung werde nicht befohlen werden.[8]

Eine »chinesische Lösung« verbot sich damit von vornherein. Gewaltanwendung hätte mit Sicherheit nichts befriedet, mit hoher Wahrscheinlichkeit auch den Protest in Leipzig nicht dauerhaft unterdrückt, sondern über den örtlichen Rahmen hinaus vermutlich zu einem Volksaufstand geführt, der, wie 1953 und in gewisser Hinsicht auch wie die Fluchtbewegung vor dem Mauerbau 1961, ohne sowjetische Hilfe nicht mehr einzugrenzen gewesen wäre.

Diese Lageentwicklung in der DDR und im Warschauer Pakt seit dem Frühjahr veranlaßte eine Minderheit im Politbüro, über eine politische Konfliktbewältigung nachzudenken, die freilich auch eine personelle Alternative zu Erich Honecker bedeuten mußte, da sich dieser in seiner Situationsanalyse von der Wirklichkeit erheblich entfernt hatte. Am 2. Oktober 1989 veröffentlichte das *Neue Deutschland* einen Kommentar über die Botschaftsflüchtlinge in Prag. »Sie alle«, hieß es in diesem Beitrag, dessen Druckfahnenabzug Honecker am Vortag zur Genehmigung vorgelegt worden war, »haben durch ihr Verhalten die moralischen Werte mit Füßen getreten und sich selbst aus unserer Gesellschaft ausgegrenzt.« Diese Formulierung schien dem Parteichef noch nicht scharf genug, und er fügte hinzu: »Man sollte ihnen deshalb keine Träne nachweinen.«[9]

Egon Krenz, Siegfried Lorenz (SED-Bezirkssekretär von Karl-Marx-Stadt, heute Chemnitz), Günter Schabowski (SED-Bezirkssekretär von Ost-Berlin) und der ZK-Sekretär für Sicherheitsfragen, Wolfgang Herger, fürchteten die mobilisierende Wirkung dieses Unwerturteils und stimmten deshalb untereinander eine Erklärung ab, in der das Politbüro zu der dramatisch anwachsenden Fluchtwelle Stellung beziehen sollte. Am 8. Oktober übermittelte Krenz diesen Entwurf an Honecker mit der Bitte, ihn auf die Tagesordnung der Politbürositzung am 10. Oktober zu setzen. Honecker verständigte wiederum Krenz telefonisch, daß er mit dem vorgelegten Papier nicht einverstanden sei und eine derartige Erklärung überhaupt für überflüssig halte. »Mit meiner Erklärung«, gab Krenz Honeckers Stellungnahme wieder, »würde ich die Führung der Partei spalten und eine große Verantwortung auf mich laden. Und dann [...] fügte er noch folgendes im Klartext hinzu: Irgendwann würden ja notwendige Kaderfragen entschieden werden, und er, Honecker, würde nie zustimmen, daß ich eine höhere Verantwortung in der Parteiführung übernähme, wenn ich diese Erklärung dem Politbüro tatsächlich vorlegte.«[10]

Egon Krenz, nicht zuletzt durch Michail Gorbatschows Appelle ermutigt, beugte sich dem Druck Honeckers nicht. Das Politbüro tauschte sich erstmals über die inzwischen brisante Situation aus. »Alle ergriffen das Wort«, beschrieb Günter Schabowski diese Sitzung am 10. Oktober 1989, »und bestätigten aus ihrem Aufgabenbereich heraus, daß die Lage ernst und kompliziert sei.« Lediglich Verteidigungsminister Heinz Keßler habe gewarnt, »Tendenzen der Differenzierung in der Führung nachzugeben«. Hinter dieser Mahnung hätten »unausgesprochene Vorwürfe wie Spaltung, Fraktionsmacherei und die Ungehörigkeit und Undankbarkeit der Jugend« gestanden, »in die man so viel investiert hätte und für die doch gerade der Generalsekretär so viel getan hätte«[11].

Erich Honecker widersprach weder der einen noch der anderen Äußerung, sondern beauftragte am Ende der Aussprache seine beiden Vertrauten im Politbüro, den ZK-Sekretär für Wirtschaftsfragen Günter Mittag und Joachim Herrmann, ZK-Sekretär für Agitation und Propaganda, zusammen mit Egon Krenz und Günter Schabowski den Text einer gemeinsamen Erklärung zu überarbeiten, bevor er im *Neuen Deutschland* veröffentlicht würde. Die Änderungen ihrer Vorlage waren nach der Erinnerung von Krenz und Schabowski nicht substantiell, so daß der Aufmacherartikel der Parteizeitung am 12. Oktober erstmalig in ihrer Geschichte einem erst wenige Tage zuvor veröffentlichten Diktum des Parteivorsitzenden direkt widersprach: »Der Sozialismus braucht jeden. Er hat Platz und Perspektive für alle. [...] Gerade deshalb läßt es uns nicht gleichgültig, wenn sich Menschen, die hier arbeiteten und lebten, von unserer Deutschen Demokratischen Republik losgesagt haben. [...] Die Ursachen für ihren

Schritt mögen vielfältig sein. Wir müssen und werden sie auch bei uns suchen, jeder an seinem Platz, wir alle gemeinsam.«

Gelang es Erich Honecker schon nicht, das Politbüro auf seine Linie des zuwartenden Nichtstuns, das bereits resignative Züge trug, einzuschwören, so scheiterte sein Disziplinierungsversuch der Bezirkssekretäre am 12. Oktober 1989 noch umfassender. Nach einer längeren Einleitung, in der Honecker die Erfolge bei der allseitigen Entwicklung der DDR zum Sozialismus hin anpries, verließ die Parteifunktionäre die Geduld. Hans Modrow (Dresden), Johannes Chemnitzer (Neubrandenburg) und Günther Jahn (Potsdam) beschwerten sich, dem Druck der Basis »ohne Führungshilfe« kaum mehr standhalten zu können, und fühlten sich in dieser komplizierten Lage allein gelassen.[12] Egon Krenz erinnerte sich, daß Jahn besonders deutliche Worte gefunden habe: »Günther Jahn brachte es auf den Punkt: Wenn eine solche Situation eingetreten ist, daß unser Politbüro die Lage nicht mehr real einschätzt, dann möchte ich Genossen Honecker in die Augen schauen und sagen: Es gibt in der Geschichte unserer Partei ehrenvolle Beispiele, wie ein Generalsekretär die Arbeit in die Hände eines Jüngeren legen kann.«

Das war mit dem Verweis auf Walter Ulbricht eine klare Aufforderung zum Rücktritt. »Aber Erich Honecker«, schrieb Egon Krenz, »schien sie zu überhören.«[13] Unterstützung fand er nur noch bei dem Suhler Bezirkssekretär Hans Albrecht und dessen Geraer Kollegen Herbert Ziehenhahn, die, so Günter Schabowski, »mit der üblichen Phraseologie aufwarteten und im Grunde ein Bild der Ahnungslosigkeit boten«.[14]

Diese zunehmende Distanz seiner engsten Mitarbeiter und politischen Freunde blieb nicht ohne Wirkung auf Erich Honecker. Schabowski beschrieb auffällige Veränderungen im Auftreten und Verhalten Honeckers, der nach längerer Krankheit – er war an der Gallenblase, dem Dickdarm und der rechten Niere wegen Gallensteinen und Krebsverdachts operiert worden – erst am 25. September die Arbeit wieder aufgenommen hatte: »Ich weiß aus der Erzählung der Sekretärin [Elli Kelm], daß er in diesen Tagen schon ganz unnahbar war.« Vieles sei unerledigt liegengeblieben. Honecker habe nur noch die notwendigsten Vorgänge abgezeichnet, in ihm seien offenkundig Prozesse abgelaufen, »die sehr existentieller Natur waren«. Schabowski: »Er war in einer schlechteren Verfassung als je zuvor, und die DDR war in einer schlechteren Verfassung als je zuvor. Wenn er dazwischen ein Gleichheitszeichen setzte, mußte ihn das schon sehr beschäftigen.«[15]

Nachdem am 16. Oktober 1989 Kundgebungen in Dresden, Halle, Magdeburg und Ost-Berlin stattfanden, in Leipzig allein 120 000 Menschen zur Montagsdemonstration geströmt waren, wurde Egon Krenz und Günter Schabowski klar, daß sie nicht länger warten konnten, wenn sie nicht den letzten Einfluß auf den Gang der Dinge verlieren wollten. Am Vortag hatten sie in Wandlitz mit dem FDGB-Vorsitzenden Harry Tisch abgesprochen, Honecker in der Politbürositzung am 17. Oktober zum Rücktritt auffordern zu wollen. Tisch sollte dies bei seinem Besuch in Moskau am folgenden Montag an Michail Gorbatschow weitermelden. Krenz wollte sich mit Willi Stoph abstimmen, Schabowski informierte am Montag nachmittag den russischen Botschafter in Ost-Berlin, Wjatscheslaw Kotschemassow, über das geplante Komplott.

Die Verschwörung nahm ihren Lauf. Am 17. Oktober 1989 versammelten sich 25 Mitglieder des Politbüros – nur Heinz Keßler hielt sich in Nikaragua auf – um 10 Uhr vormittags im ZK-Gebäude am Werderschen Markt. Erich Honecker nahm an der Stirnseite des Beratungstisches Platz. Er eröffnete die Sitzung und trug eine angesichts der brisanten Zeitumstände belanglose Tagesordnung vor. Dann stellte er die Frage, ob es noch weitere Vorschläge zur Tagesordnung gebe. Willi Stoph meldete sich und sagte mit ruhiger Stimme: »Ja, ich schlage vor: Erster Punkt – Ablösung von Erich Honecker und Wahl von Egon Krenz zum Generalsekretär.« Honecker antwortete nach kurzem Zögern ebenso gefaßt: »Ja bitte, dann eröffne ich jetzt die Aussprache.«[16]

Krenz schilderte den weiteren Fortgang und auch seine eigenen Gefühle von Scham und Überraschung gleichermaßen, weil sich nicht einer der Politbürokraten, die Erich Honecker alles zu verdanken hatten, zu ihm bekannte: »Was immer Erich Honecker an fehlerhaften politischen Entscheidungen vorzuwerfen sein mag – in dieser Minute war er äußerst souverän. Was ihm offensichtlich sehr weh getan hat, und das konnte ihm jeder von uns nachfühlen, war die Wortmeldung Günter Mittags in der Aussprache um den Wechsel an der Spitze. Mittag hatte längst gemerkt, woher der Wind wehte, und hatte sich – wie immer – mit ihm gedreht. Er sprach gleich als dritter und sagte: ›Ich bin auch dafür.‹ Und besonders sein Zusatz machte uns fassungslos. ›Eine solche Entscheidung war schon lange fällig.‹ Und das sagte ausgerechnet der Mann, der sich als Honeckers bester Freund und Berater ausgab, der den Generalsekretär zu fehlerhaften Entscheidungen regelrecht gedrängt hatte.«[17] Diese in der Tat aus dem unbedingten Wunsch nach politischem Überleben resultierende Haltung sorgte dafür, daß die Entscheidung über die Ablösung Honeckers durch Krenz um die Forderung erweitert wurde, auch Mittag und Joachim Herrmann aus ihren Funktionen zu entlassen. Honecker leitete die Abstimmung, die seiner Ära ohne Gegenstimmen oder Enthaltungen ein Ende setzte.

Am 18. Oktober 1989 traten nachmittags um 14 Uhr 206 von insgesamt 222 Mitgliedern des SED-Zentralkomitees zu ihrer 9. Tagung zusammen, zu der sie am Vortag mit Blitztelegramm von Erich Honecker eingeladen worden waren. Der einzige, längst überfällige Tagesordnungspunkt: »Zur politischen Lage«. Honecker betrat den Saal, ging zu seinem Platz, erhob sich nach einem kurzen Augenblick der Sammlung und gab folgende Erklärung ab, für die ihm Günter Schabowski einen Entwurf geliefert hatte: »Liebe Genossinnen und Genossen! Nach reiflichem Überlegen und im Ergebnis der gestrigen Beratung im Politbüro bin ich zu folgendem Entschluß gekommen: Infolge meiner Erkrankung und nach überstandener Operation erlaubt mir mein Gesundheitszustand nicht mehr den Einsatz an Kraft und Energie, den die Geschicke unserer Partei und des Volkes heute und künftig verlangen. Deshalb bitte ich das Zentralkomitee, mich von der Funktion des Generalsekretärs des ZK der SED, vom Amt des Vorsitzenden des Staatsrates der DDR und von der Funktion des Vorsitzenden des Nationalen Verteidigungsrates der DDR zu entbinden. Dem Zentralkomitee und der Volkskammer sollte Genosse Egon Krenz vorgeschlagen werden, der fähig und entschlossen ist, der Verantwortung und dem Ausmaß der Arbeit so zu entsprechen, wie es die Lage, die Interessen der Partei und des Volkes [...] erfordern. Mein ganzes bewußtes Leben habe ich in unverrückbarer Treue zur revolutionären Sache der Arbeiterklasse und zu unserer marxistisch-leninistischen Weltanschauung der Errichtung des Sozialismus auf deutschem Boden gewidmet. Die Gründung und die erfolgreiche Entwicklung der sozialistischen Deutschen Demokratischen Republik, deren Bilanz wir am 40. Jahrestag gemeinsam gezogen haben, betrachte ich als Krönung des Kampfes unserer Partei und meines eigenen Wirkens als Kommunist. [...] Meiner Partei werde ich auch in Zukunft mit meinen Erfahrungen und mit meinem Rat zur Verfügung stehen. Ich wünsche unserer Partei und ihrer Führung auch weiterhin die Festigung ihrer Einheit und Geschlossenheit und dem Zentralkomitee weiteren Erfolg.«[18]

Von all diesen Wünschen, Erwartungen und Ankündigungen sollte nur einer in Erfüllung gehen: Erich Honeckers Erklärung wurde vom Zentralkomitee mit einer Gegenstimme angenommen und Egon Krenz einstimmig zum Generalsekretär gewählt.[19] Günter Mittag und Joachim Herrmann wurden von ihren Ämtern abberufen. Erich Honecker verließ die Tagung unter Hinweis auf seine angegriffene Gesundheit. Um Rat wurde er in der SED von niemandem mehr gefragt. Die Einheit und Geschlossenheit der Parteiführung zerfielen, und die Zeit zweifelhafter Erfolge war auch für das solchermaßen »gesäuberte« Zentralkomitee endgültig vorbei. In Erich Honecker brach, wie er später in Gesprächen offenbarte, »eine ganze Welt zusammen«[20]. Daß das Politbüro hinter seinem Rücken seine Absetzung betrieben hatte und »nicht einmal den Anstand« besaß, der »in unserer Partei immer üblich« gewesen sei, nämlich »vorher mit dem Genossen, den das betraf, zu sprechen«, das sei für ihn eine »schwere Enttäuschung« gewesen.[21]

Der Gedanke an den von ihm auf recht ähnliche Weise erzwungenen Rücktritt Walter Ulbrichts vor 18 Jahren beschwerte Erich Honecker bei seiner Klage offenkundig nicht. Anders als damals war dieser gegenwärtige Machtwechsel freilich ohne das vorherige ausdrückliche Plazet der sowjetischen Parteiführung auf den Weg gebracht worden – und damit für Honecker in Ursächlichkeit und Ablauf nachgerade außerhalb jedes Vorstellungsvermögens. Seine Ablösung als Staats- und Parteichef erklärte sich ihm denn auch nicht als die gehorsame Umsetzung einer zuvor in Moskau getroffenen Entscheidung, als womöglich notwendige Folge eigenen politischen Versagens oder als Reaktion einer verängstigten SED-Parteispitze auf den überbordenden Volkszorn, sondern – ganz gefangen in stalinistischen Verschwörungsmythen – als »Ergebnis eines großangelegten Manövers«, dessen Drahtzieher sich noch verborgen hielten: »Hier handelt es sich um große Vorgänge, die nicht von heute auf morgen eintraten, sondern um langfristig angestrebte Veränderungen auf der europäischen Bühne, ja auf der Weltbühne.«[22]

Michail Gorbatschow, dem Erich Honecker 1966 erstmals begegnet war, machte der SED-Generalsekretär bei diesem »Manöver« übrigens keineswegs als den dafür Hauptverantwortlichen aus. Dieser Mann nämlich, so vertraute Honecker seinem alten Freund und Skatbruder Heinz Keßler an, habe »keine Ahnung von Politik – oder er besorgt die Geschäfte anderer, wer auch immer dies sein mag«[23]. Eine Erosion der Machtstrukturen, wie sie in der Sowjetunion inzwischen deutlich zu erkennen war, würde höchstwahrscheinlich dort, ganz sicher aber in der DDR zu einem Zusammenbruch des Herrschaftsgefüges führen. Dabei unterstellte Honecker dem sowjetischen Staats- und Parteichef bewußtes Handeln im Wissen um seine mittel- und langfristigen politischen Konsequenzen allerdings weder damals noch zu einem späteren Zeitpunkt – lediglich eine beispiellose Naivität.

Die »Opferung der DDR«, bilanzierte Erich Honecker ein Jahr nach seinem Sturz und wenige Wochen nach der Vereinigung, die als Anschluß der DDR an die Bundesrepublik nach Arikel 23 des Grundgesetzes vollzogen wurde, sei »das Schmerzlichste« in seinem Leben gewesen.[24] Kritischer Umgang mit dem eigenen Anteil am Scheitern des sozialistischen Gesellschaftsmodells lag Honecker dennoch auch zu diesem Zeitpunkt fern. Er zog sich zurück in die alten Gewißheiten und Heilsversprechen: »Der Sozialismus als solcher ist keine Utopie. Er ist eine Wissenschaft, auch wenn er im Augenblick für viele nicht mehr aktuell ist.«[25]

Der Sturz Erich Honeckers war ein Putsch jahrzehntelang angepaßter und ihm scheinbar ergebener Apparatschiks, die aber – anders als Honecker – über genügend Realitätssinn verfügten, um im Oktober 1989 zu erkennen, daß sie, ihre Partei und deren Herrschaftsregime unmittelbar am Abgrund standen. Durch die Übertragung alles Bösen auf diesen einen und durch dessen rituelle Opferung glaubten sie sich selbst retten zu können. Was sie dabei übersahen, war die Tatsache, daß ein solcher Personentausch wie beim Machtwechsel von Ulbricht auf Honecker zwar auch diesmal im Moskauer Interesse lag, aber von dort wegen der Beschränktheit der Kräfte und der explosiven Lage im eigenen Land und im Warschauer Pakt nicht mehr abgedeckt und weder nach innen noch nach außen gegen Widerstände jeglicher Art hätte durchgesetzt werden können. Egon Krenz konnte sich des Einverständnisses Michail Gorbatschows zwar sicher sein, und er konnte Honecker auch stürzen, doch Krenz sollte sich dieses Sieges nicht lange freuen dürfen.

Bereits Tage nach seiner Machtübernahme mußte Egon Krenz erkennen, daß er nackt war, daß er über keinerlei Mittel verfügte, den eigenen Machtanspruch und den der Partei gegen eine Bevölkerung zu behaupten, die seiner und des Systems überdrüssig war, die beide so schnell und endgültig wie möglich loswerden wollte. Krenz war ein Mann des alten Regimes, es hatte seinen Aufstieg ermöglicht, und er hatte es so lange verteidigt, wie es ihm zuträglich schien. Krenz war der Vorsitzende der Zentralen Wahlkommission gewesen, die im Mai das gefälschte Wahlergebnis zu verantworten hatte. Er hatte als ZK-Sekretär für Sicherheitsfragen die Übergriffe der Polizei gegenüber Bürgerrechtlern und Demonstranten in den zurückliegenden Monaten wenn schon nicht angeordnet, so doch jedenfalls geduldet. Und er versicherte bei seinem China-Besuch im September 1989 der dortigen Parteiführung wenige Monate nach dem Massaker auf dem Platz des Himmlischen Friedens in Peking die Solidarität der SED. Die Bevölkerung nahm Krenz wenige Wochen danach den Wandel nicht ab, er wurde in den Augen der Oppositionellen zum beispielhaften Vertreter der Spezies »Wendehals«, der allein am Machterhalt und persönlichen Vorteil orientierten Parteifunktionäre und Amtsträger, die sich in den Wendetagen der DDR exponentiell vermehrten. Am 24. Oktober 1989 ließ sich der neue Generalsekretär von der Volkskammer zum Staatsratsvorsitzenden und zum Vorsitzenden des Nationalen Verteidigungsrates wählen und vereinigte damit erneut – wie Ulbricht und Honecker vor ihm – sämtliche Spitzenämter aus Staat und Partei in einer Hand. Eines allerdings war anders an diesem Oktobertag: Erstmalig stimmten nicht alle Abgeordneten mit Ja, sondern es wurden 26 Gegenstimmen und 26 Enthaltungen gezählt, vor allem aus den Reihen der CDU und der LDPD.

Außerdem nahmen die Flüchtlingszahlen zu, und die Protestkundgebungen weiteten sich über die gesamte DDR aus. Am 30. Oktober 1989 demonstrierten allein in Leipzig 300 000 Menschen. Auch aus Dresden und Magdeburg, aus Ost-Berlin und Neubrandenburg, aus Erfurt, Jena, Karl-Marx-Stadt, Plauen und Greiz wurden Protestversammlungen gemeldet. Egon Krenz reiste am 31. Oktober und 1. November zunächst nach Moskau, dann nach Warschau. Michail Gorbatschow wünschte ihm allen Erfolg, gab aber zu verstehen, daß die Sowjetunion in keiner Weise mehr intervenieren und in keinerlei Richtung Druck ausüben werde.[26] Krenz blieb auf die eigenen Kräfte verwiesen, die von Tag zu Tag geringer wurden. Weder der Rücktritt von Margot Honecker als Volksbildungsministerin am 2. November noch der Ämterverzicht von Harry Tisch (FDGB-Vorsitzender), Gerald Götting (CDU-Vorsitzender) und Heinrich Homann (NDPD) am selben Tag erreichten die Wirkung eines Befreiungsschlages. Dem Honecker-Nachfolger mangelte es an strategischer Klarheit, an Durchsetzungsvermögen, vor allem aber an Glaubwürdigkeit. Gleichgültig, ob er den Rücktritt des alten Politbüros in Aussicht stellte oder ein Vereinigungsgesetz ankündigte, das die Bildung oppositioneller Gruppierungen legalisieren sollte – kaum einer nahm ihm ab, daß mit solchen Veränderungen eine grundsätzliche Reform verbunden, geschweige denn auch wirklich beabsichtigt sei.

Am 4. November 1989 versammelten sich auf dem Alexanderplatz eine halbe Million Berliner, die des Führungsanspruchs und der Allgegenwart der SED in ihrem Leben müde waren und nun endlich auf ihre eigene Kraft bauen wollten, zu einer im Fernsehen live übertragenen Kundgebung. Selbstbewußt forderten sie Meinungs- und Organisationsfreiheit, den Rücktritt der Regierung, Grenzöffnung und freie Wahlen. Der frühere Spionagechef der DDR, Markus Wolf, und der Berliner SED-Bezirkssekretär Günter Schabowski, die beide um Zustimmung für den neuen Kurs der Partei werben wollten, kamen gegen den Protest der Menge kaum zu Wort. Ihre Ansprachen gingen in Pfiffen, Gebrüll und Gejohle unter. Regierung und Parteiführung büßten ihre Handlungsfähigkeit nahezu vollständig ein. Der Rücktritt von Ministerpräsident Willi Stoph und seinem Kabinett am 7. November und des Politbüros am folgenden Tag waren der bloße Vollzug eines längst fälligen Offenbarungseides. Karl Kayser, Generalintendant der Städtischen Theater Leipzig und Mitglied des SED-Zentralkomitees seit 1963, drückte seine maßlose Enttäuschung während der 10. ZK-Tagung zwischen dem 8. und 10. November stellvertretend für viele seiner Parteigenossen aus: »Wir sind belogen worden, die ganze Zeit über. [...] Ich bin erschüttert über das, was ich hier gehört habe. In mir ist alles zerbrochen. Mein Leben ist zerstört. Ich habe geglaubt an die Partei, so bin ich mit der Muttermilch erzogen worden. Ich habe an die Genossen geglaubt!«[27]

Zuvor hatte Günter Ehrensperger, ZK-Abteilungsleiter für Planung und Finanzen, den Staatsbankrott erklärt: »Wir [haben] mindestens seit 1973 Jahr für Jahr über unsere Verhältnisse gelebt und uns etwas vorgemacht. Es wurden Schulden mit neuen Schulden bezahlt. Sie sind gestiegen, die Zinsen sind gestiegen, und heute ist es so, daß wir einen beträchtlichen Teil von mehreren Milliarden Mark jedes Jahr für Zinsen zahlen müssen. Und wenn wir aus dieser Situation herauskommen wollen, müssen wir 15 Jahre mindestens hart arbeiten und weniger verbrauchen, als wir produzieren.«[28]

Das neugewählte Zentralkomitee bestätigte Egon Krenz einstimmig in seiner Funktion. Zu Vollmitgliedern des Politbüros wurden – erstmals mit der Möglichkeit, Gegenstimmen oder Enthaltungen abzugeben – gewählt: Werner Eberlein (einstimmig), Wolfgang Herger (einstimmig), Werner Jarowinsky (3 Gegenstimmen), Heinz Keßler (2 Gegenstimmen), Siegfried Lorenz (einstimmig), Hans Modrow (1 Gegenstimme), Wolfgang Rauchfuß (4 Gegenstimmen), Günter Schabowski (einstimmig), Gerhard Schürer (7 Enthaltungen). Kandidaten wurden nach dem Rückzug einiger weiterer Mitglieder, die in ihren Bezirksleitungen keine bestätigende Zustimmung mehr fanden: Margarete Müller (einstimmig), Günter Sieber (einstimmig) und Jochen Willerding (einstimmig).[29] Dieses kleinste Politbüro in der Geschichte der SED empfahl – wofür es laut Statut gar nicht zuständig war – die Wahl Hans Modrows zum neuen Regierungschef, die am 13. November tatsächlich erfolgte, und billigte, gleichfalls außerhalb seiner Kompetenz, die am selben Tag vollzogene Wahl Günter Maleudas, des Vorsitzenden der Demokratischen Bauernpartei Deutschlands (DBD), zum Präsidenten der Volkskammer.

Das gleichsam symbolische Ende der DDR kündigte sich, weithin unbemerkt, mit dem 1. November 1989 an. Um den beträchtlichen Druck ausreisewilliger Bürger abbauen zu helfen, gestattete die Ost-Berliner Regierung mit sofortiger Wirkung erneut visafreie Reisen in die Tschechoslowakei. Tausende überschritten die Grenze. Die Prager Regierung teilte mit, daß sie durch diese Massenflucht überfordert sei, und einigte sich mit der DDR-Regierung auf eine Öffnung ihrer Grenzen zur Bundesrepublik am 3. November. Das erste folgende Wochenende nutzten über 10 000 DDR-Bürger, um mit ihren Autos, Bussen oder sogar in Sonderzügen auf diesem Umweg nach Westen zu reisen.[30] 300 000 Menschen waren es insgesamt, die seit dem Frühsommer die DDR hinter sich gelassen hatten.[31] Insofern war die Veröffentlichung eines geplanten Reisegesetzes durch die Regierung Stoph am 6. November ein letzter und hilfloser Versuch, den Dammbruch aufzuhalten. Er blieb zudem wirkungslos, weil er einen Auslandsaufenthalt von höchstens 30 Tagen pro Person und Jahr mit äußerst beschränkter Devisenausstattung (15 DM für jede Reise) nach kompliziertem Genehmigungsverfahren in Aussicht stellte.[32] Dieses schwache Entgegenkommen reichte der jahrzehntelang eingesperrten Bevölkerung bei weitem nicht mehr aus.

Der entscheidende Tag, der die Sperranlagen an der Grenze dann auf eine überraschend beiläufige Weise zum Einsturz brachte, wurde der 9. November 1989. Egon Krenz unterbrach am Nachmittag kurz vor 16 Uhr die laufenden Beratungen des Zentralkomitees, um eine vom Ministerrat überarbeitete Fassung des Reisegesetzes vorzustellen. Jetzt sollten »ab sofort« Privatreisen ohne besondere Anlässe und familiäre Voraussetzungen »kurzfristig« genehmigt werden. Auch Visa für die ständige Ausreise seien »unverzüglich« zu erteilen. »Alle Grenzübergangsstellen« zur Bundesrepublik oder nach West-

Berlin würden für die Ausreisenden geöffnet. Eine entsprechende Pressemeldung sollte am folgenden Tag, dem 10. November, bekanntgegeben werden.[33]

Günter Schabowski, der sich während dieser Zeit nicht im Plenarsaal des Zentralkomitees aufgehalten hatte, erhielt nach seiner Rückkehr von Egon Krenz ein Exemplar dieses Gesetzestextes übergeben, um während der für 18 Uhr angesetzten Pressekonferenz im Internationalen Pressezentrum in der Mohrenstraße auf diese Neuregelung hinzuweisen – »das könnte ein Knüller werden«. Zunächst jedoch berichtete Schabowski in der Pressekonferenz über den allgemeinen Verlauf der ZK-Tagung. Erst als ihn der Vertreter der italienischen Nachrichtenagentur ANSA, Riccardo Ehrman, fragte, ob der Entwurf eines Reisegesetzes durch die Regierung nicht doch unzureichend gewesen sei, griff Schabowski in seine Unterlagen, zog den überarbeiteten Wortlaut der neuen Fassung hervor und verlas ihn in seinen wesentlichen Teilen. Auf die Frage, wann dieses neue Reisegesetz in Kraft trete, vergewisserte sich Schabowski durch einen Blick auf das Dokument und antwortete, ohne die Sperrfrist zu beachten: »Sofort, unverzüglich.« Die folgende Frage, ob auch die Berliner Grenzübergangsstellen für die Ausreise geöffnet würden, beantwortete er mit einem Zitat aus dem Text: »Die ständigen Ausreisen können über alle Grenzübergangsstellen der DDR zur BRD bzw. zu Berlin (West) erfolgen.«

Bereits um 19.05 Uhr berichtete die Nachrichtenagentur Associated Press von der in Aussicht gestellten Grenzöffnung, das Zweite Deutsche Fernsehen blendete in seine Nachrichtensendung »Heute« um 19.17 Uhr einen Filmausschnitt von der Pressekonferenz ein. Tausende Berliner, die diese Nachricht ungläubig auf dem Fernsehschirm verfolgt hatten, machten sich neugierig auf den Weg zu den Grenzübergängen. Sie bedrängten die Grenzsoldaten, die noch keine Anweisungen erhalten hatten. Um 21 Uhr ermächtigte die zuständige Hauptabteilung IV des Ministeriums für Staatssicherheit die Kontrollstellen, den Übergang bei Vorlage eines Personalausweises, der abgestempelt werden sollte, freizugeben. In dieser Nacht fand die geteilte Stadt ihre Einheit wieder.

Erich Honecker verfolgte mit seiner Frau ungläubig den Fall der von ihm miterrichteten Mauer am Fernsehschirm in seinem Haus in Wandlitz. Der Rest ist schnell erzählt: Am 23. November 1989 schloß die SED unter dem Eindruck von Presseveröffentlichungen über Ämtermißbrauch und Bereicherung in der Führungsspitze das langjährige Politbüromitglied Günter Mittag aus der Partei aus und leitete gegen Erich Honecker ein Überprüfungsverfahren durch die Zentrale Parteikontrollkommission ein. Am 1. Dezember strich die Volkskammer ohne Gegenstimme den Führungsanspruch der SED aus der Verfassung. Am 3. Dezember traten das Zentralkomitee, das Politbüro und Egon Krenz als Generalsekretär zurück. Erich Honecker, Werner Krolikowski, Alexander Schalck-Golodkowski, Horst Sindermann, Willi Stoph und Harry Tisch wurden aus der Partei ausgeschlossen. Am 6. Dezember schließlich gab Egon Krenz nach 44 Tagen auch seine Ämter als Vorsitzender des Staatsrates und des Nationalen Verteidigungsrates auf.

Der DDR-Generalstaatsanwalt leitete zwei Tage später Ermittlungsverfahren gegen Erich Honecker, Erich Mielke, Willi Stoph und Hermann Axen ein. Erich Honecker kommentierte diese sich überstürzende Entwicklung der Lage hellsichtig und nicht ohne bittere Schadenfreude. Die Grenzöffnung sei »bereits ein Akt« gewesen, »der praktisch die DDR liquidiert« habe. »Das Politbüro«, so Honecker weiter, »das vorher glaubte, durch meinen Abgang die Lage in die Hand zu bekommen, dieses Politbüro ging selbst ade.« Bedauerlich fand Honecker allein, daß »die meisten von den Politbüromitgliedern später im Gefängnis landeten«. Unfaßlich für ihn, denn er sei schon immer gegen jede Fehlerdiskussion und »gegen eine Kriminalisierung unserer Politik« gewesen, weil diese »der DDR im Inneren und international« schade.[34]

Das Ende

Weltpolitik war, zumindest solange sie der ehemalige Bundeskanzler Helmut Kohl betrieben hat, eine recht bequeme und im Grunde gar nicht komplizierte Sache. Die Wiedervereinigung, zum Beispiel, setzte der Pfälzer damals im Juli 1990, am Ufer eines kaukasischen Gebirgsflüßchens, wenn man seinen Erinnerungen glauben will, folgendermaßen ins Werk: »Ich zog meine schwarze Strickjacke an. Kurze Zeit später ging ich mit Michail Gorbatschow – er hatte einen Pullover übergezogen – am Selemtschuk entlang. Nach ein paar Metern blieb Gorbatschow stehen, kletterte die Uferböschung hinunter und reichte mir die Hand, als Aufforderung, ihm zu folgen. So standen wir am reißenden Wasser und sprachen über die Tücken des Flusses«, über eine Ikone im Zimmer von Gorbatschows Großmutter, über die Fußballweltmeisterschaft in Rom und über die Vielweiberei eines Tataren-Khans, außerdem über Deutschland an sich. »So ging es noch einige Zeit lang hin und her«, berichtete der Bonner Kanzler. Und dann, so Kohl, hatten »wir Michail Gorbatschow die volle und uneingeschränkte NATO-Mitgliedschaft des vereinten Deutschland abgerungen«. Der neudeutsche Schöpfungsakt nahm seinen kohlgesegneten Lauf.[35]

Tatsächlich stellen in Moskau freigegebene Dokumente diesen Weg zur deutschen Einheit vollkommen anders dar. Bei diesen Aufzeichnungen handelt es sich um das

Protokoll einer Politbürositzung vom 27. Januar 1990, um Mitschriften aus Verhandlungen und Gesprächen zwischen russischen, deutschen, englischen und französischen Politikern in der Zeit von Oktober 1989 bis in den April 1990 sowie um Tagebuchnotizen etlicher sowjetischer Parteiführer. Diese Quellen machen deutlich, wie die sowjetische Staats- und Parteispitze den inneren Zerfall der DDR, Kohls nicht allein Moskau überraschenden »Zehnpunkteplan für Deutschland« vom 28. November 1989 und die Sorgen der Franzosen und Engländer vor einem übermächtigen, vereinigten Deutschland in dieser Zeit bewertet hat. Außerdem geben sie zu erkennen, weshalb sich die Moskauer Führung im Prozeß der Vereinigung beider deutscher Staaten für eine Zusammenarbeit mit Helmut Kohl entschieden hat – und damit gegen die Sozialdemokratie und Willy Brandt.

Diese Unterlagen belegen, daß die Moskauer Entscheidung, der deutschen Einheit nicht länger im Wege zu stehen, bereits im Januar 1990 endgültig gefallen war – und den Russen nicht erst während der Kaukasusreise Kohls Monate später abgerungen werden mußte. Das heißt: Nachdem das Ende der DDR aus eigener, innerer Schwäche absehbar war, stellte sich Gorbatschow der Wiedervereinigung nicht mehr entgegen. Die deutsche Einheit wäre gekommen – mit oder ohne Kohl. Mit Helmut Kohl erschien sie den Russen allerdings sehr viel erträglicher, wie diese Aufzeichnungen beweisen, weil sie von ihm eine supranationale Einbindung des Vereinigungsprozesses erhofften, während sie bei den Sozialdemokraten nationale Alleingänge befürchteten.

Am 9. Oktober 1989, nach dem DDR-Besuch Michail Gorbatschows, notierte dessen außenpolitischer Berater, das ZK-Mitglied Anatoli Tschernajew, in sein Tagebuch: »Ganz Europa ist von seinen Äußerungen dort entzückt. Und alle beflüstern unsere Diplomaten und überhaupt die

Sowjets, daß es gut ist, daß die Sowjetunion sich taktvoll gegen die Wiedervereinigung geäußert hat. [Jacques] Attali [der persönliche Assistent des französischen Ministerpräsidenten François Mitterrand] fing an, ernsthaft über eine Wiederherstellung der sowjetisch-französischen Allianz zu sprechen – Militärbündnis inklusive. In diesem Zusammenhang fiel mir ein: Im Gespräch mit Gorbatschow bat [die englische Premierministerin] Margaret Thatcher plötzlich darum, das Mitschreiben einzustellen, und sagte ungefähr folgendes: Ich bin entschieden gegen die Wiedervereinigung Deutschlands. Doch öffentlich darf ich das weder zu Hause noch in der NATO sagen. Also klar: Mit unseren Händen will man die Deutschen aufhalten.«[36]

Doch nach fünf Jahren *Glasnost* und *Perestroika* reichten, ganz abgesehen von der besseren Einsicht, die sowjetischen Kräfte für solche Operationen schon lange nicht mehr aus. Am 23. Oktober 1989 schrieb Tschernajew in sein Tagebuch: »Habe mich gestern mit westlichen Analysen unserer Wirtschaftslage vollgelesen. Jede Menge Empfehlungen. […] Sie alle appellieren an Gorbatschow. […] Aber das Schlimmste besteht darin, daß er nicht mehr in der Lage ist, irgend etwas konsequent umzusetzen, selbst wenn er sich dazu entschließt. Und nicht weil – wie die drüben denken! – [Jegor] Ligatschow und die Bürokraten ihn daran hindern, sondern weil er längst über keine Mittel mehr verfügt, seine Entscheidungen durchzusetzen. […] Die Partei wird von niemandem mehr anerkannt. Die Sowjetorgane sind hilflos. Die Verantwortlichen in der Wirtschaft sitzen zwischen zwei Stühlen: Sie werden zwar nicht mehr kommandiert, aber sie wissen mit ihrer Freiheit nicht umzugehen. Die Arbeiterklasse hebt gefährlich ihr Haupt. Gewerkschafter und Parteifunktionäre auf Bezirksebene haben kapiert, daß nur der ordinärste Populismus und Demagogie ihre Stellungen und Ämter retten können und versuchen auf diese Weise, als Anführer mit der Arbeiterklasse anzubändeln.«[37]

Jede weitere innen- oder außenpolitische Kraftprobe drohte Michail Gorbatschow endgültig aus dem Gleis zu werfen. Nicht zuletzt deshalb war ihm daran gelegen, keine zusätzlichen Irritationen ins Land zu tragen. In einem Telefongespräch mit Helmut Kohl hatte Gorbatschow am 11. November 1989, zwei Tage nach der Maueröffnung, daher ausdrücklich darum gebeten, alle weiteren Schritte »gemeinsam zu durchdenken und aufeinander abzustimmen«. Eine »Beschleunigung der Ereignisse« könne ins Chaos führen. Und das müsse »die deutsch-sowjetischen Beziehungen zwangsläufig beeinträchtigen«[38]. Kohl bestätigte den Inhalt dieses Telefonats in seinem Buch.

Um DDR-Regierungschef Hans Modrow »nicht die Initiative [zu] überlassen«, der in einer Regierungserklärung am 17. Oktober 1989 mit seinem Vorschlag einer »Vertragsgemeinschaft« der beiden deutschen Staaten an die Öffentlichkeit getreten war, setzte Helmut Kohl am 23. November eine Arbeitsgruppe ein, die unter Leitung seines Beraters Horst Teltschik ein Programm erarbeiten sollte, wie möglichst schnell von der »Vertragsgemeinschaft« zweier souveräner Staaten zu einer »Föderation« in einem deutschen Gesamtstaat zu kommen sei. Diesen prompt angelieferten »Zehnpunkteplan für Deutschland«, den Helmut Kohl am letzten Novemberwochenende im heimischen Oggersheim mit letzten Änderungen seiner Ehefrau Hannelore in die Reiseschreibmaschine diktiert hatte, erklärte der Kanzler bis zu seinem Tage später geplanten Vortrag im Bundestag zur geheimen Kommandosache. Nicht ohne Grund. Denn in Punkt zehn hieß es in allem Freimut: »Die Wiedervereinigung, das heißt die Wiedergewinnung der staatlichen Einheit Deutschlands, bleibt das politische Ziel der Bundesregierung.« Also kein Wort mehr von Staatenbund oder Konföderation – ein vereintes Deutschland war plötzlich das unmittelbar anzusteuernde politische Ziel.

In der Haushaltsdebatte am 28. November 1989 trug Helmut Kohl sein Konzept im Bundestag vor. Den Regierungen der vier Siegermächte war der Wortlaut der Rede Stunden vorher über ihre Botschafter bekanntgegeben worden. Nicht nur Michail Gorbatschow fühlte sich hintergangen. Als Bundesaußenminister Hans-Dietrich Genscher am 5. Dezember 1989 in Moskau um gut Wetter bat, kanzelten ihn Gorbatschow und Außenminister Eduard Schewardnadse ohne jede diplomatische Zurückhaltung ab.

Michail Gorbatschow rüffelte: »Obwohl es um die DDR geht, betreffen diese Äußerungen des Bundeskanzlers uns alle. [...] Eigentlich sollte man mit einem solchen Dokument erst nach entsprechenden Konsultationen mit den Partnern an die Öffentlichkeit gehen. Oder hält der Bundeskanzler das alles nicht mehr für nötig? Er meint zu glauben, daß bereits seine Musik gespielt wird – Marschmusik. [...] Sie wissen, daß wir mit Kanzler Kohl telefoniert hatten. Ich hatte ihm gesagt, daß die DDR nicht nur ein Faktor der europäischen Politik ist, sondern der Weltpolitik insgesamt. [...] Kohl hatte dem zugestimmt und mir versichert, daß die BRD auf keinen Fall eine Destabilisierung der Lage in der DDR bezweckt, sondern ausgewogen vorgehen wird. [...] Gestern verkündete Kanzler Kohl dann bedenkenlos, daß [US-]Präsident [George] Bush die Idee einer Konföderation unterstützt. [...] Was kommt als nächstes? [...] Wohin mit unseren Abmachungen? Kann man so etwas Politik nennen?«

Eduard Schewardnadse warf ein: »Heute wird dieser Stil in der DDR angewandt, morgen kann er in Polen, in der Tschechoslowakei und dann in Österreich zum Tragen kommen.«

Hans-Dietrich Genscher verteidigte sich matt: »Der politische Kurs der BRD war immer verständlich und klar, anders wäre ich nicht bereit, ihn zu vertreten.«

Michail Gorbatschow unterbrach unwirsch: »Ich hätte von Ihnen nie erwartet, daß Sie den Anwalt für Bundeskanzler Kohl spielen werden. Nehmen Sie Punkt 3 seiner Erklärung [in dem weitere Hilfe für die DDR davon abhängig gemacht wurde, daß ›ein grundlegender Wandel des politischen und wirtschaftlichen Systems verbindlich beschlossen und unumkehrbar in Gang gesetzt wird‹].«

Eduard Schewardnadse setzte entschieden, allerdings wenig qualifiziert, nach: »Nicht einmal Hitler hat sich so etwas geleistet.«

Hans-Dietrich Genscher beschwichtigte, um Ausgleich bemüht: »Ich würde Ihre Aufmerksamkeit gerne auf Punkt 2 lenken [in dem die Bundesregierung erklärte, daß sie ihre Zusammenarbeit mit der DDR in allen Bereichen fortsetzen werde, ›die den Menschen auf beiden Seiten unmittelbar zugute kommen‹].«

Michail Gorbatschow ging erneut dazwischen: »Hören Sie mit der Anwalterei auf, Herr Genscher! Des Kanzlers Erklärung ist ein politischer Fehlschritt. Und wir werden das nicht unbeachtet lassen. […] Ihnen wurde gerade die Meinung der politischen Führung der Sowjetunion mitgeteilt. Sie war aufrichtig und offen. Andere würden es Ihnen nicht so offen und ohne falsche Höflichkeiten sagen, doch ich möchte Ihnen versichern, daß sie in der Tiefe ihrer Seelen das gleiche denken wie wir.«

Hans-Dietrich Genscher fragte nach: »Wer sind denn diese anderen?«

Michail Gorbatschow gab zur Auskunft: »Ihre und unsere wichtigsten Partner im Westen und im Osten.«[39]

Am Tag darauf wollte Michail Gorbatschow seinen Ärger mit dem französischen Leidensgenossen in Sachen Wiedervereinigung teilen. Er berichtete François Mitterrand: »Dann habe ich Genscher die Frage gestellt, ob er

Kohls ›Zehn Punkte‹ vor ihrer Verkündung gekannt hat. Genscher mußte gestehen, daß er sie zum erstenmal im Bundestag gehört hat.« Mitterrand antwortete: »Sie wissen wohl, daß wir, genauso wie Genscher, über Kohls Vorschläge nicht vorher informiert waren.« Gorbatschow: »Genscher war furchtbar verstört. Er versicherte seine Treue gegenüber dem europäischen Prozeß, erinnerte an seine persönlichen Verdienste auf diesem Gebiet.« Mitterrand beendete das Gespräch: »Widersprüche gibt es überall – sogar in der BRD.«[40]

Dann kamen die Weihnachtsferien. Inzwischen war der innere Zerfall der DDR mit rapider Geschwindigkeit weitergegangen. Das abgewirtschaftete Regime löste sich zusehends auf. Dem bankrotten Staat liefen die Bürger in Massen davon. Am 27. Januar 1990 rief Michail Gorbatschow seine Berater in seinem Büro in der sechsten Etage des Moskauer ZK-Gebäudes zusammen: Nikolai Ryschkow (Premierminister), Eduard Schewardnadse (Außenminister), Wladimir Krjutschkow (KGB-Chef), Sergej Achromejew (Marschall der Sowjetunion und Militärberater), Anatoli Tschernajew (außenpolitischer Berater), Karen Schachnasarow (politischer Berater), Alexander Jakowlew (im Politbüro zuständig für Außenpolitik) und Valentin Falin (Leiter der internationalen Abteilung des ZK). Der einzige Tagesordnungspunkt dieses Treffens der sowjetischen Führungsspitze: der künftige politische Kurs in der Deutschlandfrage.

Michail Gorbatschow machte den Anfang: »Uns geht es jetzt in der DDR wie in unserem Aserbaidschan – es ist niemand da, auf den man sich verlassen könnte, zu dem man vertrauensvolle Beziehungen aufbauen kann. Und selbst wenn man dort mit jemandem verhandelt, hat das keine entscheidenden Folgen. [...] Es gibt keine realen Kräfte mehr in der DDR. Also können wir diesen Prozeß nur über die BRD beeinflussen. Und hier stehen wir vor der Wahl: Kohl oder SPD. Trotz all der beruhigenden Erklärungen von Brandt und seinen Kollegen haben sich die Sozialdemokraten bereits auf die DDR gestürzt. [...] Wir müssen Kohl einladen und ihm sagen: Die Sozialdemokraten haben in der DDR mehr Chancen als du. Wir, im Gegensatz zu euch, betrachten das deutsche Problem nicht durch eure Wahlbrillen, sondern im europäischen und internationalen Kontext. So sehen das auch deine NATO-Verbündeten. Und du kennst sicher den feinen Unterschied zwischen dem, was sie öffentlich sagen und was sie eigentlich denken. Wir schlagen dir, lieber Helmut [daher] ernsthaft vor, in deutschen Angelegenheiten den europäischen Standpunkt zu beziehen – und zwar tatkräftig, nicht [nur] verbal.«

Außenminister Eduard Schewardnadse warf ein: »Michail Sergejewitsch, die wichtigste Frage für Kohl ist jetzt die ›Vertragsgemeinschaft‹, die zur Konföderation der BRD und der DDR führen würde. Wir sollten uns in die Diskussion über die Wiedervereinigung nicht einschalten. Das ist nicht unsere Sache. Soll doch die DDR mit Initiativen auftreten.«

Geheimdienstchef Wladimir Krjutschkow schlug vor: »Die SED verlebt ihre letzten Tage. Sie ist weder Hebel noch eine Stütze für uns. Modrow ist eine Übergangsfigur. Er hält sich durch Abgaben am Leben, doch bald wird er nichts mehr zum Abgeben haben. Es würde sich lohnen, die SPD in der DDR näher zu betrachten.«

Politbüromitglied Alexander Jakowlew nahm die Anregung auf: »Wir wollen, daß Modrow sich in die SPD hineinmontiert und ihren östlichen Teil leitet. [...] Es wäre gut, wenn Modrow mit einem Programm der Wiedervereinigung auftreten würde: ohne Vorurteile, realistisch. So könnten wir die Sympathien des deutschen Volkes gewinnen. Wir könnten uns darauf berufen, daß wir ab 1946 für ein vereintes Deutschland auftraten. Die Bedingungen?

Neutralität, Demilitarisierung. England, Frankreich, die kleinen europäischen Staaten werden gegen [die Wiedervereinigung] auftreten und so die Vereinigten Staaten zum Nachdenken bringen. Wir können auf dem Berg sitzen und von oben die Auseinandersetzung verfolgen.«

Premierminister Nikolai Ryschkow dämpfte die hochfliegenden Pläne: »Wir sollten diesen Prozeß realistisch betrachten. Wir können ihn nicht aufhalten. Jetzt ist alles eine Frage der Taktik, weil wir die DDR nicht mehr halten können. Alle Sperren sind bereits umgeworfen. Die Wirtschaft ist gesprengt. Es gibt keine staatlichen Institutionen mehr. Es ist eine unrealistische Sache, zu versuchen, die DDR weiterhin zu halten. Eine Konföderation – ja. Aber wir sollten unsere Bedingungen für eine Konföderation stellen.«

Michail Gorbatschow faßte zusammen: »Der Prozeß bei uns und in Osteuropa ist ein objektiver Prozeß. Und er ist bereits überhitzt. [...] Das ist eine Lehre für uns: schnell genug bleiben, nicht in Verzug geraten, die Realitäten nicht aus den Augen verlieren. [...] Natürlich müssen wir die DDR gehen lassen. [...] Denn die kann und wird gehen: Es gibt die BRD und die Europäische Gemeinschaft, an die sie schon längst gebunden ist. Das wichtigste ist jetzt, den Prozeß in die Länge zu ziehen, unabhängig vom Endziel [der Wiedervereinigung]. Damit die Deutschen selbst und Europa und die Sowjetunion sich daran gewöhnen. [...] Mit der BRD ist ein Potential für besondere Beziehungen vorhanden: mit ihr und mit der DDR. Es sind gegenseitige Interessen vorhanden, es gibt eine Grundlage zum gegenseitigen Verständnis. [...] Der Vorschlag [Modrows] einer ›Vertragsgemeinschaft‹ mit konföderativen Zügen entspricht der Idee, Zeit zu gewinnen.«[41]

Mit dieser Entscheidung des Moskauer Politbüros Ende Januar 1990, der Wiedervereinigung keinen prinzipiellen

Widerstand mehr entgegenzusetzen, war der Weg zur deutschen Einheit frei. Es ging den Russen nicht länger um das Ob, sondern allein noch um das Wie und Wann, also um die Modalitäten. Als DDR-Ministerpräsident Hans Modrow in einem Gespräch mit Michail Gorbatschow während seines Moskau-Besuchs am 30. Januar 1990 einräumte, daß »eine wachsende Anzahl der DDR-Bevölkerung die Idee der Existenz zweier deutscher Staaten nicht mehr unterstützt«, antwortete der sowjetische Parteichef zu Modrows großer Überraschung: »Was die Sowjetunion betrifft, so verstehen wir das Bedürfnis des deutschen Volkes zur Vertiefung der gegenseitigen Verständigung, seinen Drang zur Zusammenarbeit und Kooperation. [...] Es scheint so, daß man sich jetzt auf einen Vertrag über gute Nachbarschaft und Zusammenarbeit mit Elementen von Konföderation einstellen sollte. [...] Die nächste Phase wäre dann der Übergang zu konföderativen Strukturen und in absehbarer Zukunft zu einem Zusammenwachsen zweier deutscher Staaten. Es sieht so aus, als ob das keine schlechte Basis für eine [politische] Initiative [der DDR] wäre.«[42]

Zwei Tage später trat die DDR-Regierung mit ihrer Erklärung »Deutschland – einig Vaterland« an die Öffentlichkeit. Und stahl damit dem nicht wenig verblüfften Bonner Kanzler (»eine dramatische Wende in der sowjetischen Deutschlandpolitik«) die Schau. Das neue Reisegesetz für die DDR-Bürger trat zeitgleich in Kraft: Sie erhielten nun endlich das Recht auf freie Ausreise. Am 10. Februar 1990 kam es dann zu dem in der Politbürositzung Ende Januar beschlossenen Treffen zwischen Michail Gorbatschow und Helmut Kohl im Kreml. Gorbatschow gab nach dem Wortlaut der inzwischen zugänglichen Moskauer Dokumente schon jetzt und nicht erst im Juli im Kaukasus für die Wiedervereinigung endgültig grünes Licht. Gorbatschow: »Die Deutschen sollen selbst ihre Entscheidung treffen.« Kohl hakte nach: »Sie möchten sagen, daß die Frage der Wiedervereinigung eine eigene Entscheidung der Deutschen ist?« Gorbatschow: »Ja, im Kontext der Realitäten.«[43]

Dieser rasante Prozeß der Vereinigung von DDR und Bundesrepublik innerhalb weniger Monate verschaffte dem nicht minder atemberaubenden Abstieg Erich Honeckers vom international anerkannten Staats- und Parteichef der DDR zu einem krimineller Delikte Beschuldigten, zum Flüchtling, Angeklagten und erst als Moribunden aus der Haft Entlassenen seinen dramatischen Hintergrund und seine anrührende Dynamik.[44] Das Ermittlungsverfahren gegen Honecker wegen des äußerst unbestimmten, weil nicht weiter belegten Vorwurfs, Mitgliedern der ehemaligen Partei- und Staatsführung »ungerechtfertigte umfangreiche Privilegien« verschafft und dadurch »der Volkswirtschaft der DDR und dem sozialistischen Eigentum schwersten Schaden« zugefügt zu haben, brachte die Generalstaatsanwaltschaft der DDR am 5. Dezember 1989 auf den Weg. Zu verstehen war dieser Tatvorwurf weder damals noch später – es sei denn als Ausdruck des schlechten Gewissens einer Justiz, die ihre ausschließlich politische Funktionszuweisung über Jahrzehnte hinweg widerspruchslos hingenommen hatte und nun – um Rechtsstaatlichkeit bemüht – nach der »Wende« Tatbestände präsentieren wollte, die weder neu waren, noch unter den gegebenen Verhältnissen der zurückliegenden Jahrzehnte als verwerflich angesehen wurden. Daß – so das Ergebnis der staatsanwaltschaftlichen Ermittlungen – in den »Sonderjagdgebieten« Parteiführer auch privat auf Pirsch gingen; daß sich deren Familienangehörige in Dienstfahrzeugen chauffieren ließen; daß die Flugstaffel der Regierung für Urlaubsflüge eingesetzt wurde; daß für einen ausgewählten Käuferkreis im Wandlitzer Siedlungsladen Westwaren zu Sonderpreisen zu haben waren und Ferienhäuser der Spitzenkader auf Staatskosten errichtet und unterhalten wurden – das alles überraschte in der DDR niemanden wirklich. Daß die Parteioberen Wasser gepredigt und selber Wein getrunken hatten, war im Grunde genommen jedermann bekannt. Doch die Details dieses exklusiven Genusses – kein strafrechtlich relevanter Tatbestand im übrigen – waren es, welche die Menschen, als sie davon aus Zeitungen und aus dem Fernsehen erfuhren, wegen des selbsterlebten Mangels erbosten und am Ende wütend machten.

Bereits am 14. November 1989 hatte Erich Honecker in einem Brief an seinen Nachfolger Egon Krenz die Unterstellung des »Amtsmißbrauchs« entschieden bestritten: »Ich werde immer, wo dies auch sei, diesen Vorwurf bei allen Fehlern, die ich begangen habe, zurückweisen. In keiner Phase meines Lebens war meine Tätigkeit mit Amtsmißbrauch verbunden.« In einem Schreiben an die Zentrale Parteikontrollkommission räumte Honecker zwei Wochen später, am 1. Dezember, ein, in den zurückliegenden Monaten den Ernst der Lage falsch eingeschätzt zu haben: »Ich sehe die Ursache meiner Fehleinschätzung darin, daß ich das reale Leben im Lande in der letzten Zeit nicht unmittelbar wahrnahm. Ich täuschte mir etwas vor und ließ mir oft etwas vortäuschen bei Besuchen im Lande.« Wie indessen es zu solchen Fehlbeurteilungen kommen konnte, bedürfe »selbstverständlich einer eingehenden Analyse über das, was wir richtig gemacht haben, was falsch war und auch dessen, was aufgrund der gegenwärtigen Lage noch nicht eingeschätzt« werden könne. Dabei müsse festgehalten werden, meinte Honecker, daß es »für alle klar [war], daß wir – so sehr es auch schwerfiel, das einzugestehen – über unsere Verhältnisse gelebt haben«. Zwar sei in den vergangenen zwanzig Jahren eine beträchtliche Steigerung des Nationaleinkommens erzielt worden, »aber die Akkumulationsrate für die produzierenden Bereiche sank auf ein unzulässig niedriges Niveau«. Doch dieses alles rechtfertige den Vorwurf des Macht- und Amtsmißbrauchs nicht. »Zu keiner Zeit meiner Tätigkeit in Partei und Staat«, verteidigte sich Honecker, »sind meine Handlungen, deren oberstes Gebot immer das Wohl unseres Volkes war, mit diesen Vorwürfen in Verbindung zu bringen.«

Erst Monate später, am 1. März 1990, ging Honecker in einer weiteren Erklärung auf diese »in unserer Gesellschaft gemachten Fehler« etwas konkreter ein. Nun sei es an der Zeit, schrieb er in dem gestelzten Kanzleistil der offiziösen Parteisprache, »genauer zu definieren, was ich darunter verstehe«: »Erstens habe ich nicht rechtzeitig, nicht umfassend und realistisch eingeschätzt, daß es bis in die Reihen der Partei Unzufriedenheit über die mangelnde innerparteiliche Demokratie, über ungenügende Offenheit über die Probleme der Wirtschaft, Versorgungsengpässe, zu den Fragen einer notwendig gewordenen tiefergreifenden Demokratisierung der Gesellschaft und anderes gab. Zweitens muß ich aus heutiger Sicht feststellen, daß die ideologische und propagandistische Arbeit unserer Medienpolitik nicht den Ansprüchen und den Erfordernissen unserer Zeit entsprach. Drittens: Für die Bürger der DDR wurde immer unverständlicher, daß die unter damaliger Sicht vorgenommenen Reiseerleichterungen (5 bis 7 Millionen Bürger konnten in die BRD und nach Berlin-West reisen) nicht von unnötiger Bürokratie befreit, erleichtert und erweitert wurde. Die aus damaliger Sicht noch bestehenden Beschränkungen im Reiseverkehr wurden immer mehr als die Einschränkung der Kontakte zwischen den Menschen empfunden.«

Über das Eingeständnis dieser vier »Fehler« in seiner politischen Arbeit – unzureichende innerparteiliche Demokratie, ungenügende Offenheit im Umgang mit wirtschaftlichen Problemen und mit der Forderung nach gesellschaftlicher Demokratisierung, mangelhafte Medienpolitik und überflüssige Bürokratisierung bei der Ausstellung von Reisegenehmigungen für das westliche Ausland – ging Erich Honecker nur noch einmal hinaus, als er sich im Mai 1992 auf die selbstgestellte Frage: »Gab es Schematismus, Dogmatismus in unserer ideologischen Arbeit?«, die kurze und gleichfalls wenig erhellende Antwort gab: »Ja, das gab es.« Als wesentliche Ursache »für den Verlust an Identität vieler Menschen mit dem Sozialismus« hatte Honecker am 1. März 1990 immerhin selbstkritisch benannt, daß »wir es offensichtlich noch nicht vermochten, unsere sozialistischen Ideale in jeder Hinsicht für den einzelnen erlebbar zu machen«.

Erich Honecker war jedenfalls in diesem letzten Lebensabschnitt nicht mehr wirklichkeitstüchtig und einsichtsfähig. Er lebte eingesponnen in einen Kokon aus geschönten Erinnerungen, Verdrängungen und dem Alltag entzogener Zukunftshoffnungen. Honeckers Anwalt Friedrich Wolff beschrieb die erste Begegnung mit seinem Mandanten Mitte Dezember 1989 in dessen Wandlitzer Wohnhaus: »Kein Name, kein Zaun, der das Grundstück von der Straße oder den Nachbargrundstücken trennte. Wir [Wolff wurde von seiner Frau begleitet] klingelten an der Haustür, und nach einiger Zeit öffnete Margot Honecker. Wir legten unsere Sachen in einer kleinen Garderobe ab und gingen in den ersten Stock in ein ziemlich eng möbliertes Wohn- bzw. Arbeitszimmer: ein Schreibtisch, Bücherregale, eine Sitzgruppe um einen Rauchtisch, Fotos der Enkelkinder.«[45]

Der damals 67 Jahre alte, angesehene Ost-Berliner Anwalt war Kommunist und stand als ehemaliger Vorsitzender des Rechtsanwaltskollegiums Erich Honecker zumindest politisch nahe. Persönlich kannte er ihn aber nicht. Dennoch duzte er ihn und Margot Honecker sofort: »Eine andere Anrede [hätte] eine Akzeptierung der

Verurteilung ihres Verhaltens als Genossen bedeutet und [wäre] einer Vorwegnahme der strafrechtlichen Verurteilung nahegekommen.« Gleichwohl kam zwischen den Honeckers und ihren Besuchern keinerlei Vertraulichkeit auf: »Es war 13.30 Uhr, [...] und ein Kaffee hätte uns und der Atmosphäre gut getan. Es gab ihn aber nicht. Honeckers lebten, wie wir bald herausfanden, genügsam. Essen und Trinken hatten in ihrem Leben eine untergeordnete Bedeutung. [...] Erich Honecker war anzumerken, daß er eine Gallenoperation hinter sich hatte. Sie war im August 1989 erst beim zweiten Versuch geglückt, nachdem der erste Versuch wegen einer Kreislaufdepression abgebrochen worden war. Eine weitere Operation wegen eines Nierentumors stand ihm unmittelbar bevor. Honecker lief unsicher, sprach leise und undeutlich, und ich hatte auch den Eindruck, daß es ihm schwerfiel, sich mit den Vorwürfen der Staatsanwaltschaft sachgerecht auseinanderzusetzen.« Wolff empfand Honeckers Haltung an diesem Tag, aber auch bei jeder folgenden Gelegenheit, als ruhig und gefaßt: »Er jammerte nicht, schimpfte nicht, sondern vertrat seinen Standpunkt und seine politischen Entscheidungen ebenso sachlich wie unerschütterlich – nur eben gesundheitlich geschwächt.«

Den ehemaligen Staats- und Parteichef der DDR vor Gericht zu stellen, weil er womöglich einmal private Post mit einer dienstlichen Briefmarke freigemacht oder im Wandlitzer Laden Erdbeeren zum Sonderpreis erworben hatte, erschien nicht nur dem am 11. Januar 1990 neu ernannten Generalstaatsanwalt Hans-Jürgen Joseph allzu lächerlich. Also schob er einen weiteren Ermittlungskomplex wegen »Hochverrat[s] und andere[r] Staatsverbrechen« nach. Mit wenigstens zehnjähriger Freiheitsstrafe hatte nach DDR-Strafrecht zu rechnen, wer es unternahm, »die sozialistische Staats- und Gesellschaftsordnung [...] durch gewaltsamen Umsturz oder planmäßige Untergrabung zu beseitigen oder in verräterischer Weise die Macht zu ergreifen«; den Tatbestand erfüllte desgleichen, wer versuchte, »mit Gewalt oder durch Drohung mit Gewalt die verfassungsmäßige Tätigkeit der führenden Repräsentanten [...] unmöglich zu machen oder zu behindern«. Freilich blieb es auch bei diesen Tatvorwürfen das unergründliche Geheimnis der Staatsanwaltschaft, wie sie ausgerechnet Erich Honecker des Hochverrats glaubte überführen zu können, der sich ja jedenfalls nicht in juristischem Sinne an die Macht geputscht hatte und keineswegs plante, den Sozialismus in der DDR durch Drohungen oder gewaltsame Mittel zu beseitigen. Im Gegenteil, sein vielbelächeltes Diktum lautete ja bis zu seinem erzwungenen Rücktritt: »Den Sozialismus in seinem Lauf hält weder Ochs noch Esel auf.«

Vielleicht ging es dem Generalstaatsanwalt aber auch nur darum, Erich Honecker zunächst einmal hinter Gitter zu bringen, um die aufgebrachte Volksmeinung zu beschwichtigen. Honecker, der sich zur Abklärung eines Tumorverdachts in der Berliner Charité aufhielt, sollte in Untersuchungshaft genommen werden. Doch der behandelnde Urologe Professor Peter Althaus widersprach in einem Gutachten vom 27. Januar 1990 heftig: »Der bereits Anfang August 1989 von Urologen aus der Charité geäußerte Verdacht auf das Vorhandensein eines bösartigen Tumors am unteren Pol der rechten Niere [... wurde im Regierungskrankenhaus damals] ignoriert. Am 10. 1. 1990 ist bei dem Patienten an der Klinik für Urologie der Charité eine Krebsgeschwulst [...] aus dem unteren Pol einer funktionellen rechten Einzelniere entfernt worden. [...] Nach diesen beiden operativen Eingriffen ist es aus ärztlicher Sicht nicht zu verantworten, den Patienten zu inhaftieren.«

Ärztliche Gutachten freilich hatten in der DDR-Geschichte noch nie einen Staatsanwalt von Verhaftungen abgehalten. So kam es, daß Kriminalpolizisten am späten Abend des 28. Januar 1990 in der Urologischen Klinik im Zimmer des längst eingeschlafenen Erich Honecker Posten bezogen, wohl um ihn an der Flucht zu hindern. Am nächsten Morgen eröffneten sie ihm in aller Frühe den Haftbefehl. Honecker nahm Abschied von seiner herbeigeeilten Frau und seiner Tochter Sonja, die den Polizisten zurief, sie benähmen sich wie seinerzeit »Gestapoleute«. Um 7 Uhr wurde Honecker abgeführt und in die in Richtung Köpenick an der Spree gelegene Haftanstalt Rummelsburg gefahren. Seine Gefühle dabei schilderte er Monate später in einem Interview: »So wie ich am 4. Dezember 1935 von der Gestapo [...] in die Mitte genommen wurde im Auto, so ging auch diese Fahrt von der Charité bis nach Rummelsburg. [...] Für mich war es natürlich erschütternd, daß ich zum ersten Mal nach der Verhaftung durch die Gestapo und der Fahrt zum Prinz-Albrecht-Palais – dieser Terrorzentrale – jetzt, wie man sagt, unter sozialistischen Bedingungen nach Rummelsburg gebracht wurde und dort die Tore passierte. Ich muß sagen, daß ich sehr erregt war und mir selbstverständlich so etwas nie vorstellen konnte.«[46]

Im Zuchthaus Rummelsburg mußte Erich Honecker allerdings nur bis zum 30. Januar 1990 aushalten. Dann hob das Stadtgericht Berlin unter Verweis auf das Gutachten seines Arztes den Haftbefehl auf, da der Beschuldigte »gegenwärtig nicht haftfähig« sei. Doch Honecker war nach der gleichzeitig erfolgten Auflösung des Wandlitzer Prominenten-Ghettos obdachlos geworden. Ersatzquartiere, die in Wohnblocks der Stadtmitte ins Auge gefaßt waren, genügten weder den Sicherheitsansprüchen der Staatsanwaltschaft noch der Familie Honecker. So fand sie auf Vermittlung von Rechtsanwalt Wolfgang Vogel und des Berliner Bischofs Gottfried Forck Unterkunft ausgerechnet in einem Pfarrhaus. Pfarrer Uwe Holmer, der Leiter der »Hoffnungstaler Anstalten«, eines 1905 gegründeten und zwanzig Kilometer nordöstlich von Berlin gelegenen Heimes der evangelischen Kirche für seelisch Kranke und Pflegebedürftige, räumte für Margot und Erich Honecker zwei mit christlichen Bildern und Symbolen geschmückte Kinderzimmer im Dachgeschoß seines Hauses. An eigenen Möbeln brachten die Honeckers eine Sitzgarnitur und einen Tisch mit. Nach einigen Tagen erhielten sie eine elektrische Kochplatte, um sich kleinere Mahlzeiten selbst zubereiten zu können. Ansonsten wurden sie in den Haushalt der Pfarrersfamilie aufgenommen, aßen gemeinsam, sprachen miteinander und unternahmen kürzere Spaziergänge durch den Garten. Margot Honecker half bei den Hausarbeiten. »Es war in diesen haßerfüllten Tagen für uns eine Wohltat«, erinnerte sich Rechtsanwalt Friedrich Wolff an diese Wochen in Lobetal, »Menschen zu treffen, die Nächstenliebe nicht nur predigten, sondern auch lebten.«[47] Erich Honecker war für die ruhigen Tage in diesem Kirchenasyl nicht weniger dankbar: »Die Familie Holmer hat uns vollkommen aufgenommen. [...] Es hat sich gezeigt, daß aus christlicher Sicht die Familie Holmer die ganzen Dinge auch nicht verstand, das heißt die Wohnungsverweigerung, und daß sie als christliche Pflicht betrachteten, uns aufzunehmen.«[48]

Nachdem die Generalstaatsanwaltschaft in der zweiten Märzhälfte ihre Ermittlungen wegen Hochverrats eingestellt hatte, »da sich der Verdacht nicht als begründet erwiesen hat«, planten die Honeckers ihren Umzug in ein geräumigeres Gästehaus der DDR-Regierung in Lindow bei Neuruppin. Ihre Ankunft am 23. März 1990 hatte sich jedoch nicht geheimhalten lassen, so daß die Honeckers von einer aufgebrachten Menschenmenge empfangen wurde, die mit Topfdeckeln lärmte, auf das Auto einschlug und wütend rief: »Mörder!« – »Verschwinde!« – »Honecker muß weg, wir wollen keinen Dreck«, oder:

»Ich an Honeckers Stelle würde mir einen Strick nehmen.«[49] Es seien, glaubte Honecker, nicht die Einwohner von Lindow gewesen, die ihn vertreiben wollten, »das war unseres Erachtens eine gezielte Provokation«[50]. Da am Ende auch der Gemeinderat die Aufnahme der Familie Honecker ablehnte, ging die Fahrt am nächsten Vormittag zurück nach Lobetal.

Der bei den ersten freien Wahlen in der DDR am 18. März 1990 abgewählte Ministerpräsident Hans Modrow (SED/PDS) bemühte sich vor seiner Amtsübergabe an Lothar de Maizière (CDU) in Gesprächen mit den Sowjets um ein sicheres Ausweichquartier für die Honeckers. Nach Zustimmung durch die Generalstaatsanwaltschaft wurde das von Boris Snetkow, dem Befehlshaber der sowjetischen Streitkräfte in der DDR, überbrachte Angebot der sowjetischen Staats- und Parteiführung angenommen, die Familie in dem sowjetischen Militärkrankenhaus Beelitz bei Potsdam aufzunehmen.[51] Ein sowjetischer Konvoi begleitete die Honeckers am 3. April 1990 in das inmitten einer weitläufigen Parklandschaft um die Jahrhundertwende errichtete frühere Lungensanatorium. Margot und Erich Honecker bezogen drei Zimmer im Erdgeschoß einer von hohen Bäumen beschatteten Gründerzeitvilla. Rechtsanwalt Wolff beschrieb die nicht eben komfortablen Wohnbedingungen: »Das Haus [...] war so dunkel, daß ständig eine Leuchtstoffröhre brannte, die über dem Fenster montiert war, aber nur wenig ausrichtete. Die Tapete, dem Muster nach vor Jahrzehnten angebracht, verstärkte den düsteren Eindruck. [...] Ihre Kleidung hatten Honeckers in fünf Koffern untergebracht, da es keine Kleiderschränke gab. Dafür stand eine Untersuchungsliege in einem der Zimmer. [...] In dem [...] Park [...] konnten die Eheleute spazierengehen. Zwei Soldaten folgten ihnen in kurzem Abstand. Sie hatten die Journalisten abzuwehren und auch Schutz vor Anschlägen zu bieten.«[52]

Täglich erschienen Ärzte zur Visite. Am 19. April 1990 brach Margot Honecker nach einem dieser Besuche zusammen. Sie erlitt nach den Angaben ihres Mannes einen Herzinfarkt, der aber dank der sofortigen medizinischen Notversorgung folgenlos blieb. Erich Honecker: »Es war eine sehr furchtbare Situation. Ich hätte ihren Tod nicht überstanden. [...] Ohne sie wäre das Leben für mich sowieso sinnlos.«[53] Die Verständigung mit den Ärzten und dem übrigen Personal erfolgte auf russisch und lief vor allem über Margot Honecker, die nach dem Eindruck von Friedrich Wolff diese »Sprache besser beherrschte als ihr Mann«[54].

Da die DDR-Volkskammer im Zuge der Angleichung beider Rechtssysteme Ende Juni 1990 den Straftatbestand des »Vertrauensmißbrauchs« (§ 165) ersatzlos aus dem Strafgesetzbuch gestrichen hatte und der Hochverratsvorwurf ja bereits vorher zusammengebrochen war, gingen Honeckers Anwälte von einer Einstellung der Ermittlungen gegen ihren Mandanten aus. Honeckers Tochter Sonja reiste mit ihren beiden Kindern beruhigt ihrem Mann Leonardo Yanez nach Chile nach, um alles für den bald erwarteten Umzug der Eltern vorzubereiten. Doch sie alle sollten sich täuschen. Am 10. August erschienen zwei Staatsanwälte und ein Kriminaloberrat im sowjetischen Militärhospital und eröffneten Erich Honecker, daß auf Grund einer Verfügung der Generalstaatsanwaltschaft – inzwischen hatte dort ein erneuter Wechsel von Hans-Jürgen Joseph auf Günter Seidel stattgefunden – gegen Honecker jetzt »wegen Verdachts des mehrfachen Mordes und mehrfacher vorsätzlicher Körperverletzung« ermittelt werde: »Es besteht der Verdacht, daß Herr Honecker in seinen Funktionen [...] für die Aufrechterhaltung des 1961 errichteten Grenzregimes [...] verantwortlich ist. [...] Durch die vom Beschuldigten zu verantwortenden Regelungen über die Schußwaffenanwendungen und die

Minensperren sowie Selbstschußanlagen [...] wurde eine bisher noch nicht genau festgestellte Anzahl von Menschen beim Passieren der Staatsgrenze verletzt bzw. getötet.«

Gegen diesen Mordvorwurf nahm Erich Honecker in einem Schreiben an seine Anwälte vom 11. August 1990 sofort mit Argumenten Stellung, die auch später zur Grundlage seiner Verteidigung werden sollten: Der Mauerbau in Berlin und die verstärkte Grenzsicherung zur Bundesrepublik seien keine autonomen Entscheidungen der DDR gewesen, sondern auf einen Beschluß der Warschauer-Vertrags-Staaten vom 5. August 1961 zurückgegangen; die Art des Grenzregimes sei nicht allein von der DDR zu verantworten und nicht von Honecker beschlossen worden; einen generellen Schießbefehl habe es nicht gegeben, sondern lediglich eine »Schußwaffengebrauchsanordnung«, wie sie international üblich gewesen sei und auch den bundesdeutschen Bestimmungen entsprochen habe; und schließlich sei es absurd, ein Staatsoberhaupt für Handlungen persönlich verantwortlich zu machen, die von der Staatsführung insgesamt vorbereitet und gemeinsam getragen beziehungsweise von der Volkskammer als Gesetz verabschiedet worden seien.

Inhaltsgleich bat Erich Honecker in einem Schreiben, das am 4. September 1990 von seinen Anwälten an den sowjetischen Botschafter in Ost-Berlin übergeben wurde, die sowjetische Staats- und Parteiführung um Hilfe. Sie möge vor allem die Bundesregierung darauf hinweisen, daß es sich »bei den genannten Vorkommnissen um Ereignisse gehandelt hat, die unmittelbar aus den völkerrechtlichen Verpflichtungen der DDR folgten und aus denen daher keine strafrechtliche Verantwortung einzelner Personen abgeleitet« werden könne. Auf diesen Brief erhielt Honecker keine Antwort.[55] Damit wurde Erich Honecker klar, daß er sowohl in diesem Ermittlungsverfahren wie in der zunehmend heftiger geführten Auseinandersetzung über die DDR-Vergangenheit insgesamt nicht mit der offenen Unterstützung der sowjetischen Staats- und Parteiführung rechnen konnte. Und in der Tat hatten die Russen während der »2+4-Gespräche« zwischen den Siegermächten des Zweiten Weltkriegs und den beiden deutschen Staaten keine Straffreistellung ihrer Ost-Berliner Genossen und Statthalter zur Bedingung gemacht, sondern sich mit der mündlichen Zusicherung Helmut Kohls während seiner Kaukasusreise zufriedengegeben, es würden von Bonner Seite gegen die ehemalige DDR-Spitze keinerlei Repressalien erwogen.[56] Andere Versprechungen wären Kohl aus Gründen der Gewaltenteilung nicht möglich und von den Moskauer Vertretern gegenüber ihren westlichen Verhandlungspartnern auch nicht durchzusetzen gewesen.

Erich Honecker, der zeit seines Lebens Moskauer Weisungen meist widerspruchslos erfüllt hatte, stand also allein. Mit der Vereinigung am 3. Oktober 1990 übernahm Generalbundesanwalt Alexander von Stahl die Ermittlungsakten und reichte sie wegen des Tatortprinzips weiter an den Berliner Oberstaatsanwalt beim Kammergericht Christoph Schaefgen. Dessen »Arbeitsgruppe zur Bekämpfung der Regierungskriminalität der ehemaligen DDR« konzentrierte die Ermittlungen auf vier beispielhafte Fälle. Am 30. November 1990 erließ das Amtsgericht Berlin-Tiergarten Haftbefehl gegen Erich Honecker. Er wurde beschuldigt, »in Berlin am 25. Dezember 1983, am 1. Dezember 1984, am 24. November 1986 und am 5. Februar 1989 als mittelbarer Täter durch vier selbständige Handlungen vorsätzlich einen Menschen getötet zu haben, ohne Mörder zu sein«. Honecker wurde demnach »mittelbare Täterschaft« vorgehalten, als Mitglied des Nationalen Verteidigungsrates der DDR »maßgeblich« an der Errichtung der innerdeutschen Grenzanlagen im

August 1961 beteiligt und »für den systematischen und immer perfekteren Ausbau der Sperranlagen« verantwortlich gewesen zu sein. Dementsprechend sei auf flüchtende Personen mit gewollt tödlichem Ausgang geschossen worden; Schützen, die ihre Waffe »erfolgreich angewandt« hätten, seien auf Anweisung Honeckers belobigt worden.[57]

Der Haftbefehl konnte allerdings, solange sich Erich Honecker im sowjetischen Militärkrankenhaus Beelitz aufhielt, nur mit sowjetischer Zustimmung vollstreckt werden. Berliner Polizeibeamten, die an dessen Pforte um Einlaß baten, wurde prompt der Zugang verwehrt. Am 6. März 1991 wies das Kammergericht die unter Verweis auf Honeckers schlechten Gesundheitszustand eingereichte Haftbeschwerde seiner Anwälte zurück. Jetzt hätte die Bundesregierung die Überstellung Honeckers an die deutsche Justiz einfordern müssen. Dies jedoch tat sie – zunächst – nicht. Als Botschafter Wladislaw Terechow das Bonner Kanzleramt am 13. März in Kenntnis setzte, daß Honecker zur weiteren medizinischen Behandlung nach Moskau ausgeflogen werde, erfolgte dort nicht nur kein Widerspruch, sondern das russische Flugzeug mit den Honeckers an Bord wurde sogar von einer Maschine der Luftwaffe bis an die polnische Grenze eskortiert. Erst einen Tag später, nach Honeckers Ankunft in Moskau, bestellte die Bundesregierung den Botschafter ein und protestierte förmlich.[58]

Bis Ende Mai 1991 blieb das Ehepaar Honecker im Moskauer Mandryka-Krankenhaus. Dann wurde den beiden ein zweistöckiges Klinkerhaus in einer »Datschen«-Kolonie bei Gorki, vierzig Kilometer außerhalb der Hauptstadt, zugewiesen. Personenschützer sorgten für ihre Sicherheit, Hauspersonal für jeden Komfort. Sie konnten sich als Gäste der russischen Regierung fühlen, ihr Briefverkehr mit Deutschland wurde als Diplomatenpost über die sowjetische Gesandtschaft in Berlin geleitet. Doch dann putschten am 19. August orthodoxe Kommunisten um Vizepräsident Gennadi Janajew, Verteidigungsminister Dimitri Jasow und Geheimdienstchef Wladimir Krjutschkow, die ihre schützende Hand über Honecker gehalten hatten, gegen den auf der Krim in seinem Ferienhaus zwangsinternierten Parteichef Gorbatschow. Drei Tage später gelang es dem russischen Präsidenten Boris Jelzin, die Putschisten in Moskau zur Aufgabe zu bewegen. Sie wurden verhaftet, Gorbatschow trat als KPdSU-Generalsekretär zurück, die Partei wurde verboten, der neue starke Mann war jetzt Jelzin, der zwar in der KPdSU Karriere gemacht hatte, sich aber von ihr löste, als er verstand, daß mit ihr weder die Sowjetunion zusammenzuhalten war, noch Rußland alleine durch sie regiert und in die Zukunft geführt werden konnte.

Am 28. August 1991 kündigte Erich Honecker in einem Brief an Michail Gorbatschow an, er werde vor Aufhebung des Haftbefehls nicht nach Deutschland zurückkehren. Das gegen ihn beabsichtigte Gerichtsverfahren drohe zu einem »politischen Schauprozeß gegen die sozialistische DDR« zu werden, da die »Justiz der Bundesrepublik« offenkundig beabsichtige, »über das ehemalige Staatsoberhaupt eines von ihr anerkannten souveränen Staats« zu Gericht zu sitzen. Vor seinem Flug nach Rußland sei ihm mitgeteilt worden, schrieb Honecker, daß »Präsident Gorbatschow Bundeskanzler Kohl über die notwendige Verlegung in ein Krankenhaus in Moskau informiert« habe. Er sei zudem verständigt worden, daß ihm die Sowjetunion politisches Asyl gewähren würde, wenn es von ihm gewünscht werde. Dieses sei nun der Fall. Dies zu gewähren lag freilich nicht mehr in Gorbatschows Macht, sofern er das überhaupt gewollt hätte. Honecker erhielt auch auf dieses Schreiben keine Antwort.

Statt dessen teilte ihm der stellvertretende Außenminister J. S. Derjabin bei einem Gespräch im Ferienhaus am 16. November 1991 mit, daß der politische und wirtschaftliche Druck der Bundesregierung auf allen Gebieten wachse, »auch bezogen auf die Frage nach der Rückführung E. Honeckers«. Für die russische Seite wäre die beste Lösung »die freie Entscheidung E. H., nach Deutschland zurückzukehren, natürlich verbunden mit entsprechenden Bedingungen«. Honecker erwiderte, »er gehe jetzt nicht nach Deutschland zurück« und habe dafür »einen entscheidenden politischen Grund«: Die DDR dürfe nicht »neuen Demütigungen ausgesetzt werden, indem man das ehemalige Staatsoberhaupt der DDR der BRD-Regierung zur Verurteilung übergibt«.

Am Abend des 10. Dezember 1991 empfingen die Honeckers erneut Besuch, diesmal den Justizminister Nikolai Fjodorow. Der übergab Erich Honecker zur Gegenzeichnung einen »Auslieferungsbeschluß« mit der Aufforderung, Rußland »nicht später als bis zum 13. Dezember 1991« zu verlassen. Andernfalls werde er »gewaltsam nach der BRD ausgeliefert« werden. Am selben Abend protestierte Honecker in gleichlautenden Schreiben an Jelzin und Gorbatschow gegen diese Verfügung, da sie »völkerrechtlichen Bestimmungen widerspricht«. Am folgenden Tag holte die Ehefrau des chilenischen Botschafters Clodomiro Almeyda, der nach dem blutigen Pinochet-Putsch in seiner Heimat zwischen 1976 und 1987 als Emigrant in der DDR gelebt hatte, das Ehepaar Honecker trotz Hausarrests in ihrer Unterkunft mit einem Diplomatenfahrzeug ab und brachte sie im exterritorialen Botschaftsgebäude in Sicherheit.

In den kommenden Monaten entwickelte sich in Chile ein massiver innenpolitischer Streit, ob ein lebensbedrohlich erkrankter ausländischer Politiker entgegen seinem erklärten Willen an seine politischen Gegner ausgeliefert werden dürfe, obwohl er Tausenden Chilenen während der Diktatur Augusto Pinochets in den siebziger und achtziger Jahren Asyl geboten hatte. Zudem bestätigte eine Untersuchung Erich Honeckers in der Moskauer Botkinskaja-Klinik im Februar 1992 den Verdacht auf Leberkrebs und dokumentierte damit die begrenzte Lebenserwartung Erich Honeckers.[59] In wiederholten Noten forderte die Bonner Regierung dessenungeachtet in Moskau und Santiago die Auslieferung Honeckers – unter Zusage eines rechtsstaatlichen Verfahrens und fairen Prozesses, nachdem Anfang Juni 1992 die Berliner Staatsanwaltschaft nach Abschluß ihrer eigenen Ermittlungen Anklage gegen Erich Honecker, Erich Mielke, Willi Stoph, Heinz Keßler, Fritz Streletz und Hans Albrecht wegen gemeinschaftlichen Totschlags an der innerdeutschen Grenze beziehungsweise an der Berliner Mauer erhoben hatte.

Clodomiro Almeyda, der sich weigerte, Erich Honecker zum Verlassen der Botschaft zu zwingen, wurde im April 1992 von Sonderbotschafter James Holger abgelöst, der unter dem Eindruck des wachsenden deutschen und russischen Drucks einen sehr viel härteren Ton gegenüber den Honeckers anschlug. Da Honecker wiederholten Vorschlägen, die Botschaft freiwillig zu verlassen und nach Deutschland zu reisen, nicht folgen wollte und das von nordkoreanischer Seite erfolgte Asylangebot am russischen Einspruch scheiterte, die Überstellung zum Flughafen, wo bereits eine Sondermaschine aus Pjöngjang wartete, ohne deutsche Zustimmung zuzulassen, kam es am 29. Juli 1992 zur offiziellen Aufhebung des Gaststatus' der Honeckers in der chilenischen Botschaft und damit zu deren Übergabe an russische Regierungsvertreter, die sich bereits im Botschaftsgebäude aufhielten.[60]

Erich Honecker protestierte gegen diese Maßnahme, da er zu Recht davon ausging, daß ihn die Russen sofort an

Deutschland ausliefern würden. Botschafter Holger widersprach ihm nach dem Zeugnis Margot Honeckers »ziemlich heftig« und rabulistisch: »Sie unterstellen uns die Auslieferung an Deutschland, jetzt geht es um die Auslieferung an Rußland, nicht an Deutschland. Wir haben die russischen Behörden gebeten, daß sie dies würdig vollziehen sollen, wir begleiten Sie an den vereinbarten Punkt.«[61] Zehn Minuten Zeit gaben die Chilenen und Russen den Honeckers, um ihre Sachen zu packen. Dann verließ Erich Honecker nachmittags um halb fünf in Begleitung von James Holger das Botschaftsgebäude. Der infolge seiner Krankheit stark abgemagerte Mann trug eine Aktentasche und einen Trenchcoat im linken Arm, hob die rechte Faust zum kommunistischen Kampfgruß und lächelte den Journalisten entgegen, die in größerer Zahl erschienen waren, um dieses Schauspiel zu beobachten. Margot Honecker blieb in der Botschaft zurück. Sie hatte mit ihrem Mann abgesprochen, daß sie zunächst nach Chile reisen werde, um dort mit politischen Freunden die Asyldebatte in ihrem Sinn beeinflussen zu können. Ein russisches Sonderflugzeug brachte Erich Honecker noch am selben Abend nach Berlin.

Erich Honecker wurde wieder in das Untersuchungsgefängnis des Landgerichts Berlin-Moabit eingeliefert – wo er schon 55 Jahre zuvor während seines Hochverratsprozesses vor dem nationalsozialistischen Volksgerichtshof gesessen hatte. Eine sofort vorgenommene Untersuchung im Krankenhaus der Berliner Haftanstalten bestätigte den bereits in Moskau erhobenen Leberbefund: »Rundherd mit einem Durchmesser von etwa 5 cm, wobei differentialdiagnostisch eine Solitärmetastase bei dem bekannten Nierenleiden (bösartige Nierengeschwulst) in Betracht kommt«. Die nun folgenden Monate in Berlin sollten für Erich Honecker eine schwer erträgliche und menschenunwürdige Zeit der öffentlichen Debatte über seinen Gesundheitszustand, seinen fortschreitenden körperlichen und seelischen Verfall, schließlich seines langen Sterbens werden. Etliche Gutachten wurden von Gericht und Verteidigung in Auftrag gegeben, um Honeckers Haft- und spätere Verhandlungsfähigkeit zu überprüfen. Am 30. Juli 1992 bat der Vorsitzende Richter der für den Fall Honecker zuständigen 27. Strafkammer, Hansgeorg Bräutigam, den Berliner Rechtsmediziner Professor Volkmar Schneider um die erste dieser Beurteilungen und forderte diesen ausdrücklich auf, dabei »das hohe Alter, die völlig neue Situation und eine zu erwartende mindestens zweijährige Verfahrensdauer einer Hauptverhandlung zu berücksichtigen, die keinesfalls vor Ende Oktober 1992 überhaupt beginnen kann«. Nach einem ersten Gutachten vom 26. August, in dem Schneider Honecker eingeschränkte Verhandlungsfähigkeit bescheinigte, jedoch zugleich feststellte, daß er keineswegs bis zum Prozeßende werde durchhalten können, kam er in einem weiteren Gutachten vom 12. Oktober 1992 wegen der Vergrößerung des Krebsherdes und der nicht länger zu übersehenden depressiven Verstimmung Honeckers zur Auffassung, daß »eine Haftverschonung aus ärztlicher Sicht zu begrüßen« wäre. Doch trotz Haftentlassung werde Honecker einer zweijährigen Verhandlung kaum folgen können.

Selbst diese Diagnose schreckte das Gericht nicht ab. Am 12. November 1992 eröffnete die Strafkammer die Hauptverhandlung gegen Erich Honecker und seine Mitangeklagten und schloß sich damit der Argumentation der Staatsanwaltschaft an, »Honecker habe ein Leiden, das unabhängig von der Verhandlung zum Tode führe«. Demnach, so die bemerkenswert inhumane Schlußfolgerung, könne ihm der Prozeß gemacht werden, weil ja nicht dieser tödlich sei, sondern die Krebserkrankung.[62] Statt den Hauptangeklagten in die Obhut seiner Familie zu entlassen und ihm so das öffentliche Sterben zu ersparen, wie seine Anwälte forderten und das Bundesverfassungsgericht in einschlägigen Entscheidungen in anderer Sache wiederholt begründet hatte, war die Strafkammer entschlossen, durchzuprozessieren – mal drei Stunden pro Verhandlungstag, mal nur wenige Minuten, weil die Erschöpfung der Angeklagten eine längere Dauer nicht zuließ.

Am 3. Dezember 1992 trug Erich Honecker vor dem Gericht, mehr aber noch vor der Öffentlichkeit, den alten Genossen und dem eigenen Gewissen, in einer langen Erklärung seine Sicht der deutschen Geschichte, der Blockkonfrontation und aller daraus erwachsenen Kalamitäten in den Nachkriegsjahrzehnten vor. Er warf Justiz und Bundesregierung vor, mit diesem Prozeß politische Ziele zu verfolgen, »den totgesagten Sozialismus noch einmal zu töten«. Die Resonanz auf diese Rechtfertigungsrede entsprach dem eingeübten Lagerdenken des Kalten Kriegs. In der konservativen *Welt* kommentierte Enno von Löwenstern: »Seit er [der Sozialismus] real existiert, hat er seine Grenzen gesperrt, Stacheldrahtzäune, Posten mit Maschinenpistolen und sogar eine Mauer und ein beispielloses Terrorsystem errichtet, um die Unterworfenen als Zwangsarbeiter in einem riesigen KZ einzusperren und auszubeuten.«[63] In der liberalen *Süddeutschen Zeitung* urteilte Heribert Prantl: »Seine Verteidigungsrede war ein Zeugnis für Starrsinn, ohne eine Spur von Einsicht und Mitleid. Dies hatte auch niemand im Ernst erwarten können. Immerhin: Die Rede war penibel und akkurat, eine ordentliche Zusammenfassung der einschlägigen Argumente.«[64] Allein in der linksalternativen *Tageszeitung (taz)* kam der Zeithistoriker Götz Aly zu einer insgesamt positiveren Bewertung: »Viele gestrige Einschätzungen des ehemaligen Staatsrats- und Parteivorsitzenden mögen irrig oder halbwahr sein, doch wird darüber nicht die Justiz, sondern die kritische Zeitgeschichtsforschung der

nächsten Jahrzehnte befinden müssen. Dennoch: Erich Honecker wahrte seine Chance. [...] Mit dieser Rede gewann Erich Honecker seine persönliche Ehre zurück.«[65]
Und darum ging es ihm im Kern. Der weitere Fortgang dieses Gerichtsverfahrens bewegte Honecker im Inneren wohl nicht mehr. Mitte Dezember 1992 stellte Professor Schneider in einem erneuten Gutachten fest: »Bei Herrn Erich Honecker besteht ein Zustand, wo sich Leben und Sterben überlappen. [...] An einer solche Annahme ist aufgrund des jetzigen Verlaufs nicht ernsthaft zu zweifeln.« Richter Bräutigam gab der Verteidigung gleichwohl zu verstehen, daß auch dieser Befund ihn nicht umstimmen werde. Doch dann stolperte er über eine Unbedachtheit. Er übergab am 21. Dezember einem Anwalt Honeckers einen Berliner Stadtplan mit der Bitte, der Hauptangeklagte möge ihn doch für einen Schöffen mit einem Autogramm versehen. Als der Richter die Frage eines Nebenklägeranwalts, worüber er mit dem Verteidiger gesprochen habe, mit dem abwiegelnden Hinweis beantwortete, es sei um »eine Postfrage« gegangen, hatte die Verteidigung Honeckers nun endlich zwei gewichtige Argumente in der Hand, das Verfahren jedenfalls in seiner bisherigen Form zu beenden. Am 23. Dezember stellte sie den Antrag, den Vorsitzenden Richter Bräutigam wegen Befangenheit abzulehnen und reichte am 29. Dezember beim Berliner Verfassungsgerichtshof einen Antrag auf Erlaß einer einstweiligen Anordnung ein, das Verfahren gegen Erich Honecker von den übrigen Verfahren abzutrennen und durch Urteil einzustellen: »Die Tatsache, daß der [...] Gerichtssaal für den Angeklagten zum Sterbezimmer werden soll, daß eine große Öffentlichkeit an seinem ständigen Schwächerwerden teilhat, er im Sterben noch vor die Öffentlichkeit gezerrt wird und das Strafverfahren zur Strafe verkommt und seines Erkenntnischarakters entkleidet wird, verletzt die Menschenwürde des Angeklagten.«

Dann ging es Schlag auf Schlag. Am 5. Januar 1993 wurde dem Vorsitzenden Richter Hansgeorg Bräutigam die Verhandlungsführung wegen Befangenheit entzogen. Am 7. Januar entschied die Strafkammer unter ihrem neuen Vorsitzenden Hans Boß, das Verfahren gegen Erich Honecker abzutrennen. Am 12. Januar forderte das Berliner Verfassungsgericht die Einstellung dieses Verfahrens und die Haftentlassung Honeckers. Am selben Abend folgte die Strafkammer wegen der nun plötzlich gegebenen Eilbedürftigkeit durch einen Beschluß außerhalb der Hauptverhandlung der Entscheidung des Verfassungsgerichts. Die Staatsanwaltschaft legte sofortige Beschwerde ein und beantragte einen weiteren Haftbefehl gegen Erich Honecker wegen »Vertrauensmißbrauchs«, das heißt wegen der längst fallengelassenen Vorwürfe der ungerechtfertigten Bereicherung im Wandlitzer Siedlungsladen. Am selben Abend besuchte auch der Berliner Krebsspezialist Professor Peter Althaus ohne Wissen der Anwälte Erich Honecker in der Zelle und besprach mit ihm unter ausdrücklichem Hinweis auf seine ärztliche Schweigepflicht »wesentliche Aspekte seiner Krankheit und einer möglichen Behandlung«. Am 13. Januar teilte er dem Gefängnisarzt, der Berliner Justizsenatorin Jutta Limbach (SPD) und der Strafkammer mit, Honecker habe nach einer durchaus möglichen Operation »rein statistisch gesehen eine 50%ige Chance, 5 Jahre tumorfrei zu leben« – es könne also gegen ihn weiterverhandelt werden. Doch die Strafkammer ließ sich auf keines dieser Störmanöver mehr ein und faxte dem Honecker-Verteidiger Friedrich Wolff in der Mittagsstunde des 13. Januar den Beschluß zu, daß weder ein neuer Haftbefehl erlassen noch der Beschwerde der Staatsanwaltschaft stattgegeben werde.

Erich Honecker wurde am Nachmittag desselben Tages aus der Untersuchungshaft entlassen und mit einer Polizeikolonne zum Flughafen Tegel gebracht. Dort startete um 20.25 Uhr eine Boeing 747 der brasilianischen Fluggesellschaft »Varig« und brachte ihn, begleitet von zwei Sicherheitsbeamten und dem früheren SEW-Funktionär Klaus Feske, nach einem Zwischenstopp in Frankfurt/Main nach São Paulo in Brasilien. 22 Stunden nach seinem Abflug in Berlin traf Erich Honecker in Santiago de Chile ein. Dort verlas er eine Erklärung, die er im Flugzeug geschrieben hatte: »Es fällt mir schwer, jetzt auszudrücken, was mich bewegt. Hinter mir liegen seit Juli 1989 viele Krankenhausaufenthalte und mehr als fünf Monate Gefängnishaft. Gleich zu Beginn dieser Zeit erhielt ich Kenntnis von meiner unheilbaren Krankheit. [...] Ich habe nicht mehr geglaubt, daß ich meine Frau, die auch meine tapfere und treue Mitstreiterin ist, noch einmal wiedersehen würde. Damit erfüllt sich mein letzter persönlicher Wunsch. Ich danke dem chilenischen Volk und seiner Regierung dafür, daß sie mir diesen Wunsch erfüllen.«[66]

Nach einem abermaligen Krankenhausaufenthalt in der Klinik Las Condes zog Erich Honecker mit seiner Frau im Osten Santiagos in den Stadtteil La Reina. In der von einer Mauer umschlossenen und durch Wachleute gesicherten Wohnsiedlung »Condominio Andalue« bewohnten sie in der Calle Carlos Silva Vildosola ein Fünfzimmerhaus, das ihre Tochter vom elterlichen Sparguthaben gekauft hatte. Am 12. Juli 1993 erteilte die Regierung Erich Honecker mit dem Zertifikat 5503 eine dauerhafte Aufenthaltserlaubnis. Als Berufsbezeichnung wurde eingetragen: »Ex-Presidente«[67]. Eine ursächliche medizinische Behandlung Honeckers war nicht mehr möglich. Der Arzt seines Vertrauens, Dr. Miguel Puccio, dessen Eltern als Emigranten in der DDR gelebt hatten, beschränkte sich wegen des schnell wachsenden Leberkrebses auf die Durchführung von Bluttransfusionen, die Verabreichung von Medikamenten gegen Bluthochdruck, Herzbeschwerden und Depressionen.⁶⁸ Am 5. Dezember wurde Honecker bewußtlos in die Klinik eingeliefert. Er erhielt einen Herzschrittmacher eingesetzt und eine Magensonde gelegt, um ihn künstlich ernähren zu können.⁶⁹ Seit Mitte April 1994 mußte Honecker zeitweilig auch künstlich beatmet werden. Am 29. Mai starb er um 8.20 Uhr in seiner Wohnung. Der Leichenbeschauer Ramon Candia Morales stellte die Todesurkunde 103/1994 aus. Auf dem Zentralfriedhof von Santiago wurde Erich Honecker nach einer Trauerfeier eingeäschert. Der Sarg trug die Flagge der DDR, das Abschiedslied war die »Internationale«. Der Wunsch Honeckers, im saarländischen Wiebelskirchen an der Seite seiner Eltern beerdigt zu werden, wurde nicht erfüllt.⁷⁰ Vielleicht, weil sich Margot Honecker von der Asche ihres Mannes nicht trennen wollte. Ganz sicher aber, weil es das Familiengrab nicht mehr gibt. Es wurde vor Jahren eingeebnet.

Anmerkungen

Vorrede

1 Die Ermittlungs- und Gerichtsakten in der »Strafsache gegen Honecker und andere« (Aktenzeichen: Js 527–10/1992) liegen im Archiv der Generalstaatsanwaltschaft beim Landgericht Berlin-Moabit.
2 Kopie des Redemanuskripts im Archiv des Autors. Mit geringen Abweichungen siehe auch Honecker, Erich: Politische Erklärung, Hamburg 1992, passim.
3 Die zitierten Unterlagen befinden sich als Kopien sämtlich im Archiv des Autors.

1912–1933

1 Die folgenden Daten ergeben sich aus den Melde- und Hypothekarverzeichnissen der Gemeinde Wiebelskirchen. Die Angaben zu den Lebensbedingungen der Familie Honecker machte Gertrud Hoppstädter, geborene Honecker, im Sommer 1985 gegenüber dem Autor.
2 Lippmann, Heinz: Honecker – Porträt eines Nachfolgers, Köln 1971, S. 11 und 13.
3 Vergleiche zu den Einkommen und den Preisen vor dem Ersten Weltkrieg etwa: Statistisches Jahrbuch für das Deutsche Reich, 31. Jahrgang 1912, Berlin 1912, S. 79.
4 Marzen, Walter: Die saarländische Eisen- und Stahlindustrie 1430–1993, Saarbrücken 1994, S. 31.
5 Ebd., S. 36.
6 Gabel, K. A.: Kämpfe und Werden der Hüttenarbeiterorganisationen an der Saar, Saarbrücken 1921, S. 70.
7 Dülmen, van Richard (Hrsg.): Leben und Arbeiten in einer Industrieregion 1840–1914, München 1989, S. 140.
8 Meiser, Gerd: Stahl aus Neunkirchen. Zur Geschichte des Neunkircher Eisenwerkes, Saarbrücken 1982, S. 50.

9 Ebd., S. 50.
10 Dülmen, van Richard (Hrsg.): a. a. O., S. 141.
11 Hundert Jahre Neunkircher Eisenwerk unter der Firma Gebrüder Stumm, Saarbrücken 1906.
12 Dülmen, van Richard (Hrsg.): a. a. O., S. 113.
13 Ebd., S. 110.
14 Ebd., S. 109, zitiert aus Böckler, Hans: Es werde Licht, 1906.
15 Diese Zahlenangaben stützen sich auf verschiedene Volks-, Berufs- und Betriebszählungen, die im einzelnen nachgewiesen werden bei Bies, Luitwin: Klassenkampf an der Saar 1919–1935, Frankfurt/Main 1978, S. 20 f.
16 Triem, Jakob: Im Schein der Grubenlampe. Aus dem Tagebuch eines Bergmannes, Bochum o. J., zitiert bei Dülmen, van Richard (Hrsg.): a. a. O., S. 99 f.
17 Ebd., S. 100.
18 Andert, Reinhold/Herzberg, Wolfgang: Der Sturz, Berlin 1990, S. 110 f.
19 Ebd., S. 108.
20 Ebd., S. 111.
21 Ebd., S. 115.
22 Ebd., S. 106.
23 Ebd., S. 115.
24 Honecker, Erich: Aus meinem Leben, Berlin 1980, S. 6.
25 Ebd., S. 6.
26 Gspräch mit Gertrud Hoppstädter, geborene Honecker, im Sommer 1985.
27 Honecker, Erich: Aus meinem Leben, a. a. O., S. 7 f.
28 Zum folgenden Gietinger, Klaus: Eine Leiche im Landwehrkanal. Die Ermordung der Rosa L., Berlin 1995, passim.
29 Honecker, Erich: Aus meinem Leben. a. a. O., S. 8.
30 Ebd., S. 9.
31 Bies, Luitwin: a. a. O., S. 11 f.
32 Gespräche des Autors in Wiebelskirchen, Juni 1985.
33 Bies, Luitwin: a. a. O., S. 28.
34 Ebd., S. 29.
35 Andert, Reinhold/Herzberg, Wolfgang: a. a. O., S. 108 f.
36 Lippmann, Heinz: a. a. O., S. 18.

37 Andert, Reinhold/Herzberg, Wolfgang: a. a. O., S. 116.
38 Borkowski, Dieter: Erich Honecker. Statthalter Moskaus oder deutscher Patriot?, München 1987, S. 19.
39 Die folgenden Beurteilungen Erich Honeckers finden sich in der Saarbrücker Zeitung vom 23. 8. 1977 im Beitrag von Voltmer, Erich: »Der Erich konnte einfach nicht heulen«.
40 Nach den Unterlagen der evangelischen Kirchengemeinde Wiebelskirchen trat Wilhelm Honecker 1921 aus der Kirche aus. Sein Sohn Erich vollzog den gleichen Schritt am 12. 1. 1929.
41 Diese und die folgenden Angaben über seine Schulzeit machte Erich Honecker in seinem Buch Aus meinem Leben, a. a. O., S. 15 ff., und bei Andert, Reinhold/Herzberg, Wolfgang: a. a. O., S. 119 ff. Sie wurden im wesentlichen durch Gespräche des Autors in Wiebelskirchen im Sommer 1985 und 1987 bestätigt.
42 Über das Gruppenleben berichteten ehemalige Mitglieder der kommunistischen Jugendorganisationen dem Autor im Sommer 1987. Bestätigungen dafür finden sich auch in den Angaben Honeckers in: Aus meinem Leben, a. a. O., S. 11 ff.; und bei Andert, Reinhold/Herzberg, Wolfgang: Der Sturz, a. a. O., S. 130 ff.
43 Zitiert bei Honecker, Erich: Aus meinem Leben, a. a. O., S. 12.
44 Auf, auf zum Kampf, zum Kampf!/Zum Kampf sind wir geboren./Auf, auf zum Kampf, zum Kampf!/Zum Kampf sind wir bereit!/Dem Karl Liebknecht haben wir's geschworen,/der Rosa Luxemburg reichen wir die Hand!/Wir fürchten nicht, ja nicht,/den Donner der Kanonen!/Wir fürchten nicht, ja nicht,/die Noske-Polizei!/Den Karl Liebknecht haben wir verloren,/die Rosa Luxemburg fiel durch Mörderhand./Es steht ein Mann, ein Mann,/so fest wie eine Eiche./Er hat gewiß, gewiß,/schon manchen Sturm erlebt./Vielleicht ist er schon morgen eine Leiche,/wie es so vielen unserer Brüder geht.
45 Bei Leuna sind viele gefallen,/bei Leuna floß Arbeiterblut./Da haben zwei Rotgardisten/einander die Treue geschworn,/da haben zwei Rotgardisten/einander die Treue geschworn./

Sie schwuren einander die Treue,/denn sie hatten einander so lieb;/sollte einer von beiden fallen,/daß der andere den Eltern es schrieb./Sollte einer von beiden fallen,/daß der andere den Eltern es schrieb./Da kam eine feindliche Kugel,/die durchbohrte dem einen das Herz./Für die Eltern, da war es ein Kummer,/für den Schupo, da war es ein Scherz./Für die Eltern, da war es ein Kummer,/für den Schupo, da war es ein Scherz.

46 Von all unseren Kameraden war keiner so lieb und so gut,/ wie unser kleiner Trompeter, ein lustiges Rotgardistenblut./ Wir saßen fröhlich beisammen in einer stürmischen Nacht;/ mit seinen Freiheitsliedern hat er uns glücklich gemacht./Da kam eine feindliche Kugel bei seinem fröhlichen Spiel;/mit einem mutigen Lächeln, unser kleiner Trompeter, er fiel./Da nahmen wir Hacke und Spaten und gruben ihm morgens ein Grab,/und die ihn am liebsten hatten, sie senkten ihn stille hinab./Schlaf wohl, du kleiner Trompeter, wir waren dir alle so gut!/Schlaf wohl du kleiner Trompeter, du lustiges Rotgardistenblut.
47 Honecker, Erich: Aus meinem Leben, a. a. O., S. 16.
48 Rühle, Otto: Das proletarische Kind. Eine Monographie, München 1911, passim.
49 Ebd., S. 25 und S. 30 f.
50 Ebd., S. 99 ff.
51 Ebd., S. 136.
52 Ebd., S. 139.
53 Ebd., S. 140.
54 Ebd., S. 142 f.
55 Ebd., S. 150.
56 Ebd., S. 154 f.
57 Ebd., S. 162 ff.
58 Ebd., S. 172 ff.
59 Honecker, Erich: Aus meinem Leben. a. a. O., S. 19.
60 Ebd., S. 17.
61 Ebd., S. 18 f.
62 Erich Honecker – Kandidat der Jugend, in: Junge Welt vom 23. 9. 1954, zitiert bei Lippmann, Heinz: a. a. O., S. 22.
63 Zitiert ebd., S. 23.

64 Andert, Reinhold/Herzberg, Wolfgang: a.a.O., S. 124.
65 Ebd., S. 128.
66 Ebd., S. 135.
67 Bei einer Vernehmung durch einen Untersuchungsrichter am Volksgerichtshof in Berlin sagte Honecker am 25.4.1936 aus, erst 1928 diesen Organisationen beigetreten zu sein. In seinen parteiamtlichen Lebensläufen dagegen findet sich die Jahresangabe 1926. Es liegt auf der Hand, daß Honecker gegenüber einem NS-Richter ein erhebliches Interesse daran haben mußte, seine Parteikarriere so kurz wie möglich erscheinen zu lassen.
68 In Honecker, Erich: Aus meinem Leben, a.a.O., S. 31, heißt es: »Als Dachdecker wurde ich natürlich Mitglied der Gewerkschaft, des Holzarbeiterverbandes.«
69 Ebd., S. 26. Ähnlich auch seine Beschreibung des Arbeitsalltags auf dem Hof bei Andert, Reinhold/Herzberg, Wolfgang: a.a.O., S. 128.
70 Honecker, Erich: Aus meinem Leben, a.a.O., S. 26.
71 Andert, Reinhold/Herzberg, Wolfgang: a.a.O., S. 128 f.
72 Honecker, Erich: Aus meinem Leben, a.a.O., S. 26.
73 Ebd., S. 26.
74 Andert, Reinhold/Herzberg, Wolfgang: a.a.O., S. 129.
75 Honecker, Erich: Aus meinem Leben, a.a.O., S. 30.
76 Ebd., S. 29.
77 Ebd., S. 26.
78 Ebd., S. 26.
79 Voltmer, Erich: »Der Erich konnte einfach nicht heulen«, a.a.O.
80 Honecker, Erich: Aus meinem Leben, a.a.O., S. 26.
81 Ebd., S. 31.
82 Andert, Reinhold/Herzberg, Wolfgang: a.a.O., S. 125.
83 Honecker, Erich: Aus meinem Leben, a.a.O., S. 31.
84 Andert, Reinhold/Herzberg, Wolfgang: a.a.O., S. 135 f. Dort eine fehlerhafte Schreibweise des Nachnamens Nickolay.
85 Honecker, Erich: Aus meinem Leben, a.a.O., S. 25.
86 Ebd., S. 24, und Lippmann, Heinz: a.a.O., S. 27.
87 Lebenslauf Erich Honeckers vom 12.5.1945; Archiv des Autors.

88 Honecker, Erich: Skizze seines politischen Lebens, Frankfurt/Main 1977, S. 9, sowie Honecker, Erich: Aus meinem Leben, a. a. O., S. 24. Bei Bies, Luitwin: a. a. O., S. 48, wird die Ernennung zum Agitations- und Propagandasekretär im KJVD/Saar auf das Jahr 1931 gelegt. Im gleichen Jahr sei Honecker »Politischer Leiter der Bezirksorganisation« geworden. Honecker selbst datierte den Amtsantritt als Agitprop-Leiter des KJVD/Saar in seinem Lebenslauf im Mai 1945 auf das Jahr 1929 und die Beförderung zum Bezirksleiter auf das Jahr 1930. Sofern es sich bei diesen Angaben um dieselben Ämter handeln sollte, was anzunehmen ist, läßt sich die unterschiedliche zeitliche Zuschreibung nicht aufklären. Wahrscheinlich zutreffend ist freilich die Angabe von Bies, soweit sie die Bezirksleitung betrifft, weil diese Funktion kaum von Wiebelskirchen aus wahrzunehmen war.

89 So Honecker in seinem Lebenslauf im Mai 1945. In seinen Lebenserinnerungen Aus meinem Leben, a. a. O., S. 24, gab Erich Honecker ebenfalls an, in der »Bezirksleitung des KJVD des Saargebietes (...) bis zum Sommer 1933 politisch tätig« gewesen zu sein.

90 Honecker, Erich: Aus meinem Leben, a. a. O., S. 24.

91 Voltmer, Erich: »Der Erich konnte einfach nicht heulen«. a. a. O. und, mit offenbar gleicher Quelle, Lippmann, Heinz: a. a. O., S. 36. Honecker merkte in seinen Lebenserinnerungen, a. a. O., S. 25, allerdings an, er sei »kein Heiliger« gewesen und auch »kein Kind von Traurigkeit«. Er habe gelegentlich »gern ein Bier getrunken, obgleich das Geld knapp war«, und »geraucht später ebenfalls«. Erst auf Anraten seiner Ärzte sei er davon wieder abgekommen.

92 Honecker, Erich: Aus meinem Leben, a. a. O., S. 24 f.

93 Lippmann, Heinz: a. a. O., S. 29.

94 Ebd., S. 29.

95 Honecker, Erich: Aus meinem Leben, a. a. O., S. 31.

96 Andert, Reinhold/Herzberg, Wolfgang: a. a. O., S. 136.

97 Lippmann, Heinz: a. a. O., S. 29.

98 Honecker, Erich: Aus meinem Leben, a. a. O., S. 32.

99 Lippmann, Heinz: a. a. O., S. 29 f.

100 Zur Geschichte der Arbeiterjugendbewegung in Deutschland, Berlin 1956, S. 226.
101 Honecker, Erich: Aus meinem Leben, a. a. O., S. 31 f.
102 Stalin, J. W.: Gesamtausgabe, Bd. 7 (1925), Berlin 1952, S. 34.
103 Lippmann, Heinz: a. a. O., S. 26.
104 Chitarow, R.: Der Kampf um die Massen, Bd. 3, Berlin 1929/1931, S. 191.
105 Zur Geschichte der Arbeiterjugendbewegung in Deutschland, a. a. O., S. 172 f.
106 Ebd., S. 25.
107 Honecker, Erich: Aus meinem Leben, a. a. O., S. 32
108 Links, links, links, links! Die Trommeln werden gerührt./Links, links, links, links! Der Rote Wedding marschiert!/Wir tragen die Wahrheit von Haus zu Haus/und jagen die Lüge zum Fenster hinaus,/wie uns die Genossen gelehrt./Wir nähren den Haß, und wir schüren die Glut./Wir heizen die Herzen mit Kraft und Mut,/bis der letzte Prolet uns gehört./Roter Wedding grüßt euch, Genossen,/haltet die Fäuste bereit!/Haltet die roten Reihen geschlossen,/dann ist der Tag nicht mehr weit./Schon erglüht die rote Sonne flammend am Horizont./Kämpft, Genossen, Sturmkolonne! Rot Front! Rot Front!/Links, links, links, links! Ein Lump, wer kapituliert./Links, links, links, links! Der Rote Wedding marschiert!/Sie schlagen uns die Genossen tot,/doch der Wedding lebt, und Berlin bleibt rot./Es wächst unser heimliches Heer./Und holt das Volk seine Freiheit zurück,/dann spürt der Faschist unsre Faust im Genick./Wir entreißen ihm Dolch und Gewehr./Roter Wedding grüßt euch, Genossen,/haltet die Fäuste bereit!/Haltet die roten Reihen geschlossen,/dann ist der Tag nicht mehr weit./Schon erglüht die rote Sonne flammend am Horizont./Kämpft, Genossen, Sturmkolonne! Rot Front! Rot Front!
109 Andert, Reinhold/Herzberg, Wolfgang: a. a. O., S. 130.
110 Ebd., S. 130. In seinem Lebenslauf vom Mai 1945 sowie in seinem Lebenslauf im Februar 1946 gab Honecker als Jahr des Parteieintritts 1930 an. Im gleichen Jahr sei er Mitglied des Roten Frontkämpferbundes und der Roten Hilfe geworden. In die Revolutionäre Gewerkschaftsopposition (RGO)

sei er »später« eingetreten. Da Honecker 1989 für seine sechzigjährige Parteimitgliedschaft geehrt wurde, ist als Parteieintritt aber doch eher das Jahr 1929 anzunehmen.
111 Ebd., S. 139, sowie Honecker Erich: Aus meinem Leben, a. a. O., S. 35.
112 Voltmer, Erich: »Der Erich konnte einfach nicht heulen«, a. a. O.
113 Honecker, Erich: Aus meinem Leben, a. a. O., S. 35 f., sowie Andert, Reinhold/Herzberg, Wolfgang: a. a. O., S. 139.
114 Honecker, Erich: Aus meinem Leben, a. a. O., S. 36.
115 Ebd., S. 36.
116 Ebd., S. 36.
117 Ebd., S. 38.
118 Ebd., S. 37.
119 Ebd., S. 43.
120 Andert, Reinhold/Herzberg, Wolfgang: a. a. O., S. 142.
121 Ebd., S. 144.
122 Roy Medwedew: Die Wahrheit ist unsere Stärke. Geschichte und Folgen des Stalinismus, Frankfurt/Main 1973, passim.
123 Andert, Reinhold/Herzberg, Wolfgang: a. a. O., S. 144, sowie Honecker, Erich: Aus meinem Leben, a. a. O., S. 38.
124 Ebd., S. 41.
125 Ebd., S. 41 sowie Honecker, Erich: Ein Leben für das Volk, Berlin 1987, S. 32.
126 Andert, Reinhold/Herzberg, Wolfgang: a. a. O., S. 129.
127 Ebd., S. 144.
128 Insgesamt dazu Honecker, Erich: Aus meinem Leben, a. a. O., S. 42.
129 Stökl, Günther: Russische Geschichte. Stuttgart 1990, S. 712 ff.
130 Honecker, Erich: Aus meinem Leben, a. a. O., S. 39
131 Andert, Reinhold/Herzberg, Wolfgang: a. a. O., S. 144.
132 Gespräch mit Pawel Sudoplatow im Mai 1994 in Moskau.
133 Außerordentliche Kommission gegen Konterrevolution und Sabotage.
134 Vereinte Staatliche Politische Verwaltung. Daß er in dieser Funktion auch Lenin-Schüler für den sowjetischen Nach-

richtendienst angeworben hat, räumte er gegenüber dem Autor nicht ein. Tatsache jedoch ist, daß Kursanten, die Anfang der dreißiger Jahre an Komintern-Einrichtungen in der Sowjetunion militärisch ausgebildet worden sind, »von der sowjetischen Staatssicherheit bzw. dem Militärgeheimdienst überworben wurden. Sie kehrten dann in der Regel mit Spezialaufträgen nach Deutschland zurück« (siehe Autorenkollektiv: Der Nachrichtendienst der KPD 1919–1937, Berlin 1993, S. 192 f.). In seinen Gesprächen mit Reinhold Andert und Wolfgang Herzberg erzählte Erich Honecker 1990, allerdings ohne Orts- und Zeitangabe, daß die Sowjets auch ihn »für ihren Nachrichtendienst einspannen wollten«. Diesen Anwerbungsversuch habe er allerdings »abgelehnt« (siehe Andert, Reinhold/Herzberg, Wolfgang: a.a.O., S. 249). Gleichwohl erklärte sich für ihn seine Berufung zum Jugendsekretär der KPD unmittelbar nach Kriegsende in erster Linie durch sowjetische Protektion. Er sei »durchaus der Meinung«, erläuterte er den beiden Autoren, daß die Sowjets seinem »Einsatz nicht nur zugestimmt« haben, »sondern mich auch aufgrund meines früheren Besuches der Internationalen Lenin-Schule kannten. Das scheint mir das Geheimnis zu sein, daß ich allen Widerständen zum Trotz ab 1945 in einer ständig steigenden Linie meine Arbeit für die Partei und anfangs im Jugendverband mit Erfolg erfüllen konnte« (siehe Andert, Reinhold/Herzberg, Wolfgang: a.a.O., S. 204).

135 Weber, Hermann: »Weiße Flecken« in der Geschichte. Die KPD-Opfer der Stalinschen Säuberungen und ihre Rehabilitierung, Frankfurt/Main 1989, S. 11 ff.
136 Ministerium für Innere Angelegenheiten.
137 Honecker, Erich: Aus meinem Leben, a.a.O., S. 41.
138 Müller, Reinhard: Menschenfalle Moskau. Exil und stalinistische Verfolgung, Hamburg 2001, S. 104 ff.
139 SED-Zentralorgan Neues Deutschland vom 5.4.1971.
140 Honecker, Erich: Aus meinem Leben, a.a.O., S. 43.
141 Zitiert bei Borkowski, Dieter: a.a.O., S. 46 f.
142 Honecker, Erich: Aus meinem Leben, a.a.O., S. 43.
143 Andert, Reinhold/Herzberg, Wolfgang: a.a.O., S. 138.

144 Bies, Luitwin: a. a. O., S. 47 f.
145 Mühlen, Patrik von zur: »Schlagt Hitler an der Saar!«. Abstimmungskampf, Emigration und Widerstand im Saargebiet 1933–1935, Bonn 1979, S. 53.
146 Bies, Luitwin: a. a. O., S. 47.
147 Dünow, Hermann: Der Rote Frontkämpferbund. Die revolutionäre Schutz- und Wehrorganisation des deutschen Proletariats in der Weimarer Republik, Berlin 1958, passim.
148 Zitiert bei Mühlen, Patrik von zur: a. a. O., S. 54.
149 Zitiert bei Bies, Luitwin: a. a. O., S. 49.
150 Honecker, Erich: Aus meinem Leben, a. a. O., S. 60.
151 Mühlen, Patrick von zur: a. a. O., S. 48.
152 Bies, Luitwin: a. a. O., S. 104.
153 Mühlen, Patrik von zur: a. a. O., S. 54.
154 Bies, Luitwin: a. a. O., S. 207 f.
155 Mühlen, Patrik von zur: a. a. O., S. 52.
156 Ebd., S. 50.
157 Honecker, Erich: Aus meinem Leben, a. a. O., S. 48, nannte als Termin »Ende 1931«; dagegen verlegte Wera Küchenmeister in ihrem parteiamtlich abgesegneten Porträt: Erich Honecker, in: Fritz Selbmann (Hrsg.): Die erste Stunde, Berlin 1969, S. 206, den Amtsantritt schon auf den »Herbst 1931« vor. In seinem Lebenslauf im Mai 1945 gab Honecker für diese Funktionsübernahme sogar das Jahr 1930 an, also die Monate vor seiner Abreise nach Moskau. Diese zeitlichen Abweichungen lassen sich nicht mehr aufklären. Wahrscheinlich allerdings erfolgte die Beförderung zum Bezirksleiter des KJVD wie bei anderen Lenin-Schülern erst nach der Rückkehr aus der Sowjetunion, also im Herbst 1931.
158 Honecker, Erich: Aus meinem Leben, a. a. O., S. 48.
159 Voltmer, Erich: »Begegnung vor 40 Jahren«, in: Saarbrücker Zeitung vom 5. 5. 1971.
160 Statistisches Reichsamt (Hrsg.): Statistische Jahrbücher für das Deutsche Reich, Berlin 1931, 1932, 1933.
161 Honecker, Erich: Aus meinem Leben, a. a. O., S. 48.
162 Ebd., S. 48.

163 Ebd., S. 49.
164 Ebd., S. 50.
165 Arbeiter-Zeitung vom 20./21. 9. 1931.
166 Ebd.
167 Honecker, Erich: Der Kommunistische Jugendverband zum 1. Freiheitskongreß gegen nationale und soziale Unterdrückung an der Saar, 15. 11. 1931, in: Der Weg zur Freiheit, Saarbrücken o. J.
168 Mühlen, Patrik von zur: a. a. O., S. 52 ff.
169 Honecker, Erich: Aus meinem Leben, a. a. O., S. 53.
170 Ebd., S. 53.
171 Ebd., S. 89.
172 Ebd., August 1933.
173 Arbeiter-Zeitung vom 16. 6. 1934.
174 Honecker, Erich: Aus meinem Leben, a. a. O., S. 67.
175 Ebd., S. 68, und Gespräche des Autors mit Zeitzeugen in Wiebelskirchen und Neunkirchen im Oktober 2001.
176 Wehner, Herbert: Zeugnis, Köln 1982, S. 107 f.
177 Mühlen, Patrik von zur: a. a. O., S. 111.
178 Wehner, Herbert: a. a. O., S. 108 f.
179 Ebd., S. 111 ff.
180 Andert, Reinhold/Herzberg, Wolfgang: a. a. O., S. 138.
181 Honecker, Erich: Aus meinem Leben, a. a. O., S. 80 f.
182 Diese Kaderakte und die im folgenden angesprochenen Dokumente befinden sich als Kopien im Archiv des Autors. Gründlicher dazu Müller, Reinhard: Die Akte Wehner. Moskau 1937 bis 1941, Berlin 1993; Völklein, Ulrich: »Ich bin ein Gebrannter«. Die Lebenskrisen des Herbert Wehner, Hamburg 2000; Scholz, Michael F.: Herbert Wehner in Schweden 1941–1946, Berlin 1997.
183 Als Kopie im Archiv des Autors.

1933–1945

1 Honecker, Erich: Aus meinem Leben, a. a. O. S. 55 f.
2 Andert, Reinhold/Herzberg, Wolfgang: a. a. O., S. 151.
3 Ebd., S. 154.
4 Honecker, Erich: Aus meinem Leben, a. a. O., S. 57.

5 Andert, Reinhold/Herzberg, Wolfgang: a. a. O., S. 138.
6 Honecker, Erich: Aus meinem Leben, a. a. O., S. 58 f.
7 Ebd., S. 58.
8 Ebd.
9 Eigene Angaben Honeckers in seinem Lebenslauf vom 12. 5. 1945; Archiv des Autors.
10 Honecker, Erich: Aus meinem Leben, a. a. O., S. 59.
11 Ebd. und mehrere Angaben der Stapo-Leitstelle Trier im Rahmen der Ermittlungsverfahren gegen Erich Honecker seit 1934. Kopien der Ermittlungs-, Gerichts- und Vollzugsakten befinden sich im Archiv des Autors.
12 Beschuldigtenvernehmung Erich Honeckers durch den Amts- und Landrichter Rehse am 27. 4. 1936, AZ: 17 J. 28/36; Archiv des Autors.
13 Andert, Reinhold/Herzberg, Wolfgang: a. a. O., S. 138.
14 Honecker, Erich: Aus meinem Leben, a. a. O., S. 59.
15 Ebd., allerdings verschwieg Honecker in seinen Lebenserinnerungen die spätere Verfolgung Müllers, den er mit seinem Rufnamen »Kutschi« einführte, wohl um eine besondere Nähe und Vertrautheit mit ihm in den dreißiger Jahren zu dokumentieren.
16 Ebd., S. 66.
17 Ebd. und: Illegale Treffen mit Herbert in der »Heimlichen Liebe«, in: Westdeutsche Allgemeine Zeitung, Essen, 5. 9. 1987.
18 Zitiert bei Honecker, Erich: Aus meinem Leben, a. a. O., S. 66.
19 Ebd.
20 Kaiser, Ewald: Junge Kommunisten und Katholiken – eine Front, in: Junge Welt, Berlin, 15. 6. 1963.
21 Honecker, Erich: Aus meinem Leben, a. a. O., S. 67, und Urteil des 1. Strafsenats des OLG Hamm gegen Robert Klein u. a. am 13. 10. 1934, AZ: O. J. 155/34; Kopie im Archiv des Autors. Honecker gehörte nicht zu den Angeklagten, weil er sich zwischenzeitlich wieder ins Saargebiet abgesetzt hatte.
22 Honecker, Erich: Aus meinem Leben, a. a. O., S. 69.
23 Ebd., S. 68.

24 Rother, Thomas: Zusammen mit Honecker in Essen 1933/34 im Untergrund – Zeitzeugen berichten, in: Westdeutsche Allgemeine Zeitung, Essen, 5. 9. 1987.
25 Honecker, Erich: Aus meinem Leben, a. a. O., S. 69.
26 Laut Westdeutsche Allgemeine Zeitung, Essen, 5. 9. 1987, handelte es sich dabei um Andreas Grimm.
27 Laut ebd. handelte es sich dabei um Elisabeth Grimm.
28 Honecker, Erich: Aus meinem Leben, a. a. O., S. 71 f.
29 Ebd., S. 72.
30 Ebd., S. 73.
31 In seinem Fragebogen vom 16. 2. 1946, den Erich Honecker wie alle KPD-Mitglieder in der sowjetisch besetzten Zone zum Zweck der Überprüfung ihrer politischen Verfolgung und ihrer militärischen Verwendung während der NS-Zeit vor der SED-Gründung ausfüllen mußte, gab er an, »3x zwischen 1933–35 verhaftet« worden zu sein. Nachweisbar sind nur diese Festnahme in Essen am 15. 2. 1934 und seine Verhaftung am 4. 12. 1935 in Berlin; Kopie des Fragebogens im Archiv des Autors. Bei Andert, Reinhold/Herzberg, Wolfgang: a. a. O., S. 159, erwähnte Honecker undatiert eine dritte Festnahme in der damaligen Adolf-Hitler-Straße in Gelsenkirchen. Unter dem Vorwand, er habe eine Brieftasche gestohlen, sei er auf ein Polizeirevier geführt und dort durchsucht worden. Dabei sei ein »wertvolles Skript«, das er bei sich hatte, nicht gefunden worden. »Pro forma« habe man ihn freigelassen und versucht, ihn weiter zu beobachten: »Das war die Beendigung meiner illegalen Tätigkeit im Ruhrgebiet.« Über diese Festnahme in Gelsenkirchen gibt es keinen Hinweis in den Ermittlungs- oder Strafakten Honeckers.
32 Honecker, Erich: Aus meinem Leben. a. a. O., S. 73, und Schreiben der Gestapo Düsseldorf an den Untersuchungsrichter des Volksgerichtshofes, Amts- und Landrichter Rehse, vom 19. 6. 1936, AZ: II 1 A/4877/36; Kopie des Schreibens im Archiv des Autors.
33 Lagebericht der Staatspolizeistelle Düsseldorf vom 4. 3. 1934, AZ: Abt. III/K.3/135/14,12; Kopie im Archiv des Autors.

34 Honecker, Erich: Aus meinem Leben, a. a. O., S. 74.
35 Ebd., S. 75.
36 Lebenslauf Erich Honeckers vom 12. 5. 1945; Archiv des Autors.
37 Ebd.
38 So die Darstellung Wehners gegenüber dem Ost-Berliner Rechtsanwalt Prof. Dr. Wolfgang Vogel; Gespräch Dr. Vogels mit dem Autor im März 1999.
39 Honecker, Erich: Aus meinem Leben, a. a. O., S. 86.
40 Müller, Reinhard: Die Akte Wehner, a. a. O., S. 69.
41 Weber, Hermann: »Weiße Flecken« in der Geschichte, a. a. O., S. 16 ff. und S. 116.
42 Andert, Reinhold/Herzberg, Wolfgang: a. a. O., S. 161.
43 Beschuldigtenvernehmung, a. a. O. Diese Aussagen decken sich mit Honeckers späteren Angaben in Honecker, Erich: Aus meinem Leben, a. a. O., S. 86, und Andert, Reinhold/Herzberg, Wolfgang: a. a. O., S. 161.
44 Beschuldigtenvernehmung, a. a. O.
45 Andert, Reinhold/Herzberg, Wolfgang: a. a. O., S. 161.
46 Beschuldigtenvernehmung, a. a. O. In seinen Lebenserinnerungen (siehe Honecker, Erich: Aus meinem Leben, a. a. O., S. 86) schrieb er, daß ihm die »Leitung der illegalen Organisation des KJVD in Berlin« übertragen worden sei. Andert und Herzberg erklärte er (siehe Andert, Reinhold/Herzberg, Wolfgang: a. a. O., S. 162): »Man hat einfach gesagt, es sei erforderlich, daß ich (...) den Gaubezirk Berlin-Brandenburg leite.«
47 Beschuldigtenvernehmung, a. a. O.
48 Ebd.
49 Ebd.
50 Ebd.
51 Ebd.; »Erwin« war Erwin Sturm, der tatsächlich der KJVD-Landesleitung angehörte und auf Anordnung des ZK-Sekretariats in Prag ebenso wie Bruno Baum das Reichsgebiet verlassen sollte, weil man dort davon ausging, daß der Gestapo die Namen der KJVD-Führer bekannt geworden waren. Während Baum gleichzeitig mit Honecker verhaftet wurde, konnte Sturm nach Prag flüchten.

52 Ebd.
53 Ebd. und Andert, Reinhold/Herzberg, Wolfgang: a.a.O., S. 161.
54 Ebd.
55 Honecker, Erich: Aus meinem Leben, a.a.O., S. 91.
56 Hier täuschte sich Honecker. Die Kaserne der SS-Leibstandarte »Adolf Hitler« lag in Berlin-Lichterfelde. In Berlin-Tempelhof hatten SA und SS im Columbia-Haus eine Vernehmungszentrale eingerichtet, die in Wahrheit eine Folterhölle und eines der ersten sogenannten »wilden« Konzentrationslager war.
57 Honecker, Erich: Aus meinem Leben, a.a.O., S. 91 f.
58 Ebd., S. 92.
59 Siehe Ladung der Reichsanwaltschaft vom 26.5.1937 zum Verhandlungstermin am 7.6.1937 in der Strafsache 17 J 28/36; Kopie im Archiv des Autors.
60 Honecker, Erich: Aus meinem Leben, a.a.O., S. 94.
61 Urteil des 2. Senats des VGH in der Strafsache 17 J 28/36 und 2 H 24/37 vom 8.6.1937; Kopie im Archiv des Autors.
62 Ebd.
63 Honecker, Erich: Aus meinem Leben, a.a.O., S. 94.
64 Im Faksimile veröffentlicht in Corvalán, Luis: Gespräche mit Margot Honecker über das andere Deutschland, Berlin 2001, S. 196. Diese Erklärung von Sarah Fodorová schließt jedoch die Feststellung des Honecker-Biographen Norbert F. Pötzl aus, sie sei arglos »zum Schmuggeln brisanten Materials mißbraucht« worden (siehe Pötzl, Norbert F.: Erich Honecker. Eine deutsche Biographie, München 2002, S. 37).
65 Wolff, Friedrich: Verlorene Prozesse 1953–1998. Meine Verteidigungen in politischen Verfahren, Baden-Baden 1999, S. 257.
66 Kopie des Gutachtens im Archiv des Autors.
67 Kunze, Thomas: Staatschef a.D. – Die letzten Jahre des Erich Honecker, Berlin 2001, S. 125, das Zitat von Honecker stammt aus Honecker, Erich: Zu dramatischen Ereignissen, Hamburg 1992, S. 65; Stern Nr. 48/1990 und Super Illu vom 9.9.1991.

68 Sie befinden sich als Kopie im Archiv des Autors. Der gesamte Nachlaß Erich Honeckers ist im Bundesarchiv im Bestand »Stiftung Archiv der Parteien und Massenorganisationen der DDR« (SAPMO) unter der Signatur NY 4167 zu erschließen.
69 Kopie des »Schlußberichts« im Archiv des Autors.
70 Im »Schlußbericht« wird für das Treffen in der Solinger Straße am 3. Dezember 1935 fälschlich der 4. Dezember als Datum genannt.
71 Andert, Reinhold/Herzberg, Wolfgang: a. a. O., S. 163 f.
72 In der Anklageschrift vom 6. 4. 1937 heißt es, Honecker und Baum seien »am 4. Dezember 1935 vorläufig festgenommen und seit dem 13. Dezember 1935 im Untersuchungsgefängnis Berlin-Moabit in Untersuchungshaft« gewesen. Da für die Zwischenzeit die Unterbringung in anderen Gefängnissen nirgends erwähnt wird, spricht alles dafür, daß Baum und Honecker diese neun Tage in Gestapo-Haft im Prinz-Albrecht-Palais bzw. im Columbia-Haus verbringen mußten; Kopie im Archiv des Autors.
73 Honecker erwähnt diese Freundin in seinen Lebenserinnerungen nicht. Weitere Informationen über sie und über ihre Beziehung zu Honecker waren vom Autor nicht zu ermitteln.
74 Archiv des Autors.
75 Faikus wurde am 21. 12. 1908 in Troppau geboren. Er war tschechoslowakischer Staatsbürger und wegen Spionageverdachts verhaftet worden. Der Volksgerichtshof sprach ihn frei.
76 Archiv des Autors.
77 Ebd.
78 Ebd.
79 Ebd.
80 Ebd.
81 Ebd.
82 Ebd.
83 Ebd.
84 Ebd.

85 Ebd.
86 Ebd.
87 Lippmann, Heinz: a. a. O., S. 39. Nach seinen eigenen Angaben (siehe Honecker, Erich: Aus meinem Leben, a. a. O., S. 100) wurde Honecker im Frühjahr 1941 mit Wilhelm Thiele, dem späteren militärischen Leiter der Widerstandsbewegung im Zuchthaus, in einer Dreimannzelle im Haus II zusammengelegt.
88 Die Verhältnisse im Zuchthaus Brandenburg-Görden während der NS-Zeit haben u. a. Honecker, Erich: Aus meinem Leben. a. a. O., S. 91 ff., Brandt, Heinz: Ein Traum, der nicht entführbar ist, Frankfurt 1985, S. 132 ff., Hanke, Erich: Erinnerungen eines Illegalen, Berlin 1974, S. 190 ff. und Havemann, Robert: Fragen – Antworten – Fragen, München 1970, S. 81 ff., im wesentlichen übereinstimmend beschrieben. Zusätzlichen Aufschluß geben die von ehemaligen Häftlingen unmittelbar nach dem Kriegsende niedergeschriebenen Berichte über die Arbeit der Kommunisten im Zuchthaus Brandenburg-Görden. Sie wurden im SED-Parteiarchiv unter der Signatur I 2/3/153 gesammelt und befinden sich als Kopie im Archiv des Autors.
89 Honecker, Erich: Aus meinem Leben. a. a. O., S. 95, und Andert, Reinhold/Herzberg, Wolfgang: a. a. O., S. 165. Honecker hob bei diesen Hilfeleistungen besonders den Mithäftling Rudi Zimmermann hervor, später Mitlied der SPD-Bezirksleitung in Berlin, der »zuerst dafür gesorgt« habe, »als Ausdruck der Solidarität, daß ich etwas mehr zu essen bekam. Denn ich war durch eineinhalb Jahre Untersuchungshaft (...) schon stark heruntergekommen.«
90 Honecker, Erich: Aus meinem Leben, a. a. O., S. 96.
91 Ebd.
92 Ebd. und Lippmann, Heinz: a. a. O., S. 39. Die Gefangenen hatten vor allem Bettfedern zu spleißen und Sisalhanf zu zupfen. Seit Kriegsbeginn hatte die Brandenburger Spielzeugfabrik Lineol auch die Fertigung von Spielzeugsoldaten in das Zuchthaus verlagert (siehe Honecker, Erich: Aus meinem Leben, a. a. O., S. 98 f.). Robert Menzel gehörte zeitlebens zu den engen Vertrauten Honeckers. Gemein-

sam mit Heinz Keßler wurden regelmäßige Skatabende veranstaltet.
93 Honecker, Erich: Aus meinem Leben, a. a. O., S. 99.
94 Große, Fritz: Bericht über die Arbeit der KPD im Zuchthaus Brandenburg-Görden, Mai 1945, S. 8; Kopie im Archiv des Autors.
95 Ebd., S. 7, und Havemann, Robert: a. a. O., S. 83, der darauf hinwies, daß etwa der Tischlermeister Schwichtenberg – ein früheres SPD-Mitglied, das während des Krieges zur Arbeit im Zuchthaus dienstverpflichtet worden war – solche Aktivitäten der Kommunisten soweit duldete, daß »die Tischlerei (…) die Zentrale der Parteizelle« werden konnte.
96 Große, Fritz: a. a. O., S. 7.
97 Brandt, Heinz: a. a. O., S. 133.
98 Honecker, Erich: Aus meinem Leben, a. a. O., S. 96 f.
99 Honecker, Erich: Aus meinem Leben, a. a. O., S. 98, und Große, Fritz: a. a. O., S. 5.
100 Mit zusätzlichen archivalischen Nachweisen im einzelnen siehe Bezymenski, Lev A./Ueberschär, Gerd R. (Hrsg.): Der deutsche Angriff auf die Sowjetunion 1941. Die Kontroverse um die Präventivkriegsthese, Darmstadt 1998, passim. Außerdem grundlegend Lew Besymenski: Stalin und Hitler. Das Pokerspiel der Diktatoren, Berlin 2002, passim. Die unterschiedliche Schreibweise des Autors in den Titelangaben ist der verschiedenartigen Transkription aus dem Kyrillischen zuzuschreiben.
101 Archiv Besymenski, Moskau.
102 Ebd.
103 Große, Fritz: a. a. O., S. 5.
104 Archiv Besymenski, Moskau.
105 Brandt, Heinz: a. a. O., S. 134.
106 Ebd., S. 136.
107 Ebd., S. 139.
108 Ebd.
109 Ebd. S. 139 f.
110 Ebd., S. 140 f.
111 Zitiert in: Honecker, Erich: Aus meinem Leben, a. a. O., S. 99 f.

112 Ebd., S. 100.
113 Kopie des »Gnadenheftes« aus den Akten des Oberreichsanwalts beim Volksgerichtshof im Archiv des Autors.
114 Archiv des Autors.
115 Ebd.
116 Ebd.
117 Ebd.
118 Ebd.
119 Ebd.
120 Ebd.
121 Ebd.
122 Dazu und zum folgenden siehe Honecker, Erich: Aus meinem Leben, a. a. O., S. 101 ff., sowie Hanke, Erich: a. a. O., S. 190 ff.
123 Hanke, Erich: a. a. O., S. 202 f.
124 Honecker, Erich: Aus meinem Leben, a. a. O., S. 101.
125 Andert, Reinhold/Herzberg, Wolfgang: a. a. O., S. 168.
126 Honecker, Erich: Aus meinem Leben, a. a. O., S. 102, und Hanke, Erich: a. a. O., S. 208. Hanke beförderte den Kolonnenführer zum SS-Hauptsturmführer. Da er diesen Dienstrang an verschiedenen Stellen seines Buches erwähnte, kann es sich dabei nicht um einen Satzfehler handeln. Seraphin war nach den Angaben von Monika Kaiser, die sich wiederum auf die Aussage des Brandenburg-Häftlings und »führenden Organisators der illegalen Parteiarbeit im Zuchthaus«, Walter Uhlmann, berief (siehe Kaiser, Monika: Historisches Gutachten zu ausgewählten Seiten der Entwicklung Erich Honeckers bis 1946, a. a. O., S. 5), Dachdecker von Beruf, früherer Sozialdemokrat und für seinen Einsatz dienstverpflichtet worden. Nach dem Krieg habe Seraphin mehrfach Honecker gebeten, sich für ihn bei den sowjetischen Besatzungsbehörden zu verwenden. Honecker habe diese Briefe nicht beantwortet und es auch abgelehnt, Seraphin zu einem Gespräch zu empfangen. Seraphin sei in ein Arbeitslager in die Sowjetunion deportiert worden (vgl. Bundesarchiv, SAPMO, Institut für Geschichte der Arbeiterbewegung, Zentrales Partei-Archiv, NL 167/14).
127 Honecker, Erich: Aus meinem Leben, a. a. O., S. 102.

128 Ebd. Honecker nannte in seinen Lebenserinnerungen den Namen dieser Frau nicht. Bei Andert, Reinhold/Herzberg, Wolfgang: a. a. O., S. 169, offenbarte er ihn: Charlotte Schanel. Auf die Gründe für diese Zurückhaltung wird im Kapitel »Flucht und Befreiung« eingegangen.
129 Honecker, Erich: Aus meinem Leben. a. a. O., S. 103.
130 Ebd. und S. 106.
131 Ebd., S. 103.
132 Ebd. sowie Hanke, Erich: a. a. O., S. 222. Honecker vermutete in seinen Lebenserinnerungen, diese angeforderte »Bürgschaft über unsere politische ›Zuverlässigkeit‹« habe im Zusammenhang mit der Entlassung aus dem Zuchthaus gestanden, die bei ihm im Herbst 1945 zu erwarten war. Diese Annahme ist sicherlich unbegründet, weil für Honecker die Reichsanwaltschaft des Volksgerichtshofs und nicht der Generalstaatsanwalt des Berliner Kammergerichts zuständig war.
133 Ebd. sowie Honecker, Erich: Aus meinem Leben, a. a. O., S. 103.
134 Ebd., S. 103 f.
135 Zum folgenden siehe Hanke, Erich: Erinnerungen eines Illegalen, a. a. O., S. 224 ff., sowie Honecker, Erich: Aus meinem Leben, a. a. O., S. 104 ff.
136 Aussage von Wera Küchenmeister, geb. Skupin, am 21. 2. 1990 vor der Kriminalpolizei in Berlin (Kopie des Vernehmungsprotokolls im Archiv des Autors). Wera Küchenmeister veröffentlichte 1969 eine biographische Skizze über Erich Honecker in dem Buch von Selbmann, Fritz (Hrsg.): Die erste Stunde, S. 202 ff. In diesem parteiamtlich abgesegneten Beitrag schrieb Wera Küchenmeister wenig detailliert: »Nach dem 6. März fielen noch Bomben, später tobte der Kampf um Berlin. Konnte ein Flüchtender unversehrt die Stille des neunten Maitages erleben? Er erlebte sie in unserem Hause. Vielmehr in dem, was von der muffigen Mietskaserne übriggeblieben war, in mühselig zusammengehaltenen Mauern, hinter Bergen von geborstenen, rauchgeschwärzten Steinen. Niemand fand ihn dort. […] Ich sehe ihn vor mir wie damals: Er sitzt auf dem Fenster-

brett der Küche und vernagelt mit flinken, geübten Händen das Fensterloch. Er sieht schmal aus – aber mager sind die meisten, die ich kenne, zu der Zeit. Das Gesicht, scharf umrissen, ist klar und offen. Seine Augen sind hell; sie sehen freundlich, fast prüfend auf die Sechzehnjährige, die stumm dabeisteht und dem Arbeitenden zusieht.« Aus dieser Darstellung könnte man den Eindruck gewinnen, Honecker habe sich zwischen dem 6. März 1945 und dem Kriegsende in der Landsberger Straße 37 aufgehalten. Dies entspricht aber nicht den Tatsachen.

137 Aussage von Wera Küchenmeister, a. a. O.
138 Ebd.
139 Archiv des Autors.
140 Ebd.
141 Der Spiegel, Heft 4/2003, S. 20
142 Andert, Reinhold/Herzberg, Wolfgang: a. a. O., S. 169.
143 Stuhler, Ed: Margot Honecker. Eine Biographie, Wien 2003. Gespräch mit dem Autor im Januar 2003.
144 Honecker, Erich: Aus meinem Leben, a. a. O., S. 106.
145 Archiv des Autors.
146 Ebd.
147 Ebd.
148 Honecker, Erich: Aus meinem Leben, a. a. O., S. 107.
149 Dazu und zum folgenden siehe Thiele, Wilhelm/Schmidt, Martin: Bericht über die Arbeit der Kommunisten im Zuchthaus Brandenburg-Görden, Manuskript vom 8.5.1945; Kopie im Archiv des Autors.
150 Ebd.
151 Ebd. sowie Honecker, Erich: Aus meinem Leben, a. a. O., S. 109. Alfred Perls Frau hatte Erich Honecker und Erich Hanke bei ihrem Ausbruchsversuch im März 1945 in ihrer Wohnung in Berlin-Neukölln übernachten lassen und Honecker zur Tarnung einen Anzug ihres Mannes geschenkt.
152 Honecker, Erich: Aus meinem Leben, a. a. O., S. 110. Eine solche Anweisung des Generalstaatsanwalts am Kammergericht ist archivalisch nicht belegt. Sie erscheint auch unwahrscheinlich, da nach der Strafakte Honeckers die

Strafvollstreckung erst am 8.12.1945 beendet sein sollte und der Generalstaatsanwalt für Honecker nicht zuständig war.
153 Havemann, Robert: a.a.O., S. 87.
154 Ebd., S. 82.
155 Ebd., S. 85.
156 Ebd.
157 Ebd., S. 86.
158 Ebd., S. 87.
159 Ebd., S. 86 und 87 f.
160 Ebd., S. 88.
161 Thiele, Wilhelm/Schmidt, Martin: a.a.O.
162 Ebd. sowie Havemann, Robert: a.a.O., S. 89.
163 Thiele, Wilhelm/Schmidt, Martin: a.a.O.
164 Havemann, Robert: a.a.O., S. 90.
165 Thiele, Wilhelm/Schmidt, Martin: a.a.O.
166 Havemann, Robert: a.a.O., S. 91.
167 Thiele, Wilhelm/Schmidt, Martin: a.a.O.
168 Havemann, Robert: a.a.O., S. 91.
169 Honecker, Erich: Aus meinem Leben, a.a.O., S. 110.
170 Thiele, Wilhelm/Schmidt, Martin: a.a.O.
171 Ebd.
172 Ebd.
173 Ebd.
174 Honecker, Erich: Aus meinem Leben, a.a.O., S. 112 f.
175 Ebd., S. 113.
176 Ebd.
177 Kaiser, Monika: Historisches Gutachten, a.a.O., S. 3 ff.; Archiv des Autors.
178 Die Aussagen von Walter Uhlmann und Eduard Wald finden sich im Bundesarchiv in dem Bestand SAPMO, Institut für Geschichte der Arbeiterbewegung, Zentrales Parteiarchiv der SED, NL 167/14.
179 Die von Monika Kaiser herangezogenen Belege, etwa die angeblich fehlerhafte Aussage Honeckers, er sei 1935 »Leiter des KJVD Bez. Groß-Berlin« gewesen, stützen ihr Urteil deshalb nicht, weil Honecker nach Quellenlage diese Funktion tatsächlich übertragen erhielt.

180 Huhn, Klaus (Hrsg.): Auskünfte über Erich Honecker, a. a. O., S. 34.
181 Honecker, Erich: Skizze seines politischen Lebens, a. a. O., S. 36.
182 Ebd., S. 36 f.
183 Bundesarchiv, SAPMO, Institut für die Geschichte der Arbeiterbewegung, Zentrales Parteiarchiv der SED, I 2/3/153, Bl. 246 ff.

1945-1989

1 Leonhard, Wolfgang: Die Revolution entläßt ihre Kinder, Berlin 1966, S. 286 f.
2 Erst im November 1945 wurden in der sowjetischen Besatzungszone Lebensmittelkarten eingeführt, die Zuteilungen für sechs Personengruppen bis zum Schwerstarbeiter vorsahen. Wer nicht arbeitete, erhielt pro Tag 300 Gramm Brot, 20 Gramm Fleisch und sieben Gramm Fett. Berufstätige bezogen zwischen 350 und 450 Gramm Brot, bis zu 20 Gramm Fett und höchstens 65 Gramm Fleisch täglich – sofern die Rationen in den Verteilstellen ankamen (siehe Weber, Hermann: Geschichte der DDR, Berlin 1989, S. 94).
3 Ulbricht, Walter: Zur Geschichte der deutschen Arbeiterbewegung, Bd. II: 1933-1945, Zusatzband, Berlin 1966, S. 232 ff.
4 Andert, Reinhold/Herzberg, Wolfgang: a. a. O., S. 199, sowie Honecker, Erich: Aus meinem Leben, a. a. O., S. 113 f.
5 Andert, Reinhold/Herzberg, Wolfgang: a. a. O., S. 199.
6 Honecker, Erich: Aus meinem Leben, a. a. O., S. 114.
7 Wolfgang Leonhard, der sich tatsächlich einem eigenständigen deutschen Weg zum Sozialismus verschrieben hatte, floh 1949 im Zuge der sich abzeichnenden stalinistischen »Säuberungen« im SED-Parteiapparat und wegen des Moskauer Bruchs mit Jugoslawien, das weniger zentralistische und vor allem nicht vom Ausland gesteuerte Rätemodelle auf staatlicher und wirtschaftlicher Ebene einführte, nach Jugoslawien und später nach Westdeutschland.

8 Honecker, Erich: Aus meinem Leben, a. a. O., S. 114.
9 Andert, Reinhold/Herzberg, Wolfgang: a. a. O., S. 200.
10 Ebd. und S. 201. Einen Nachweis, daß Wolfgang Leonhard diese Verwendung tatsächlich zugewiesen wurde, konnte ich nicht finden. Auch in seinem Buch *Die Revolution entläßt ihre Kinder* gibt es dafür keinen Hinweis. Trotzdem ist nicht ausgeschlossen, daß er dafür vorgesehen war. Statt dessen hat er zunächst am Aufbau der Verwaltungsorgane in Berlin mitgearbeitet, danach die »Schulungshefte« der Partei zusammengestellt und war bis zu seiner Flucht nach Jugoslawien 1949 Dozent für Geschichte an der neugegründeten Parteihochschule »Karl Marx« der SED in Liebenwalde bei Berlin.
11 Leonhard, Wolfgang: a. a. O., S. 293.
12 Leonhard, Wolfgang: a. a. O., S. 294.
13 Weber, Hermann: Geschichte der DDR, a. a. O., S. 93.
14 Leonhard, Wolfgang, a. a. O., S. 266 ff.
15 Befehle des Obersten Chefs der Sowjetischen Militärverwaltung in Deutschland. Aus dem Stab der Sowjetischen Militärverwaltung in Deutschland. Sammelheft 1, 1945. Berlin 1946, S. 9 f.
16 Deutsche Volkszeitung vom 13. 6. 1945.
17 Ackermann, Anton: Gibt es einen besonderen deutschen Weg zum Sozialismus?, in: Einheit, Heft 1, Februar 1946. Diese Position widerrief Ackermann in einem Beitrag im Neuen Deutschland vom 24. 9. 1948 unter dem Titel *Über den einzig möglichen Weg zum Sozialismus*. Darin schrieb er: »Diese Theorie enthält das Element einer Abgrenzung (...) von der bolschewistischen Partei der Sowjetunion, ganz unbeschadet, ob man sich dessen bewußt ist oder nicht, ob es beabsichtigt war oder nicht. Die Theorie von einem besonderen deutschen Weg zum Sozialismus läßt dem Antibolschewismus Raum, statt ihn entschieden und mit aller Kraft zu bekämpfen.«
18 Leonhard, Wolfgang: a. a. O., S. 325.
19 Ulbricht, Walter: a. a. O., S. 232 ff.
20 Nachrichtenblatt für die deutsche Bevölkerung, Nr. 19, vom 10. 5. 1945.

21 Vgl. im folgenden zur Zwangsvereinigung von KPD und SPD mit weiteren Quellen Ulrich Völklein: »Von Bajonetten gekitzelt«, in: Die Woche, 15. 3. 1996.

22 Benser, Günter: Zum 50. Geburtstag des Zusammensturzes von KPD und SPD; Berlin 1996

23 Tjulpanow, Sergej: Deutschland nach dem Kriege. Hrsg. v. Stefan Doernberg, Berlin 1987.

24 Leonhard, Wolfgang: a. a. O., S. 363. Der SED-Parteivorstand hob im Januar 1949 das Prinzip der paritätischen Besetzung von Gremien auf (siehe Weber, Hermann: Die Geschichte der DDR, a. a. O., S. 178). Bereits im September 1948 hatte er die Einrichtung einer Zentralen Parteikontrollkommission unter Leitung von Hermann Matern beschlossen, mit deren Hilfe sich Ulbricht aller innerparteilichen Gegner entledigte (siehe ebd. S. 180).

25 Weber, Hermann: Geschichte der DDR, a. a. O., S. 138 ff.; Statistisches Jahrbuch der Deutschen Demokratischen Republik 1955, Berlin 1956, S. 87; Hauptamt für Statistik und Wahlen des Magistrats von Groß-Berlin (Hrsg.): Berlin in Zahlen 1945–1947, Berlin 1949, S. 435 ff.; Honecker, Erich: Aus meinem Leben, a. a. O., S. 143.

26 Leonhard, Wolfgang: a. a. O., S. 372.

27 Vgl. im folgenden zur »Entnazifizierung« in der DDR mit weiteren Quellen Ulrich Völklein: Ulbrichts willige Vollstrecker, in: Die Woche, 1. 11. 1996

28 Zitiert bei Pötzl, Norbert F.: Erich Honecker. Eine deutsche Biographie, a. a. O., S. 47.

29 Völklein, Ulrich: Ulbrichts wichtige Vollstrecker, in: Die Woche, 1. 11. 1996.

30 Gespräch Olaf Groehlers mit dem Autor im Oktober 1996.

31 Ulbricht, Walter: a. a. O., S. 232 ff.

32 In seinen Gesprächen mit Reinhold Andert und Wolfgang Herzberg verwies Honecker 1990 darauf, daß die sowjetischen Besatzungsbehörden daran interessiert waren, die »antifaschistisch-demokratischen (...) Massenorganisationen gut« zu entwickeln: »Dazu gehörte natürlich auch die Auswahl des Personenkreises« (siehe Andert, Reinhold/ Herzberg, Wolfgang: a. a. O., S. 204).

33 Honecker, Erich: Aus meinem Leben, a. a. O., S. 116.
34 Ebd., S. 123.
35 Ebd., S. 125 und 127.
36 Ebd., S. 129.
37 Ebd., S. 130.
38 Archiv der Gegenwart, Jahrgang 1945, S. 487.
39 Honecker, Erich: Aus meinem Leben, a. a. O., S. 131.
40 Ebd.
41 Ebd. sowie Lippmann, Heinz: a. a. O., S. 61 ff.
42 Bialek floh nach seinem SED-Ausschluß 1953 in die Bundesrepublik. Von dort wurde er 1956 durch Stasi-Mitarbeiter entführt und starb in Stasi-Haft.
43 Zitiert bei Lippmann, Heinz: a. a. O., S. 58.
44 Ebd., S. 59.
45 Honecker, Erich: Aus meinem Leben, a. a. O., S. 132.
46 Innerhalb von zehn Tagen gingen in Berlin 22 000 Telegramme und Briefe mit 380 000 Unterschriften ein (siehe Borkowski, Dieter: a. a. O., S. 160).
47 Lippmann, Heinz: a. a. O., S. 67 f.
48 Ebd., S. 68, sowie Honecker, Erich: Aus meinem Leben, a. a. O., S. 132.
49 Ebd., sowie Lippmann, Heinz: a. a. O., S. 68.
50 Insbesondere Stepanow, der Leiter der Komsomolgruppe in der politischen Abteilung der SMAD, der auch ZK-Mitglied des sowjetischen Komsomol-Verbandes war, übernahm diese Aufgabe der »Anleitung«. Ihm waren nach Angaben des ehemaligen FDJ-Funktionärs Heinz Lippmann die beiden Jungkommunisten Markus Wolf und Grischa Kurella zugeteilt, die damals als sowjetische Offiziere in Berlin Dienst taten (siehe Lippmann, Heinz: a. a. O., S. 71 f.). Laut Lippmann mußten den Russen nicht nur sämtliche Reden zur Genehmigung vorgelegt werden, sondern auch alle Satzungsentwürfe und grundlegenderen Erklärungen und Entscheidungen der FDJ-Führung.
51 Protokoll des Vereinigungsparteitages der Sozialdemokratischen Partei Deutschlands (SPD) und der Kommunistischen Partei Deutschlands (KPD) am 21. und 22. April 1946 in der Staatsoper »Admiralspalast« in Berlin, Berlin 1946.

52 Erstes Parlament der Freien Deutschen Jugend, Brandenburg an der Havel, Pfingsten 1946, Berlin 1946.
53 Durch die Bodenreform wurde im September 1945 Grundbesitz von mehr als 100 Hektar entschädigungslos enteignet. Die dabei von rund 7000 Großgrundbesitzern eingezogenen 2,5 Millionen Hektar Land wurden zusammen mit den 600000 Hektar, die im Zuge der Entnazifizierung beschlagnahmt worden waren, in einen Bodenfonds überführt. Aus diesem Fonds erhielten 500000 Personen (darunter 119000 Landarbeiter, 91000 Umsiedler und 138000 Kleinbauern) etwas über zwei Millionen Hektar – zu wenig, um selbständig und erfolgreich Landwirtschaft betreiben zu können, aber ausreichend, um die Flächen ab 1952 in ertragsstärkere Produktionsgenossenschaften einzubringen, wenn sich nur genügend Bauern dieser Kampagne anschlössen. Das übrige Land wurde den Gebietskörperschaften als Flächenreserve übergeben.
54 Lippmann, Heinz: a.a.O., S. 74.
55 Darunter Adelsdorf bei Großenhain in Sachsen, das den Namen »Dorf der Jugend« erhielt.
56 Honecker, Erich: Aus meinem Leben, a.a.O., S. 141 f. und 143 f.
57 Protokoll des II. Parlamentes der Freien Deutschen Jugend, Berlin 1947.
58 Ebd.
59 Hohlfeld, J. (Hrsg.): Dokumente der deutschen Politik und Geschichte, Bd. VI, Berlin/München, o. J.
60 Archiv der Gegenwart, Jg. 1946/47, S. 1038.
61 Protokoll des II. Parlamentes der Freien Deutschen Jugend, Berlin 1947.
62 Klein, Manfred: Jugend zwischen den Diktaturen 1945–1956, Mainz 1968, S. 79.
63 Ebd., S. 80.
64 Ebd., S. 81 f.
65 Przybylski, Peter: Tatort Politbüro, Berlin 1991, S. 73.
66 Kaiser, Monika: Historisches Gutachten zu ausgewählten Seiten der Entwicklung Erich Honeckers bis 1946, Ms. vom 20.2.1990, S. 43.

67 Ebd., S. 44, sowie Lippmann, Heinz: a. a. O., S. 103.
68 Lippmann, Heinz: a. a. O., S. 93 ff., sowie Honecker, Erich: Aus meinem Leben, a. a. O., S. 147 ff.
69 Ebd.
70 Honecker, Erich/Geisler, Herbert: Friedensflug nach Osten, Berlin 1947. Doch nicht nur Geisler wurde zur Unperson. Aus Anlaß des zehnten Gründungstages der FDJ gab der Verlag Neues Leben einen Band Dokumente und Materialien aus der Geschichte der Jugendorganisation heraus. Aus der Faksimiliewiedergabe des Gründungsbeschlusses waren drei Namen, darunter der von Manfred Klein, wegretuschiert worden (siehe Borkowski, Dieter: a. a. O., S. 178).
71 Junge Welt vom 21. 7. 1967.
72 Lippmann, Heinz: a. a. O., S. 96 und 97.
73 Andert, Reinhold/Herzberg, Wolfgang: a. a. O., S. 241.
74 Dies erklärte Margot Honecker 2001 in Chile ihrem Freund Luis Corvalán (vgl. Corvalán, Luis: a. a. O.). Nach Auffassung des Margot-Honecker-Biographen Ed Stuhler muß diese Jahresangabe falsch sein, denn Edith Baumann habe erst 1955 in die Scheidung eingewilligt. (Vgl. auch Stuhler, Ed: a. a. O.
75 Lippmann, Heinz: a. a. O., S. 153.
76 Protokoll der 1. Parteikonferenz der SED. 25. – 28. Januar 1949 in Berlin, Berlin 1949, S. 530 f.
77 Honecker, Erich: Aus meinem Leben, a. a. O., S. 163 f.
78 Naimark, Norman M.: Die Sowjetische Militäradministration in Deutschland und die Frage des Stalinismus, in: Zeitschrift für Geschichtswissenschaft (ZfG), Jahrgang 43 (1995), Heft 4, S. 306 f.
79 Protokoll der Verhandlungen des III. Parteitages der Sozialistischen Einheitspartei Deutschlands, Berlin 1951, Bd. 1, S. 50 f.; Bd. 2, S. 225 ff. und S. 250 f.
80 Sie hat uns alles gegeben,/Sonne und Wind,/und sie geizte nie./Wo sie war, war das Leben./Was wir sind, sind wir durch sie./Sie hat uns niemals verlassen./Fror auch die Welt, uns war warm./Uns schützte die Mutter der Massen,/es trägt uns ihr mächtiger Arm./Sie hat uns niemals geschmeichelt./Sank uns im Kampf aber einmal der Mut,/

so hat sie uns leis nur gestreichelt/Zagt nicht! – Und gleich war uns gut./Zählt denn auch Schmerz und Beschwerde,/ wenn den Guten das Gute gelingt/und wenn man den Ärmsten der Erde/Freiheit und Frieden nun bringt?/Die Partei, die Partei,/die hat immer recht,/Genossen, es bleibet dabei!/Denn wer für das Recht kämpft,/hat immer recht/gegen Lüge und Heuchelei!/Wer das Leben beleidigt,/ist immer schlecht./Wer die Menschen verteidigt,/ hat immer recht./So, aus Leninschem Geist,/Wächst, von Stalin geschweißt,/Die Partei – die Partei – die Partei!

81 Borkowski, Dieter: a.a.O., S. 185, und Lippmann, Heinz: a.a.O., S. 101 f. und S. 126.
82 Lippmann, Heinz: a.a.O., S. 115 und 116.
83 Ebd., S. 120.
84 Ebd., S. 117.
85 Ebd., S. 118.
86 Ebd., S. 119 f.
87 Den aktuellen Forschungsstand und die Deutungskontroverse zu diesem sowjetischen Vorstoß haben Hermann Graml, Wilfried Loth und Gerhard Wettig in Bd. 84 der Schriftenreihe der Vierteljahrshefte für Zeitgeschichte zusammengetragen. Siehe Zarusky, Jürgen (Hrsg.): Die Stalin-Note vom 10. März 1952. Neue Quellen und Analysen, München 2002, passim.
88 Damit zielte Stalin vor allem auf die in Westdeutschland kaum umgesetzten Bestimmungen zur wirtschaftlichen Entflechtung von Banken und Großindustrie sowie der Enteignung von Großgrundbesitzern und Kriegsgewinnlern. Siehe Völklein, Ulrich: Geschäfte mit dem Feind. Die geheime Allianz des großen Geldes während des Zweiten Weltkrieges auf beiden Seiten der Front, Hamburg 2002, passim.
89 Weber, Hermann: Geschichte der DDR, a.a.O., S. 215 ff.
90 Über die Maßnahmen zur Gesundung der politischen Lage in der DDR, 4. Juni 1953, S. 1; Kopie im Archiv des Autors.
91 Weber, Hermann: a.a.O., S. 200 und S. 221.
92 Protokoll der Verhandlungen der 2. Parteikonferenz der Sozialistischen Einheitspartei Deutschlands. 9. bis 12. Juli 1952 in Berlin, Berlin 1952, S. 158 und S. 464.

93 Lippmann, Heinz: a. a. O., S. 155 f.
94 Weber, Hermann: Geschichte der DDR, a. a. O., S. 199 und S. 234 f.
95 Ebd., S. 156.
96 Über die Maßnahmen zur Gesundung der politische Lage in der DDR, a. a. O.
97 Weber, Hermann: a. a. O., S. 238.
98 Information Nr. 22 des FDGB-Bundesvorstands vom 13. 6. 1953, Institut für die Geschichte der Arbeiterbewegung, Zentrales Parteiarchiv der SED, IV 2/5/543, jetzt SAPMO, Bundesarchiv.
99 Dazu und zum folgenden siehe vor allem Dokumente zur Auseinandersetzung in der SED 1953, in: Zeitschrift für die Geschichte der Arbeiterbewegung (ZfG AB), Heft 5/1990, S. 655 ff., sowie Mitter, Armin/Wolle, Stefan: Untergang auf Raten. Unbekannte Kapitel der DDR-Geschichte, München 1993, S. 27–162, und Kowalczuk, Ilko-Sascha/Wolle, Stefan: Roter Stern über Deutschland, Berlin 2001, S. 167–182.
100 Kowalczuk, Sascha/Wolle, Stefan: a. a. O., S. 175.
101 Zitiert bei Mitter, Armin/Wolle, Stefan: a. a. O., S. 153.
102 Lippmann, Heinz: a. a. O., S. 161.
103 Brecht, Bertolt: Die Lösung. In: Brecht, Bertolt: Große kommentierte Berliner und Frankfurter Ausgabe. Hrsg. v. Werner Hecht, Jan Knopf, Werner Mittenzwei, Klaus-Detlef Müller, Band 12. Berlin u. Frankfurt/Main 1990, S. 310.
104 Daher wurden bei der 15. ZK-Tagung der SED vom 24. bis 26. Juli 1953 Zaisser und Herrnstadt ihrer Posten enthoben und im Januar 1954 aus der Partei ausgeschlossen, während Ackermann, Jendretzky und Elli Schmidt ihre Sitze im ZK verloren. Der beträchtliche Umfang der sich anschließenden »Säuberung« des Parteiapparats zeigt sich daran, daß von den 1952 gewählten Mitgliedern der SED-Bezirksleitungen bis 1954 über 60 Prozent und von den Kreissekretären sogar mehr als 70 Prozent ausschieden (siehe Weber, Hermann: a. a. O., S. 249 f.).
105 Herrnstadt, Rudolf: Das Herrnstadt-Dokument. Das Politbüro der SED und die Geschichte des 17. Juni 1953, Reinbek 1990, S. 115.

106 Ebd., S. 128.
107 Lippmann, Heinz: a. a. O., S. 164 ff.
108 Honecker, Erich: Vereint für den Frieden und das Glück der Heimat, in: Tägliche Rundschau vom 26. 5. 1955.
109 Lippmann, Heinz: a. a. O., S. 168.
110 Honecker, Erich: Aus meinem Leben, a. a. O., S. 189 f.
111 Diskussionsreden auf dem XX. Parteitag, in: Neues Deutschland vom 19. 2. 1956.
112 Brandt, Heinz: a. a. O., S. 326 ff.
113 Archiv des Autors.
114 Diese »Plattform« wurde abgedruckt im SBZ-Archiv, Heft 6/1957, S. 72 ff.
115 Archiv des Autors.
116 Zitiert bei Przybylski, Peter: a. a. O., S. 94.
117 Honecker, Erich: Ehrenamtliche Tätigkeit, Maßstab für neue Qualität der Parteiarbeit, in: Neues Deutschland vom 19. 10. 1962.
118 Protokoll der Verhandlungen des V. Parteitages der Sozialistischen Einheitspartei Deutschlands, 10. bis 16. 7. 1958 in der Werner-Seelenbinder-Halle zu Berlin, Berlin 1959, Bd. I, S. 70.
119 Weitere Nachweise über die Quellenlage zum »Mauerbau« bei Völklein, Ulrich: Stille Komplizen, in: Die Woche vom 6. 7. 2001, und Kowalczuk, Ilko-Sascha/Wolle, Stefan: a. a. O., S. 182–190.
120 Kowalczuk, Ilko-Sascha/Wolle, Stefan: a. a. O., S. 182 f.
121 Ebd., S. 183 f.
122 Bonwetsch, Bernd/Filitow, Alexeij: Chruschtschow und der Mauerbau. Die Gipfelkonferenz der Warschauer-Pakt-Staaten vom 3.–5. August 1961, in: Vierteljahrshefte für Zeitgeschichte, Heft 1/2000, S. 191.
123 Kowalczuk, Ilko-Sascha/Wolle, Stefan: a. a. O., S. 185 f.
124 Gribkow, Anatoli: Der Warschauer Pakt. Geschichte und Hintergründe des östlichen Militärbündnisses, Berlin 1995, S. 139–141.
125 Andert, Reinhold/Herzberg, Wolfgang: a. a. O., S. 263.
126 Honecker, Erich: Aus meinem Leben, a. a. O., S. 202 und 206.
127 Zitiert nach Lippmann, Heinz: a. a. O., S. 201 und 206.

128 Aktionsprogramm der KPČ, in: Volkszeitung, Prag, vom 19.4.1968.
129 Diskussionsrede Erich Honeckers auf der 6. Tagung des ZK der SED, in: Neues Deutschland vom 8.6.1968.
130 Kowalczuk, Ilko-Sascha/Wolle, Stefan: a.a.O., S.190–201.
131 Ebd., S.199.
132 Honecker, Erich: Auf unsere Partei war und wird in allen Situationen immer Verlaß sein, in: Neues Deutschland vom 27.10.1968.
133 Honecker, Erich: Aus meinem Leben, a.a.O., S.20.
134 Archiv des Autors.
135 Ebd.
136 Ebd.
137 Ebd.
138 Ebd.
139 Ebd.
140 SAPMO-Bundesarchiv, DY 30, J IV 2/2 A/1452.
141 Zitiert bei Kaiser, Monika: Machtwechsel von Ulbricht zu Honecker, Berlin 1997, S.373.
142 Ebd., S.373 f.
143 SAPMO-Bundesarchiv, DY 30, J IV/2/2 A/1453.
144 Kaiser, Monika, a.a.O., S.387.
145 Protokoll Honeckers als Kopie im Archiv des Autors. Honecker durfte nach einer Auflage Breschnews von diesem Gespräch nur Willi Stoph und die beiden Sowjet-Vertrauten im Politbüro, Hermann Axen und Hermann Matern, verständigen.
146 Archiv des Autors.
147 Ebd.
148 Ebd.
149 Kaiser, Monika: a.a.O., S.387.
150 Archiv des Autors.
151 Ebd.
152 Kaiser, Monika: a.a.O., S.436.
153 Archiv des Autors.
154 Ebd.
155 Lotte Ulbricht trug wegen eines Hautausschlags gelegentlich Handschuhe.

156 Vergleiche dazu auch die Einschätzungen der langjährigen Honecker-Mitarbeiter Lippmann, Heinz: a. a. O., S. 232 ff., und Borkowski, Dieter: a. a. O., S. 284 f.

157 Honecker, Erich: Bericht des Zentralkomitees an den VIII. Parteitag der SED, in: Neues Deutschland vom 16. 6. 1971.

158 Weber, Hermann: Geschichte der DDR, a. a. O., S. 443.

159 Ebd., S. 427.

160 Honecker, Erich: Bericht des Zentralkomitees an den VIII. Parteitag der SED, a. a. O.

161 Der sozialistische Internationalismus. Theorie und Praxis der internationalen Beziehungen neuen Typs, Berlin 1981, S. 65, zitiert bei Weber, Hermann: Geschichte der DDR, a. a. O., S. 497.

162 Andert, Reinhold/Herzberg, Wolfgang: a. a. O., S. 352.

163 Kopie der DDR-Gesprächsniederschrift im Archiv des Autors.

164 Die grundlegenden »Bestimmungen über Schußwaffengebrauch für das Kommando Grenze der Nationalen Volksarmee« vom 6. 10. 1961 (Befehl des Ministers für Nationale Verteidigung Nr. 76/61) lauteten: »1. Die Wachen, Posten und Streifen der Nationalen Volksarmee können in Ausübung ihres Dienstes von der Waffe Gebrauch machen: a) um einen Angriff abzuwehren oder den Widerstand zu brechen, wenn sie in Erfüllung ihrer Aufgaben angegriffen werden; (...) 2. Die Waffe darf insoweit gebraucht werden, wie es für die zu erreichenden Zwecke erforderlich ist. (...) In Erweiterung dieser Bestimmungen sind die Wachen, Posten und Streifen der Grenztruppen der Nationalen Volksarmee an der Staatsgrenze West und Küste verpflichtet, die Schußwaffe in folgenden Fällen anzuwenden: – zur Festnahme, Gefangennahme oder zur Vernichtung bewaffneter Personen oder bewaffneter Banditengruppen (...); – zur Festnahme von Personen, die sich den Anordnungen der Grenzposten nicht fügen, indem sie auf Anruf ›Halt – stehenbleiben – Grenzposten‹ oder nach Abgabe eines Warnschusses nicht stehenbleiben, sondern offensichtlich versuchen, die Staatsgrenze der Deutschen Demokratischen

Republik zu verletzen und keine andere Möglichkeit zur Festnahme besteht; (...) Die Anwendung der Schußwaffe gegen Grenzverletzer darf nur in Richtung Staatsgebiet der DDR oder parallel zur Staatsgrenze erfolgen. (...)«

165 Archiv des Autors.
166 Ebd.
167 Ebd.
168 Andert, Reinhold/Herzberg, Wolfgang: a. a. O., S. 352 ff.
169 Archiv des Autors.
170 Ebd.
171 Ebd.
172 Ebd.
173 Ebd.
174 Ebd.
175 Gespräch mit dem Autor im Mai 1998.
176 Archiv des Autors.
177 Ebd.
178 Ebd.
179 Ebd.
180 Gespräch mit dem Autor im Mai 1998.
181 Archiv des Autors.
182 Ebd.
183 Ebd.
184 Ebd.
185 Ebd.
186 Ebd.
187 Ebd.
188 Ebd.
189 Ebd.
190 Ebd.
191 Ebd.
192 Aufzeichnung von Werner Krolikowski vom 16. 1. 1990, im Wortlaut abgedruckt bei Przybylski, Peter: a. a. O., S. 329.
193 Ebd., S. 323 f.
194 Ebd., S. 325.
195 Ebd., S. 327.
196 Ebd.

197 Ebd., S. 367. Laut Pötzl, Norbert F.: a. a. O., S. 240, summierten sich die Zahlungen für rund 34 000 »Freikäufe« bis 1989 nach amtlichen Angaben auf 3,4 Milliarden Mark, nach Geheimdiensterkenntnissen und laut Aussagen von Alexander Schalck-Golodkowski seien sogar »ca. acht Milliarden« geflossen.
198 Przybylski, Peter: a. a. O., S. 129.
199 Ebd., S. 143.
200 Ebd., S. 129 f.
201 Ebd., S. 136.
202 Ebd., S. 138.
203 Krenz, Egon: Wenn Mauern fallen, Wien 1990, S. 80.
204 Neues Deutschland vom 21. 12. 1989.
205 Przybylski, Peter: a. a. O., S. 152 und S. 153.
206 Andert, Reinhold/Herzberg, Wolfgang: a. a. O., S. 377.
207 Laut Pötzl, Norbert F.: a. a. O., S. 145, betrug der Monatsverdienst des Generalsekretärs »rund 8 000 DDR-Mark«. Allerdings belegt Pötzl diese Angabe nicht.
208 Andert, Reinhold/Herzberg, Wolfgang: a. a. O., S. 392 f. und S. 436. Bei Wolff, Friedrich: a. a. O., S. 248, heißt es unter Bezugnahme auf eine Mitteilung des Generalstaatsanwalts der DDR: »Am 5. 12. 1989 wurde […] die Beschlagnahme des Kontos Nr. 6652–48–10537 von E. Honecker mit einem Kontostand von 217 930,64 M […] verfügt. […] Weitere Beschlagnahmen oder Arrestnahmen von Sparkonten erfolgten im Verfahren nicht, so daß aufgrund des eigenen Kontos der Frau Honecker der Lebensunterhalt der Familie gewährleistet ist. (Kontostand per 28. 11. 1989: 77 502,98 M)« Ob in diesen Beträgen das von Honecker erwähnte Sparvermögen enthalten ist, ergibt sich aus dem Textzusammenhang ebensowenig wie ein Hinweis auf die Herkunft dieser Gelder überhaupt. Nach der Währungsumstellung 1990 von Mark der DDR auf DM wurden sie jedenfalls in der Summe halbiert.
209 Przybylski, Peter: a. a. O., S. 156 f.
210 Strafsache gegen Honecker und andere, Az.: 111–1–90, Bd. 02. 1.
211 Ebd., Bd. 03. 1.

1989–1994

1. Schabowski, Günter: Der Absturz, Berlin 1991, S. 150 ff.
2. Vergleiche dazu die vielen Belege bei Mitter, Armin/Wolle, Stefan: a. a. O. S. 483 ff., sowie Winkler, Heinrich August: Der lange Weg nach Westen. Deutsche Geschichte vom »Dritten Reich« bis zur Wiedervereinigung, München 2000, S. 467 ff.
3. Beitrag in »Radio DDR« vom 19. 8. 1989.
4. Winkler, Heinrich August: a. a. O., S. 494.
5. Küchenmeister, Daniel (Hrsg.): Honecker – Gorbatschow. Vieraugengespräche, Berlin 1993, S. 252 ff.
6. Winkler, Heinrich August: a. a. O., S. 501.
7. Pötzl, Norbert F.: a. a. O., S. 278 f.
8. Küchenmeister, Daniel: a. a. O., S. 240 ff.
9. Winkler, Heinrich August: a. a. O., S. 503.
10. Krenz, Egon: a. a. O., S. 33.
11. Schabowski, Günter: Das Politbüro. Ende eines Mythos, Berlin 1990, S. 90 f.
12. Ebd., S. 94 f.
13. Krenz, Egon: a. a. O., S. 37 f.
14. Schabowski, Günter: a. a. O., S. 95.
15. Ebd., S. 97.
16. Krenz, Egon: a. a. O., S. 144.
17. Ebd., S. 144 f. Allerdings täuschte sich Krenz, was die Reihenfolge der Wortmeldungen angeht. Mittag sprach nicht als dritter, sondern als vorletzter, der letzte war Krenz, der erklärte, dem Antrag Stophs, die Funktionen des Generalsekretärs zu übernehmen, entsprechen zu wollen.
18. In Schabowskis Redeentwurf war Egon Krenz noch nicht als Nachfolger benannt worden. Den Namen fügte Edwin Schwertner, der Bürochef des Politbüros, erst nachträglich ein (siehe Kunze, Thomas: a. a. O., S. 37).
19. Die Gegenstimme kam von Hanna Wolf, der ehemaligen Leiterin der SED-Parteihochschule. Margot Honecker nahm an dieser ZK-Sitzung schon nicht mehr teil.
20. Andert, Reinhold/Herzberg, Wolfgang: a. a. O. S. 19.
21. Ebd., S. 31 f.

22 Ebd., S. 21.
23 Keßler, Heinz: Zur Sache und zur Person, Berlin 1996, S. 239.
24 Andert/Reinhold/Herzberg, Wolfgang: a. a. O., S. 21.
25 Ebd., S. 22.
26 Krenz, Egon: a. a. O., S. 149 f.
27 Dieser und weitere Belege für die desolate Stimmung im Zentralkomitee bei Stephan, Gerd-Rüdiger: Die letzten Tage des Zentralkomitees der SED 1988/89. Abläufe und Hintergründe, in: Deutschland Archiv, Heft 26, 1993, S. 296 bis 325.
28 Ebd.
29 Krenz, Egon: a. a. O., S. 154.
30 Winkler, Heinrich August: a. a. O., S. 508.
31 Krenz, Egon: a. a. O., S. 170.
32 Schabowski, Günter: a. a. O., S. 135.
33 Vergleiche dazu Winkler, August Heinrich: a. a. O., S. 510 ff.; Krenz, Egon: a. a. O., S. 176 ff.; Schabowski, Günter: a. a. O., S. 136 ff.
34 Andert, Reinhold/Herzberg, Wolfgang: a. a. O., S. 35 und S. 39.
35 Vergleiche dazu Kohl, Helmut: Ich wollte Deutschlands Einheit. Dargestellt von Kai Dieckmann und Ralf Georg Reuth, Berlin 1996, S. 431 ff. und passim.
36 Archiv Alexandra Besymenskaja, Moskau.
37 Ebd.
38 Mitschrift des Telefonats ebd.
39 Mitschrift des Gesprächs ebd.
40 Ebd.
41 Sitzungsprotokoll ebd.
42 Mitschrift des Gesprächs ebd.
43 Ebd.
44 Vergleiche dazu mit weiteren Belegen und Quellennachweisen Kunze, Thomas: a. a. O., passim, sowie Wolff, Friedrich: a. a. O., S. 233–366, und Eberlein, Werner/Herrmann, Frank-Joachim/Honecker, Margot/Keßler, Heinz/Huhn, Klaus (Hrsg.): Auskünfte über Erich Honecker, Berlin 2002, S. 62–180. Archivalische oder bibliographische Fundstel-

len werden im folgenden nur nachgewiesen, wenn sie von denen in den o. g. Veröffentlichungen abweichen oder dort nicht erwähnt wurden.

45 Wolff, Friedrich: a. a. O., S. 234 f.
46 Andert, Reinhold/Herzberg, Wolfgang: a. a. O., S. 44.
47 Wolff, Friedrich: a. a. O., S. 246.
48 Andert, Reinhold/Herzberg, Wolfgang: a. a. O., S. 50.
49 Ebd., S. 103 f., und Wolff, Friedrich: a. a. O., S. 250 f.
50 Andert, Reinhold/Herzberg, Wolfgang: a. a. O., S. 50.
51 Laut Pötzl, Norbert F.: a. a. O., S. 343, wurde Michail Gorbatschow vor dieser Entscheidung nicht konsultiert. Pötzl belegt diese Feststellung, die aufgrund der Bedeutung dieses Vorganges kaum verständlich wäre, jedoch nicht.
52 Wolff, Friedrich: a. a. O., S. 254 f.
53 Andert, Reinhold/Herzberg, Wolfgang: a. a. O., S. 51.
54 Wolff, Friedrich: a. a. O., S. 255.
55 Luis Corvalán: Gespräche mit Margot Honecker über das andere Deutschland, Berlin 2001, S. 99.
56 Kunze, Thomas: a. a. O., S. 119 f.
57 Das Landgericht Berlin verwarf durch Beschluß vom 14. 12. 1990 den Tatvorwurf der mittelbaren Täterschaft und ersetzte ihn durch Anstiftung zum Mord.
58 Kunze, Thomas: a. a. O., S. 124 und S. 128 f.
59 Vergleiche Corvalán, Luis: a. a. O., S. 111 ff. Margot Honecker erklärte in ihrem Gespräch mit dem früheren Generalsekretär der KP Chiles Corvalán, daß eine erste Diagnose »den Verdacht eines bösartigen Gebildes in der Leber« ergab, während in einer zweiten späteren Diagnose, die sie wegen angeblicher politischer Rücksichtnahme der Ärzte auf die Wünsche der Moskauer Regierung für verfälscht hielt, nur mehr von einem »diffusen Befund der Leber« die Rede gewesen sei.
60 Zu dem Angebot Nordkoreas siehe Kunze, Thomas: a. a. O., S. 145.
61 Corvalán, Luis: a. a. O., S., S. 113.
62 Kunze, Thomas, a. a. O., S. 164.
63 Die Welt vom 4. 12. 1992.
64 Süddeutsche Zeitung vom 4. 12. 1992.

65 Die Tageszeitung vom 4. 12. 1992.
66 Huhn, Klaus (Hrsg.): a. a. O., S. 101.
67 Ebd., S. 103.
68 Stern vom 8. 7. 1993.
69 Dazu und zum folgenden siehe Huhn, Klaus (Hrsg.): a. a. O., S. 104 ff.
70 Die Mutter starb 1963, der Vater 1969. An beiden Beerdigungen nahm Erich Honecker aufgrund der seinerzeitigen politischen Lage nicht teil.

Literatur

Andert, Reinhold/Herzberg, Wolfgang: Der Sturz. Erich Honecker im Kreuzverhör, Berlin/Weimar 1990

Andert, Reinhold: Nach dem Sturz. Erich Honecker im Kreuzverhör, Leipzig 2001

Archiv der Gegenwart, Siegler, H. v. (Hrsg.), Jahrgangsbände seit 1945

Axen, Hermann: Ich war ein Diener der Partei. Autobiographische Gespräche mit Harald Neubert, Berlin 1996

Badstübner, Rolf/Loth, Wilfried: Wilhelm Pieck. Aufzeichnungen zur Deutschlandpolitik 1945–1953, Berlin 1994

Bahr, Egon: Zu meiner Zeit, München 1996

Bahrmann, Hannes/Links Christoph: Chronik der Wende. Die Ereignisse in der DDR zwischen 7. Oktober 1989 und 18. März 1990, Berlin 1999

Benser, Günter: DDR – gedenkt ihrer mit Nachsicht, Berlin 2000

Bergner, Paul: Die Waldsiedlung. Ein Sachbuch über »Wandlitz«, Wandlitz 1994

Bies, Luitwin: Klassenkampf an der Saar 1919–1935, Frankfurt 1978

Bölling, Klaus: Die fernen Nachbarn. Erfahrungen in der DDR, Hamburg 1983

Borkowski, Dieter: Erich Honecker. Statthalter Moskaus oder deutscher Patriot? Eine Biographie, München 1987

Brandt, Heinz: Ein Traum, der nicht entführbar ist, Frankfurt 1985

Bandt, Willy: Erinnerungen, Berlin 1989

Corvalán, Luis: Gespräche mit Margot Honecker über das andere Deutschland, Berlin 2001

Courtois, Stephane: Schwarzbuch des Kommunismus, München 1998

Deutscher Bundestag (Hrsg.): Materialien der Enquetekommission »Aufarbeitung von Geschichte und Folgen der SED-Diktatur in Deutschland«, 10 Bände, Baden-Baden 1996

Dülmen, Richard van: Leben und Arbeiten in einer Industrieregion 1840–1914, München 1989

Dünow, Hermann: Der Rote Frontkämpferbund. Die revolutionäre Schutz- und Wehrorganisation des deutschen Proletariats in der Weimarer Republik, Berlin 1958

Eberle, Henrik: Einverstanden, E. H. Parteiinterne Hausmitteilungen, Briefe, Akten und Intrigen aus der Honecker-Zeit, Berlin 1999

Eberle, Henrik: Anmerkungen zu Honecker, Berlin 2000

Eberlein, Werner: Ansichten, Einsichten, Aussichten, Berlin 1994

Eberlein, Werner: Begegnungen, Berlin 1999

Eberlein, Werner: Geboren am 9. November. Erinnerungen, Berlin 2000

Falin, Valentin: Politische Erinnerungen, Berlin 1997

Falin, Valentin: Konflikte im Kreml, München 1997

Flocken, Jan von/Scholz, Michael F.: Ernst Wollweber, Berlin 1994

Frank, Mario: Walter Ulbricht, Berlin 2001

Gabel, K. A.: Kämpfe und Werden der Hüttenarbeiterorganisationen an der Saar, Saarbrücken 1921

Genscher, Hans-Dietrich: Erinnerungen, Berlin 1999

Geschichte der SED. Abriß, Berlin 1978

Gietinger, Klaus: Eine Leiche im Landwehrkanal. Die Ermordung der Rosa L., Berlin 1995

Gorbatschow, Michail: Erinnerungen, Berlin 1995

Gorbatschow, Michail: Wie es war. Die deutsche Wiedervereinigung, München 2000

Gribkow, Anatoli: Der Warschauer Pakt. Geschichte und Hintergründe des östlichen Militärbündnisses, Berlin 1995

Hacker, Jens: Deutsche Irrtümer 1949–1989, Berlin/Frankfurt 1992

Hager, Kurt: Erinnerungen, Leipzig 1996

Hanke, Erich: Erinnerungen eines Illegalen, Berlin 1974

Havemann, Robert: Fragen – Antworten – Fragen, München 1970

Henke, Klaus-Dietmar/Steinbach, Peter/Tuchel, Johannes: Widerstand und Opposition in der DDR, Köln/Weimar/Wien 1999

Herbst, Andreas/Ranke, Winfried/Winkler, Jürgen: So funktionierte die DDR, 3 Bände, Reinbek 1994

Herbst, Andreas/Stephan, Gerd-Rüdiger/Winkler, Jürgen: Die SED. Geschichte – Organisation – Politik. Ein Handbuch, Berlin 1997

Herrmann, Frank-Joachim: Der Sekretär des Generalsekretärs. Honeckers persönlicher Mitarbeiter über seinen Chef, Berlin 1996

Herrnstadt, Rudolf: Das Herrnstadt-Dokument. Das Politbüro der SED und die Geschichte des 17. Juni 1953, Reinbek 1990

Hertle, Hans-Hermann/Weinert, Rainer/Wilke, Manfred: Der Staatsbesuch, Berlin 1991

Hertle, Hans-Hermann: Chronik des Mauerfalls, Berlin 1996

Hertle, Hans-Hermann/Stephan, Gerd-Rüdiger: Das Ende der SED. Die letzten Tage des Zentralkomitees, Berlin 1999

Honecker, Erich/Geisler, Herbert: Friedensflug nach Osten, Berlin 1947

Honecker, Erich: Aus meinem Leben, Berlin 1980

Honecker, Erich: Ein Leben für das Volk, Berlin 1987

Honecker, Erich: Reden und Aufsätze, 12 Bände, Berlin 1975 bis 1988

Honecker, Erich: Zu dramatischen Ereignissen, Berlin 1992

Honecker, Erich: Politische Erklärung, Hamburg 1992

Honecker, Erich: Moabiter Notizen, Berlin 1994

Huhn, Klaus: Auskünfte über Erich Honecker, Berlin 2002

Hundert Jahre Neunkircher Eisenwerk unter der Firma Gebrüder Stumm, Saarbrücken 1906.

Institut für Geschichte der Arbeiterbewegung: In den Fängen des NKWD. Deutsche Opfer des stalinistischen Terrors in der UdSSR, Berlin 1991

Institut für Marxismus-Leninismus beim ZK der SED: Erich Honecker. Skizze seines politischen Lebens, Berlin 1977

Janka, Walter: Schwierigkeiten mit der Wahrheit, Berlin 1990

Janson, Carl-Heinz: Totengräber der DDR. Wie Günter Mittag den SED-Staat ruinierte, Düsseldorf/Wien/New York 1991

Judt, Matthias: DDR-Geschichte in Dokumenten. Beschlüsse, Berichte, interne Materialien und Alltagszeugnisse, Berlin 1997

Kaiser, Monika: Machtwechsel von Ulbricht zu Honecker. Funktionsmechanismen der SED-Diktatur in Konfliktsituationen 1962–1972, Berlin 1997

Keßler, Heinz: Zur Sache und zur Person. Erinnerungen, Berlin 1996

Kirschey, Peter: Wandlitz Waldsiedlung – die geschlossene Gesellschaft, Berlin 1990

Klein, Manfred: Jugend zwischen den Diktaturen, Mainz 1968

Koch, Peter-Ferdinand: Die feindlichen Brüder. DDR contra BRD, Bern/München/Wien 1994

Kohl, Helmut: Ich wollte Deutschlands Einheit. Dargestellt von Kai Dieckmann und Ralf Georg Reuth, Berlin 1996

Kotschemassow, Wjatscheslaw: Meine letzte Mission, Berlin 1994

Kowalczuk, Ilko-Sascha/Wolle, Stefan: Roter Stern über Deutschland, Berlin 2002

Krenz, Egon: Wenn Mauern fallen, Wien 1990

Krenz, Egon: Herbst '89, Berlin 1999

Krenz, Egon: Briefe und Zeugnisse, Berlin 2000

Küchenmeister, Daniel: Honecker – Gorbatschow. Vieraugengespräche, Berlin 1993

Kunze, Thomas: Staatschef a. D. – Die letzten Jahre des Erich Honecker, Berlin 2001

Kwizinskij, Juli: Vor dem Sturm, Berlin 1993

Lang, Jochen von: Erich Mielke. Eine deutsche Karriere, Berlin 1991

Lehmann, Hans-Georg: Deutschland-Chronik 1945–1995, Bonn 1995

Lemke, Michael: Die Berlinkrise, Berlin 1995

Leonhard, Wolfgang: Die Revolution entläßt ihre Kinder, Frankfurt/Berlin 1961

Lippmann, Heinz: Honecker. Porträt eines Nachfolgers, Köln 1971

Löwenthal, Richard/Mühlen, Patrick von zur: Widerstand und Verweigerung in Deutschland 1933 bis 1945, Berlin 1982

Lorenzen, Jan N.: Erich Honecker. Eine Biographie, Reinbek 2001

Mählert, Ulrich/Stephan, Gerd-Rüdiger: Blaue Hemden – Rote Fahnen, Opladen 1996

Maier, Charles S.: Das Verschwinden der DDR und der Untergang des Kommunismus, Frankfurt 2000

Marzen, Walter: Die saarländische Eisen- und Stahlindustrie 1430–1993, Saarbrücken 1994

Medwedew, Roy: Die Wahrheit ist unsere Stärke. Geschichte und Folgen des Stalinismus, Frankfurt 1973

Meiser, Gerd: Stahl aus Neunkirchen. Zur Geschichte des Neunkircher Eisenwerkes, Saarbrücken 1982

Meyer, Gerd: Die DDR-Machtelite in der Ära Honecker, Tübingen 1991

Michel, Karl M./Spengler, Tilmann: In Sachen Erich Honecker, Kursbuch 111, Berlin 1993

Mittag, Günter: Um jeden Preis. Im Spannungsfeld zweier Systeme, Berlin/Weimar 1991

Mitter, Armin/Wolle, Stefan: Untergang auf Raten. Unbekannte Kapitel der DDR-Geschichte, München 1993

Modrow, Hans: Aufbruch und Ende, Hamburg 1991

Modrow, Hans: Das große Haus. Insider berichten aus dem ZK der SED, Berlin 1994

Modrow, Hans: Ich wollte ein neues Deutschland, Berlin 1998

Mühlen, Patrick von zur: »Schlagt Hitler an der Saar!«, Bonn 1977

Müller, Reinhard: Die Akte Wehner. Moskau 1937 bis 1941, Berlin 1993

Müller, Reinhard: Menschenfalle Moskau. Exil und stalinistische Verfolgung, Hamburg 2001

Müller-Enbergs, Helmut/Wielgohs, Jan/Hoffmann, Dieter: Wer war wer in der DDR? Ein biographisches Lexikon, Berlin 2000

Neumann, Thomas: Die Maßnahme. Eine Herrschaftsgeschichte der SED, Reinbek 1991

Neubert, Ehrhart: Geschichte der Opposition in der DDR 1949–1989, Berlin 1997

Oldenburg, Fred: Die Implosion des SED-Regimes. Ursachen und Entwicklungsprozesse, Köln 1991

Oldenburg, Fred: Das Dreieck Moskau – Ost-Berlin – Bonn 1975 – 1989, Köln 1994

Otto, Wilfriede: Erich Mielke. Biographie, Berlin 2000

Podewin, Norbert: Walter Ulbricht. Eine neue Biographie, Berlin 1995

Pötzl, Norbert F.: Basar der Spione. Die geheimen Missionen des DDR-Unterhändlers Wolfgang Vogel, München 1999

Pötzl, Norbert F.: Erich Honecker. Eine deutsche Biographie, München 2002

Potthoff, Heinrich: Im Schatten der Mauer. Deutschlandpolitik 1961 bis 1990, Berlin 1999

Przybylski, Peter: Tatort Politbüro. Die Akte Honecker, Berlin 1991

Przybylski, Peter: Tatort Politbüro, Band 2: Honecker, Mittag und Schalck-Golodkowski, Berlin 1992

Richter, Peter: Kurzer Prozeß, Berlin 1993

Rühle, Otto: Das proletarische Kind. Eine Monographie, München 1911

Schabowski, Günter: Das Politbüro. Ende eines Mythos. Eine Befragung von Sieren, Frank/Koehne, Ludwig (Hrsg.), Reinbek 1990

Schabowski, Günter: Der Absturz, Berlin 1991

Schachnasarow, Georgi: Der Preis der Freiheit, Bonn 1996

Schalck-Golodkowski, Alexander: Deutsch-deutsche Erinnerungen, Reinbek 2000

Schirdewan, Karl: Aufstand gegen Ulbricht, Berlin 1995

Schmidt, Helmut: Menschen und Mächte, Berlin 1987

Schmidt, Helmut: Die Deutschen und ihre Nachbarn, Berlin 1990

Schröder, Klaus: Der SED-Staat. Geschichte und Strukturen der DDR, München 1998

Schürer, Gerhard: Gewagt und verloren. Eine deutsche Biographie, Frankfurt/Oder 1996

Selbmann, Erich: Der Prozeß »527–10/1992«, Strafsache gegen Honecker und andere, Berlin 1993

Selbmann, Fritz: Die erste Stunde, Berlin 1969

Staadt, Jochen: Auf höchster Stufe. Gespräche mit Honecker, Berlin 1995

Staritz, Dietrich: Geschichte der DDR, Frankfurt 1996

Strauß, Franz Josef: Die Erinnerungen, Berlin 1998

Stuhler, Ed: Margot Honecker. Eine Biographie, Wien 2003.

Teltschik, Horst: 329 Tage. Innenansichten der Einigung, Berlin 1993

Ulbricht, Walter: Zur Geschichte der deutschen Arbeiterbewegung, Berlin 1966

Ulrich, Albrecht: Die Abwicklung der DDR. Die »2+4-Verhandlungen«: Ein Insiderbericht, Opladen 1992

Völklein, Ulrich: »Ich bin ein Gebrannter.« Denunziation in Moskau. Verrat in Schweden. Kontakte mit der Stasi. Die Lebenskrisen des Herbert Wehner, Hamburg 2000

Völklein, Ulrich: Geschäfte mit dem Feind. Die geheime Allianz des großen Geldes während des Zweiten Weltkrieges auf beiden Seiten der Front, Hamburg 2002

Voslensky, Michael S.: Das Geheime wird offenbar. Moskauer Archive erzählen. 1917–1991, München 1995

Weber, Hermann: »Weiße Flecken« in der Geschichte. Die KPD-Opfer der Stalinschen Säuberungen und ihre Rehabilitierung, Frankfurt 1989

Weber, Hermann: DDR. Grundriß der Geschichte 1945–1990, Hannover 1991

Weber, Hermann/Staritz, Dietrich: Kommunisten verfolgen Kommunisten. Stalinistischer Terror und »Säuberungen« in den kommunistischen Parteien Europas seit den 30er Jahren, Berlin 1993

Weber, Hermann: Der SED-Staat: Neues über eine vergangene Diktatur, München 1994

Weber, Hermann: Geschichte der DDR, München 1999

Weber, Hermann/Mählert, Ulrich: Terror. Stalinistische Parteisäuberungen 1936–1953, Paderborn 2001

Wehner, Herbert: Zeugnis, Köln 1982

Wesel, Uwe: Ein Staat vor Gericht. Der Honecker-Prozeß, Frankfurt 1994

Winkelmann, Egon: Moskau, das war's, Berlin 1997

Winkler, Heinrich August: Der lange Weg nach Westen. Deutsche Geschichte vom »Dritten Reich« bis zur Wiedervereinigung, München 2000

Wolf, Markus: In eigenem Auftrag. Bekenntnisse und Einsichten, München 1991

Wolf, Markus: Spionagechef im geheimen Krieg. Erinnerungen, München 1998

Wolff, Friedrich: Verlorene Prozesse. 1953–1998. Meine Verteidigungen in politischen Verfahren, Berlin 1999

Wolle, Stefan: Die heile Welt der Diktatur. Alltag und Herrschaft in der DDR 1971–1989, Berlin 1998

Zarusky, Jürgen: Die Stalin-Note vom 10. März 1952. Neue Quellen und Analysen, München 2002

Zur Geschichte der Arbeiterjugendbewegung in Deutschland, Berlin 1956

Personenverzeichnis

Abrassimow, Pjotr   292 f.
Abusch, Alexander   113
Achromejew, Sergej   386
Ackermann, Anton   74, 186, 199 f., 234, 245, 254
Adam, Wilhelm   207
Adenauer, Konrad   208, 226, 247, 260, 272
Albrecht, Ernst   336 f.
Albrecht, Hans   7, 367, 405
Almeyda, Clodomiro   404 f.
Althaus, Peter   395, 410
Aly, Götz   408
Andert, Reinhold   160, 182, 228, 414
Andropow, Juri   323
Angenfort, Jupp   226
Apel, Erich   281
Attali, Jacques   382
Axen, Hermann   214, 216, 225, 292, 294, 299, 311, 332, 335, 343, 379

Bahr, Egon   310, 317
Bahro, Rudolf   321
Barbusse, Henri   105
Bauer, Leo   243
Baum, Bruno   116 f., 119, 122 ff., 126 ff., 130, 132, 134 ff., 147 f., 426

Baumann, Edith   199, 209, 218, 222, 227 ff.
Becher, Johannes R.   319
Beil, Gerhard   206
Bejdin, Iwan   211
Benser, Günter   193
Bentzien, Hans   206
Berg, Lene   113
Berija, Lawrenti   79, 244 f., 252 f.
Bialek, Robert   214 f., 438
Biermann, Wolf   321
Bies, Luitwin   85, 414
Blecha, Kurt   205
Böckler, Hans   22
Bösel, Fritz   58
Bohley, Bärbel   361
Boß, Hans   410
Bräutigam, Hansgeorg   7, 407, 409 f.
Brandt, Heinz   147 ff., 258, 273
Brandt, Willy   278, 281, 287 bis 291, 295 f., 298, 310, 331, 381, 387, Abb. 13
Brasch, Horst   235 f.
Braun, Ernst   97
Brecht, Bertolt   251 f.
Brentano, Heinrich von   260
Breschnew, Leonid   281 ff.,

285–289, 291–298, 301, 306, 310, 322 f., 346
Brüsewitz, Oskar 321
Buber-Neumann, Margarete 82 f.
Bucharin, Nikolai 74, 76, 80
Buchwitz, Otto 163, 199
Budjonny, Semjon 81
Buhr, Manfred 206
Bulganin, Nikolai 245
Busch, Ernst 66
Bush, George 384
Byrnes, James F. 223

Canaris, Wilhelm 32
Chemnitzer, Johannes 367
Chruschtschow, Nikita 230, 245, 256, 258, 267 f., 270, 273 f., 276 f., 281, 286
Corvalán, Luis 427, 450

Dahlem, Franz 113 ff., 199 f., 230, 234, 243 f., 254
Dahrendorf, Gustav 198
Daub, Philipp 87
Dengler, Gerhard 205
Dimitroff, Georgi 145
Dregger, Alfred 325, 328
Dubček, Alexander 283
Dünow, Hermann 163

Eberlein, Werner 335, 376
Ebert, Friedrich 30 ff., 34, 230, 234, 245
Ehrensperger, Günter 376
Eichler, Heinz 206
Eisler, Hanns 319
Ende, Lex 243

Engels, Friedrich 33, 70, 255, 300
Eppler, Erhard 338, 353

Faikus, Hans 130 f., 428
Falin, Valentin 276, 386
Fechner, Max 199 f.
Feist, Margot 229
Felfe, Werner 312
Feske, Klaus 411
Field, Noel H. 243
Fischer, Fritz 28
Fjedorow, Nikolai 404
Florin, Wilhelm 107, 114
Fodorová, Sarah 120, 122, 124 bis 128, 130, 132–136, 427
Forck, Gottfried 396
Franco Bahamonde, Francisco 115, 319
Frenzel, Max 163, 175
Fricke, Dieter 206
Fürnberg, Louis 234
Fulbright, William 276

Gäbler, Fritz 170
Garling, Adolf 206
Gauweiler, Peter 344
Geisler, Herbert 225, 227 f., 439
Genscher, Hans-Dietrich 384 ff.
Gerassimow, Gennadi 363
Gide, André 105
Gietinger, Klaus 32
Gläser, Martin 140, 145
Globke, Hans Josef 208, 272
Glückauf, Erich 113
Gniffke, Erich 199

Goebbels, Joseph 56, 224
Götting, Gerald 374
Gomolla, Emanuel 164
Gorbatschow, Michail 325, 329, 333, 352, 363 f., 366, 368, 372 ff., 380, 382–390, 403 f.
Greiner-Petter, Werner 206
Grejewna, Natascha 76
Gretschko, Andrej 245, 248 f.
Grimm, Andreas 110, 425
Grimm, Elisabeth 111, 425
Groehler, Olaf 208
Gromyko, Andrej 290
Große, Fritz 139 f., 142, 145, 147 f.
Grotewohl, Otto 195–200, 230, 232, 234, 245, 247 f., 254, 256, 269
Grüneberg, Gerhard 299, 311
Grund, Charlotte 155, 159 ff., 171
Gueffroy, Chris 358
Gyptner, Richard 181

Hager, Käthe 119
Hager, Kurt 299, 356
Halbritter, Walter 311
Hanisch, Oswald 226 f.
Hanke, Erich 153 f., 156 bis 159, 163, 172
Harich, Wolfgang 259 f., 262 f.
Havemann, Robert 163 ff., 167 f.
Heidenreich, Gerhard 235 f.
Hein, Paul 134, 136

Heinemann, Gustav 287
Hekla, Fritz 58
Henrich, Rolf 361
Herger, Wolfgang 365, 376
Herrmann, Joachim 312, 366, 369, 371
Herrnstadt, Rudolf 234, 244, 254
Hertwig, Manfred 259, 263
Herzberg, Wolfgang 160, 182, 229, 414
Hiersemann, Karl-Heinz 343
Hirsch, Charlotte 126
Hirschfeld, Hans 206
Hitler, Adolf 61, 86, 142, 144, 146 ff., 176, 179, 190, 257, 356, 385
Hoelz, Max 81
Hönisch, Erich 235 f.
Hoffmann, Ernst 199, 218
Hoffmann, Heinz 107, 312
Holger, James 405 f.
Holmer, Uwe 396 f.
Homann, Heinrich 374
Honecker, Andreas 16
Honecker, Frieda 15, 38, 213
Honecker, Gertrud 15, 213
Honecker, Karl-Robert 15, 52, 213
Honecker, Karoline 15, 26, 52, 60, 213, 451
Honecker, Katharina 15, 39
Honecker, Margot 374, 393, 396–399, 406, 411 f.
Honecker, Sonja 396, 399, 411

Honecker, Wilhelm 15 f., 18, 26, 28–31, 33, 36 ff., 60, 150, 152, 213, 415, 451
Hoppe, Erich 140
Hoppstädter, Gertrud 46, 139, 413 f.
Hoppstädter, Hans 139
Hüttel, Harry 141
Humbs, Kurt 40

Jagoda, Genrich 79
Jahn, Günther 367
Jakowlew, Alexander 386 f.
Janajew, Gennadi 403
Janka, Walter 259, 263
Jarowinsky, Werner 299, 376
Jasow, Dimitri 403
Jelzin, Boris 403 f.
Jendretzky, Hans 234, 245, 254
Jeschow, Nikolai Iwanowitsch 79
Joseph, Hans-Jürgen 394
Jurr, Gerhard 147
Jurr, Werner 147, 163
Just, Gustav 259, 263

Kaganowitsch, Lazar 245
Kaiser, Albert 147
Kaiser, Ewald 109
Kaiser, Monika 125 f., 133, 171–174
Kamenew, Lew 74
Kaminsky, Horst 206
Karg, Berta 109
Karsten, August 199
Kayser, Karl 375
Kelm, Elli 368

Kennedy, John F. 271, 273 bis 276, 278
Kern, Käthe 199 f.
Kertzscher, Günter 205
Keßler, Heinz 7, 199 f., 209 f., 214, 218, 225, 227, 235 f., 312, 366, 368, 372, 376, 405, 430
Kiesinger, Kurt-Georg 208, 287, 289
Kippenberger, Heinz 113
Kleiber, Günther 299, 307 f., 311
Klein, Manfred 209, 211, 215, 224 ff.
Kleist, Herbert 126
Klier, Freya 355
Knapp, Wilhelm 163, 170
Knappe, Emilie 121
Kohl, Helmut 324, 327 f., 331, 344, 353, 380 f., 383–387, 389 f., 401, 403
Kohl, Michael 310, 317
Konew, Iwan 277 f.
Kossygin, Alexej
Kotschemassow, Wjatscheslaw 368
Kowalczuk, Ilko-Sascha 250
Kranzbühler, Otto 32
Krawczyk, Stephan 355
Kreikemeier, Willi 243
Krenz, Egon 332–335, 349, 365–371, 373, 376–379, 391
Krjutschkow, Wladimir 386 f., 403
Krolikowski, Werner 311, 345 ff., 379

Krone, Heinrich 272
Küchenmeister, Wera 159 f., 422, 432
Küstermeier, Rudi 147
Kunze, Thomas 125
Kurz, Fritz 39

Lafontaine, Oskar 331, 337 bis 343
Lamberz, Werner 299, 306 f., 311
Lange, Ingeburg 312
Lange, Robert 225 ff.
Lautenbach, Edwin 122, 126, 135 f.
Lauter, Hans 243
Lehmann, Helmut 199 f., 230
Lemmer, Ernst 272
Lenin, Wladimir Iljitsch 33, 42, 66, 70 f., 73 f., 91, 234, 255, 269, 281 f., 300
Leonhard, Wolfgang 179, 182 bis 186, 201, 435
Leuschner, Bruno 139
Lichter, Lea 69, 73
Liebknecht, Karl 30–33, 45, 95, 355
Ligatschow, Jegor 382
Limbach, Jutta 410
Lippmann, Heinz 220, 228 f., 235 f., 243 f., 413
Löwenstern, Enno von 408
Lorenz, Paul 87, 98 f.
Lorenz, Siegfried 365, 376
Lowack, Alfred 147
Lübke, Heinrich 208

Luxemburg, Rosa 30–33, 45, 95, 355, 414

Macmillan, Harold 272
Maddalena, Max 142, 145
Mahle, Hans 181
Maizière, Lothar de 398
Malenkow, Georgi 244 f.
Maleuda, Günter 376
Mannbar, Artur 58, 60, 172
Mark, Robert 112
Marx, Karl 33, 70, 74, 255, 300
Matern, Hermann 199 f., 230, 234, 245
Mauermann, Albert 132
McCloy, John 276
Medwedew, Roy 74, 420
Meier, Otto 199 f.
Melsheimer, Ernst 206
Menzel, Robert 139, 174, 227, 429
Merker, Paul 199 f., 230, 243, 254
Mickin, Walter 162, 166
Mielke, Erich 7 f., 270, 307, 311, 347, 379, 405
Miersch, Werner 206
Mikojan, Anastas 245
Milkert, Hans 147
Mittag, Günter 299, 305 f., 311, 345 f., 366, 369, 371, 379
Mitterrand, François 382, 385 f.
Modrow, Hans 367, 376, 383, 387 ff., 398
Molotow, Wjatscheslaw 146, 244 f.

Morales, Ramon Candia 412
Morgenstern, Karl 235 f.
Mrochen, Thomas 162, 166, 169
Mückenberger, Erich 234, 245, 299
Mühlen, Hermynia zur 43, 47
Müller, Hermann 34
Müller, Johannes 140, 173
Müller, Kurt 107, 236
Müller, Margarete 376

Nagy, Imre 358
Naimark, Norman 233
Naumann, Konrad 312
Neumann, Alfred 256, 305
Neumann, Heinz 82, 96
Nickolay, Fritz 58, 417
Norden, Albert 113
Noske, Gustav 31 f.
Nottrodt, Rolf Dieter 206

Oberländer, Theodor 208
Oelßner, Fred 74, 234, 245, 264 ff., 269
Olbrich, Karl 147
Oltersdorf, Karl 147

Pabst, Waldemar 31 ff.
Perl, Alfred 163, 168, 170 f., 433
Pflugk-Harttung, Horst von 31
Pfordt, Fritz 87, 99
Pieck, Wilhelm 114, 185, 195, 198 ff., 210 f., 213, 217 f., 230, 232, 234 f., 239 f., 242, 245, 248, 257

Pinochet, Augusto 404 f.
Prantl, Heribert 408
Puccio, Miguel 411

Radek, Karl 81
Rau, Heinrich 234, 245
Rau, Johannes 329
Rauchfuß, Wolfgang 376
Ravens, Klaus 337
Rehse, Hans-Joachim 130 f., 134, 424 f.
Reich, Jens 361
Reichelt, Hans 206
Reimann, Max 113
Reinhold, Otto 353, 357
Rettner, Gunter 335 f., 338, 341–344
Reuter, Fritz 140
Richter, Willy 164
Röchling, Hermann 38
Röser, Peter 39
Rolland, Romain 105
Rom, Willi 105, 109
Rossaint, Joseph 109 f.
Rostow, Walt 276
Roth, Wolfgang 334
Rühle, Otto 47
Rüthnick, Rudolf 351
Russakow, Konstantin 363
Ryschkow, Nikolai 386, 388

Schabowski, Günter 354 f., 365–368, 370, 375 f., 378
Schachnasarow, Karen 386
Schaefgen, Christoph 8, 401
Schalck-Golodkowski, Alexander 344, 346 ff., 379

Schanel, Charlotte (d. i. Charlotte Schanuel) 160, 432
Scharping, Rudolf 344
Schdanow, Andrej 144
Scheel, Walte 289
Schewardnadse, Eduard 384 bis 387
Schill, Gerhard 206
Schirdewan, Karl 250, 255 f., 258, 264–269
Schmidt, Elli 199 f., 234, 245, 254
Schmidt, Helmut 324, 339, 431
Schmidt, Martin 140, 147, 163, 166, 168 ff., 177
Schmidt, Waldemar 140, 147
Schmieder, Werner 206
Schneider, Volkmar 407, 409
Schon, Lotte 130
Schröder, Gerhard 331–338, 343
Schubert, Hermann 114
Schürer, Gerhard 312, 376
Schütz, Johann 39
Schukow, Georgi 186, 194, 212
Schulte, Fritz 114
Schumacher, Kurt 198
Schwertner, Edwin 448
Seewald, Heinrich 33
Seibt, Kurt 149, 163
Seidel, Günter 399
Seidel, Manfred 348
Selbmann, Fritz 264 f.
Semiller, Franziska 117
Semjonow, Wladimir 245, 248
Sens, Max 163

Seraphin, Paul 154, 156, 158, 161, 431
Severing, Carl 65
Sieber, Günter 376
Sindermann, Horst 299, 312, 379
Sinowjew, Grigori 74
Skupin, Wera 159
Sluzki, Abram Aronowitsch 79
Snetkow, Borisv 398
Sokolowski, Wassili 204
Souchon, Herrmann 31
Spangenberg, Max 119
Spiegelglas, Michail 79
Stahl, Alexander von 401
Stalin, Jossif 63, 73–81, 96, 115, 143–148, 188 ff., 233 f., 238–244, 255 ff., 269, 356
Steber, Franz 110
Steger, Otfried 206
Steidle, Luitpold 206
Stoph, Willi 7 f., 290 ff., 299, 304, 312, 331, 368 f., 375, 377, 379, 405, Abb. 7
Strauß, Franz Josef 324, 329 ff., 344, 347
Streibl, Max 344
Streit, Josef 207
Streletz, Fritz 7, 405
Stumm-Halberg, Karl Ferdinand Freiherr von 19–23, 38, 414
Sturm, Erwin 132, 134, 426
Sudoplatow, Pawel 78 ff., 420
Switalla, Anton 98 f.

Teltschik, Horst 383
Terechow, Wladislaw 402
Thälmann, Ernst 46, 56, 61, 63, 96, 105, 145, 148, 231
Thatcher, Margaret 382
Thiele, Wilhelm 162, 166, 168, 170, 177, 429
Thießen, Peter-Adolf 206
Thörmer, Heinz 386
Tisch, Harry 311, 368, 374, 379
Titze, Richard 121
Tjulpanow, Sergej 195, 197
Triem, Jakob 24
Trotzki, Lew 74, 77, 79, 147
Truman, Harry S. 223
Tschernajew, Anatoli 381 f., 386
Tschernenko, Juri 323
Tschiche, Hans-Jochen 361
Tschuikow, Wassili 232, 245

Uecker, Max 141 f., 145
Uhlmann, Walter 172 f., 207, 253
Ulbricht, Lotte 306 f., 444
Ulbricht, Walter 114, 179 f., 182, 184, 187 f., 190, 199 f., 206, 208 f., 217 f., 230 ff., 234 bis 237, 239, 241–245, 247 f., 250, 252–260, 263 f., 266 bis 270, 273 f., 277, 281 ff., 286 bis 290, 292–314, 317, 346, 367, 371, 373 f.

Vach, Karl Heinz 336
Verner, Paul 113, 213 f., 225, 292, 299, 303, 312
Vogel, Hans-Jochen 337
Vogel, Wolfgang 360, 396, 426
Voltmer, Erich 60, 67, 88, 90

Wabra, Ernst 109
Wachtel, Max 162, 170
Wald, Eduard 140, 162, 172
Walter, Grete 121
Warnke, Herbert 299
Weber, Hermann 188
Wehner, Herbert 98–103, 113 f., 339
Weichert, Albert 108–112, 121
Weidenhof, Ludwig 57, 59
Weidenhof, Peter 40
Weinand, Karl 112
Weineck, Fritz 46
Weinert, Erich 66
Weißbrot, Oskar 140
Weißkirchen, Gert 342
Weiz, Herbert 206
Weizsäcker, Ernst von 32
Weizsäcker, Richard von 326
Wiechert, Theo 209, 211
Wiesheu, Otto 109
Willerding, Jochen 376
Wilms, Dorothea 353
Winkler, Adelhard 351
Winzer, Otto 113
Wittkowski, Grete 264 f.
Woldt, Helmut 126
Wolf, Hanna 448
Wolf, Markus 375
Wolff, Friedrich 124, 393 f., 397 ff., 410
Wolle, Stefan 250
Wollenberg, Erich 74, 81

Wollenberger, Vera 355
Wollweber, Ernst 251, 258, 264–269
Wulz, Hans 207

Yanez, Leonardo 399

Zaisser, Wilhelm 234, 244, 248, 254 f.
Zeyer, Werner 340
Ziegler, Erich 162
Ziehenhahn, Herbert 367
Ziller, Gerhart 264 f., 269
Zimmermann, Arnold 206
Zimmermann, Kurt 58
Zimmermann, Rudi 429
Zinn, Karl 147
Zöger, Heinz 259, 263
Zörgiebel, Karl Friedrich 65 f.

Bildnachweis

Bundesarchiv, Koblenz 1, 2, 3, 4, 6, 7, 8, 10, 11
Ullstein Bilderdienst, Berlin 5, 9, 12, 13
Deutsche Presse Agentur 14, 16, 17
Andreas Schoelzel 15

»Man muß sich die Kunden des Aufbau-Verlages als glückliche Menschen vorstellen.«

SÜDDEUTSCHE ZEITUNG

Streifzüge mit Büchern und Autoren:
Das Kundenmagazin der Aufbau Verlagsgruppe finden Sie kostenlos in Ihrer Buchhandlung und als Download unter www.aufbau-verlag.de.

Mit Gesamtverzeichnis der Verlage Aufbau, Aufbau Taschenbuch, Rütten & Loening, Gustav Kiepenheuer und Der Audio Verlag.

Fakten, Themen, Hintergründe: Sachbücher bei AtV

LUDWIG WATZAL
Feinde des Friedens
Der endlose Konflikt zwischen Israel und den Palästinensern
»Wer jenseits der aktuellen Schrecken mehr wissen möchte über tiefere Ursachen der heutigen Gewalt, für den ist das Buch von Ludwig Watzal eine aufschlußreiche Lektüre.« TAGESSPIEGEL
»Eine höchst authentische Erläuterung der Ursachen des jetzigen Geschehens. Und eine klare Absage an die landläufige Behauptung, die Akzeptierung palästinensischer Rechte sei a priori ein anti-israelischer Akt.« LEIPZIGER VOLKSZEITUNG
Originalausgabe. 341 Seiten.
AtV 8071

WOLFGANG ENGLER
Die Ostdeutschen
Kunde von einem verlorenen Land
»Englers Kunde von einem verlorenen Land ist lesenswert, vor allem für Westdeutsche. Sie werden einen großen Schritt auf dem Weg unternommen haben, die Ostdeutschen und ihre ganz eigene Geschichte ein wenig verstehen zu lernen.« DEUTSCHE WELLE
348 Seiten. AtV 8053

LANDOLF SCHERZER
Der Letzte
Wie in der Reportage »Der Zweite« wirft Landolf Scherzer wieder einen ungewöhnlichen Blick hinter die Kulissen der Demokratie und legt dabei nicht nur Machtmechanismen, Kungelei und Korruption bloß, sondern entdeckt auch die Menschen hinter den genormten Politikerfassaden.
»Was Scherzer entstehen ließ, kann Politiker und Journalisten gleichermaßen beschämen.« DER TAGESSPIEGEL
336 Seiten. AtV 1827

FRIEDRICH SCHORLEMMER
Nicht vom Brot allein
Leben in einer verletzbaren Welt
Angesichts einer Konsumkultur, in der alles zur Ware wird, auch der Mensch, streitet der Theologe Schorlemmer für Werte, die dem Dasein Sinn und Hoffnung geben. Sein Widerspruch gegen eine Politik, die Terror und Gewalt mit Krieg und (Gegen-)Gewalt bekämpfen, Freiheit durch Sicherheit gewinnen will, appelliert an unser »Gewissen und den Mut, ihm zu folgen. Selbst- und Zeitbefragung bekommen eine Intensität und Rücksichtslosigkeit, die ihresgleichen sucht.« NEUES DEUTSCHLAND
359 Seiten. AtV 7041

Mehr Informationen erhalten Sie unter www.aufbau-verlag.de oder bei Ihrem Buchhändler

A^{t}V

Verschüttete Erinnerungen: Zeitgeschichte bei AtV

LORE WALB
Ich, die Alte – Ich, die Junge
Konfrontation mit meinen Tagebüchern 1933-1945
»Was die Auseinandersetzung der ehemaligen Journalistin ... so wertvoll macht, ist nicht nur die Offenlegung der nationalsozialistischen Propagandamaschinerie. Vielmehr interessiert die Konfrontation eines Menschen mit seinem Gewissen – generations- und zeitübergreifend.«
HAMBURGER ABENDBLATT
370 Seiten. AtV 1397

REGINA SCHEER
Es gingen Wasser wild über unsere Seelen
Ein Frauenleben
Als junge Zionistin gehörte Hanni Ullmann zu den ersten deutschen Einwanderern in Palästina. Am Rande der Negev-Wüste gründete sie ein Kinderheim. Hierher kamen entwurzelte Kinder, die NS-Terror und Lager hinter sich hatten. Alle ihre Geschichten sind verwoben in Hanni Ullmanns Leben. Wie ein Mosaik setzt es sich aus vielen Schicksalen zusammen, aus den Brüchen des 20. Jahrhunderts und den Erfahrungen mit einer selbstgewählten Heimat. »Ein Frauenleben, das von den Utopien und den Verbrechen des Jahrhunderts bestimmt ist.« FREITAG
287 Seiten. Mit 24 Abbildungen. AtV 8092

ILSE SCHMIDT
Die Mitläuferin
Erinnerungen einer Wehrmachtsangehörigen
»Naivität, Lebenshunger, Schweigen, Pflichtbewußtsein, Angst – es ist diese Widersprüchlichkeit, die verstört. Ilse Schmidt hilft uns, zu begreifen, wie ethnische Säuberungen vor unseren Augen möglich sind, wie wir unser Ich abspalten und vergraben.«
MÄRKISCHE ALLGEMEINE
Mit einem Vorwort von Annette Kuhn und einem Nachwort von Gaby Zipfel. Mit 45 Abbildungen. 191 Seiten. AtV 8086

HELLMUT STERN
Saitensprünge
Erinnerungen eines Kosmopoliten wider Willen
Als 1938 mit seiner Flucht nach China für Hellmut Stern eine lebenslange Odyssee beginnt, nimmt der damals Zehnjährige auch seine Geige mit. Mit musikalischen Gelegenheitsjobs bringt er sich und seine Eltern über die Zeit bitterer Armut. Nach Stationen in Tel Aviv, St. Louis und New York kehrt Stern 1961 als Erster Geiger des Berliner Philharmonischen Orchesters in seine Heimat zurück. »Diesen Rahmen eines abenteuerlichen Lebenslaufs füllt Stern prall mit gefährlichen, beglückenden oder rührenden Ereignissen.« FAZ
304 Seiten. AtV 1684

AtV

Leben, um zu schreiben.
Biographien bei AtV

JAN-CHRISTOPH HAUSCHILD
Heiner Müller
oder
Das Prinzip Zweifel
Heiner Müller ist einer der bedeutendsten deutschen Dramatiker und gleichzeitig einer der umstrittensten. Jan-Christoph Hauschild skizziert Herkunft und Werdegang des Autors, dokumentiert die Entstehung der Stücke, zeigt Interpretationslinien auf und berücksichtigt auch die verwickelte Aufführungsgeschichte.
»Keiner, der sich mit diesem Theater-Riesen beschäftigt, kommt an Hauschilds Biographie vorbei.«
JÜRGEN VERDOFSKY, NDR
Biographie. 619 Seiten. Mit 40 Abbildungen. AtV 1908

WILHELM VON STERNBURG
Carl von Ossietzky
Es ist eine unheimliche Stimmung in Deutschland
Ein biographischer Bericht
Wilhelm von Sternburg schildert Leben und Denken dieses außergewöhnlichen Intellektuellen, der mit republikanischer Zivilcourage für Vernunft und Demokratie stritt.
»Eine lebhafte Darstellung der Glanzzeit deutscher Publizistik in der Weimarer Republik...Stark bewegend sind die Passagen über das komplizierte Verhältnis zwischen Ossietzky und Tucholsky.«
SÜDDEUTSCHE ZEITUNG
Biographie. 336 Seiten. AtV 1658

PETER JACOBS
Victor Klemperer
Im Kern ein deutsches Gewächs
Victor Klemperer: ein bizarres Schicksal und ein dramatisches Leben in vier deutschen Epochen. Erstmals bietet diese Biographie eine Gesamtschau auf die Vita des Dresdner Professors, dessen Tagebücher über die alltägliche deutsche Judenverfolgung zur literarischen Sensation wurden.
»Ein glänzender Beobachter seiner Umgebung und der Epoche.«
MARCEL REICH-RANICKI
Biographie. 381 Seiten. Mit 32 Fotos. AtV 1655

GÜNTHER DROMMER
Erwin Strittmatter
Des Lebens Spiel
In dieser kenntnisreichen, einfühlsamen Biographie wird den Berührungspunkten zwischen Strittmatters Leben und seinem Schreiben nachgegangen, den Spannungen zwischen beiden Polen und ihren Konflikten. Günther Drommer beschreibt viele bislang unbekannte Einzelheiten aus dem eindrucksvollen Jahrhundertleben des »Laden«-Autors.
Biographie. 245 Seiten. Mit 30 Abbildungen. AtV 1654

Mehr Informationen erhalten Sie unter www.aufbau-verlag.de oder bei Ihrem Buchhändler

Der gewöhnliche Wahnsinn. Geschichten aus Kindheit und Alltag

MANFRED BOFINGER
Der krumme Löffel
Miniaturen einer Kindheit
Einfühlsam erzählt der Zeichner Manfred Bofinger von seiner Kindheit im Nachkriegs-Berlin, als der Westen schon golden, aber noch nicht gänzlich unerreichbar war, und in den Trümmern allmählich ein neues, lebenswertes Leben entstand. Bofinger versteht es, in unnachahmlicher Weise unser eigenes kindlich unbeschwertes und doch so prägendes Erleben und Erfahren wieder wachzurufen.
240 Seiten. AtV 1591

JURIJ BRĚZAN
Die grüne Eidechse
»Die Stadt B. ist alt, schön, liebenswert. Vor einem guten Menschenalter wurde sie meine Heimatstadt. Nun feiert sie ihren tausendsten Geburtstag. Dazu mein Gruß mit diesem Buch – für den alten Heimatforscher F., den halb so alten Juwelier M., den gestreßten Stadtbusfahrer, meine junge Enkelin und alle anderen, die gern lesen. Eine Liebesgeschichte. Oder dachten Sie, ich schreibe Krimis?«
Roman. 205 Seiten. AtV 1701

HELGA SCHÜTZ
Grenze zum gestrigen Tag
Eine Mauer aus Aufgaben soll die Ich-Erzählerin schützen vor Fluchtgedanken und Verzagen. Mit aller Kraft übt sie das Augenverschließen: vor den Grenztürmen, den Minen und den Wachhunden am Ende des Gartens, vor den nicht gestellten Fragen an Hugo, den Partner, vor der unaufhaltsamen Krankheit der Tochter. Doch Stück für Stück entgleitet ihr dieses Leben. Helga Schütz gelingt in diesem Roman jene seltene Heiterkeit und Leichtigkeit, durch die sich die schmerzvollen Dinge um so nachhaltiger mitteilen.
»Reife Prosa; kein Glücksfall, sondern Können, Erfahrung.«
NÜRNBERGER NACHRICHTEN
Roman. 303 Seiten. AtV 1839

HELGA KÖNIGSDORF
Der gewöhnliche Wahnsinn
Die besten Geschichten
Diese Auswahl von Geschichten aus 20 Jahren präsentiert die erzählerische Palette Helga Königsdorfs: vom grotesken Szenario bis zum nachdenklichen Märchen, in dem es wie im Leben zugeht. Wer ist schon darauf gefaßt, das Besondere so unauffällig zu finden?
198 Seiten. AtV 1346

Mehr Informationen erhalten Sie unter www.aufbau-verlag.de oder bei Ihrem Buchhändler

Biographien von Frauen über Frauen

SABINE KEBIR
Helene Weigel
Abstieg in den Ruhm
Als »lärmendste Schauspielerin Berlins« machte sich Helene Weigel in den zwanziger Jahren einen Namen, als Bertolts Brechts »Primadonna im proletarischen Gewand« erlangte sie Weltruhm. Sabine Kebir, bekannt durch provokante Studien über Brecht und seine Mitarbeiterinnen, rekonstruiert das Bild einer ungewöhnlichen Frau, die sich in der Kunst und in ihrem Leben als couragierte Avantgardistin weiblicher Emanzipation behauptete.
»Eine erstklassige Biographie.«
TAGESSPIEGEL
Biographie. 425 Seiten.
28 Abbildungen. AtV 1820

GEORGIA VAN DER ROHE
La donna è mobile
Mein bedingungsloses Leben
Genug war nie genug in diesem Leben voller Extravaganz: Georgia van der Rohe, als Tochter des bedeutenden Architekten Mies van der Rohe 1914 in Berlin geboren, machte als Tänzerin, Schauspielerin und Filmregisseurin international Karriere. Ihre Memoiren zeugen vom Leben einer Frau, die ihren Leidenschaften bedingungslos folgte und dennoch immer autonom blieb. »Die Geschichte einer leidenschaftlichen und klugen Frau.«
ELLE
381 Seiten. 34 Abbildungen.
AtV 1876

KATJA BEHLING
Martha Freud
Die Frau des Genies
Eine bemerkenswerte Frau (1861 bis 1951), die durch ihre Treue und Standfestigkeit zum Gelingen dessen beitrug, was unter dem Namen »Psychoanalyse« von Wien ausging. A. W. Freud erinnert sich seiner Großmutter als einer Persönlichkeit, die mit Umsicht und Tatkraft das Unternehmen Berggasse 19 steuerte.
Mit einem Vorwort von A. W. Freud.
266 Seiten. Mit 26 Abbildungen.
AtV 1858

DOROTHEA VON TÖRNE
Brigitte Reimann
Einfach wirklich leben
Brigitte Reimann ist zur Symbolfigur eines unangepaßten, leidenschaftlichen Lebensstils geworden. Wie war sie wirklich? Dorothea von Törne geht in ihrer anschaulichen Biographie den wichtigsten Stationen dieses kurzen Lebens nach.
»Sie hat exzessiv gelebt, voller Unrast und Verlangen nach Liebe, ihre Lebenskerze war an beiden Enden angezündet – wer leuchten will, muß brennen.«
BERLINER ZEITUNG
Biographie. Mit 23 Fotos. 300 Seiten.
AtV 1652

Noch mehr Herz als Kopf: Junge Literatur bei AtV

TANJA DÜCKERS
Spielzone
Sie sind rastlos, verspielt, frech, leben nach ihrer Moral und fürchten nichts mehr als Langeweile: junge Leute in Berlin, Szenegänger zwischen Eventhunting, Hipness, Überdruß und insgeheim der Hoffnung auf etwas so Altmodisches wie Liebe. – »Ein Roman voller merkwürdiger Geschichten und durchgeknallter Gestalten.«
DER TAGESSPIEGEL
Roman. 207 Seiten. AtV 1694

ANNETT GRÖSCHNER
Moskauer Eis
Voller Erzählfreude hat Annett Gröschner ihre biographischen Erfahrungen als Mitglied einer Familie von manischen Gefrierforschern und Kühlanlagenkonstrukteuren zu Metaphern für das Leben in deutschen Landen vor und nach 1989 verdichtet.
»Ein wunderbares Debüt.« FOCUS
»Ein unbedingt lesenswertes, witziges Schelmenstück par excellence, leicht wie ein Softeis.« ZEITPUNKT
»Ein von Witz sprühender Roman« NEUE ZÜRCHER ZEITUNG
Roman. 288 Seiten. AtV 1828

SELIM ÖZDOGAN
Mehr
Er ist jung, entspannt und verliebt, aber leider pleite. Als ein Freund ihn als Dialogschreiber für Serien unterbringen will, lehnt er ab: keine Kompromisse. Irgendwann jedoch ertappt auch er sich dabei, Zugeständnisse zu machen. Was ist mit ihm passiert, daß er seine Ansprüche an sich selbst aufgegeben hat? – »Eine Studie über das Scheitern und die grenzenlose Lust (ehrlich und aufrichtig) zu leben.«
JUNGE WELT
Roman. 244 Seiten. AtV 1721

EDGAR RAI
Ramazzotti
Rai lebt ein karrierefreies Leben. Als Barpianist hält er sich über Wasser, ansonsten treibt er mit seinen Freunden durch die Berliner Nächte. Aber dann ist er einmal zur falschen Zeit am falschen Ort; zwar rettet er die junge schöne Mila vor ihrem Vergewaltiger, doch er selbst verfällt der Frau mit den zwei verschiedenen Augen ...
Ein erfrischendes und spannendes Buch über die Liebe und das Leben.
Roman. Originalausgabe. 249 Seiten. AtV 1739

Mehr Informationen über die Autoren erhalten Sie unter www.aufbau-verlag.de oder bei Ihrem Buchhändler

Wo ist das Leben?
Junge Literatur bei AtV

THOMAS BRUSSIG
Wasserfarben
Bevor Thomas Brussig mit »Helden wie wir« und dem Film »Sonnenallee« überwältigende Erfolge feierte, war unter einem Pseudonym sein erster Roman, »Wasserfarben«, erschienen: Ein Buch über das Erwachsenwerden, in dem der Held wie schon Generationen vor ihm bei Salinger, Kerouac oder Plenzdorf lässig-ironisch die großen Sinnfragen stellt.
Roman. 229 Seiten. AtV 1689

ANDREAS GLÄSER
Der BFC war schuld am Mauerbau
Ein stolzer Sohn des Proletariats erzählt
»Immer wieder wurde versucht, eine proletarische Prosa zu erfinden. Die Theoretiker wurden erschossen, die Praktiker verheizt. Jetzt, wo es die daran Beteiligten nicht mehr gibt, ist es endlich einem gelungen: Andreas Gläser steht mit seinem ersten Buch ganz allein auf dem Schlachtfeld der Literatur – im Kampf gegen das Spießertum.« WLADIMIR KAMINER
220 Seiten. AtV 1861

CHRISTOPH DIECKMANN
Die Liebe in den Zeiten des Landfilms
Eigens erlebte Geschichten
Mit seinen »eigens erlebten Geschichten« ermutigt der vielfach preisgekrönte ZEIT-Autor Christoph Dieckmann zu ungeschönter Erinnerung, er »erkennt, wo er kalauert, durchpflügt das östliche Gelände mit seiner präzise pointierten Sprache, gibt mit vollen Händen Anschauung und Begriff zugleich. Anders gesagt: Er schreibt vorzüglich.«
DER TAGESSPIEGEL
316 Seiten. Mit 45 Abbildungen. AtV 1349

JENS-UWE SOMMERSCHUH
Carcassonne
Ein freches Roadmovie durch Südfrankreich und eine perfekte Liebes- und Kriminalgeschichte: Auf der Flucht vor der Polizei gerät ein junger Mann an eine verdächtige Tasche und eine eigenwillige Frau, die er beide nach mysteriösen Ereignissen lieber loswerden will.
»Hinreißende Dialoge, Situationskomik, erotische Spannungen und über allem der wolkenlose Himmel Südfrankreichs. Unterhaltungsliteratur vom Feinsten.«
DER TAGESSPIEGEL
Roman. 262 Seiten. AtV 1790

Mehr Informationen über die Autoren erhalten Sie unter www.aufbau-verlag.de oder bei Ihrem Buchhändler

»Seine Sprachmacht wird ihm keiner nehmen können« (F.A.Z.): Hermann Kant bei AtV

Hermann Kant wurde 1926 in Hamburg geboren. Nach einer Elektrikerlehre war er Soldat, von 1945 bis 1949 in polnischer Kriegsgefangenschaft Mitbegründer des Antifa-Komitees im Arbeitslager Warschau und Lehrer an der Antifa-Zentralschule. Ab 1949 studierte er an der Arbeiter- und Bauernfakultät in Greifswald, 1952 bis 1956 Germanistik in Berlin. Danach war er wissenschaftlicher Assistent und Redakteur, von 1978 bis 1990 Präsident des DDR-Schriftstellerverbandes.

Ein bißchen Südsee
»Ein bißchen Südsee« war das vielversprechende Debüt, mit dem sich Hermann Kant sofort als origineller Autor einprägte. Wer den wortgewandten, ausschweifenden Romancier Kant schätzt, wird ihn in diesen Geschichten als pointierten Erzähler entdecken.
»Kant ist ein exakter Beobachter und ein vorzüglicher Spaßmacher.«
MARCEL REICH-RANICKI
Erzählungen. 192 Seiten. AtV 1191

Der Aufenthalt
»Der Aufenthalt« ist eine Passionsgeschichte mit Humor und ein Schelmenroman mit tragischen Zügen ... Wir haben Hermann Kant ein aufschlußreiches, ein witziges Buch zu verdanken.« MARCEL REICH-RANICKI, F.A.Z
Roman. 567 Seiten. AtV 1037

Die Aula
Diesen Roman über einen jungen Mann, der eine Abschiedsrede halten soll und darüber ins Erinnern gerät, haben Leser und Kritiker sofort nach Erscheinen als großen Spaß gefeiert. Ein »Geschichts- und Geschichtenbuch« über die Anfänge der DDR, ohne die man ihr Ende nicht verstehen kann.
Roman. 464 Seiten. AtV 1190

Kormoran
Nach seinem streitbaren wie umstrittenen Erinnerungsbuch »Abspann« hat Hermann Kant mit diesem Buch den aktuellen Nachwende-Roman geschrieben, der von ihm erwartet wurde, amüsant, bissig, zeitkritisch und selbstironisch, einen Roman »von allerlei Leben und allerlei Sterben«.
Roman. 270 Seiten. AtV 1192

Weitere Informationen über Hermann Kant erhalten Sie unter www.aufbau-verlag.de oder in Ihrer Buchhandlung

Kabarettisten deuten die Welt in Geschichten, Erinnerungen, Lesungen

BERND-LUTZ LANGE
Dämmerschoppen
Geschichten von drinnen und draußen
»Bei einem so erfahrenen Kabarettisten verwundert es nicht, daß er Pointen zu setzen und den Wörtern wie den Unwörtern auf den Grund zu gehen weiß. Zuweilen blüht auch der Ulk.«
SÄCHSISCHE ZEITUNG
176 Seiten. AtV 1386

BERND-LUTZ LANGE
Magermilch und lange Strümpfe
Erinnerungen an eine Zeit, als Autor und Ost-Republik noch in den Kinderschuhen steckten.
»Es ist die Schnellebigkeit unseres Jahrhunderts, die solch ein Überlieferungsbuch wichtig macht.«
DIE ZEIT
Gelesen vom Autor. 1 CD. DAV 142

BERND-LUTZ LANGE
Mauer, Jeans und Prager Frühling
»Ein ganzes Land unter Stubenarrest – schwelgerisch-satirische Erinnerungen an die sechziger Jahre in der DDR.«
DER SPIEGEL
342 Seiten. Mit 46 Abb. Gebunden
ISBN 3-378-01066-5

GUNTER BÖHNKE
Mit dem Floß unters Eis
»Böhnkes Geschichten sollte man beim Antritt der kommenden Urlaubsreise gelesen oder wenigstens ins Gepäck gesteckt haben. In seinen Erzählungen beweist er, daß Sächsisch Weltsprache ist.«
LEIPZIGER VOLKSZEITUNG
137 Seiten. Gebunden.
ISBN 3-378-00643-9

GUNTER BÖHNKE
Ein Sachse beschnarcht sich die Welt
Mit sicherem Gespür für Situationskomik und mundartliche Sprachkreationen beschreibt Gunter Böhnke kuriose Begebenheiten, die einem gutgläubigen und dennoch cleveren Sachsen auf seinen Reisen durch Australien, Irland, Frankreich oder die USA zustoßen.
156 Seiten. AtV 1753

BERND-LUTZ LANGE/ KÜF KAUFMANN
Fröhlich und Meschugge
Jüdischer Humor in Geschichten, Liedern und Szenen
Bernd-Lutz Lange und Küf Kaufmann, ein in Leipzig lebender russischer Regisseur und Schauspieler, sinnieren über die Sachsen und ihren Hang zum jüdischen Witz.
MDR-Live-Mitschnitt auf CD bei Loewenzahn/RUM-Records
ISBN 3-9804766-6-9

Mehr Informationen erhalten Sie unter www.aufbau-verlag.de oder bei Ihrem Buchhändler